Manuali Laterza
351

Ennio Di Nolfo

Storia delle relazioni internazionali

III

Dalla fine della guerra fredda a oggi

Editori Laterza

www.laterza.it

Prima edizione gennaio 2016

Edizione
3 4 5 6

Anno
2019 2020 2021

Questo libro è stampato
su carta amica delle foreste

Stampato da
SEDIT - Bari (Italy)
per conto della
Gius. Laterza & Figli Spa
ISBN 978-88-593-0026-7

a Federica

Introduzione

> Non vi maravigliate che non si sappino le cose delle età passate [...] perché se considerate bene, non s'ha vera notizia delle presenti [...]; e spesso tra 'l palazzo e la piazza è una nebbia sì folta e uno muro sì grosso che, non penetrandovi l'occhio degli uomini, tanto sa il popolo di quello che fa chi governa e della ragione perché lo fa, quanto delle cose che fanno in India
>
> F. Guicciardini, *Ricordi*, 141

Molto spesso gli storici sono colpiti dalla brusca caduta dei loro paradigmi interpretativi. Ma in generale la storia non cambia perché chi ne scrive propone le definizioni che gli sembrano più persuasive nel momento in cui scrive. Cambia secondo le ragioni profonde della trasformazione. Allora, ciò che si deve tenere presente per gli anni più recenti è l'enorme sforzo compiuto da diversi gruppi sociali per adeguarsi, culturalmente e praticamente, alla modernizzazione globale, assai più di quanto non sia importante tener conto del modo di essere del sistema internazionale. Il quale, infine, non è solo il risultato delle azioni statali, ma il frutto della nascita di numerosi altri soggetti che contribuiscono a plasmarlo. Il sistema internazionale esiste, ma si adegua, cambiano i suoi attori e i suoi ritmi, con una velocità che impone continui mutamenti nei riferimenti concettuali che permettono di seguire ciò che accade.

Il 1990 viene di solito considerato come un anno di passaggio tra due fasi diverse della storia contemporanea; come una cesura tra gli anni della guerra fredda e quelli del possibile policentrismo attuale, quasi si trattasse di una svolta epocale nella storia del mondo. Per molti aspetti, e soprattutto per la storia d'Europa, questa lettura ha un suo reale motivo di interesse. La riunificazione della Germania nel 1990, e nel 1991 la fine dell'Unione Sovietica, segnarono un radicale cambiamento nel modo di pensarsi e di vivere degli Europei. Tuttavia la nozione che la storia recente del mondo coincida con la storia europea, e quindi abbia subito anch'essa gli effetti di ciò che è accaduto in Europa, non può essere accolta se non con una serie potenzialmente infinita di distinzioni. Da almeno tre decenni, infatti, per un gran numero di paesi ciò che accadeva in Europa aveva un interesse marginale. La fine della guerra fredda li vide del tutto estranei o addirittura soddisfatti. Del resto, durante gli anni critici essi si erano riconosciuti in formule indeterminate, come il «non allineamento», una coalizione che raggiunse una consistenza di 120 Stati collegati in una organizzazione della quale è difficile apprezzare l'efficacia, dato che essa non riuscì a compiere scelte univoche, salvo che nei casi di pubblico clamore.

Per esemplificare meglio, basta ricordare che in America Latina non vi erano soltanto Cuba e Nicaragua, ma anche decine di altri Stati «non allineati», diversi per dimensioni e risorse, collegati magari commercialmente con gli Stati Uniti o, a suo tempo, con l'Unione Sovietica e tuttavia non necessariamente e sempre dipendenti da una delle due superpotenze. L'Africa negli anni Sessanta era stata il teatro della cosiddetta «coesistenza competitiva», cioè il teatro di una competizione che spesso mimava la contrapposizione europea senza averne i caratteri, ma gran parte del continente seguiva un cammino suo proprio, punteggiato da un gran numero di conflitti etnici, di scontri tribali, di arcaiche crudeltà quasi sempre legate alle storie locali e solo dopo il 1975 intrecciate, per tre lustri, alla guerra fredda. Quanto all'Asia, superata la crisi del Vietnam e quella indocinese in generale, e circoscritta la cruenta battaglia per l'Afghanistan, essa restava una parte del mondo, abitata da più di metà della popolazione totale ma condizionata anzitutto da ciò che accadeva in Giappone, in Cina, in India, in Indonesia, in Australia e negli altri grandi paesi del continente. Insomma, bisogna capire che l'Europa aveva cessato da parecchi anni di essere il centro della vita mondiale, poiché gran parte delle altre nazioni si sviluppavano, cambiavano, crescevano, si scontravano secondo ragioni proprie e non secondo le ragioni dell'Alleanza atlantica o del Patto di Varsavia.

Ciò suggerisce che la società internazionale era cambiata a prescindere dalla guerra fredda. I problemi nuovi non nascevano dal bipolarismo ma dal sottosviluppo, dalla sovrappopolazione, dal rapporto fra risorse e consumi, dai cambiamenti demografici. Nascevano e nascono soprattutto dal bisogno di ogni nazione di adeguarsi alle esigenze del cambiamento. Per dirla in altri termini, le radici di questi problemi avevano poco a che fare con la guerra fredda, per cui tradurre le classificazioni storiche in cesure effettivamente generate dai fatti della natura appare un artificio, che dovrebbe essere considerato come un argomento esplicativo ma non anche come una categoria della storia. Le pagine che seguono tengono conto della transizione in corso, sulla base delle fonti esistenti e delle notizie che, in modo inevitabilmente effimero, le cronache offrono di queste considerazioni. Cercano di delineare alcune prime coordinate interpretative riguardanti fatti che, svolgendosi sotto gli occhi di chi legge o di chi li ha appena vissuti, potranno essere chiariti anche in termini diversi quando sarà disponibile una serie di fonti più completa e tale da consentire conclusioni in grado di confermare o modificare ogni proposta di lettura pre-storiografica*.

E.D.N.

Firenze, luglio 2015

*Anche questo volume è il frutto di discussioni, osservazioni critiche, commenti e riflessioni di un gruppo di amici e colleghi che spesso discutono con l'Autore del loro lavoro di storici o di cittadini. A loro va il più sentito e affettuoso ringraziamento. In particolare a Bruna Bagnato, Duccio Basosi, Mauro Campus, Matteo Gerlini, Luca Gori, Francesco Gravina, Massimiliano Guderzo, Leopoldo Nuti.

Storia delle relazioni internazionali

III

Dalla fine della guerra fredda a oggi

Parte prima

Nuovi temi e nuovi soggetti delle relazioni internazionali

1.1. *Alcune considerazioni generali*

Lo schema bipolare semplificava l'interpretazione della complessità degli eventi. Ma era solo un ordine apparente. La scomparsa dell'Unione Sovietica spezzò questa semplificazione, offrendo all'analisi storica una pluralità di temi da affrontare. Guardati da vicino, gli anni successivi al 1991 appaiono dominati dal caotico disordine che segue alla disgregazione delle certezze e della sicurezza. L'esplosione di avvenimenti seguita alla crisi del sistema bipolare mostrò come sotto l'uniformità, venata dai rivoli di problemi regionali e assediata dalle incertezze dello sviluppo, fossero invece già state scavate profonde trincee che dividevano e dividono il mondo, secondo discriminanti talora difficili da decifrare. Interpretare situazioni che prima potevano essere lette come frutto della lealtà o della coerenza rispetto a uno degli schieramenti in campo, ma che venivano in gran parte destrutturate dai problemi della transizione verso nuovi ordinamenti interni e verso un nuovo ordine internazionale, è un compito del quale appare ancora impossibile, nel 2015, definire gli aspetti politici; così come le contrapposizioni economiche o monetarie sono più difficili da identificare poiché non sono più leggibili come mera contrapposizione al potere del dollaro quale principale moneta di riserva globale ma richiedono, almeno in prospettiva, la considerazione di altre questioni: valutarie, commerciali, o macroeconomiche.

Uno sguardo meno condizionato dagli aspetti contingenti, e desideroso di cogliere le linee di fondo della transizione, deve sacrificare molti particolari, se vuole cogliere ciò che caratterizza il presente e condiziona il futuro; se vuole, come spesso accade ai contemporanei, separare ciò che è solo incidentale da ciò che è duraturo. Questo non significa che la rassegnazione critica debba essere sostituita da un progetto interpretativo che razionalizzi in una proposta complessiva l'ultimo decennio del XX secolo e i primi tre lustri del XXI. L'idea di possedere la chiave dell'interpretazione storiografica cede il passo al relativismo, poiché «la verità storica è solo coerenza soggettiva» e «il passato [...] è una trama irripetibile di eventi» che stimolano la sensibilità culturale e politica di chi ne scrive, con il gusto di «ridar senso alla trama» ma senza «l'illusione di recuperarne la totalità». Si tratta di mettere in evidenza quegli snodi che mostrano l'esistenza di una interdipendenza strutturale, nel senso indicato dall'economista russo-americano Wassily Leontief, per separare ciò che è semplicemente incidentale da ciò che riflette tematiche durevoli. In tal senso, il disordine apparentemente seguito alla trasparenza delle interpretazioni relative agli anni precedenti la fine dell'Unione Sovietica suggerisce ipotesi fantasiose, che tendono a presumere non solo una frattura politica ma anche una frattura interna, strutturale, relativa ai condizionamenti della politica in generale e delle relazioni internazionali in particolare. È rischioso lasciarsi suggestionare da certe, pur stimolanti, proposte di architettura interpretativa, poiché esse portano fuori strada chi invece deve darsi un compito più circoscritto: porsi alcune, non nuove, domande di fondo, per cercare di capire quanto del passato sopravviva e quali forze nuove siano entrate in gioco; quando davvero il cambiamento abbia avuto inizio, prima di esplodere in modo manifesto; e come tutto ciò assuma un carattere problematico, rispetto al quale si possono solo formulare ipotesi preliminari o si possono distinguere le tracce di un'evoluzione più complessa di quella che le relazioni internazionali in sé esprimono.

La caduta del sistema sovietico apriva la via al trionfo dell'economia di mercato, declinata secondo varie forme, che andavano (e vanno) dal più completo *laissez faire* alla presenza di norme legislative, opportunamente studiate per tutelare dagli squilibri generati dagli eccessi capitalistici; queste formule includono persino sistemi economico-politici come la Repubblica popolare cinese, cioè sistemi politici a partito unico, ma economicamente organizzati secondo le concezioni dell'economia di mercato. Ciò è razionale rispetto alla scoperta secondo la quale anche la vittoria del comunismo non avrebbe eliminato la necessità che la produzione avvenga mediante l'utilizzo, con profitto, del capitale. Tuttavia il modo inatteso e impetuoso che caratterizzò gli anni immediatamente successivi al 1989-1991 non poteva produrre effetti omogenei in tutto il globo. Se per un certo periodo gli Stati Uniti si illusero di poter dominare politicamente, militarmente e finanziariamente il mondo, ben presto questa illusione cedette il posto alla realtà, prima di mostrare anch'essa, agli inizi del XXI secolo, i limiti che la condizionano. Se forse solo un paese rimaneva legato all'esperienza collettivistica (la Corea del Nord), altri si aprivano a esperienze diverse che, secondo le situazioni locali, si riflettevano in problemi nuovi. Tutti avrebbero dovuto tenere presente che il valore della loro produzione era, e sarebbe stato ancora a lungo, misurato in dollari.

Questo però facilitava solo il confronto statistico, non la soluzione o il superamento dei problemi locali. L'Europa comunitaria avrebbe risposto con il tentativo di rafforzare le proprie istituzioni e con il varo dell'euro come valuta tendenzialmente affiancabile al dollaro, cercando così di individuare una propria identità economica globale legata a quella statunitense eppure capace di autoregolarsi. Ma l'Europa sarebbe stata anche assillata dal problema di dare un senso a se stessa, di capire se essa era il frutto improvvisato di situazioni eccezionali oppure l'espressione di un senso profondo di unità, che intendeva fondarsi su regole e comportamenti omogenei; ma anche di assimilare quel processo di allargamento, a Est, a Nord e a Sud, che l'evoluzione politica le avrebbe imposto, costringendo le autorità europee a compiere scelte politiche ed economiche sfociate, dopo il 2008, in una crisi di tutto il sistema e in domande di decisioni più incisive che in passato.

La Russia visse per alcuni anni sotto la guida fortunosa e mercuriale di Boris Eltsin, per passare, con il XXI secolo, sotto il controllo di Vladimir Putin, protagonista di una rinascita nazionale costruita su basi fragili come quelle del tradizionale guerriero dai piedi d'argilla. Il Medio Oriente rimase impigliato dall'incapacità dei suoi maggiori Stati di costruire una politica regionale e dalla propensione egemonica che condizionò le relazioni interne alla regione, trascinandola in conflitti o rivoluzioni che impedivano un pieno sfruttamento delle risorse possedute. Tutta l'America

Latina attraversò faticosamente il cammino della liberazione dal dualismo della guerra fredda e del dominio statunitense. In Asia, il Giappone rimase assopito in una sorta di letargo economico sino al ritorno al potere di Shinzō Abe, nel 2011; le regioni sud-orientali, benché devastate dalle avversità atmosferiche, furono capaci, in alcuni casi (come a Singapore o Hong Kong), di trasformarsi in punti di forza della finanza globale. L'India e la Cina, i due giganti del futuro, erano impegnate in profonde trasformazioni e in una frenetica crescita, tesa a superare il peso economico dell'Occidente, ma anche condizionate da difficoltà interne che delimitavano le possibilità di un successo. E l'Africa, terra promessa per il prossimo sviluppo globale, restava tormentata dalle diversità religiose, etniche, sociali, istituzionali: tipica espressione della complessità di tradurre le caratteristiche teoriche del sistema capitalistico in una realtà pratica.

Questo insieme di diversità, questa eterogeneità di situazioni, di ambizioni e di punti di partenza, divengono così il paradigma rispetto al quale considerare la possibilità, o l'impossibilità, che, dopo la caduta del comunismo, il mondo e le relazioni internazionali si trasformassero in un agglomerato di istituzioni politiche democratiche, di vita economica adeguata ai bisogni della popolazione, di pace nelle regioni e tra i maggiori paesi del globo. Sicché, quando si tenta di capire in qual modo collegare in termini logicamente comunicanti ciò che è accaduto dopo la fine della guerra fredda si finisce per cogliere la diversità delle situazioni, l'ambiguità dei casi, la lentezza del cambiamento. Dato che, infine, di cambiamento si tratta: un processo che ha subito una brusca battuta d'arresto nel 2007 con la crisi economica che dagli Stati Uniti si è poi diffusa ovunque, ma un cambiamento che non può conoscere vie di ritirata, poiché il sistema politico internazionale non può concedersi il rischio di avventure se non locali e il sistema economico non può sfuggire alle regole fondamentali del mercato, che prevedono l'esistenza di capitali per la produzione di merci dal valore diverso, secondo il diverso grado di contenuto tecnologico ma con la tendenza all'omologazione globale. Talché nell'insieme questo lungo dopo-guerra fredda non può essere considerato se non come un periodo di transizione dall'ambiguità verso una convivenza le cui caratteristiche possono essere solo il frutto di un pronostico.

Dal 2008 gli Stati Uniti hanno coscientemente abbandonato l'idea di guidare politicamente in modo esplicito tutto ciò che avviene sul piano internazionale, ma conservano, e sembrano intenzionati a conservare, una visione strategica globale, il primato finanziario e quello tecnologico come presupposti di un dominio destinato a durare ancora per diverso tempo. Essi «dettano legge» in termini profondamente diversi da quelli in uso durante la guerra fredda. Seguono un'azione internazionale più riflessiva e più cauta che (a dispetto di certe apparenze) non è né distratta né disattenta. Si intravvede in questa nuova mentalità la consapevolezza di un futuro nel quale le relazioni internazionali saranno guidate da alcune grandi potenze e dalla loro interazione, ma si comprende pure che fra queste gli Stati Uniti intendono, con ogni probabilità, conservare una posizione di preminenza.

Tuttavia, per quanto siano venute meno le distinzioni nette, imposte dall'esistenza della divaricazione bipolare, resta il fatto che, all'interno della transizione, sono già presenti alcuni tratti fondamentali, i segni di alcuni mutamenti strutturali, che sarà indispensabile indicare per delineare, almeno in una visione provvisoria, i caratteri del sistema internazionale tra la fine del XX secolo e l'inizio del XXI. Ciò imporrà il sacrificio di alcune notizie troppo analitiche o di eventi riguardanti esclusivamente la vita interna degli Stati, anche se forse è oggi impossibile distinguere ciò che accade all'interno da ciò che ha ripercussioni sul piano internazionale.

1.2. *La transizione: i suoi caratteri e i suoi significati*

In termini elementari, transizione significa «passaggio»; passaggio da una fase a un'altra; passaggio da ciò che è noto a ciò che non lo è e che solo gradualmente assume connotati precisi; passaggio dall'immediata possibilità di individuare i veri attori della politica internazionale all'indeterminatezza, poiché i soggetti non sono più gli Stati, ma accanto ad essi si collocano diversi altri attori, come le multinazionali, l'opinione pubblica, le grandi organizzazioni globali o regionali, le organizzazioni terroristiche, gli eserciti «di liberazione», le Chiese. Quali siano le cause e i fatti che anticipano e poi provocano la transizione è, ancora una volta, un tema dai confini indefiniti, poiché molte possono essere le ragioni del cambiamento. In senso generale si può dire che, nelle relazioni internazionali, transizione oggi voglia dire passaggio da un sistema nel quale tutti i soggetti abbiano e assumano posizioni univoche o prevedibili a un sistema dominato dall'imprevedibilità, dalla fluidità, dall'innovazione, nel quale non siano ancora chiare le collocazioni dei soggetti che lo compongono.

Le ragioni della transizione, in senso generale, possono essere ricondotte entro tre grandi categorie: una crisi politico-sociale che rimetta in discussione ciò che esiste; il venir meno degli elementi che costituiscono lo *status* di uno o più soggetti della vita internazionale; infine, il cambiamento delle condizioni ambientali della vita umana, in tutte le sfumature che il termine comprende.

Gli elementi che caratterizzano la natura di un soggetto internazionale riguardano anzitutto la sua credibilità, la sua affidabilità, la sua capacità di attrarre amicizie o alleanze, la forza che esso esprime e che può essere fatta valere in situazioni conflittuali, il primato sul piano del progresso tecnologico. Ma oltre che da questi aspetti, spesso contingenti, il soggetto è caratterizzato dalla sua posizione geopolitica, dalla dimensione del suo prodotto interno lordo e dalla sua potenza militare. La natura dei sistemi di governo è un altro elemento da tenere presente, poiché nella società contemporanea i regimi dittatoriali – per quanto ciò possa apparire discutibile – tendono a durare meno a lungo dei regimi basati sul consenso democratico (con la sola attuale eccezione della Corea del Nord), dato che il controllo politico, in un sistema globale, sfugge assai più rapidamente quando il dominio è personalizzato rispetto a quanto accade in un sistema nel quale il potere è suddiviso tra vari soggetti e sottoposto a frequenti cambiamenti di personale ma non di istituzioni. Infatti la trasformazione dei sistemi politici interni, dalle forme di governo arcaiche a quelle moderne e poi sino a quelle democratiche, è una delle caratteristiche più evidenti dell'età contemporanea. Una caratteristica strettamente collegata alla specificità di un sistema economico e al suo grado di sviluppo rispetto ai paesi più avanzati. È, questo, un concetto facile da comprendere per l'età attuale, assai meno chiaro se – come qui non è il caso – si deve parlare di un passato remoto, che abbia lasciato solo tracce monumentali o culturali. Tutti questi temi sono collegati alla manifestazione più chiara della capacità di essere un attore centrale sulla scena internazionale, cioè alla forza militare, affidata alle risorse più avanzate della tecnologia. Una capacità, quella militare, non necessariamente vincente e spesso, in passato, sconfitta; ma che nel secondo dopoguerra ha reso possibile proporsi agli altri soggetti della vita internazionale come una potenza con la quale è impossibile battersi, se non a costi autolesionistici.

Per quanto i temi possano oggi apparire scontati, la fine del bipolarismo fu caratterizzata in modo vistoso dalla scoperta del concetto di «globalizzazione» e dalla teoria secondo la quale le relazioni internazionali non sono governate dagli Stati ma sono praticamente manipolate dall'influenza delle «società multinazionali». La letteratura relativa a questo tema è pressoché infinita e corrisponde spesso a preconcetti ideologici più che ad un'attenta considerazione dello stato delle cose. Si prenda, per l'appunto, il concetto di globalizzazione. Che il mondo fosse globale era un dato astrofisico ovviamente derivante dal modo in cui a suo tempo si formò il pianeta Terra. Ma perché gli abitanti di questo pianeta si rendessero conto di vivere su un globo e di risentire le conseguenze di questo dato di fatto furono necessari parecchi secoli. Dalle teorie dell'antichità sino alla fine del XV secolo la nozione della globalità della Terra fu un tema contestato. Solo più tardi la teoria copernicana sulla sfericità della Terra e quella sull'esistenza del sistema solare ricevettero la sanzione del fondatore della scienza moderna, Galileo Galilei, il quale pagò le sue scoperte con l'abiura, per decreto del Sant'Uffizio. Eppure, nonostante l'abiura, la Terra restava una sfera e una serie di viaggi, specialmente dopo la circumnavigazione del globo da parte di Ferdinando Magellano (nel 1519-1520), confermò questo assunto. La globalizzazione, in quanto consapevolezza della distribuzione del territorio su tutta la sfera del globo, ebbe inizio solo in quei tempi. Dapprima furono gli Spagnoli e i Portoghesi a trarne profitto, con violenza poco cristiana; seguirono gli Inglesi, i Francesi, gli Olandesi, i Russi, i Giapponesi, i Tedeschi, i Belgi, gli Italiani. Alla fine del XIX secolo tutto il globo era conosciuto e gran parte di esso era collegata o soggiogata dal potere di uno Stato europeo.

La globalizzazione, in quanto capacità di sfruttare le risorse esistenti in ogni parte del mondo e di trasformarle in ricchezza per l'Europa, fu dunque opera degli Europei. Solo lentamente essa cambiò natura e divenne espressione di dominio, ma anche volontà di indipendenza e aspirazione a spezzare i vincoli imposti dai sistemi imperiali e dai commerci globali. Ciò ebbe un primo inizio con la campagna degli Stati dell'America del Nord (1773-1783) contro la Gran Bretagna, per la creazione degli Stati Uniti d'America; seguirono le guerre di indipendenza dalla Spagna e dal Portogallo, che all'inizio del XIX secolo portarono alla creazione degli Stati indipendenti dell'America Latina. Entrambi i casi, però, non erano il frutto di una presa di coscienza degli abitanti delle regioni in rivolta rispetto alla realtà di un ingiusto sfruttamento, bensì la conseguenza dell'esportazione nell'emisfero occidentale delle dottrine filosofiche che accompagnarono o seguirono la Rivoluzione francese. La vera lotta per l'indipendenza (oggi si direbbe «il processo di decolonizzazione») iniziò dopo che molti filosofi e politici europei ebbero alimentato le sotterranee (e spesso inconsce) aspirazioni dei popoli colonizzati a liberarsi dal selvaggio sfruttamento al quale erano sottoposti per opera degli Europei. Il lavoro degli schiavi e quello servile, la depauperazione senza regole delle risorse naturali dei territori appartenenti al sistema coloniale, apparvero allora come una suprema ingiustizia da combattere in nome della libertà, del progresso e, se possibile, della trasformazione economica.

Gli obiettivi divennero chiari dapprima in poche parti dell'Africa e dell'Asia. Durante la prima guerra mondiale l'anticolonialismo fece importanti progressi nei territori controllati o abbandonati dall'Impero ottomano. La creazione del regime dei Mandati, nell'ambito della Società delle Nazioni, affermò per la prima volta che il benessere dei popoli amministrati era «una missione sacra di civiltà» (art. 22 dello Statuto della Società delle Nazioni). Nel 1919, quando tale principio venne proclamato, esso non era che una enfatica espressione di buoni propositi, che pochi o nessuno intendeva applicare. Tuttavia il declino del colonialismo tradizionale fu poi inarrestabile e dopo la seconda guerra mondiale, fra il 1946 e il 1967, il dominio coloniale divenne persino una forma illegittima di governo dal punto di vista del diritto internazionale (delibera della XII Assemblea generale dell'ONU, dicembre 1960). Perciò si può dire che nel secondo dopoguerra tutti i territori della Terra appartenevano a un sistema di relazioni globalizzato, nel cui ambito ciascuno di essi aveva una posizione condizionata dalla storia, dalle dimensioni geopolitiche, dalle relazioni con gli altri paesi del mondo.

1.3. *Sulla globalizzazione*

Pochi si erano resi conto del fatto che la globalizzazione era stata opera dei governi europei. Questo è un punto interessante, poiché nell'uso comune il termine viene quasi sempre collegato al dominio americano, tanto che divenne poi consueto parlare di globalizzazione come dell'effetto dell'egemonia politica, economica e tecnologica degli Stati Uniti. L'apparente paradosso deriva dal fatto che solo dopo la fine della guerra fredda i nuovi caratteri della vita internazionale, pur nelle remote radici, vennero vissuti come espressione dell'egemonia vincitrice degli Stati Uniti. Fino al 1989 la globalizzazione era stata vissuta quasi all'ombra del conflitto bipolare con le sue ripercussioni nucleari, tant'è vero che la decolonizzazione, madre della globalizzazione, non era stata percepita come matrice del cambiamento. Dopo di allora si scoprì improvvisamente una realtà ben chiara, e cioè che il globo era tutto interessato a un modo di comunicare notizie, di trasferire merci, di disseminare cultura che già esisteva da parecchio tempo, ma che assumeva in quel momento il carattere di supremazia americana. L'esistenza di una rete globale di comunicazioni e di commerci, affiancata dal predominio del dollaro come moneta di ultima riserva per i mercati di tutte le nazioni, fece capire che i confini statali esistenti avevano spesso solo un valore simbolico, poiché la rapidità impressa dalla creazione (questa sì certamente americana) del sistema di Internet tendeva a far superare le barriere delle conoscenze statali, aprendo piuttosto la via a una moltiplicazione, improvvisamente visibile, degli attori delle relazioni internazionali. Le interdipendenze strutturali, che in precedenza erano state poco evidenti, venivano tradotte in percezioni immediate, capaci di estendersi a tutti i campi della vita sociale, interna e internazionale. Era, in altri termini, la presa di coscienza del fatto che ormai il mondo si era trasformato in un sistema integrato, al cui interno nulla riesce a sfuggire al controllo tecnologico.

In tal senso la classificazione della globalizzazione come prodotto della supremazia americana è perfettamente comprensibile.

Esisteva (ed esiste) una diseguaglianza che deriva dalla storia ma che proietta l'avversione di chi ne subisce le condizioni su chi trae i maggiori vantaggi dalla situazione in essere. Ecco perché il termine acquistò, con eccessiva frequenza, un carattere sinistro e venne considerato espressione di un male sociale. Invece la globalizzazione è un fatto della vita: qualcosa che non è possibile evitare, ma anche un modo di essere che favorisce il cambiamento e permette a chi si trova nei posti più bassi delle graduatorie della ricchezza nazionale (e della sua distribuzione) di prevedere o vivere rapidi mutamenti. Joseph Stiglitz, autore di molti saggi su questo tema, propone una definizione classica: «Il problema non è se la globalizzazione sia buona o cattiva», bensì il modo in cui i governi la gestiscono. In altri termini, il problema non è creato dall'invenzione della rete di Internet ma dal modo in cui essa viene usata, dai modelli di interazione che crea. Lo stesso concetto di potere non può più essere collegato, in termini quasi automatici, a determinati soggetti, poiché «non è più identificabile nei luoghi dove lo si percepisce, bensì anche in luoghi molto lontani».

1.4. *La globalizzazione e le multinazionali*

Se il potere sfugge al dominio politico e tende invece a frantumarsi in varie forme di elaborazione del consenso, tra queste emerge tuttora, ma più come teoria che come realtà effettiva, la tesi secondo la quale la globalizzazione si rispecchia nel dominio delle società multinazionali. Non si può negare un dato di fatto, cioè che la crescita delle multinazionali sia uno degli aspetti caratterizzanti la vita economica contemporanea. Il punto riguarda invece la loro influenza sulla politica internazionale, non in sé e per sé ma in quanto intrecciata o sovrapposta a determinate volontà statuali. Infatti, nel momento in cui si ravvisa nella globalizzazione una dispersione del potere politico, diviene impossibile subordinare o collegare a questa dispersione il proliferare di una centralizzazione condizionata dal potere finanziario.

Ma sul tema delle multinazionali conviene aggiungere altre considerazioni. Come molti altri fenomeni sociali vissuti nel mondo, anch'esse non sono una realtà nata nel XX-XXI secolo. Se per multinazionale si intende un soggetto che investa fuori dei confini del proprio Stato d'origine o, in senso lievemente diverso, organizzi in luoghi esterni ai confini dello stesso paese d'origine attività economiche delle quali conserva il controllo, allora essa risale all'antichità. Dagli Egizi ai Romani, quanti protocapitalisti seguirono questa via? Ancora una volta, è sufficiente tornare agli ultimi decenni del XIV secolo per avere un esempio classico di sistema finanziario internazionale: quello della casa fiorentina dei Medici, che controllavano numerose società finanziarie e banche, disseminate in varie parti dell'Europa ma facenti capo al dominio centrale. Tuttavia il caso classico al quale viene collegata la nascita delle multinazionali è quello della *East India Company*, il raggruppamento finanziario inglese che estese il proprio controllo su gran parte dell'India, prima di consegnarlo alla corona britannica. All'origine vi era la volontà di investire fuori dei confini per acquistare materie prime (il cotone greggio) generatrici di profitto se venivano importate. Seguirono innumerevoli altri casi di imprese multinazionali, frutto della finanza britannica, oppure di quella francese e tedesca e poi di quella americana. All'inizio del XX secolo queste cominciarono a investire nello sfruttamento del petrolio americano e mediorientale: prima la *Anglo-Persian Oil Company* (pronuba della *British Petroleum*), poi la *Standard Oil*, la *Shell* e le altre. Ciò che rese diversa la loro esperienza e che le fece apparire più potenti, anche politicamente, fu la circostanza che esse, anziché combattersi, preferirono stringere accordi di cooperazione, che spiegano la nascita della definizione che accomuna tali società sotto il nome di «sette sorelle», attendibile per un certo tempo ma oggi superata dal moltiplicarsi delle società petrolifere e delle fonti o dei modi di produzione del greggio.

Nell'ultimo decennio del XX secolo e agli inizi del XXI non ci fu quasi alcuna importante attività economica o finanziaria che non fosse emanazione di soggetti multinazionali. Ogni categoria dell'industria – da quella meccanica a quella chimica, da quella automobilistica a quella tessile, dalla moda al cinema – divenne multinazionale. Infatti, caduti gli ostacoli che impedivano la circolazione delle merci e dei capitali o che la costringevano all'interno di limiti politici predeterminati, e nonostante le pressioni «politiche» di alcune organizzazioni di produttori di materie prime, le riserve destinate all'incremento della produzione diventano meno onerose se e quando vengono distribuite tra più soggetti multinazionali e quando il lavoro che esse richiedono viene remunerato di meno oppure si svolge dove l'investimento procura maggiori profitti.

Per citare un altro aspetto della questione, i prodotti hanno una migliore qualità se vengono creati grazie alla collaborazione di più soggetti la cui collocazione geografica non ha rilevanza. Basti pensare all'industria aerospaziale, a quelle della chimica, degli armamenti, estrattiva, automobilistica, per comprendere il predominio delle multinazionali. Scorrendo l'elenco delle maggiori imprese produttive o commerciali diffuse nel mondo, non sfugge il fatto che la maggior parte di esse corrisponde a una società multinazionale o dipende da essa. Per cui il collegamento di questa organizzazione dello sviluppo economico a determinate forme di potere politico perde gran parte del suo senso.

Ma gran parte non significa tutto. Esistono ancora imprese multinazionali che ubbidiscono alla volontà del potere politico o si sovrappongono ad esso, orientandolo in determinati sensi. Molto deriva ancora dalla condizione del paese nel quale hanno luogo gli investimenti per cui, se si investe sul basso costo del lavoro nel Bangladesh, è naturale desumere certe conseguenze sul costo finale del prodotto; così come è naturale immaginare che i lavoratori (o le lavoratrici) del Bangladesh presto o tardi possano ribellarsi allo sfruttamento al quale sono sottoposti e richiedere un cambiamento dei costi di produzione, oppure traggano profitto dal fatto, di per sé logico, che le multinazionali sono in grado di remunerare il lavoro con salari (anche lievemente) superiori a quelli medi del paese in cui il lavoro è localizzato, creando così possibilità di risparmio e crescita: non per spirito di beneficenza ma per spirito di efficienza. A ciò si aggiunga che quasi sempre le multinazionali utilizzano tecnologie più avanzate di quelle in vigore nei paesi ospiti dei loro investimenti, ma che questi traggono profitto dalla conoscenza delle nuove tecniche, analogamente a ciò che accadde nel periodo coloniale, quando l'Europa sfruttò crudamente la mano d'opera africana secondo il proprio modo di pensare tecnologico ma lasciò all'Africa l'eredità delle conoscenze e di alcuni valori, importati dalle diverse «madrepatrie».

Tutto ciò diviene ancora più evidente se si considera il caso delle imprese elettroniche. Formatesi negli Stati Uniti e in Giappone (e solo raramente in Europa, dove se mai si poneva il problema di integrarsi al resto del mondo per acquisire una dimensione adeguata), queste industrie hanno esportato capitale mediante investimenti in mano d'opera verso gran parte dei paesi in via di sviluppo: dalla Cina a Taiwan, alla Corea del Sud, all'India, all'Indonesia, alle Filippine, per citare solo i casi macroscopici. Ma allo sfruttamento del lavoro ha rapidamente fatto seguito l'apprendimento delle tecniche in uso in questa industria, talché oggi le produzioni della Corea del Sud, di Taiwan, della Cina e dell'India tendono a diventare seri concorrenti delle multinazionali di stampo americano; mentre l'arricchimento di alcuni imprenditori in Cina o in Russia o nel mondo arabo ha reso possibile che essi diventassero, con diverso grado di influenza, parte delle multinazionali d'origine, sia con la partecipazione al capitale originario, sia con l'acquisto di intere imprese, passate di proprietà senza che si sia modificato il loro marchio commerciale. Se si enumerano le multinazionali esistenti, secondo la portata in dollari del loro prodotto, sulla base dei dati forniti in Italia da Mediobanca per il 2013, si possono proporre due elenchi. Nel primo, che considera le multinazionali secondo il totale dell'attività, delle dieci maggiori due risultano essere russe, due degli Stati Uniti, una della Gran Bretagna, una del Giappone, una della Germania, una della Svizzera e una del Brasile. Dal punto di vista dell'attivo, la prima è la russa Gazprom. Se invece le multinazionali vengono considerate per valore dei titoli di Borsa, risulta che tra le prime dieci, sei sono d'origine statunitense, due svizzere, una britannica e una giapponese. In questo elenco la multinazionale dal valore di Borsa più elevato è la statunitense Apple.

Questa lunga divagazione sul tema della globalizzazione e sul ruolo delle multinazionali è ispirata, quando si scrive di storia delle relazioni internazionali, dall'intenzione di chiarire quali, tra le numerose leggende che circondano i due concetti, possano essere assunte nel considerare i due temi come elementi dominanti la vita internazionale. Se, come si è cercato di mostrare, la globalizzazione è un fatto della vita, mentre le società multinazionali sono un momento della trasformazione dell'economia globale, il primo concetto è di per sé tale da condizionare in modo permanente la politica mondiale; il secondo è frutto dei tempi e dell'accelerazione economica che caratterizza gli anni successivi alla fine della guerra fredda. Come evolva il sistema delle multinazionali è prevedibile sul piano tecnico; lo è assai meno su quello politico, a condizione che non si considerino queste istituzioni economiche come i veri attori del sistema internazionale e i misteriosi (ma non tanto) padroni del mondo. Infatti il sistema globale, pur condizionato spesso dalle multinazionali, resta il campo d'azione della politica e la politica non lascia che pochi spazi, quando lo ritiene opportuno, agli attori che non ne seguono le regole. Talora le multinazionali condizionano la formazione delle regole di un sistema politico. Ma assumere questo concetto come una premessa assoluta significa avviarsi verso l'incomprensione di ciò che accade nella vita politica del globo, dove altri attori si affacciano e si affacceranno.

1.5. *Alcuni nuovi soggetti della vita internazionale*

Durante tutto il secolo XX, ma in modo più accelerato nei suoi ultimi decenni, il profilo politico delle relazioni internazionali è sfuggito al diretto controllo dei «politici» tradizionali (per quanto si possa intendere in senso lato questo termine) per aprirsi alla partecipazione di nuovi soggetti. Tra questi, il principale è un soggetto collettivo: l'opinione pubblica. L'azione di politica internazionale non è più il segreto delle cancellerie e nemmeno è «diplomazia aperta», cioè partecipazione meditata e attiva di determinati «esperti» al processo di formazione delle decisioni di politica estera. Essa è accompagnata da un flusso di informazioni proiettate sulla massa della popolazione da mezzi di comunicazione sempre più pervasivi. Questi mezzi hanno consentito alla gente comune di assistere da vicino alle azioni politiche e, in particolare, a quelle di politica internazionale, ricavandone impressioni e manifestando reazioni delle quali i governi (anche i più repressivi) non possono non tener conto. Le grandi campagne propagandistiche che avevano preceduto la seconda guerra mondiale erano solo modeste anticipazioni dell'impegno partecipativo che le immagini della guerra del Vietnam provocarono nel pubblico americano. Questo *animus*, spesso manipolato a caso, spesso intenzionalmente usato da chi controlla i mezzi di comunicazione di massa, non democratizza la formazione della politica ma condiziona le azioni dei governi alle reazioni, vere o attese, del pubblico. Il paradosso più eloquente rispetto a questa trasformazione è indicato dal fatto che le grandi occasioni internazionali non sono più scandite da un calendario proprio, bensì dalle esigenze di programmazione dei principali network televisivi.

Opinione pubblica e *mass media* come nuovi attori, dunque, la cui interazione è un campo di studio poco esplorato, ma è anche un soggetto a due facce, capace di recepire messaggi trasversali, che trascurano il concetto di frontiera e condizionano la mentalità di massa grazie alla loro carica emotiva o alla scoperta della loro inattesa rilevanza. E un soggetto che sfugge a una visione accurata proprio a causa del suo continuo mutamento di umore.

Meno indefinita nei contorni e spesso interna alla stessa evoluzione politica è la crescente importanza che le organizzazioni internazionali hanno assunto come soggetti autonomi di azione politica. Se la Società delle Nazioni aveva dato mediocre prova di sé, le Nazioni Unite, anche per la dimensione numerica (193 paesi membri nel 2014: tutti gli Stati indipendenti tranne lo Stato della Città del Vaticano), sono diventate un soggetto simbolicamente o politicamente capace di porre in essere azioni rilevanti. Quasi sempre tali azioni possono essere ricondotte alla natura della maggioranza politica esistente in seno all'Organizzazione e tuttavia ciò non toglie che l'ONU sia diventata gradatamente una delle fonti del nuovo diritto internazionale, come quando nel 1960 condannava il colonialismo in quanto illegittimo o nel 1967 definiva (ambiguamente) le condizioni per la pace nel Medio Oriente o, più tardi, tracciava le condizioni per il completamento dell'indipendenza dei paesi coloniali (come la Namibia, nel 1990) o per i rapporti fra gruppi etnici (condanna dell'*apartheid* sudafricano). Proprio per la sua natura universalistica, però, l'ONU troppo spesso è stata solo la sede per grandi declamazioni, prive di effetti pratici. Esistono ora altre decine di organizzazioni che hanno acquistato il carattere di nuovi attori della vita internazionale. Una elencazione è fuori luogo in questa sede, poiché dovrebbe comprendere alleanze politiche e militari, organizzazioni tecniche, coalizioni continentali, organizzazioni economiche, istituzioni umanitarie. Tuttavia è ovvio che questo modo di formarsi di certi processi politici interferisce con l'azione dei soggetti internazionali tradizionali, facendo avanzare una tendenza all'integrazione e all'imposizione di norme, codificate dalle organizzazioni stesse, che gradualmente stende sopra il globo un reticolo di condizionamenti ai quali i singoli attori, per quanto importanti, difficilmente sfuggono.

Infine, ma non da ultimo, vanno citate qui anche le organizzazioni religiose. Prima fra tutte la Chiesa cattolica: non come esclusiva comunità religiosa capace di sviluppare un'azione internazionale, ma come comunità religiosa configurata in un soggetto statuale – la Città del Vaticano – e in un'azione di apostolato che, specialmente dopo la fine del pontificato di Pio XII e in particolare con quello di Paolo VI e ora con l'elezione al soglio dell'argentino papa Francesco, ha esercitato ed esercita sulla vita internazionale un'influenza che non può essere sottovalutata. Certo, negli anni fra le due guerre, durante la seconda guerra mondiale e durante la guerra fredda, la Santa Sede sviluppò la sua azione internazionale in modi sempre cospicui e pur difficili da percepire, se non attraverso un'attenta disamina degli aspetti meno appariscenti della vita diplomatica internazionale. Ma con l'allargarsi del palcoscenico internazionale e con l'estendersi dell'azione pastorale in modi nuovi nei paesi di recente indipendenza, dal 1958 in avanti, la Chiesa cattolica ha sviluppato un ruolo sempre misurato eppure incisivo e autorevole. L'intervento di papa Roncalli, Giovanni XXIII, nell'ottobre 1962, per richiamare Kennedy e Chruščëv, nel corso della crisi di Cuba, a una volontà di pace, fu un primo importante segno di attenzione al quale molti altri seguirono; fra questi, all'inizio del 1963, l'emanazione dell'enciclica *Pacem in terris*, una *summa* della tensione del pontefice rispetto ai problemi internazionali.

Anche Paolo VI, eletto nel 1963, con maggiore attivismo del suo predecessore proiettò la Santa Sede nella vita internazionale, promuovendo la prassi delle visite papali all'estero, inaugurata da un pellegrinaggio in Palestina, nel 1964, e proseguita con una serie di altri otto viaggi fuori dell'Italia, fra i quali spicca quello a New York dell'ottobre 1965, occasione per un discorso all'Assemblea generale delle Nazioni Unite tutto pervaso dalla vocazione pacifista della Chiesa, ma soprattutto dalla volontà di essere «la voce dei poveri, dei diseredati, dei sofferenti, degli anelanti alla giustizia, alla dignità della vita, alla libertà, al benessere e al progresso». Erano parole che esprimevano un messaggio complesso, rivolto a chi libero non era ma soprattutto ai popoli diseredati. Un discorso che presentava la Chiesa alle Nazioni Unite come alleata non più della coalizione occidentale (come era accaduto, tacitamente o mediatamente, durante la guerra fredda), ma dei paesi poveri, sulla via dello sviluppo: un tema rielaborato e codificato nell'enciclica *Populorum progressio* del 1967.

I successori di Paolo VI, Giovanni Paolo I e, più ancora, Giovanni Paolo II e Francesco, accentuarono questo impegno, proiettandolo sempre più direttamente nel cuore della vita politica internazionale e facendo acquistare alla Santa Sede, come sintesi di religione, azione pastorale e azione politica, un peso e una presenza sempre meno trascurabili e, in certi casi, forse risolutivi.

1.6. *Il «terrorismo» e la politica internazionale*

Ma citare solo la Chiesa cattolica nel momento in cui l'islamismo condiziona la vita sociale e politica di buona parte dell'Asia e dell'Africa sarebbe limitativo. Il risveglio politico del mondo arabo è infatti direttamente legato a situazioni che tendono a sfuggire al controllo della società internazionale. Si innesta a questo proposito un tema tanto antico quanto innovativo per ciò che accade nella vita internazionale, dato che di recente il concetto di «terrorismo» è stato collegato a varie espressioni politiche del mondo islamico. Ma anche in questo caso le generalizzazioni frettolose diventano fuorvianti. Se per terrorismo si intende l'uso di strumenti che provocano terrore presso la popolazione comune, il termine ha un preciso significato; ma terrorismo può significare anche un'azione di piccoli gruppi che nascostamente progettano piani eversivi o prendono di mira esponenti della vita politico-sociale per eliminarli; o, ancora, organizzazioni politico-militari che apertamente ma di sorpresa colpiscono duramente il nemico. Del resto, il termine si presta a tanti usi da non consentire definizioni univoche. Si affollano troppe domande perché sia possibile una risposta semplicistica. Ad esempio, uccidere un tiranno è terrorismo? Se la risposta è affermativa, allora basta scorrere la storia umana per capire quanto essa sia percorsa dal terrorismo. Bruto era un terrorista o un tutore della libertà romana? Il colonnello von Stauffenberg, che nel luglio 1944 cercò di eliminare Hitler e la sua cricca, era un terrorista o un eroe? Infine, l'esempio più carico, a suo tempo, di conseguenze, Gavrilo Princip, l'attentatore che il 28 giugno 1914 uccise, per conto della società segreta *Narodna Odbrana* (difesa nazionale), l'arciduca Francesco Ferdinando, erede della corona austriaca, facendo scoccare la scintilla che sfociò nella prima guerra mondiale, era un terrorista o un patriota serbo?

Tutti questi sono però casi meno recenti di quelli che le cronache contemporanee riportano. È molto facile definire Al Qaeda come un'organizzazione terroristica plurale, tenendo conto del fatto che dalla sua azione non derivò solo l'attentato alle Torri Gemelle di New York (11 settembre 2001), che, pur aberrante, risponde a un progetto eversivo comprensibile. A questa azione «strategica» si deve aggiungere che Al Qaeda attuò anche numerosi attacchi in varie località del mondo: attentati (come quelli compiuti in diverse metropolitane europee) nei quali la volontà di seminare terrore nella popolazione comune era evidente e prevalente. Invece è assai più tortuoso il criterio che porta a definire come terroristi gli uomini che nell'autunno del 2014 combattevano per il Califfato islamico in Siria e in Iraq. Infatti questi uomini provenivano in parte dalle file di quei gruppi di «ribelli» che dal 2011 lottavano contro il dittatore siriano Assad e come tali apparivano quali guerrieri per la libertà di un popolo e venivano armati sia dai paesi sunniti che da quelli occidentali sinché, accantonata la possibilità di abbattere Assad, una parte di essi dette avvio alla folle impresa di costruire con la violenza uno Stato islamico, organizzato secondo una interpretazione estremistica della lettura del Corano, operando con metodi che li trasformarono tutti in «terroristi». Per quanto eccezionale e sinanche paradossale, questo cambiamento di definizione esprime da solo l'impossibilità di tracciare con precisione i confini del termine terrorismo. E ciò, per quanto riguarda questo volume, aggiunge un ulteriore elemento di destabilizzazione e incertezza alla transizione. Forse un argomento logico rende possibile una distinzione fra chi vuole il genocidio del nemico e chi si limita (se così si può dire) ad azioni violente contro un solo nemico preconcetto. Ma anche questa è una distinzione che coinvolge il potere dello Stato, poiché solo uno Stato ha le risorse e le potenzialità necessarie a progettare l'estinzione dell'avversario.

1.7. *Demografia e relazioni internazionali*

Questo sintetico viaggio tra i problemi della transizione non sarebbe completo se si trascurassero le condizioni materiali che orientano le decisioni degli attori. Infatti non è possibile parlare dei problemi internazionali senza tener conto di una serie di mutamenti avvenuti durante gli ultimi decenni: del mutato assetto demografico della popolazione globale, del modo di porsi della questione delle materie prime e del più serio problema, emergente dallo sviluppo economico, della compatibilità ambientale. Come rileva Livi Bacci, l'avvento della rivoluzione industriale, l'introduzione delle macchine, la moltiplicazione dell'energia disponibile per l'uomo, l'espansione degli scambi, modificarono, dalla fine del XVIII secolo, il rapporto tra popolazione, lavoro e terra. La diagnosi malthusiana, riguardante gli anni pre-rivoluzionari, che prevedeva un aumento della domanda e la lievitazione dei prezzi come causa di una diminuzione dei salari e di una decrescita demografica, veniva contraddetta dal fatto che, grazie alla prima industrializzazione, il dualismo tra crescita demografica e crescita economica anziché essere antagonistico generava un reciproco sostegno. In sistemi economici non più basati prevalentemente sulla produzione agricola o sull'allevamento, il ruolo del lavoro e la disponibilità di mano d'opera si dissociavano, trasformandosi in variabili dipendenti dalla produttività, più che dalla produzione agricola. E parimenti perdevano di valore i timori sul venir meno di risorse naturali in rapporto con la crescita della domanda di una popolazione più numerosa.

Livi Bacci rileva come nel volgere di poco più di un secolo la quantità di energia necessaria per produrre beni o servizi sia diminuita di circa il 70 per cento. La diminuzione della mortalità e la previsione di una maggiore durata della vita accrescono la possibilità di programmare l'impiego di risorse e di attitudini nel corso di un numero considerevole di anni, accrescendo l'efficienza media della popolazione. Veniva messo in moto un «cammino della popolazione mondiale», verso «ordine ed efficienza» demografica, più che mai veloce. Se alla fine del XVIII secolo la popolazione del globo assommava a un miliardo di individui, dopo la prima guerra mondiale essa raggiungeva i due miliardi, per poi arrivare a tre miliardi negli anni Sessanta del XX secolo, a quattro-cinque tra il 1973 e il 1987, a sei nel 1988, a sette nel 2012, e si prevede che raggiungerà gli otto miliardi entro il 2025. Pure in considerazione di una diminuzione del tasso di natalità, questa progressione provocherà nuovi problemi sociali: la tutela delle persone anziane, sempre più numerose a causa della crescente longevità, ma non sempre adeguatamente produttive; la crescita delle generazioni più giovani, non ancora in grado di partecipare ai cicli produttivi; l'aumento esponenziale dell'onere di mantenere coloro che non partecipano al ciclo produttivo, onere che grava sulle classi di popolazione in età da lavoro. Ciò sintetizza problemi sociali resi sempre più complicati dalla necessità di adeguare il prodotto e il consumo di beni alle consuetudini di una società tendente al miglioramento del tenore di vita. Il problema di fondo riguarda ancora una voltà la sostenibilità sociale di questa trasformazione e le conseguenze che essa avrà (per ciò che in questa sede importa considerare) sulla vita internazionale.

A questo proposito la prima osservazione riguarda l'ordine di grandezza demografica dei paesi. È ben facile prevedere che la Cina e l'India diverranno i paesi demograficamente più importanti del mondo (sebbene la regolamentazione delle nascite imposta in Cina possa provocare il futuro superamento demografico da parte dell'India). Altri paesi, come l'Indonesia o il Vietnam o le Filippine, si aggiungeranno al quadro asiatico. In America Latina, Brasile, Argentina, Venezuela e Messico supereranno di gran lunga la popolazione degli Stati Uniti. L'Europa si fermerà a ritmi di crescita che tenderanno a stabilizzarne la situazione demografica, mentre alcuni paesi del Medio Oriente, come la Turchia, l'Iran e l'Egitto, diversi paesi nordafricani e molti dell'Africa subsahariana saranno l'enorme riserva demografica del futuro, dato che per essi le Nazioni Unite prevedono il tasso più elevato di fertilità. È impossibile prevedere se, come e quanto l'evoluzione demografica avrà ripercussioni sulla vita internazionale, a meno di non volersi affidare alla profezia. Ma alcuni elementi sono precisi. Il primo riguarda il rapporto tra popolazione-risorse e compatibilità ambientale (un tema che sarà affrontato più avanti); il secondo riguarda il controllo delle risorse necessarie e delle materie prime utili allo sviluppo; il terzo concerne la possibile nascita di tensioni, ancora impreviste, fra diversi gruppi etnici, per il controllo di territori contesi. Ciascuno di questi temi suggerisce ipotesi conflittuali, quali già si verificano soprattutto in Africa o lungo il confine sino-russo. Tuttavia la portata di tali conflitti dovrebbe restare circoscritta, per ragioni di economia di scala e di sviluppo tecnologico. In un sistema internazionale policentrico, quale si immagina come ipotetico risultato della transizione, la tendenza a soluzioni conflittuali dovrebbe essere condizionata dalla valutazione dei costi economici del conflitto stesso. E anche il tema delle materie prime appare più suscettibile di diatribe riguardanti i prezzi o le limitazioni quantitative, piuttosto che dar luogo a scontri bellici.

1.8. *La compatibilità ambientale, tema emergente della vita internazionale*

Assai più rilevante appare invece il tema della compatibilità ambientale. Non si tratta di una questione dalla quale possano emergere motivi di conflitto diretto, eppure il tema condiziona tutta l'umanità, senza possibilità di stabilire confini netti. Gli aspetti della questione sono numerosi e molti di essi sono stati spesso al centro di polemiche superficiali e prive di motivazione reale. Esistono organizzazioni che pretendono di difendere in modo statico l'ambiente e che sono diffuse su scala mondiale. Ciascuna di esse si propone un obiettivo ben preciso. Robert Musil scriveva: «Tutte le ideologie professionali sono nobilissime [...] e i cacciatori, ad esempio, non si sognano certo di definirsi i macellai del bosco». Tuttavia l'ironia suscitata da chi dedica la vita a difendere modi d'esistere arcaici non oscura il fatto che una questione nuova esista. È sufficiente pensare che la crescita demografica, moltiplicando il fabbisogno alimentare, spiega le ricerche nel campo degli organismi geneticamente modificati, altera la distribuzione delle risorse naturali (boschi, foreste, deserti, mari, terre) sulla superficie terrestre, provoca movimenti di popolazione che modificano profondamente la distribuzione della popolazione sul territorio, facilita l'inquinamento atmosferico a causa dell'uso sempre più intenso di sostanze venefiche, che poi si disperdono nell'atmosfera: problemi nuovi che i protagonisti della vita internazionale non potranno ignorare, poiché essi hanno tutti un profilo politico non trascurabile. Tra tutte queste variazioni, le conseguenze dell'urbanizzazione, dell'inquinamento atmosferico e della deforestazione selvaggia appaiono le più problematiche.

Secondo le Nazioni Unite, dal 1950 al 2010 la popolazione urbana è cresciuta, rispetto a tutta la popolazione del mondo, del 50,5 per cento; oltre tre quarti delle popolazioni dei paesi sviluppati vivono nel 2014 in centri urbani e si prevede che entro il 2020 la popolazione della maggior parte dei paesi meno sviluppati sarà anch'essa urbanizzata. Il tema appare ancora più serio se si scorre la graduatoria delle città più popolose del mondo. Due di queste sono cinesi (Shanghai e Pechino), rispettivamente con 25 e 20 milioni di abitanti; la terza, in ordine di popolazione, è l'indiana Mumbai, con quasi 20 milioni di abitanti. Seguono altre città asiatiche e per giungere alla prima città «occidentale» si deve arrivare alla quindicesima posizione, occupata da New York, in passato la città più popolosa del mondo, ora scesa a circa 8 milioni e mezzo di abitanti.

È accertato che l'urbanizzazione è la conseguenza della ricerca di una migliore qualità di vita, specialmente quando gli urbanizzati, anche grazie a nuove norme che li liberano da vincoli legislativi alla terra, provengono da attività agricole o dalle aree più povere dei rispettivi paesi. Il suo primo effetto è la riforestazione di queste aree; il secondo riguarda la vita urbana. La crescita della popolazione urbanizzata, infatti, è all'origine del cambiamento climatico in atto nel mondo. Le emissioni di gas serra (per quattro quinti anidride carbonica) sono cresciute dal 1974 al 2004 dell'80 per cento e «a questo incremento hanno contribuito tutte le attività umane (la produzione di energia, le attività industriali, quelle agricole, residenziali e commerciali, nonché i trasporti)» (Livi Bacci). Il previsto sviluppo della popolazione, che proseguirà per tutto il XXI secolo, farà crescere la temperatura del globo (a quanto prevedono gli esperti del settore) da un minimo di 1,8 gradi a 4 gradi centigradi, rendendo più serie le conseguenze del riscaldamento globale. Il che avrà ripercussioni sulle aree costiere e provocherà un progressivo inaridimento delle aree interne, che sarà ancora più visibile nelle zone in cui la deforestazione sarà più avanzata (esempio da manuale, il caso dell'Amazzonia).

Sono, questi, i problemi rispetto ai quali, come è spesso accaduto in passato, verranno trovati almeno parziali rimedi tecnologici. Ma è abbastanza probabile che il mutamento climatico possa provocare massicci fenomeni di trasferimento demografico, dalle località che diverranno improduttive o inospitali verso altre più accoglienti. Una prospettiva razionale rispetto a questo fenomeno, probabile prodotto finale della transizione già in atto, potrebbe essere la grande crescita della propensione all'integrazione razziale e una trasformazione profonda della composizione delle società umane che vivono sul globo verso sistemi di relazioni che dovrebbero privilegiare l'interdipendenza e il pluralismo rispetto alla supremazia di pochi. In altri termini, una transizione ricca di incognite ma non necessariamente negativa per la vita internazionale. Del resto, questo tema ha acquistato una rilevanza tale da richiedere la convocazione a Parigi, entro il dicembre 2015, di una grande conferenza dedicata agli aspetti della questione ambientale.

Parte seconda

Dopo il bipolarismo, che cosa?

2.1. *L'egemonia solitaria degli Stati Uniti e i suoi limiti*

Dalla fine del bipolarismo emersero come vincitori gli Stati Uniti, l'unica superpotenza rimasta tale militarmente, economicamente e politicamente. Era l'inizio di una nuova epoca, dominata da questa supremazia? Cominciava una solitaria egemonia statunitense in sostituzione della diarchia bipolare? Una serie notevole di indicatori lasciava pensare, alla fine della guerra fredda, che gli Stati Uniti potessero facilmente dominare il mondo. In termini militari, l'Unione Sovietica cessava di essere il nemico preconcetto delle democrazie occidentali e doveva invece affrontare i problemi derivanti dalla propria frantumazione. L'arsenale militare della Repubblica federativa russa – o, se si vuol credere alle sigle, della CSI (Confederazione degli Stati Indipendenti) – restava imponente ma, in ogni caso, si avviava all'obsolescenza, dato che per mantenerlo aggiornato sarebbero state necessarie risorse che allora non esistevano più o esistevano in quantità molto più limitate.

In termini geopolitici, la Repubblica russa cessava di dominare l'Asia centrale e orientale, riducendosi a essere un grande paese europeo, dai confini meridionali non del tutto sicuri. Il possesso della Siberia le assicurava e le assicura, forse, un grande serbatoio di materie prime, ma la Siberia è ancora un semicontinente da colonizzare, sebbene Irkutsk, la sua maggiore città, abbia raggiunto il milione di abitanti. Nell'Europa orientale, la Russia è circondata da una serie di paesi, come la Lettonia, la Lituania, l'Estonia, la Polonia, la Moldova, che per ragioni storiche antiche e recenti conservano un sentimento di profonda diffidenza nei suoi confronti. Può contare su un buon rapporto con la Bielorussia, ma con l'Ucraina vive in costante tensione, per radicate inimicizie storiche ma ancor più per l'incertezza dei confini, stabiliti frettolosamente da Chruščëv nel 1954 in modo da conglobare all'Ucraina vaste regioni abitate da popolazioni di etnia o lingua russa. Ma soprattutto i nuovi confini privavano la Russia di uno sbocco sul Mar Nero, poiché la penisola di Crimea era stata posta sotto il governo di Kiev, con Sebastopoli, il principale porto militare sovietico sullo stesso Mar Nero, oggetto di serrati negoziati che solo nel 1997 avevano portato alla concessione del porto in affitto per vent'anni alla flotta militare russa.

A tutti questi cambiamenti, che toccavano direttamente ciò che era stata l'Unione Sovietica, s'aggiungeva la riunificazione della Germania: un evento che, in senso politico-militare, era ben più impegnativo degli altri mutamenti. Con la rinascita della Germania, infatti, ogni speranza russa di dominare il continente europeo veniva meno, poiché il grande e potente nuovo Stato tedesco sarebbe divenuto il baluardo della struttura europea. Con la Germania sarebbero stati possibili (direttamente o nell'ambito dell'Unione Europea) accordi di lunga durata e reciproca convenienza, ma anche diatribe quanto mai aspre sui temi relativi al confine tra la Polonia e la Russia e sui commerci, soprattutto quelli di petrolio e gas, che uniscono, dividendole, le due repubbliche.

Così, dal punto di vista della situazione europea, la supremazia statunitense era unica e indiscussa, se non altro perché l'esistenza del Patto atlantico e della NATO (soprattutto dopo gli aggiornamenti decretati nel 1999) stendeva, su un'Europa dominata dal problema della propria ricomposizione, la protezione militare degli Stati Uniti. Del resto, come si vedrà fra poco, negli anni immediatamente successivi al 1989 gli USA non esitarono a «mostrare i muscoli», ovvero a cercare di far valere la loro supremazia in ogni parte del globo. Il punto logicamente e politicamente critico di questa situazione era però insito nella vita politica interna e nel pensiero di politica estera degli americani. La fine delle grandi tensioni internazionali aveva affievolito la disponibilità pratica degli Stati Uniti a farsi carico dei compiti inerenti alla funzione di «gendarme globale». Già Richard Nixon, nel 1969, aveva affrontato questo tema. Una volta attuata la profezia di George Kennan, che nel 1947 aveva previsto, nel suo articolo *The Sources of Soviet Conduct*, apparso nel numero di luglio della rivista «Foreign Affairs», un lento ma inevitabile fallimento del dottrinarismo comunista. Purché il mondo occidentale sapesse salvaguardare i propri valori «contenendo» l'espansionismo sovietico, gli Stati Uniti potevano forse, in perfetta coerenza, mantenere il loro costante interesse verso l'egemonia all'interno di un sistema economico-finanziario globale ben concertato, senza caricare tale influenza di contenuti politico-militari.

Invece non affiorò né durante l'amministrazione repubblicana di George H.W. Bush (1989-1993) né durante quella democratica di William (Bill) J. Clinton (1993-2001) l'ipotesi di un ritiro degli Stati Uniti dalle responsabilità globali. Vi fu invece un serio dibattito politico interno sul modo di esercitare la supremazia: se far prevalere il *soft power* sull'*hard power*, cioè se affidare la supremazia a un'esplicita politica di potenza o, diversamente, essere presenti con una forza di persuasione solo indirettamente sostenuta dalla potenza. Il governo di Washington esitò per qualche tempo prima di interiorizzare tale alternativa e di esprimere una linea di politica internazionale univoca. Il successo in Europa e nei Balcani, i ripetuti trattati con Gorbačëv e Eltsin per definire i temi della riduzione degli armamenti (la Repubblica russa restava, pur entro i nuovi limiti, una grande potenza nucleare), gli accordi avviati con grandi speranze nel Medio Oriente, fra Israele e l'OLP: tutte queste manifestazioni di supremazia non confluivano in un'affermazione lineare di assunzione di responsabilità. Erano, anzi, intese o come scelte internazionali avallate dall'ONU o come manifestazioni del nuovo ruolo che la NATO aveva assunto in modo palese, quello di garante dello *status quo* globale. La globalizzazione della politica estera americana appariva dunque, sul finire del XX secolo, come un fatto compiuto. Tuttavia gli strumenti pratici per la sua attuazione restavano circoscritti allorché non appartenevano alla finanza o al commercio ma alla diplomazia e alle forze armate. Rispetto a quest'ultimo tema, se è impossibile mettere in dubbio la supremazia statunitense, è inevitabile dubitare della volontà dell'opinione pubblica e del Senato americani di approvare una spesa e un uso della forza eccessivi. Perciò la propensione a dominare, benché sospinta, almeno sino alla crisi del 2007-2013, dalla prevalenza economica, veniva frenata sul piano pratico e si traduceva in una sensazione di incertezza. Gli Stati Uniti, da soli, non intendevano, oppure non potevano, rendere il mondo sicuro.

2.2. *Il dibattito politologico sui limiti della potenza americana*

Gli autori che hanno affrontato, questo problema da un punto di vista geopolitico hanno formulato analisi concettualmente stimolanti. I più ottimisti rispetto alla possibilità di affermare la supremazia del diritto internazionale (per esempio, Robert Cooper, Jean-Marie Guéhenno, David Beetham) hanno analizzato la crisi del potere statale auspicando un nuovo ordine internazionale fondato sulle regole del diritto. Su un piano diverso, nel 1993 Samuel Huntington, uno dei maggiori politologi americani, aveva formulato sulle pagine di «Foreign Affairs», riprendendola poi in un volume del 1996, una diagnosi secondo la quale la politica e l'economia sono sovrastrutture della vita degli Stati:

> Sotto la spinta della modernizzazione, la politica planetaria si sta ristrutturando secondo linee culturali. I popoli e i paesi con culture simili si avvicinano. Le alleanze determinate da motivi ideologici o dai rapporti tra le superpotenze lasciano il campo ad alleanze definite dalle culture e dalle civiltà [...] Le comunità culturali stanno sostituendo i blocchi della guerra fredda e le linee di faglia tra le civiltà diventano le linee dei conflitti nella politica globale.

In altri termini, la politica estera e quella internazionale erano ispirate da «scelte di civiltà, prima che da scelte di potenza».

Lo stesso autore tuttavia rielaborava i suoi concetti in un altro saggio, apparso su «Foreign Affairs» nella primavera del 1999. Huntington riprendeva una tesi già tracciata da Henry Kissinger nel suo volume *Diplomacy*, del 1994, dove si affermava che il sistema internazionale del XXI secolo sarà dominato da almeno sei grandi potenze – Stati Uniti, Europa, Giappone, Cina, Russia e probabilmente India – circondate da un gran numero di paesi medi e piccoli, così da costituire un sistema policentrico, con alcune grandi potenze affiancate da potenze secondarie, sulla base di una certa affinità culturale. Cultura e politica di potenza si avvicinavano. Ma nell'agosto 1999 il settimanale britannico «The Economist» osservava che, con la rielaborazione delle sue teorie sullo scontro di civiltà, Huntington «riconosceva che la politica estera di uno Stato è una miscela di vari elementi: i movimenti spontanei, i limiti suggeriti dalla ragione e una buona dose di pura immaginazione; e perciò il XXI secolo sarebbe potuto diventare un'epoca rischiosa». Tuttavia, osservava lo stesso settimanale, se «tutto ciò appare il frutto del buon senso, questo livello di sofferto realismo non fornisce un quadro esauriente della complessità dell'assetto geopolitico futuro».

L'alternativa fra l'uso della potenza americana in termini di *soft power*, cioè di potere esercitato mediante la persuasione più che con la forza (così Joseph S. Nye jr.), e l'*hard power*, cioè l'affermazione della supremazia mediante l'uso della forza (Robert Kagan e William Kristol), restava al centro di un dibattito tanto più acceso quanto più le sfide mondiali, come quella del terrorismo nel 2001, affioravano come pericoli mortali. Nye sosteneva il dovere di confidare soprattutto sul *soft power* e nel 2002 scriveva: «Il nostro dovere storico è quello di sviluppare un consenso verso principi e norme che ci consentano di lavorare con altri paesi per creare stabilità politica, crescita economica e valori democratici. La potenza americana non è eterna [...]. L'importanza relativa del *soft power* è destinata a crescere poiché esso è basato sulla credibilità». Per contro, in un saggio dal titolo *The Choice*, pubblicato nel 2004, Zbigniew Brzezinski, già consigliere del presidente Carter, scriveva: «All'inizio del XXI secolo, la potenza americana è senza precedenti dal punto di vista militare, da quello della vitalità economica intesa come base del benessere globale, da quello del dinamismo tecnologico con i suoi effetti innovativi così come nell'influenza mondiale [...] sulla cultura di massa. Tutto ciò dà all'America un'incomparabile spinta politica mondiale. Nel bene e nel male, è l'America che indica la via da seguire; non c'è in vista nessun rivale». La netta affermazione di Brzezinski confermava opinioni che egli aveva già espresso in precedenza, ma seguiva eventi che avrebbero dovuto spingerlo verso una riflessione più misurata. Invece egli soggiungeva che «quand'anche l'egemonia americana fosse terminata, ciò non avrebbe portato alla restaurazione del policentrismo attuato dalle maggiori potenze che avevano notoriamente dominato gli ultimi due secoli» della vita internazionale.

Una riflessione così autorevole e così radicale contribuisce a spiegare perché gli Americani avessero stentato e stentassero a rendersi conto del fatto che la loro supremazia era invece messa in gioco e che se invero nessuna potenza era ancora sorta a sfidarla in modo aperto, ciò che era accaduto poco dopo l'ascesa alla presidenza di George Bush jr., figlio del presidente che aveva vissuto la fase finale della guerra fredda, preannunciava rivolgimenti che rimettevano in discussione proprio l'assunto di un primato incontrastato e incontrastabile.

2.3. *George W. Bush e l'eccezionalismo americano*

L'elezione di Bush alla presidenza imprimeva, non al dibattito ma all'azione politica, una svolta netta e tale da presupporre una scelta fra i due corni del dilemma. Già all'indomani dell'attacco di Al Qaeda alle Torri Gemelle di New York, l'11 settembre 2001, Bush aveva anticipato la sua visione del nuovo corso della politica americana. Ne fornì una versione meno emotiva e più completa nel «Discorso sullo stato dell'Unione» del 29 gennaio 2002. Dopo aver enumerato i passi compiuti per combattere il terrorismo e dopo aver elencato i paesi che ne favorivano l'attività (la Corea del Nord, l'Iran e l'Iraq), soggiungeva:

> Stati come questi, e i terroristi loro alleati, costituiscono un asse del male, che si arma per minacciare la pace del mondo. Questi regimi, nella loro ricerca di armi di distruzione di massa, pongono una minaccia sempre più grave. Essi potrebbero fornire queste armi ai terroristi, equipaggiandoli dei mezzi per tradurre nei fatti il loro odio. Potrebbero attaccare i nostri alleati o tentare di ricattare gli Stati Uniti. In tutti questi casi, il prezzo dell'indifferenza sarebbe catastrofico. [...] Tutte le nazioni dovranno saperlo: l'America farà tutto ciò che è necessario per difendere la propria sicurezza [...]. Non starò ad aspettare che le cose accadano. Non mi fermerò mentre il pericolo si fa sempre più vicino. Gli Stati Uniti non permetteranno che i regimi più minacciosi del mondo li minaccino con gli armamenti più distruttivi del mondo. La nostra guerra contro il terrore è iniziata bene, ma è solo nella fase iniziale [...]. Non possiamo fermarci presto. Se ci fermiamo lasciando intatti i campi dei terroristi e gli Stati terroristi fuori controllo, il nostro senso di sicurezza sarebbe falso e temporaneo. La storia ha chiamato l'America e i suoi alleati all'azione ed è nostro privilegio così come nostra responsabilità combattere una guerra per la libertà.

Questa presa di posizione di Bush lo indicava, a prima vista, come un interprete della concezione conservatrice della politica americana, secondo la quale il mondo doveva essere guidato vittoriosamente contro «le visioni totalitarie distruttive». In termini ideologici, ciò veniva fatto coincidere con la volontà di affermare o «esportare» ovunque la concezione americana di democrazia, affidando a questa missione il ruolo egemonico che l'amministrazione Bush intendeva recuperare. Detto in altri termini, si trattava di «wilsonismo con gli stivali», come osservava con sarcasmo Stanley Hoffmann, un altro dei maggiori politologi americani. In termini meno aspri, si potrebbe affermare che l'azione di Bush, sul piano della politica interna come su quello della politica internazionale, era fortemente segnata dall'intima condivisione nutrita dal Presidente del valore, da sempre esistente nella vita politica americana e nelle sue istituzioni, di un approccio religioso-ideologico-conservatore nelle istituzioni e nell'azione degli Stati Uniti. Secondo il termine allora in voga, era ispirata da una visione *teocon*. Era un senso di sicurezza che, pur dopo l'attentato alle Torri Gemelle, permeava le concezioni di gran parte dei teorici della politica estera americana, mostrandone al tempo stesso l'unilateralismo o l'incapacità di vedere in profondità il senso di ciò che stava avvenendo in scacchieri diversi della politica mondiale. I sintomi di crisi non erano avvertiti nella loro completa portata e la necessità di misurarsi con i fermenti già in atto nel mondo arabo e nell'Asia centrale non veniva percepita come un impegno tale da assorbire la potenza degli Stati Uniti in modo meno lineare e più carico di ambiguità di quanto non fosse accaduto durante il confronto bipolare.

Tuttavia, a ben guardare, e fatta eccezione per il caso della Corea del Nord, la scelta di Bush era fortemente condizionata dai dibattiti legati alla guerra (iniziata subito dopo l'attacco alle Torri Gemelle) contro il regime dei Talebani in Afghanistan, rifugio della dirigenza terroristica, e alla guerra contro l'Iraq, iniziata nel marzo 2003. Se a questi casi particolari si attagliava la definizione di voler «esportare la democrazia» con la forza, bisognava anche chiedersi se un impegno analogo fosse manifesto in altre parti del mondo. Invece l'azione internazionale degli Stati Uniti spinse in secondo piano tutti i campi dove prima era stata combattuta la guerra fredda. Non investì né l'Africa né l'America Latina e, quanto all'Europa, operò mediante la NATO quando volle far valere il proprio punto di vista. Anzi, nelle parole di Bush, come nei discorsi dei suoi collaboratori, questi continenti, così come antichi avversari quali la Russia e la Cina, erano cooptati nel campo comune della lotta contro il terrorismo.

L'asse del male aveva il suo fulcro nel Medio Oriente. Ciò che permette, sul piano della ricostruzione storiografica, di isolare la ricostruzione degli avvenimenti più vicini ai giorni nostri in capitoli separati e solo occasionalmente intrecciati. Permette anche di rilevare che la filosofia politica di Bush sposava le tesi più conservatrici ma non come una visione globale, bensì come occasione esemplare che consentiva agli Stati Uniti di delimitare il perimetro del loro intervento all'interno di un'area determinata, commisurando l'impegno (come allora si sperava, senza immaginare i costi successivi) alle effettive possibilità d'azione, e al tempo stesso consentiva loro di essere teoricamente interessati a ogni aspetto della vita internazionale che direttamente mettesse in gioco la loro sicurezza e la loro credibilità di superpotenza. Ancora una volta, la percezione dei limiti della politica di potenza come unica manifestazione di supremazia si faceva sentire.

L'esame degli avvenimenti che dopo il 1991 fecero da contrappunto alla supremazia americana anche a medio termine, cioè fino al secondo decennio del XXI secolo, induce a osservare che gran parte delle polemiche contro l'imperialismo *yankee* non era sempre e del tutto fondata. Il fatto di sentirsi soli nel governo del sistema internazionale spingeva, quasi di necessità, gli Stati Uniti ad avvertire la responsabilità collegata a tale supremazia e induceva i loro avversari a considerarli come i padroni della globalizzazione, ossia i responsabili di ciò che avveniva in tutte le parti del mondo: con il carico di reazioni favorevoli oppure ostili che ciò generava. Tuttavia la supremazia degli Stati Uniti apparteneva più all'ambito delle percezioni che a quello della realtà effettuale. La globalizzazione non era il frutto della supremazia americana, né gli Stati Uniti erano in grado, o volevano, lasciarsi trascinare in tutte le dispute esistenti nel mondo. La supremazia aveva i suoi limiti, che sarebbero divenuti ben visibili proprio dopo quanto accadde a partire dal 1990 in Iraq. Talché per sfuggire ai vincoli che limitavano le decisioni della Casa Bianca diventava spesso – molto spesso – necessario rifugiarsi o sotto il simbolico consenso delle

Nazioni Unite, o all'interno della NATO oppure in alleanze combinate per l'occasione, secondo la localizzazione e l'importanza dei fatti. Le Nazioni Unite furono un'oasi filo-americana sinché Eltsin governò a Mosca e il governo cinese gli tenne dietro. Divennero un vespaio da quando Vladimir Putin prese a esaltare, sin dai primi anni del XXI secolo, il nazionalismo russo. La NATO, a sua volta, era legata ai testi che erano stati concordati nel 1949, talché divenne necessario, in occasione del cinquantesimo anniversario della firma, nell'aprile 1999, dirottare le incertezze relative al modo di applicare gli impegni di mutua difesa, contenuto nell'art. 5 del trattato, verso l'affermazione di un nuovo «Concetto strategico» nel quale si proclamava che la sicurezza dell'Alleanza deve anche tener conto del contesto globale.

Non è difficile scorgere in queste parole un radicale cambiamento dei confini politico-militari del Patto atlantico e, come conseguenza, la volontà di estenderne la portata, sino a trasformarlo (questo sì) nello strumento militare per l'esercizio globale della supremazia atlantica. Quanto al terzo strumento, le alleanze occasionali, esso sarebbe stato utilizzato nella misura e nei limiti della capacità e volontà dei singoli Stati di associarsi alle imprese militari guidate dagli Stati Uniti.

2.4. *La crisi del Kuwait e la risposta internazionale*

Il 2 agosto 1990 truppe irachene occupavano tutto il territorio dello Stato del Kuwait. Qualche settimana dopo, il governo di Baghdad ne dichiarava l'annessione, come diciannovesima provincia dell'Iraq. Saddam Hussein, il dittatore iracheno, forte dell'esito tatticamente favorevole della guerra con l'Iran, tentava così di impadronirsi di una regione di importanza economica e strategica cruciale.

Il Kuwait aveva fatto parte, sino alla prima guerra mondiale, dell'Impero ottomano. Quando, nel 1920, la Mesopotamia venne assegnata come mandato di tipo A alla Gran Bretagna, il confine della regione era indeterminato sia a nord, rispetto alla Turchia, sia a sud, rispetto all'Arabia; nel 1922 la sua definizione fu oggetto di negoziati che riguardarono anche l'area riconosciuta come sceiccato del Kuwait, governato dalla dinastia degli Al Sabah, che dominava la regione dal XVII secolo. Nel 1923 tali confini vennero fissati con la creazione, a sud, di una cosiddetta «zona neutrale», un'area fra il Kuwait e la futura Arabia Saudita, che avrebbero diviso sovranità e sfruttamento di eventuali giacimenti di petrolio. La situazione rimase tuttavia abbastanza fluida lungo il confine settentrionale, a causa della scoperta nell'area di Rumaila, a cavallo della linea di confine con l'Iraq, di un vasto giacimento petrolifero il cui sfruttamento avrebbe dovuto essere concordato fra i due paesi, tenuto conto del fatto che esso risultava per oltre tre quarti situato in territorio iracheno.

Nel 1930 l'Iraq ottenne l'indipendenza e nel 1932 fu ammesso alla Società delle Nazioni. Lo sceiccato kuwaitiano mantenne la sua autonomia secondo i confini stabiliti nel 1923, ma questa autonomia poneva dal punto di vista territoriale, oltre al problema di Rumaila, quello relativo allo sbocco nel Golfo Persico, dove la coesistenza con gli Iracheni era resa difficile anche per la presenza delle isole kuwaitiane di Warbah e Bubiyan, necessarie per costruire un porto utile sia per gli Iracheni, che avrebbero così decongestionato Bassora, sia per gli stessi Kuwaitiani, che avrebbero avuto una via di comunicazione propria, diversa dal delta dello Shatt al Arab.

Il fatto che, nel concedere l'indipendenza all'Iraq, il governo britannico mantenesse il suo controllo sul Kuwait vuol dire che esso considerava lo sceiccato come un'entità politicamente separata, alla quale venne concessa completa indipendenza solo nel 1961, senza che i problemi territoriali fossero chiariti. D'altra parte i due Stati erano governati in maniera molto diversa: l'Iraq da un governo repubblicano di tendenza panaraba, il Kuwait da uno sceiccato conservatore, reso ricchissimo dai giacimenti di petrolio.

Dopo il colpo di Stato iracheno del 1958 e dal momento dell'indipendenza del Kuwait, il governo di Baghdad aveva presentato rivendicazioni territoriali su tutto o parte dello sceiccato, il quale peraltro servì da retroterra per gli Iracheni durante la guerra con l'Iran, dal 1980 al 1988. Proprio durante la guerra, le ambizioni panarabe di Saddam Hussein ricevettero un forte impulso, grazie in particolare alla crescita delle risorse militari che sia i Sovietici sia gli Americani gli avevano fornito, in opposizione agli integralisti iraniani. Del resto l'esistenza di buone relazioni con gli Stati Uniti e, al tempo stesso, con l'Unione Sovietica faceva credere a

Hussein di poter contare su un contesto internazionale favorevole a un colpo di mano. La genesi dell'invasione del Kuwait sta verosimilmente in queste considerazioni e nel progetto di estendere le risorse petrolifere irachene aggiungendovi le ricchezze kuwaitiane, in base al presupposto ideologico che il Kuwait non costituisse una vera nazione ma fosse solo il risultato artificiale della politica coloniale britannica.

Dal punto di vista sostanziale questo concetto era fondato. Ma quale altro confine arabo non era il frutto della politica coloniale britannica e francese? Dal 1920 in avanti, tutta la regione mediorientale era stata suddivisa in modo arbitrario, secondo le opportunità e le convenienze dell'imperialismo occidentale, e una volta tramontato il sogno panarabo della dinastia hashemita nessun altro paese dell'area, nemmeno l'Egitto di Nasser, era riuscito a risollevare la bandiera del panarabismo. Al contrario, la guerra Iran-Iraq aveva visto il mondo arabo-islamico dividersi secondo linee di diretta convenienza che approfondivano il solco interno al panarabismo e ne allontanavano la realizzazione. L'azione irachena si inseriva in questo quadro. Inoltre essa rappresentava una violazione del diritto internazionale poiché sopprimeva uno Stato indipendente, membro delle Nazioni Unite. La sostanza, benché discutibile, era in questo caso assai meno rilevante della forma. Qualora si fosse subita senza reagire la scomparsa di uno Stato indipendente dalla carta politica del Medio Oriente, ogni altro illecito sarebbe stato legittimato nella stessa regione e in tutto il mondo.

Accanto ai motivi di principio vi erano quelli di merito: l'annessione del Kuwait avrebbe premiato l'Iraq aggressore (nel 1980 come nel 1990), trasformandolo nella potenza egemone del Medio Oriente: tutti gli Stati vicini, dalla Siria, all'Arabia Saudita, all'Iran, ne avrebbero ricevuto un danno evidente. Da un punto di vista più esteso, il lasciar passare tali gesti senza ritorsioni, in un momento di crisi del bipolarismo, sarebbe equivalso a dar via libera ai subimperialismi regionali, mettendo in moto una catena di reazioni imprevedibili, la prima delle quali avrebbe investito direttamente la questione israeliana. Non da ultimo, la concentrazione di risorse petrolifere nelle mani di un dittatore aggressivo, come Hussein dal 1980 aveva dimostrato di essere, rappresentava un pericolo per il controllo dei rifornimenti di greggio e per tutti i problemi politici mediorientali, dei quali erano i Sauditi o i paesi della CEE a doversi preoccupare, prima che gli Stati Uniti.

Ragioni di principio e di sostanza convergevano dunque nell'imporre una reazione tempestiva, senza che peraltro nessuno fosse in grado di dare a tale reazione un contenuto efficace. Solo una risposta concertata e collettiva avrebbe potuto contrapporre alle forze armate di Saddam Hussein un apparato militare adeguato a farlo rinunciare, spontaneamente o coattivamente, alla sua impresa.

La crisi venne affrontata dapprima come problema giuridico. Il Consiglio di sicurezza dell'ONU, riunito lo stesso 2 agosto 1990, approvò la prima di una serie di risoluzioni (la numero 660) che gradualmente avrebbero dovuto mettere l'Iraq nella condizione di scegliere tra la resa e la guerra. Essa infatti richiedeva il ripristino dello *status quo* e l'immediato ritiro delle forze irachene dal Kuwait. Ulteriori risoluzioni dichiararono nulla l'annessione e adottarono sanzioni sempre più severe contro l'inadempienza irachena. Le solidarietà raccolte da Saddam Hussein, che presentò le reazioni internazionali come un complotto imperialistico animato dagli Stati Uniti e diretto contro il nazionalismo arabo e contro la religione islamica, ebbero un'eco limitata. Un certo numero di paesi musulmani (in particolare la Giordania, stretta dalla contiguità all'Iraq) manifestarono o lasciarono intendere la loro approvazione; tuttavia gli altri paesi della Lega araba adottarono una risoluzione di condanna che affidava il superamento della crisi in un primo tempo al negoziato, poi all'adozione di sanzioni appropriate.

Una soluzione interna alla Lega araba sarebbe stata ovviamente preferibile a un intervento esterno, ma essa rimase sulla carta, vista la risoluta opposizione dell'Arabia Saudita al colpo di mano di Saddam. Perciò solo un intervento più massiccio e attuato dalle Nazioni Unite avrebbe avuto efficacia. Se la crisi fosse avvenuta solo un paio d'anni prima, l'URSS non avrebbe verosimilmente esitato a volgerla a vantaggio del recupero della propria influenza nel Medio Oriente. Nel 1990 il governo di Gorbačëv si dichiarava ancora contrario a soluzioni di forza ma era costretto, a causa del declino del Patto di Varsavia e dei condizionamenti imposti dalle relazioni con gli Stati Uniti, ad adattarsi alle indicazioni del Consiglio di sicurezza. In questo ambito, gli Stati

Uniti avevano assunto, con l'appoggio caloroso della Francia e della Gran Bretagna e con la tacita adesione cinese, una linea di assoluta fermezza. Da agosto in poi la morsa giuridica delle deliberazioni che chiedevano all'Iraq di rispettare la risoluzione 660 si fece sempre più stretta; contemporaneamente gli Stati Uniti misero in stato di allerta una macchina militare poderosa e sofisticata, che doveva mostrare al mondo come la violazione del diritto internazionale comportasse prezzi altissimi. Il confronto con l'esperienza del Vietnam non si poneva, poiché in questo caso gli Americani operavano con un retroterra amico (l'Arabia Saudita) e con i nuovi armamenti che dagli anni Ottanta avevano arricchito il loro arsenale militare.

Dinanzi all'inadempienza irachena, e mentre continuavano sul piano diplomatico i tentativi di trovare soluzioni pacifiche, il Consiglio di sicurezza votava misure di embargo commerciale sempre più severe contro l'Iraq. Fra i tentativi diplomatici, il più insidioso, perché presentato come amichevole e neutrale, fu quello intrapreso dall'URSS, con l'invio a Baghdad di Evgenij M. Primakov, membro del Consiglio di sicurezza dell'URSS ed esperto di questioni mediorientali. Da allora, e fino all'inizio delle operazioni militari, tra Primakov e Tareq Aziz, il ministro degli Esteri iracheno, ebbe inizio un dialogo serrato, sempre basato sull'equivoco della ricerca di una soluzione negoziata ma in effetti usato dagli Iracheni per mettere in luce la diversità degli interessi sovietici da quelli della coalizione anti-irachena e per guadagnare tempo nella preparazione della resistenza contro un eventuale attacco delle forze dell'ONU.

È importante rilevare che durante tutta la crisi le Nazioni Unite vennero usate come il canale attraverso il quale attuare ogni decisione. Era, questa, la riprova evidente della volontà americana di evitare a tutti i costi di mostrare che le ritorsioni contro l'Iraq fossero il risultato di una decisione unilaterale; coinvolgere l'organizzazione internazionale, trasformarla nello schermo per le iniziative che l'unica superpotenza allora in grado di adottarne stava per intraprendere: questo era diventato un passaggio necessario per legittimare il cambiamento dei rapporti di forza.

L'alternarsi della minaccia di usare la forza e delle proposte di soluzione diplomatica durò sino al 28 novembre 1990, quando il Consiglio di sicurezza approvò una risoluzione che condannava il tentativo iracheno di alterare la composizione etnica del Kuwait mediante un'operazione che più tardi, nella guerra civile jugoslava, avrebbe acquistato la macabra definizione di «pulizia etnica». Il 29 un'altra risoluzione, la numero 678, stabiliva i termini di un ultimatum in base al quale l'Iraq avrebbe dovuto adempiere tutte le risoluzioni dell'ONU entro il 15 gennaio 1991, dopo di che ai membri del Consiglio di sicurezza era data facoltà di usare i mezzi giudicati opportuni per attuare le risoluzioni precedenti. Per la prima volta, in quell'occasione, veniva fissato un ultimatum e per la prima volta l'uso della forza passava dalle ipotesi minacciate alla progettazione pratica.

Sino al 14 gennaio tutte le carte per evitare la guerra vennero giocate. Il 14 si riunì il Consiglio di sicurezza, che rivolse un ultimo appello a Saddam. L'azione armata (nel corso della quale alcune forze NATO acquistarono un ruolo dominante che anticipava l'evoluzione degli obiettivi dell'alleanza) ebbe inizio il 16, nella notte, attuata da forze americane, francesi, britanniche, saudite, italiane, degli Emirati Arabi Uniti, dell'Oman e altri, per un totale di 29 paesi. Essa durò alcune settimane e costò all'Iraq una durissima punizione. Invano Hussein cercò il contrattacco, facendo lanciare alcuni missili sul territorio israeliano; e invano egli attese aiuti da qualche parte del mondo arabo. Alla metà di febbraio, l'intransigenza mostrata nei primi giorni di guerra incominciò a incrinarsi. Il 23 Saddam Hussein fu costretto ad accettare i termini di un cessate-il-fuoco sulla base del quale le truppe irachene sarebbero state completamente ritirate dal territorio del Kuwait entro una settimana (dalla capitale entro 48 ore). Il 3 marzo venne firmato un cessate-il-fuoco definitivo, che imponeva all'Iraq severe condizioni. Un mese dopo, il Consiglio di sicurezza definiva i termini precisi delle obbligazioni irachene: il governo di Baghdad doveva accettare di consegnare entro due settimane ogni informazione relativa alle riserve di armamenti chimici e batteriologici; doveva accettare ispezioni di rappresentanti dell'ONU sulla demolizione delle «armi di distruzione di massa»; eliminare entro il 2 luglio tutte le armi non convenzionali e i missili balistici dal raggio d'azione superiore ai 150 chilometri. Il territorio iracheno veniva diviso in tre fasce: una era sottoposta al solo controllo delle ispezioni dell'ONU; le altre, a nord e a sud del paese, erano chiuse all'aviazione irachena (*no fly zones*) ma aperte ai voli di controllo delle forze di sorveglianza (in particolare dell'aviazione anglo-americana).

Da allora, l'Iraq visse la sua sconfitta in condizioni sempre più precarie, quotidianamente sottoposto a un rigida sorveglianza militare anglo-americana, appena lenita dalla presenza formale delle Nazioni Unite. Nonostante l'orgoglio nazionalistico, di fatto l'Iraq era alla mercé dei vincitori, i quali si avvalevano di molti pretesti per tenere in vita un regime che giustificava con la propria esistenza il diritto all'intervento. In tal modo sottoponevano l'Iraq anche a un controllo sempre più severo, che avrebbe ridotto Saddam Hussein a bersaglio delle prove «muscolari» che l'aviazione anglo-americana intendeva operare nella regione mediorientale: il pretesto e lo spunto per mantenere una presenza che riguardava tutto il Medio Oriente.

Tale pretesto era dunque reso legittimo da un argomento di notevole forza giuridica: la necessità di verificare che l'aggressore Saddam rispettasse tutte le norme alle quali la supervisione dell'ONU sottoponeva il suo paese. Le Nazioni Unite costituirono una Commissione speciale per l'Iraq (UNSCOM), con il compito di controllare l'esecuzione delle clausole del cessate-il-fuoco e di ispezionare il territorio iracheno per verificare la veridicità delle assicurazioni fornite in tal senso da Saddam Hussein. Contemporaneamente veniva imposto l'embargo sui commerci iracheni, fatta eccezione per le merci di carattere strettamente umanitario. Queste missioni furono l'occasione per uno stillicidio di controversie, che in qualche caso fece riaffiorare un clima di guerra. Nel maggio 1996 il governo iracheno, avendo adempiuto una parte delle richieste dell'ONU, riuscì a ridefinire le condizioni in vista di una parziale ripresa delle esportazioni di petrolio. Ma una successiva azione irachena contro le minoranze curde del paese (31 agosto 1996) fornì agli Stati Uniti l'occasione per una rappresaglia (l'operazione *Desert Strike*) con bombardamenti nell'Iraq meridionale.

Da allora in poi la tensione si concentrò su due punti: le condizioni per una ripresa della produzione petrolifera irachena e la disponibilità del governo di Baghdad ad accettare che l'UNSCOM svolgesse le sue ispezioni anche in siti giudicati particolarmente importanti per un controllo efficace delle condizioni degli armamenti iracheni, e in particolare nei cosiddetti «siti presidenziali», cioè gli impianti definiti come appartenenti alle residenze di Saddam Hussein, dei quali si sospettava – o si voleva sospettare – che celassero importanti segreti sulla politica di riarmo. La disputa si trascinò fra alti e bassi sino alla fine del 1998, quando entrambe le parti decisero di cessare ogni forma di collaborazione, salvo riprendere subito dopo i contatti per motivi umanitari. Ma nel 1999 la situazione era in una fase di stallo. Non vi era da parte americana alcuna forte pressione per provocare la caduta di Hussein e questi appariva rassegnato ad attendere una normalizzazione dai contorni indistinti. Il sistematico bombardamento di impianti iracheni condotto da aerei anglo-americani nell'estate del 1999 non appariva collegato a progetti politici specifici e si configurava piuttosto come l'espressione dell'intento di logorare la resistenza di Hussein, senza fiaccarla del tutto.

2.5. *La questione israeliana e la tentata mediazione* Usa

L'evolvere della situazione nel Medio Oriente e, in senso più esteso, in tutta l'area arabo-israeliana confermava che il controllo degli Stati Uniti era divenuto il parametro necessario al quale il mondo arabo e Israele stesso dovevano riferirsi. La crisi del Kuwait (ma ovviamente non solo quella) aveva lasciato senza appoggi gli alleati dell'Unione Sovietica, e in particolare la Siria e la Libia. Tramontata l'influenza dell'unica potenza in grado di controbilanciare le mosse statunitensi, l'area restava dominata dal conflitto israelo-palestinese, dalle rivalità nazionali o dinastiche e dalla forte presenza, in molti Stati del mondo islamico, di correnti fondamentalistiche della cui influenza il caso iraniano era stato un eloquente esempio nel 1979. Un quadro di situazioni separate rispecchiò, per qualche tempo, la nuova realtà dei rapporti di forza nel Mediterraneo, nel quale solo il conflitto israelo-palestinese restava come unica vistosa eccezione, quasi come una cancrena inguaribile. Invece anche su questo piano l'azione degli Stati Uniti ottenne importanti successi, che parvero aprire scenari nuovi. Le speranze che una sconfitta degli Stati Uniti nella guerra contro l'Iraq modificasse a favore dei Palestinesi il quadro regionale furono del tutto deluse; anzi, la vasta solidarietà concessa da gran parte degli Stati arabi alle operazioni contro Saddam Hussein fu come una specie di pietra tombale sulle attese di chi voleva cercare una soluzione della questione palestinese al di fuori di un compromesso con Israele. Dopo aver oscillato fra varie posizioni, anche Arafat, il capo dell'OLP, si adattò alla nuova situazione.

A favore di un compromesso operavano molti paesi europei e soprattutto il governo degli Stati Uniti. Regnava invece una profonda diffidenza nel mondo politico israeliano, condizionato dal fatto che l'obiettivo storico della guerriglia palestinese, inserito anche nella carta istitutiva dell'OLP, era l'espulsione degli Israeliani dal Medio Oriente. Erano cautamente aperti al dialogo i laburisti di Yitzhak Rabin, l'eroe della guerra del 1973 divenuto primo ministro di Israele nel luglio 1992; lo contrastavano i partiti di destra e in particolare il *Likud*, già al governo con Yitzhak Shamir e protagonista dell'insabbiamento pratico degli accordi di Camp David del settembre 1978. Il problema della costituzione di un soggetto autonomo palestinese restava sul tappeto. Del suo aggravarsi erano un segno le manifestazioni dell'*intifada* (letteralmente «rivolta delle pietre»), cioè dell'esplosione di violenza scatenata nel 1987 dai Palestinesi nella Cisgiordania e, più ancora, nella Striscia di Gaza. Tali manifestazioni paralizzavano la vita normale dell'area palestinese.

Il governo conservatore di Shamir (1990) rispose con una repressione più che dura; spesso la zona di Gaza (simbolo delle speranze deluse) rimase isolata dai territori circostanti, teatro di scontri sempre più violenti. Solo nell'autunno del 1991 ebbero inizio i tentativi per superare quello stato di cose, apparentemente senza via d'uscita. In segreto, emissari palestinesi e israeliani avviarono una serie di contatti a Oslo, con la mediazione norvegese. Poi, nel giugno 1992, i laburisti riconquistarono il potere e Rabin poté imprimere nuova energia ai negoziati. In un alternarsi di episodi di violenza e di mosse diplomatiche fu possibile, alla fine dell'agosto 1993, definire i termini di un compromesso mediante una «dichiarazione di principi» che prevedeva l'autogoverno palestinese per la Striscia di Gaza e la città di Gerico e un'autonomia più limitata per gli altri territori occupati. Il 13 settembre Shimon Peres, il ministro degli Esteri israeliano, e Mahmūd Abbās (*alias* Abu Mazen), per conto dell'OLP, firmavano a Washington il documento elaborato a Oslo. Seguì un lungo periodo di messa a punto dei particolari, sinché il 24 settembre 1995 il capo del governo israeliano Rabin e il presidente dell'OLP Arafat, ancora a Washington, in una cerimonia solenne, dinanzi al presidente Clinton e alle televisioni di tutto il mondo, firmarono l'accordo di pace «definitivo». Suggellato da una stretta di mano fra storici nemici, sotto gli occhi benevoli e appagati del garante americano, esso definiva i termini del processo il cui esito doveva essere la costituzione di una «Autorità statale palestinese» (termine che sostituiva, volutamente in modo ambiguo, quello di «Stato indipendente»): i Palestinesi si impegnarono a cancellare dalla carta dell'OLP il principio ispiratore dell'espulsione degli Israeliani dal Medio Oriente e a riconoscere lo Stato israeliano; gli Israeliani si impegnarono a ritirare le loro truppe dalla Striscia di Gaza e da una parte del territorio della Cisgiordania, secondo un calendario definito nelle sue linee generali. Grandi speranze e grandi promesse di un lavoro comune per lo sviluppo economico dell'area, considerato condizione per una sincera convivenza, accompagnarono gli accordi.

La loro applicazione fu però meno facile delle previsioni. Il 4 novembre 1995 Rabin, accusato dagli estremisti ebrei di avere sacrificato a una troppo vaga speranza di pace la sicurezza del paese, venne assassinato da uno di costoro. Il breve ministero guidato da Shimon Peres fu sconfitto alle elezioni del maggio 1996, quando ritornò al potere una coalizione guidata dal *Likud* e capeggiata da Benjamin Netanyahu. Gli accordi di Washington non furono rimessi in discussione, ma la linea politica di Netanyahu divenne molto più spigolosa di quella del predecessore. Mentre nasceva l'Autorità palestinese, presieduta da Arafat, e Gaza, Gerico (dove Arafat stabilì la sede del suo «governo») e altre piccole porzioni della Cisgiordania venivano evacuate dagli Isrealiani, fu ripresa la politica degli insediamenti di coloni ebraici nel territorio palestinese della Cisgiordania e il ritiro delle truppe subì un netto rallentamento. In sostanza, il governo israeliano mostrò di voler diluire, sino quasi a eludere, la portata degli accordi. Il richiamo americano fu energico. Arafat e Netanyahu furono «convocati» negli Stati Uniti e per oltre una settimana, dal 15 al 23 ottobre 1998, discussero a Wye Plantation, una località del Maryland, l'applicazione degli accordi del 1995. Il 23 parve raggiunto un compromesso per un nuovo calendario del ritiro degli Israeliani, ma l'accordo incontrò l'opposizione degli estremisti ebrei, i quali tolsero il loro appoggio al governo Netanyahu provocando nuove elezioni, che si tennero il 17 maggio 1999.

Il risultato della consultazione capovolse ancora una volta gli equilibri politici israeliani. I laburisti, guidati da Ehud Barak, riuscirono a formare una nuova coalizione che infine, realisticamente analizzando il contesto geopolitico dell'area, si impegnò a compiere passi più risoluti verso una normalizzazione generale. Dopo una serie di incontri svoltisi fra gli inizi di settembre e i primi di novembre si delineò un nuovo calendario di ritiri, più rapido, da completare entro il gennaio 2000, con una sollecita liberazione dei prigionieri politici palestinesi in mani israeliane, in vista anche del possibile riconoscimento di uno «Stato» palestinese da parte israeliana e di un compromesso sulla questione di Gerusalemme. Vennero resuscitati anche gli accordi economici e poste le basi per il completamento del processo di pace.

La politica di Barak non si limitava poi alla normalizzazione interna. Il primo ministro israeliano infatti avviava negoziati con la Siria, che scongelavano la situazione delle alture del Golan (occupate dal 1967), e spingeva verso la normalizzazione i rapporti con il Libano. Insomma, la maggiore sicurezza offerta da un contesto regionale meno instabile toglieva agli Israeliani molti dei timori relativi al loro avvenire in un ambiente ostile. La protezione degli Stati Uniti costituiva una sorta di garanzia generale per tutta l'area, anche perché essa era di fatto completata da un'intesa triangolare fra Stati Uniti, Israele e Turchia. Su questi capisaldi il Medio Oriente non pacificato vedeva però le tensioni scendere nell'ambito della compatibilità con una *pax americana*. L'egemonia che gli Stati Uniti avevano cercato nel Mediterraneo, sin dalla dottrina Truman del 1947, e che nel 1973 aveva visto la sua tappa intermedia, appariva come la garanzia di una pace imminente. Ma fu un'illusione di breve durata, poiché nessuna delle parti in causa era disposta a rispettare lo spirito degli accordi nel suo più profondo significato. Invano gli Stati Uniti avevano nutrito con forza la speranza di una Palestina pacificamente governata, sottratta alle influenze esterne e ai torrenti dell'islamismo. Un'area che avrebbe potuto facilitare i rifornimenti di petrolio senza troppi problemi per tutto l'Occidente.

2.6. *Dopo l'eclisse della Jugoslavia*

La rapida vittoria delle forze dell'ONU contro Saddam Hussein celava un aspetto non ancora del tutto visibile ma tale da acquistare, qualche tempo dopo, un maggior peso. Infatti, sebbene essa fosse stata soprattutto il risultato del massiccio intervento americano, era stata anche il frutto della situazione generale: un contesto diplomatico globale più che mai favorevole e, sul piano militare, un intervento reso più agevole dall'esperienza, oltreché del contributo militare, della Gran Bretagna, che aveva governato per tanti anni il territorio iracheno e conosceva le insidie politiche che vi si nascondevano; e della Francia, protagonista della vita libanese e siriana nel ventennio fra le due guerre mondiali. Era, questo, il primo segno che gli Stati Uniti, anche se lo avessero voluto, non avrebbero potuto agire da soli e il sintomo che la loro supremazia non era così solitaria come la propaganda, prima, e la leggenda, poi, vollero farla apparire. Infatti il tema mediorientale non aveva ancora assunto un valore globale, nonostante la rivoluzione iraniana, poiché il fenomeno del terrorismo sunnita non vi si era ancora manifestato, mentre restavano aperti, in Europa e negli altri continenti, numerosi problemi dei quali era necessario occuparsi per normalizzare l'eredità lasciata dalla crisi o dalla scomparsa dell'Unione Sovietica.

In tal senso, e in Europa, il caso della dissoluzione della Jugoslavia offrì, tra il 1991 e il 1999, un modello delle sfaccettature che le relazioni fra Stati Uniti e ONU potevano assumere. Anche la precarietà dell'esistenza della Repubblica federale di Jugoslavia era radicata nella storia stessa del paese, frutto dell'aggregazione di troppe nazionalità diverse. Con la sua autorità e il suo potere, il maresciallo Tito aveva cercato, nella Costituzione del 1974, di organizzare le diversità, all'interno di un regime di larghe autonomie regionali quasi statali, coordinate da un direttorio nel quale i rappresentanti delle regioni assumevano a rotazione la carica di presidente. Sebbene i Serbi godessero di un certo predominio, il sistema funzionò senza troppe visibili tensioni sino alla morte di Tito, il 4 maggio 1980. Poi le voci nazionaliste incominciarono a farsi sentire e fu proprio nel Kosovo che si ebbero i primi scontri anticipatori della crisi.

Secondo la Costituzione del 1974, il Kosovo faceva parte della

Repubblica serba con lo statuto di provincia autonoma, come la Voivodina. In Voivodina l'etnia ungherese era minoritaria rispetto a un insieme di gruppi nazionali che la storia aveva reso eterogenei. Nel Kosovo, invece, l'etnia serba raggiungeva solo il 13 per cento della popolazione, rispetto alla stragrande maggioranza albanese. Secondo i Serbi, la delineazione etnica del confine del Kosovo li sacrificava (sino a spingerli all'emigrazione), perciò, non appena possibile, nel 1989, il governo di Belgrado modificò lo stato giuridico della Voivodina e del Kosovo, ponendo termine alla loro autonomia e trasformandoli in semplici province della Repubblica serba, all'interno della Federazione jugoslava. Fu come toccare una ferita aperta poiché proprio a Pristina, capitale del Kosovo, nel 1981 vi erano stati scontri sanguinosi fra i Kosovari, che chiedevano la concessione di uno statuto regionale, e il governo di Belgrado tutto, che impose la repressione. Secondo i primi storici della crisi, fu proprio nel 1981 che il nazionalismo serbo cominciò ad acquistare una sua forza nuova, all'interno della Federazione jugoslava. Rinasceva l'idea della «Grande Serbia» propugnata da Slobodan Milošević, il capo dell'ala rinnovatrice e nazional-populista del Partito comunista serbo.

Dopo un susseguirsi di imponenti manifestazioni, la crisi esplose tra il 1990 e i primi mesi del 1991. Il governo di Belgrado non seppe o non volle usare la forza dell'esercito per placare i nazionalisti di ogni regione, dalla Slovenia alla Croazia, dalla Bosnia alla Macedonia. Slobodan Milošević non ritenne possibile puntare sulla conservazione della Repubblica federale. Ebbe così inizio la rapida dissoluzione dello Stato jugoslavo. Il 25 giugno 1991 la Slovenia (sotto la guida dell'ex comunista Milan Kučan) e la Croazia (guidata dal nazional-comunista Franjo Tudjman) proclamavano la loro indipendenza, alla quale tentò blandamente di opporsi il governo federale, che cercò di impedire, anche con la forza, la secessione. Il breve conflitto militare fu presto superato dall'esplodere della crisi bosniaca e poi reso impossibile dal fatto che la Slovenia e la Croazia ottennero subito il riconoscimento internazionale e l'ammissione all'Onu. Il processo di dissoluzione era ormai inarrestabile. In settembre, il Parlamento della Macedonia dichiarò la propria indipendenza, senza ottenere un immediato riconoscimento internazionale a causa delle dispute con la Grecia. Venne ammessa alle Nazioni Unite con il nome eterodosso di Ex Repubblica Jugoslava di Macedonia che, secondo l'acronimo in lingua inglese, suona di norma come FYROM. Infine, il 15 ottobre 1991 il Parlamento della Bosnia-Erzegovina proclamava l'indipendenza, ratificata da un referendum tenuto il 29 febbraio 1992 e seguita dal riconoscimento di un gran numero di paesi e, ancora una volta, dall'ammissione alle Nazioni Unite. Della Repubblica federale jugoslava restava ben poco: la Serbia, la Repubblica autonoma del Montenegro, le province della Voivodina e del Kosovo. A Slobodan Milošević spettava il compito di guidare questa Jugoslavia: come una «Grande Serbia» che avrebbe rivendicato la riunificazione etnica, o per rinunciare a speranze di restaurazione rese impossibili dall'esplosione centrifuga?

Fu il caso della Bosnia, più che la guerra con la Croazia, a decretare la sorte tragica che questa parte dei territori dell'ex Jugoslavia avrebbe vissuto fra il 1992 e il 1995 e nel 1999. La Bosnia-Erzegovina era, nel mosaico jugoslavo, l'area in cui la miscela fra etnie e religioni era divenuta forse la più inestricabile. Nel 1992 la popolazione era composta per circa il 50-52 per cento da Bosniaci musulmani, concentrati nelle città; per il 30-32 per cento da Serbi, in gran parte residenti nelle campagne, e per il 18 per cento da Croati, residenti nei centri e nelle campagne prossimi alla Dalmazia. La sovrapposizione fra appartenenza religiosa e appartenenza etnica rendeva la distinzione meno semplice. Tuttavia il gruppo etnico serbo era minoritario rispetto alla coalizione fra Bosniaci musulmani e Bosniaci croati. I Serbi erano animati da un sentimento contrastante: quello che li spingeva a restare all'interno del nuovo Stato e quello rappresentato dall'attrazione verso l'idea di «Grande Serbia», alla Milošević. Dopo la proclamazione dell'indipendenza, il leader dei Musulmani, Alija Izetbegović, venne nominato capo del governo, in vista di una presidenza a rotazione fra i tre gruppi etnico-religiosi. Fu Izetbegović a prendere l'iniziativa di sottoporre a referendum la proclamazione di indipendenza. I votanti si espressero a favore, con una maggioranza del 99,4 per cento, ma il gruppo serbo boicottò le elezioni, interpretandole come un primo passo per allentare i vincoli con Belgrado e per legare la Bosnia, come era accaduto nel 1941, alla Croazia. I sospetti erano reciproci, poiché i Croati e i Musulmani temevano che i Serbi si volessero davvero unire a ciò che restava della Jugoslavia; e i Serbi e i Croati, a loro volta, che i Musulmani volessero far leva sulla maggioranza etnica per costituire uno Stato unitario, dove i diritti delle minoranze fossero soffocati. Nell'aprile 1992 il conflitto politico si trasformò in guerra civile, durante la quale furono commesse atrocità di ogni genere e venne sperimentata la prassi della cosiddetta «pulizia etnica» (cioè dell'emigrazione forzata o dell'eliminazione fisica). I Croati riuscirono ad appoggiarsi sui confratelli settentrionali; i Serbi, attestati sulle posizioni tatticamente più forti, riuscirono a colpire più aspramente gli avversari e cercarono di allargare il territorio da essi controllato; i Bosniaci musulmani quasi sempre furono le vittime della situazione. La guerra civile fu accompagnata da episodi di barbarie che ricordavano agli Europei le peggiori esperienze della seconda guerra mondiale.

La comunità internazionale non poteva restare indifferente dinanzi a una situazione del genere. Fu proprio in quel clima morale che il Consiglio di sicurezza votò la costituzione all'Aja di un tribunale internazionale competente a perseguire i crimini di guerra e le violazioni dei diritti umani compiuti nella ex Jugoslavia dal 1991. La responsabilità principale di un intervento umanitario o politico sarebbe spettata all'Unione Europea ma era, questa, in grado di imporre anche con la forza la pacificazione? Nel settembre 1991 l'Unione Europea affidò all'ex ministro degli Esteri britannico, Lord Carrington, il compito di presiedere una conferenza di pace all'Aja, senza che alcun risultato venisse raggiunto. Intervenne il Consiglio di sicurezza dell'ONU che, agli inizi del settembre 1992, costituì una Conferenza permanente sulla Jugoslavia, presieduta da due veterani della politica mondiale: Lord Owen, già ministro degli Esteri britannico, in rappresentanza dell'Unione Europea, e Cyrus Vance, già segretario di Stato americano, in rappresentanza delle Nazioni Unite. Da allora e sino alla fine del 1995 i negoziati si accompagnarono alla guerra civile.

Owen e Vance elaborarono svariate proposte, senza che nessuna di esse venisse accolta da tutti gli interessati. Cambiarono i mediatori, furono ideate nuove formule di compromesso, la guerra civile continuò. Nell'aprile 1994 venne costituito un «gruppo di contatto» formato da rappresentanti della Francia, della Gran Bretagna, della Germania, della Russia e degli Stati Uniti (ai quali si aggiunse poi anche l'Italia), incaricato di elaborare nuove proposte di pace. Entrò in scena Richard Holbrooke, autorevole esponente della diplomazia americana, con il compito di imprimere alla situazione il marchio degli Stati Uniti. Il punto di svolta psicologico fu rappresentato dalla scoperta dell'esistenza di campi di concentramento dove i Serbi rinchiudevano i loro avversari e del massacro a Srebrenica – una città che le Nazioni Unite avevano dichiarato «area protetta» – di migliaia di Musulmani, per opera, anche in questo caso, dei Serbi. Questi, forti dell'appoggio del governo di Belgrado, giunsero a controllare circa il 70 per cento del territorio bosniaco. Sarajevo, la capitale della Bosnia, divenne come un palcoscenico della guerra civile: una città in prevalenza musulmana, assediata dai Serbi che dalle colline circostanti ne condizionavano, in ogni senso, la vita. Durante la seconda metà del 1995 l'urgenza di un accordo impose un intervento più risoluto. Le forze aeree NATO colpirono le postazioni serbe. Intanto il «gruppo di contatto» elaborava nuove proposte, rese più persuasive da un certo miglioramento della posizione dei Musulmani e dei Croati sul campo e dalla creazione, da parte della NATO stessa, di una Forza di reazione rapida da affiancare alla simbolica presenza degli osservatori dell'ONU.

Fra ottobre e novembre il compromesso venne raggiunto. Il presidente americano, Bill Clinton, convocò a Dayton, nell'Ohio, i capi delle fazioni in lotta e riuscì a imporre un complicato intarsio elaborato dagli esperti di questioni balcaniche, che avrebbe potuto portare alla fine delle ostilità. Il 14 dicembre 1995, a Parigi, Izetbegović, Tudjman e Milošević accettavano, ciascuno per il proprio Stato, l'accordo di Dayton, e mettevano fine a tre anni e mezzo di conflitto. Era un'intesa basata in parte sulla effettiva situazione determinata dalla guerra civile, e che assegnava il 51 per cento del territorio a una Federazione croato-musulmana e il 49 a una Repubblica serba; questo era il frutto di aggiustamenti parziali, in virtù dei quali, lungo confini più che mai frastagliati, Serbi, Bosniaci musulmani e Croati si vedevano riconoscere e garantire un territorio configurato in modo da essere contiguo, per la Serbia e la Croazia, agli Stati di etnia affine. Una forza imponente di 35.000 uomini, guidati da reparti NATO (la *Stabilisation Force*, SFOR), avrebbe garantito l'adempimento degli accordi. La struttura costituzionale bosniaca era costruita in modo bilanciato e tale da offrire, sulla carta, garanzie equamente suddivise.

Ma in quello stesso momento sorgeva una domanda: quale il risultato dell'impegno euro-americano in Bosnia? Era stato salvato un castello di artifici, tenuto insieme dalla forza di armi esterne, o si ponevano le condizioni per la rinascita di una civile convivenza? In realtà queste domande non potevano ricevere una risposta immediata. Le entità formatesi in Bosnia furono di fatto due: una Repubblica serba e una Federazione fra Croati e Bosniaci musulmani. Pochi avrebbero scommesso allora sulla convivenza fra questi nemici. Tuttavia il valore simbolico e l'importanza strategica della posta in gioco posero in primo luogo agli Europei il compito di spingere a fondo verso la piena applicazione degli accordi e il ritorno a una difficile e pacifica convivenza. Nel 2015, a circa vent'anni da allora e nel clima della sconfitta subita dai Serbi in Kosovo nel 1999, le possibilità di un'evoluzione pacifica si delineavano in termini piuttosto incerti. Sebbene la situazione della Slovenia, della Croazia e della Serbia fosse stata stabilizzata (nonostante il fatto che nel 2006 quest'ultima avesse dovuto concedere l'indipendenza al Montenegro), quella della Bosnia Erzegovina restava ancora instabile a causa del periodico riaffiorare delle tensioni che separano le tre parti nelle quali lo Stato è diviso. Il simbolo più crudo della fine del sogno jugoslavo fu però rappresentato dal fatto che, sconfitto nelle elezioni presidenziali in Serbia, Milošević venne arrestato per ordine del Tribunale internazionale dell'Aja per i crimini compiuti nella ex Jugoslavia e morì in carcere nel 2006.

La crisi bosniaca aveva riproposto la questione di fondo relativa alla divisione dei compiti fra Nazioni Unite e Stati Uniti, complicata, in questo caso, dalla consistente presenza di forze armate europee e dalla risoluta determinazione della Germania di assicurare la stabilizzazione. Ancora una volta le Nazioni Unite erano il vessillo o il simbolo che legittimava l'intervento militare. In questo caso poteva ben essere invocato anche l'art. 1 della Carta, che impone come compito primario dell'ONU la tutela della pace e della sicurezza internazionale. Ma la guida effettiva dell'azione fu assunta dalla diplomazia degli Stati Uniti, in combinazione con la proiezione politico-militare della NATO. Era quest'ultima che si trasformava in ONU, con il pieno rispetto delle forme giuridiche. E la stessa azione americana, conclusa da un risultato positivo, acquistava valore di contributo a un impegno atlantico più che quello di manifestazione di interessi particolari, benché questi non fossero assenti dal quadro strategico balcanico. Il dibattito sul potenziamento del «polo europeo» della NATO metteva in luce la prevalenza del rapporto atlantico sulla capacità europea di agire in modo autonomo e accentuava la trasformazione istituzionale della NATO già avviata durante la guerra del Golfo.

Il superamento della crisi bosniaca non portò alla fine delle turbolenze jugoslave. La questione del Kosovo restava aperta, alimentata dalla ripresa nazionalistica della nuova Albania (che nell'aprile 1997 attraversò una profonda crisi politica a causa della lotta fra gli elementi conservatori guidati dal presidente Sali Berisha e gli elementi post-comunisti guidati da Fatos Nano, eletto presidente al posto di Berisha, dopo l'intervento di un contingente di 6000 italiani) e dal fatto che la maggioranza della popolazione del Kosovo era attraversata da forti pulsioni nazionalistiche. L'abolizione dell'autonomia regionale da parte di Milošević esasperava gli animi e l'indipendenza ottenuta dalle altre nazionalità spingeva i Kosovari a cercare una loro via: per i moderati limitata al recupero dei diritti d'autonomia, per i nazionalisti spinta alla ricerca della piena indipendenza o, addirittura, dell'annessione all'Albania (come era accaduto nel 1941 durante l'occupazione italo-tedesca).

La questione aveva anche caratteri simbolici, poiché il Kosovo è la terra dove i Serbi, sconfitti nel 1389 dagli invasori ottomani, localizzano il sito geografico della loro origine nazionale. Aveva caratteri religiosi, poiché la popolazione albanese, in gran parte musulmana, solidarizzava con i musulmani bosniaci ma godeva anche dell'appoggio dell'islamismo mediorientale e di quello turco. Aveva un'importanza economica, poiché il territorio poteva rientrare nei corridoi predisposti per il passaggio di nuovi oleodotti dal Mar Nero all'Adriatico. Aveva infine caratteri nazionali jugoslavi, poiché l'indipendenza del Kosovo avrebbe ulteriormente ridotto le speranze di sopravvivenza della Repubblica federale di Jugoslavia, attizzando anche il nazionalismo del Montenegro, l'unica regione ancora legata alla Federazione e una delle poche che, avendo goduto dell'indipendenza avanti la prima guerra mondiale, si preparava a chiederne il ripristino.

In questo clima i Kosovari albanesi affermarono la loro causa. Un referendum non autorizzato propugnò nel 1991 l'indipendenza. Poi si svilupparono varie correnti, riconducibili la prima al moderato Ibrahim Rugova, favorevole all'uso di metodi non violenti e perciò disponibile a una soluzione graduale; la seconda al Partito democratico degli Albanesi, che lottava per l'immediata ricostituzione in repubblica separata all'interno della Jugoslavia. Gli indipendentisti si affidavano poi alla forza delle armi con la creazione di un «Esercito di liberazione del Kosovo» (UCK). Alla fine del 1996 lo stillicidio degli episodi di violenza si trasformava in guerra civile, sempre più cruenta. I precedenti e l'ambito di questo nuovo conflitto spingevano l'ONU, la NATO e la CSCE (*Conference on Security and Cooperation in Europe*) alla ricerca di soluzioni pacifiche. Ma solo nel febbraio 1999 le parti si mostrarono pronte a misurarsi in un negoziato diplomatico realistico che ebbe luogo nel castello di Rambouillet, presso Parigi, e durò sino alla metà di marzo. La proposta della NATO era di dar vita a una situazione transitoria, in virtù della quale, tre anni dopo la firma, i Kosovari avrebbero espresso la loro scelta in relazione all'autonomia regionale. Le condizioni di pace necessarie per una votazione ragionevole sarebbero state garantite dalla presenza di un contingente di forze NATO di 28.000 uomini.

Il punto critico della proposta di pace riguardava i termini della scelta. Se si fossero concessi tre anni ai Kosovari, protetti da forze NATO, perché esprimessero il loro voto, non vi erano ragioni perché gli Jugoslavi accettassero. Così a Rambouillet si ebbe il paradosso dell'adesione dei Kosovari al compromesso e del rifiuto di Milošević ad accettarlo. L'intransigenza del leader serbo non si piegò dinanzi a nessuna minaccia. Egli sapeva di giocarsi le sorti del proprio potere e di ciò che restava dell'idea di «Grande Serbia» o di Repubblica jugoslava. Dinanzi a questo rifiuto, i massimi esponenti della NATO, in particolare gli Statunitensi, i Britannici e i Francesi, che avevano puntato sul compromesso come presupposto per una soluzione «europea» distinta da quella «atlantica», ritennero di passare all'uso della forza, sferrando il 24 marzo 1999 un violento attacco aereo contro le postazioni militari jugoslave. Si trattava di far accettare con le cattive ciò che Milošević aveva respinto sul piano diplomatico; oppure di provocare distruzioni tali da porre Milošević in rotta di collisione con la sua popolazione e costringerlo alle dimissioni.

La guerra ebbe un risultato immediato. Centinaia di migliaia di Kosovari albanesi, terrorizzati dalle minacce e dalla persecuzione serba, si rifugiarono in Albania e in Macedonia; il Kosovo divenne zona di conquista serba o zona di guerra fra i Serbi e i militari dell'UCK. Frattanto centinaia di missioni aeree della NATO colpivano (non sempre con precisione) gli obiettivi militari jugoslavi. Accadeva, in termini ancora più crudi, ciò che si era voluto evitare. Solo alla metà di giugno Milošević incominciò a dare segni di cedimento. Ma qui affiorava la difficoltà politico-giuridica più rilevante di tutta la vicenda.

Infatti l'attacco delle forze NATO era stato compiuto in violazione sia degli artt. 5 e 6 del trattato istitutivo del Patto atlantico (che peraltro erano già stati interpretati in modo consapevolmente estensivo durante la crisi del Kuwait nel 1991), sia della Carta dell'ONU, poiché era mancata qualsiasi autorizzazione all'uso della forza da parte del Consiglio di sicurezza (artt. 24 e 42), così come era mancata una minaccia per la pace e la sicurezza internazionali (art. 1). Diventava necessario riportare nella sede legittima la controversia, ma ciò significava rimettere in gioco la Russia, che sin dal primo momento aveva manifestato il suo dissenso verso l'uso della forza e che ora poteva essere blandita, anche per ragioni finanziarie, ma doveva essere inserita in un gioco politico in cui, per l'affinità etnica, poteva esercitare una certa influenza. Inoltre bisognava recuperare la Cina, già diffidente verso l'azione NATO ma resa ancora più ostile dal fatto che uno dei bombardamenti aveva colpito la sede della sua ambasciata a Belgrado. Il compito venne adempiuto con una certa fatica e, alla metà di giugno, il Consiglio di sicurezza approvò una risoluzione alla quale Milošević si adattava, forse non senza un certo compiacimento. Questa risoluzione prevedeva infatti che, sotto l'egida delle Nazioni Unite, contingenti americani, francesi, tedeschi, britannici, italiani, ai quali se ne aggiunse uno russo, avrebbero occupato il Kosovo tutto, salvo indire a tempo debito elezioni per determinare le forme dell'autonomia (non dell'indipendenza) kosovara. La comunità internazionale si sarebbe fatta carico delle spese di ricostruzione rispetto alle distruzioni che la regione aveva subito a causa della guerra. Aveva allora inizio una fase quanto mai delicata. Esisteva un'obiettiva divergenza fra la risoluzione dell'ONU e gli obiettivi della NATO, cioè degli Stati Uniti e di alcuni paesi europei. Le forze NATO potevano di fatto tutelare una conclusione indipendentistica. Ma ciò richiedeva la fine politica di Milošević. Si apriva una partita da giocare sulla pelle di popolazioni costrette a lasciare le loro case, sottoposte a ogni brutalità, perseguitate dalla «pulizia etnica»: ricostruire il Kosovo per farne uno Stato indipendente o una regione autonoma della Jugoslavia?

L'amministrazione provvisoria dell'ONU doveva preludere alla scelta definitiva del destino kosovaro. Nel 2004, dopo anni di protettorato internazionale e di sostanziale persecuzione albanese contro la minoranza serba, le elezioni legislative davano la maggioranza al moderato Ibrahim Rugova, pur minato da una malattia che lo avrebbe portato alla morte nel gennaio 2006. Nel novembre 2007 si tennero nuove elezioni, boicottate dalla minoranza serba. Da esse uscì vincitore il Partito democratico (PDK) guidato da Hashim Taçhi, già capo dell'UCK. Le discussioni sul futuro della regione giunsero alla fase conclusiva poche settimane dopo, quando risultò evidente la volontà del governo di Pristina di proclamare una completa indipendenza dalla Serbia, nonostante l'aspra opposizione di Belgrado e del governo russo. Il 16 febbraio 2008 l'Unione Europea di fatto concedeva il suo avallo alla dichiarazione, che sarebbe stata proclamata il giorno successivo, costituendo l'*Eulex*, una forza di duemila amministratori alla quale era affidato il compito di collaborare nella costituzione delle strutture amministrative del nuovo Stato.

La scelta europea era appoggiata dagli Stati Uniti, ma non era unanime. La proclamazione dell'indipendenza, seguita dall'immediato riconoscimento da parte dei principali paesi europei e degli Stati Uniti, apriva un nuovo terreno di scontro con la Russia e metteva in discussione la possibilità che l'integrazione della Serbia nell'UE stessa potesse avere un rapido successo. Di conseguenza, sebbene l'indipendenza del Kosovo continuasse a consolidarsi, le polemiche circa la legittimità del modo in cui essa era stata conquistata e le critiche alla politica di discriminazione contro la minoranza serba finivano per ostacolare il pieno inserimento del Kosovo nella comunità internazionale. La permanente opposizione della Russia e della Cina ne resero impossibile l'ammissione alle Nazioni Unite, sebbene il nuovo Stato fosse stato riconosciuto diplomaticamente da oltre un centinaio di paesi. Inoltre restava quanto mai complesso l'inserimento del Kosovo nelle strutture europee. Sebbene nel settembre 2012 il governo di Pristina dichiarasse giunta al termine la fase di controllo sulla sovranità kosovara, i negoziati per l'associazione del paese all'Unione Europea stentavano ad avviarsi e avevano inizio ufficiale solo nel luglio 2014, nelle stesse settimane in cui dall'opinione mondiale si continuavano a levare crescenti sospetti circa il fatto che il Kosovo (come la Bosnia) fosse un «covo» dell'estremismo islamico.

2.7. *Un amaro risveglio: Al Qaeda e l'intervento in Afghanistan*

Sulla scelta del governo americano di impegnarsi soprattutto in Medio Oriente si svilupparono, negli anni successivi, infinite discussioni polemiche o esplicative, talora collegate anche a interessi personali di esponenti dell'amministrazione Bush. La volontà di controllare un'area strategicamente importante per la produzione e il controllo delle risorse petrolifere; il desiderio di contenere ogni possibilità di recupero di influenza da parte della Russia; la volontà di assicurare una garanzia diretta a Israele; il progetto di aprire nuovi mercati per gli investimenti americani: queste e altre motivazioni si accavallavano nel tentativo di comprendere le ragioni di fondo dell'azione americana. Ciascuna di esse contiene elementi razionali, ma nessuna di esse è perfettamente persuasiva, se collegata all'impegno che gli Stati Uniti posero nello sperperare risorse belliche in un'area così remota dal loro territorio, già controllata da fedeli ma eterogenei alleati, come l'Arabia Saudita e la Turchia, e in definitiva strategicamente periferica se paragonata, per esempio, all'America Latina. Tuttavia queste motivazioni, ricondotte sotto un unico paradigma, acquistano una loro razionalità. In altri termini, si tratta di comprendere sino a che punto il terrorismo come nuovo attore della politica internazionale possa essere riferito non a una sola matrice (poiché il terrorismo è per sua natura plurale, molteplice e, spesso, occasionale) ma abbia *in una sola matrice*, legata nella prassi a ciò che esiste nel Medio Oriente, il suo punto di forza, dalla capacità di espansione estesa a tutto il globo. Aspetti radicati nella cultura religiosa islamica, filtrati poi sul piano politico, si intrecciavano nel suggerire che questa ipotesi potesse essere assunta, se non altro, come movente esplicativo.

Per gli Americani era difficile dimenticare l'umiliazione subita a Teheran, per opera di nazionalisti fanatici, nel 1979. Una prima reazione può essere indicata negli aiuti forniti all'Iraq durante la guerra che esso aveva combattuto dal 1980 al 1988 contro l'Iran. Ma questo era ancora un terreno dove la politica internazionale non usciva dai binari tradizionali. La svolta ebbe luogo con l'affermarsi dell'azione di Osāma bin Lāden e della formazione armata che attuava i suoi progetti, Al Qaeda (*la base*). Osāma era il figlio di uno dei più ricchi imprenditori sauditi; all'inizio della sua attività disponeva di un patrimonio di mezzo miliardo di dollari, ma soprattutto si era dato una competenza militare già durante la lotta contro i Sovietici in Afghanistan negli anni Ottanta, e una cultura religiosa e giuridica che legittimava il ruolo, autoassunto, di interprete della *Shari'a*, cioè della legge divina fondata sul Corano e sulla *Sunna*. Cultura, ricchezza e carisma facevano di lui un capo, che si proponeva di mettere assieme un esercito di *mujaheddin* (cioè di combattenti) per abbattere i regimi arabi più corrotti (come, per l'appunto, quello saudita) e instaurare uno Stato islamico, un nuovo califfato, fondato sul pieno ossequio alle verità rivelate. Sin dal 1984 aveva dato vita a una sorta di «casa dei partigiani», dove venivano ospitati giovani disposti a combattere per la Jihad islamica, la guerra santa contro gli infedeli.

La svolta che lo spinse in primo piano ebbe luogo fra il 1989 e il 1990. A provocarla concorsero due elementi: l'incontro con Ayman al-Zawahiri, guida del fondamentalismo islamico in seno all'esercito egiziano, e l'alleanza fra Sauditi, Kuwaitiani e Americani per combattere, nel 1990, contro il «traditore» Saddam Hussein. Costoro erano considerati come nemici della purezza del credo religioso oppure come responsabili dell'ingombrante presenza americana nel Medio Oriente. Da quel momento Osāma scelse una nuova strategia. Il tradimento saudita rispetto al pensiero tradizionale lo spinse a lasciare nuovamente il proprio paese e a cercare rifugio in esilio. E, dallo stesso momento, gli Americani divennero il primo nemico da combattere: gli invasori che con il loro esercito avevano violato la terra dei luoghi sacri dell'Islam, cioè l'Arabia, paese della Mecca e di Medina. Durante un periodo di permanenza in Sudan, attinse da al-Zawahiri la teoria dei due nemici, il nemico vicino e quello lontano: Egitto e Israele più gli Stati Uniti, nemici diversi ma indivisibili, da colpire in ogni occasione possibile. Da allora la lotta religiosa si trasformò in lotta armata. Da Khartum, la capitale del Sudan, Osāma organizzò nel febbraio 1993 il primo attentato contro il World Trade Center di New York; poco dopo appoggiò la fazione islamica contro gli Americani impegnati nell'operazione *Restore Hope* in Somalia (nel mese di ottobre predispose l'abbattimento di due elicotteri americani, dando così una spinta alla ritirata statunitense dalla Somalia). Negli anni successivi il suo nome e la sua azione affiorarono a Ryad (1995) e contro la base militare americana di Al Khobar in Arabia Saudita (giugno 1996). Nel 1996 le sue attività costrinsero il governo sudanese a fargli cambiar sede. Raggiunse l'Afghanistan, dove i Talebani (cioè gli studenti delle scuole coraniche, divenuti combattenti contro gli invasori dell'Afghanistan), passato poco tempo dalla fine dell'occupazione sovietica, avevano instaurato il loro regime autoritario, ispirato da un intransigente fondamentalismo.

Alla fine del 1996 Osāma era a Jalalabad e, grazie alla convergenza del suo progetto con quello del regime afghano, riuscì a costituire una base di operazioni a Kandahar. La premessa per la costruzione di un regime islamico e rivoluzionario era così posta in essere. A partire dall'agosto 1996 la predicazione di Osāma venne diffusa negli ambienti islamici di tutto il mondo sulla base di una *fatwa*, cioè di una condanna che incitava alla guerra santa e propugnava la lotta a oltranza contro gli infedeli e la cacciata degli Americani dal mondo arabo. Sei mesi dopo venivano quasi distrutte dagli uomini di Al Qaeda le ambasciate americane in Kenya e in Tanzania. Seguiva uno stillicidio di attentati, spesso prevenuti in tempo, dal 1999 al 2000 (quando una nave americana venne attaccata da un'imbarcazione carica di esplosivi nel porto di Aden), sinché si giunse all'11 settembre del 2001, con la distruzione delle Torri Gemelle del World Trade Center e l'attacco, solo parzialmente riuscito, contro il Pentagono. Il susseguirsi, negli anni successivi, di un numero sempre più elevato di attentati, culminati nel marzo 2004 a Madrid, nel 2005 a Londra, Bali, Sharm el-Sheikh, nel 2007 ad Algeri (per citare solo i casi più clamorosi), confermava che, nonostante la reazione americana, il terrorismo qaedista era davvero una forza poderosa, mossa da sentimenti, idee, risorse, potenza d'urto così diffusi e così pericolosi da farne una sorta di centrale del terrorismo globale, capace non già di controllare tutto, ma di valutare tatticamente e strategicamente una molteplice serie di possibili azioni. Ciò non significa che queste azioni potessero sovvertire l'ordine mondiale ma che, nel momento in cui il sistema internazionale si avviava verso una transizione pluralistica e «pacifica» (nonostante conflitti occasionali e delimitati), un nuovo pericolo si affacciava sulla scena mondiale con tali potenzialità e tale capacità di infiltrarsi nei luoghi più imprevedibili, da essere percepito come elemento destabilizzante.

Fondata o meno che fosse questa percezione, divenne comprensibile la tendenza a collocare nella sua ombra il modo in cui gli Stati Uniti reagirono agli eventi dell'11 settembre 2001, gettandosi a capofitto, come non avevano fatto in nessuna precedente occasione, nell'avventura mediorientale. Il «nemico» era insediato in Afghanistan e da lì occorreva stanarlo. Il resto non sarebbe stato che una sequenza geopoliticamente necessaria. La stretta associazione esistente fra il governo dei Talebani e le trame di Osāma bin Lāden, ospitato in territorio afghano, diede al presidente Bush la possibilità di attaccare militarmente l'Afghanistan con l'obiettivo di sradicare le basi del terrorismo. Vi fu un breve negoziato, ma il 7 ottobre 2001 forze americane di terra e d'aviazione assieme a forze britanniche iniziavano la loro azione (denominata *Enduring Freedom*, cioè libertà duratura). Il fondamento giuridico era chiaro, poiché l'azione era condotta anche in nome di un sopravvissuto governo afghano moderato, che la comunità internazionale ancora riconosceva, dopo aver condannato l'offensiva dei Talebani. Perciò il Consiglio di sicurezza dell'ONU era legittimato a costituire una forza speciale per l'Afghanistan (ISAF: *International Security Assistance Force*), inizialmente formata da americani e britannici, poi da forze NATO, con una suddivisione dei compiti concordata paese per paese.

Le operazioni militari ebbero in una prima fase rapido successo. Dopo aver occupato Kabul in dicembre, nel gennaio 2002 queste forze avevano teoricamente assunto il controllo del paese. Frattanto, all'estero, i capi delle fazioni afghane ostili ai Talebani avevano concordato una soluzione politica che portò, all'inizio del 2002, alla convocazione del Gran Consiglio delle fazioni afghane (*Loya Jirga*) per costituire un governo provvisorio, guidato da Hamid Karzai, esponente dell'etnia maggioritaria *pashtun* e gradito agli Americani. Il governo venne riconfermato nell'ottobre 2004 da elezioni parlamentari che parvero trasformare l'Afghanistan in un paese avviato alla democratizzazione. In realtà il governo di Kabul e le forze dell'ISAF riuscivano a malapena a controllare una parte del territorio. Le aree montuose prossime al

Pakistan e quelle della provincia di Herat, prossime al confine iraniano, erano rimaste rifugio dei Talebani e dei qaedisti, che fra il 2003 e il 2005 tentarono in varie riprese di recuperare le posizioni perdute. A partire dal 2007 le forze della NATO ripresero l'iniziativa e avviarono una lunga, onerosa e incompiuta controffensiva, intesa a stabilizzare il governo Karzai ma soprattutto a cancellare la presenza dei qaedisti. Infatti la soluzione della questione afghana non venne affidata tanto a un pieno successo militare, che avrebbe richiesto un più massiccio dispiegamento di forze in un paese dove la configurazione orogeografica rende impossibile l'uso di armamenti moderni e sofisticati, quanto alla buona riuscita dell'operazione politica, tesa a distaccare gli Afghani (Talebani compresi) dagli uomini di Al Qaeda e a mettere in crisi il rapporto fra Al Qaeda e il governo pakistano, così da rendere possibile la formazione di un'autorità centrale, rappresentativa delle realtà etniche e religiose esistenti nel paese e ben distinta dai progetti globali di Osāma bin Lāden.

I tentativi di riconciliazione nazionale posti in essere da Karzai, anche grazie all'intesa di «partenariato strategico» firmata con gli Stati Uniti nel maggio 2005, non ebbero tuttavia grande successo, anche in seguito alla rivelazione del duro trattamento cui gli esponenti dell'islamismo terroristico erano sottoposti nel carcere americano di Guantanamo, nell'isola di Cuba, e a causa della decisione dei qaedisti di concentrare le loro operazioni in Iraq, piuttosto che nell'area afghano-pakistana. Così, mentre Karzai cercava una via d'uscita, nell'inverno tra il 2004 e il 2005 i Talebani riorganizzavano le loro forze, unificando sotto la guida del Mullah Omar i militanti che si erano rifugiati sulle montagne, per riprendere la controffensiva nella successiva primavera: con un certo successo, che costrinse soprattutto gli Stati Uniti e la Gran Bretagna a inviare nuovi rinforzi per le truppe dell'ISAF e a ripetere, come si è detto, un'azione offensiva nel 2007. A peggiorare le cose contribuì anche il metodo di governo adottato da Karzai, che rese meno efficace, in termini di consenso, tutto ciò che varie organizzazioni e le stesse truppe dell'ISAF facevano per ricostruire il paese dai danni di guerra e per risollevarlo dalla condizione disastrosa in cui si trovava, creando nuove infrastrutture, specie per le comunicazioni, o rafforzando, se possibile, il sistema giuridico, quello sanitario e quello scolastico – nel 2010 si calcolava che 9 milioni di giovani (compreso il 40 per cento di femmine) frequentassero regolarmente le scuole. Ma Karzai aveva creato un sistema politico centralizzato, nel cui ambito le diversità regionali o tribali trovavano spazio solo se gradite al Presidente o ai suoi intimi.

Nel 2009 si tennero nuove elezioni presidenziali, vinte facilmente da Karzai, ma sospettate di essere il frutto di numerose manipolazioni. Frattanto, con l'ascesa alla presidenza degli Stati Uniti di Barack Obama, si affermava definitivamente la decisione del governo americano di porre termine entro la fine del 2014 alle operazioni militari, sulla base della presunzione che entro tale data la vita interna dell'Afghanistan si sarebbe completamente normalizzata, grazie a un più efficace uso dell'azione politica accanto a quella militare ma soprattutto per l'evidente impossibilità di vincere una guerra senza mobilitare forze ingenti (cosa che il presidente Obama non intendeva fare). Per garantire che la fine delle operazioni militari avvenisse senza ripercussioni rispetto a ciò che era stato compiuto, il governo di Washington (insieme ad alcuni di quelli che avevano preso parte alla coalizione) assunse l'impegno di mantenere sul territorio afghano, a tempo indefinito e con il compito di addestrare le forze locali, limitati contingenti militari. Il più consistente sarebbe stato ovviamente quello americano, che avrebbe conservato anche il controllo di alcune basi.

Questa ipotesi di accordo fu l'elemento di rottura tra Karzai e gli Stati Uniti poiché il presidente afghano, dopo aver negoziato i termini dell'accordo, rifiutò a lungo di firmarlo con vari pretesti dilatori, sino al momento delle successive elezioni presidenziali, alle quali egli non avrebbe potuto presentarsi, avendo già governato per due mandati. Le elezioni, svoltesi a partire dall'aprile 2014, furono subito contestate a causa dei brogli riscontrati dai controllori esterni. Ripetute, videro l'affermazione di Abdullah Abdullah, già ministro di Karzai, divenuto però suo oppositore sulla base dell'accusa di aver manipolato le elezioni del 2009, nelle quali lo stesso Abdullah era stato il candidato sconfitto. Ma anche dopo la seconda votazione l'esito venne contestato: il principale rivale di Abdullah, Ashraf Ghani, un esponente della minoranza d'origine tagika, rifiutò di accettare la validità del voto. La lunga polemica, tale da poter sfociare anche in scontri armati, fu conclusa nel settembre 2014 da un accordo tra i due «vincitori», o presunti tali, grazie al quale Abdullah assumeva il ruolo di presidente e conferiva a Ghani quello, più operativo, di capo dell'esecutivo. Aveva inizio così una nuova età politica, in attesa di ciò che sarebbe accaduto dopo la partenza delle forze militari.

Durante la fase di transizione vissuta negli ultimi anni, i gruppi legati ad Al Qaeda avevano perso gran parte della loro influenza, anche perché il 2 maggio 2011 Osāma bin Lāden era stato scovato nel suo nascondiglio ad Abbottabad, in territorio pakistano, ed era stato ucciso. Recuperavano un ruolo tutti gli esponenti dei gruppi che avevano prima dominato il territorio. Ma era un'influenza condizionata dalla permanenza del controllo statunitense e dal fatto che, dal 2011, aveva avuto inizio un processo di avvicinamento alla questione afghana da parte sia dell'India sia dei suoi numerosi paesi vicini: interessati soprattutto per l'importanza strategica del paese, situato alla confluenza di varie nazioni, di varie vie di comunicazione e potenzialmente ricco di risorse. In altri termini, alla fine del 2014 la situazione afghana restava ancora molto fluida e tuttavia gli avvenimenti che frattanto si erano verificati in Siria e in Iraq la spingevano relativamente al margine dell'area più carica di tensioni. Pochi si facevano illusioni sull'evoluzione «democratica» del regime di Kabul, benché questa ipotesi non avesse perso del tutto la sua credibilità, e del resto persino il presidente Obama annunciava all'inizio del 2015, dopo aver raggiunto un accordo con il primo ministro Ashraf Ghani, che il completo ritiro di «istruttori» americani dall'Afghanistan sarebbe stato dilazionato lungo un decennio.

2.8. *La questione irachena dalla guerra a una pace instabile*

Durante tutti gli anni dell'intervento di *Enduring Freedom* in Afghanistan l'impegno degli Stati Uniti nell'area venne reso più arduo dalla decisione del governo americano di trasformare Saddam Hussein da tiranno tollerato, ma costretto a collaborare, in minaccioso e potenziale alleato del terrorismo. Il campo sul quale venne combattuta questa contrapposizione fu però tutt'altro, poiché la diatriba fra i due paesi si concentrò in prevalenza sulla questione degli «armamenti di distruzione di massa» (nucleari e chimici) che il governo di Baghdad, secondo le accuse americane, intendeva far costruire per utilizzarli ai fini della propria politica di potenza regionale e in contrasto con ciò che le Nazioni Unite avevano imposto all'Iraq nel 1991, dopo la crisi del Kuwait.

Anche sulle vere ragioni che spinsero Bush a volere la seconda guerra contro l'Iraq si aprì subito, e proseguì in modo sempre più aspro, a mano a mano che il compito di pacificare l'Iraq si faceva difficile, un serrato dibattito. Le motivazioni ufficiali erano enumerate in maniera chiara dagli esponenti dell'amministrazione Bush e in particolare dal ministro della Difesa, Donald Rumsfeld, e dal vicepresidente Richard Cheney. In Iraq esisteva un governo dittatoriale colpevole di molte infamie. Con la sconfitta subita nella prima guerra, fu scoperto dagli ispettori dell'IAEA (*International Atomic Energy Agency*) che il governo iracheno aveva avviato un programma nucleare clandestino, contrario anche agli impegni assunti con la firma del trattato di non proliferazione nucleare. Sebbene dopo la guerra del 1991 gli fossero state imposte precise regole di comportamento, esso le aveva violate sistematicamente. Vi erano state stragi di popolazioni ribelli e di gruppi della minoranza curda, ma anche persecuzioni contro gli avversari del regime.

Vi erano soprattutto due punti sui quali il governo di Washington insisteva: in Iraq erano in corso avanzati tentativi per costruire armi di distruzione di massa (chimiche, batteriologiche e, si riteneva, anche nucleari) e nel paese avevano trovato rifugio, assistenza e possibilità di addestramento (cosa del resto vera) gruppi di militanti di Al Qaeda direttamente collegati con Osāma bin Lāden. Queste due convinzioni erano profondamente diffuse nell'opinione pubblica americana, che in grande maggioranza le condivideva. Perciò Saddam Hussein doveva essere privato del potere, sconfitto politicamente e militarmente. Quando il segretario di Stato americano, il generale Colin Powell, illustrò la posizione dell'amministrazione dinanzi al Consiglio di sicurezza delle Nazioni Unite, il 5 febbraio 2003, egli mostrò una serie di modelli e di fotografie che apparivano tutti come un'evidente prova della fondatezza dell'assunto iniziale: Saddam preparava armi di distruzione di massa, il cui possesso metteva in pericolo la sicurezza dell'area mediorientale e favoriva le attività del terrorismo.

Nei mesi successivi si fece strada gradualmente una versione che contraddiceva tale assunto. Sebbene fosse vero che Saddam

Hussein era un crudele tiranno, non esistevano prove sufficienti a dimostrare che in Iraq si fabbricassero armi di quella natura, mentre la documentazione prodotta dalle autorità americane era o infondata o costruita ad arte per far risaltare le colpe di Saddam, come del resto lo stesso Colin Powell ammise nelle sue memorie, pubblicate nel 2012. Ma proprio queste contraddizioni fra le dichiarazioni pubbliche e la realtà accertata più tardi rendono necessario cercare altrove le ragioni della pertinacia con la quale Bush volle colpire l'Iraq. In tal senso non persuadono nemmeno le tesi che riconducono il tema alla questione petrolifera. Appare corretto, piuttosto, pensare che un insieme di motivazioni diverse si consolidasse attorno alla volontà di contrastare con la forza il ruolo preminente nell'area di una potenza non allineata a quella degli Stati Uniti.

Non tutte queste motivazioni sono evidenti, ma su tutte loro dominava la volontà di mostrare che nessun mutamento dell'assetto politico generale dell'area poteva aver luogo senza una reazione americana. *In primis* ciò riguardava Israele, la cui esistenza e sicurezza dovevano apparire fuori discussione, nonostante le diatribe interne al mondo palestinese, l'ostilità siriana, le crisi libanesi e gli attentati favoriti da organizzazioni integralistiche islamiche aperte all'influenza di Al Qaeda. Ma la medesima garanzia riguardava sia la penisola arabica nel suo complesso, sia la Turchia, il Pakistan, l'Egitto e persino, indirettamente, l'Iran. Non si può certo parlare di trasformazione del Medio Oriente e dei paesi vicini in un'oasi democratica, ma l'intento generale dell'azione americana era quello di rendere manifesta un'egemonia prima scontata e poi messa in discussione dagli stessi Iracheni, dagli Iraniani, dai Siriani e da tante voci emergenti dal mondo arabo o, più in generale, islamico. Se poi altre motivazioni possano essere ricondotte a questo progetto di fondo, esse appaiono come elementi marginali di un quadro più complesso. Poco si teneva conto allora, negli Stati Uniti, di ciò che l'Iraq rappresenta nel bacino del Tigri e dell'Eufrate.

Su questi presupposti, non valutati dunque sino alle loro estreme conseguenze, il presidente Bush e i suoi più stretti collaboratori si convinsero della necessità di abbattere il regime iracheno con un'azione di forza. Dopo una serie di schermaglie legate alla disponibilità irachena a lasciare che fossero ispezionati gli impianti militari più pericolosi e dopo una serie di sterili dibattiti in seno alle Nazioni Unite, il governo di Washington ritenne che le precedenti deliberazioni del Consiglio di sicurezza legittimassero ogni iniziativa. In primo luogo si citava l'ancora vigente risoluzione 678 del 29 novembre 1990, che impegnava l'Iraq a «restaurare la pace internazionale e la sicurezza nell'area». Dopo di questa vi era una serie di ulteriori risoluzioni che richiamavano l'Iraq agli impegni assunti, sinché l'8 novembre 2002 era stata adottata all'unanimità la risoluzione 1441, dal contenuto assai complesso ma tale da configurarsi come una sorta di quasi ultimatum al governo iracheno perché accettasse tutte le richieste riguardanti le questioni in discussione, sotto la minaccia di subire, in caso contrario, «le più serie conseguenze».

Non si trattava, formalmente, della legittimazione di un attacco, ma il combinato disposto della 678, della 1441 e delle risoluzioni precedenti identificava il governo iracheno come responsabile di una situazione pre-conflittuale dalla quale gli Stati Uniti trassero l'opportunità per agire, sebbene il Consiglio di sicurezza, nel cui ambito la Russia e la Cina avevano recuperato una relativa autonomia, non deliberasse nel medesimo senso pur dopo aver ascoltato, il 5 febbraio, l'esposizione di Colin Powell. Nel novembre 2002 Bush, in visita alla NATO, affermò che senza disarmo iracheno gli Stati Uniti avrebbero guidato una «*coalition of the willings*» per imporlo con la forza. Trentatré paesi risposero, con varie sfumature, in senso positivo all'appello di Bush, con la vistosa assenza della Francia e della Germania. Il 20 marzo dell'anno successivo, dopo un'interlocutoria riunione del Consiglio di sicurezza, la coalizione era pronta a lanciare l'attacco *Iraqi Freedom* (libertà irachena) con una forza di circa 250.000 uomini, metà dei quali americani, gli altri britannici, polacchi, australiani e di altri paesi, con l'appoggio, almeno indiretto, di reparti in funzione di retroguardia umanitaria, come quello fornito dall'Italia. L'attacco ebbe un rapido successo. All'inizio di maggio, occupata Baghdad, il comando statunitense affermava che le operazioni avevano raggiunto i loro principali obiettivi. Nel dicembre 2003 Saddam Hussein venne catturato e sottoposto a processo non per la sua politica di riarmo, soggettivamente legittima, ma per gli eccidi compiuti dopo il 1991. Condannato a morte da una regolare corte irachena, venne giustiziato il 30 dicembre 2006.

Il 22 maggio 2003 il Consiglio di sicurezza prendeva atto della nuova situazione e, con la risoluzione 1483, legittimava *ex post* l'iniziativa americana, mentre nel giugno 2004 approvava la formazione a Baghdad di un governo provvisorio, al quale veniva in tal modo conferita una legittimità internazionale. Questi aspetti formali, e il senso di liberazione che la fine della dittatura aveva suscitato, ebbero però conseguenze di breve durata. Una serie di passi falsi compiuti dal comando americano nella gestione della fase finale delle operazioni di guerra e nell'approccio alle forze politiche e religiose irachene, sommati all'asprezza delle rivalità esistenti tra le fazioni o le personalità irachene, aprirono la via a nuovi dibattiti, sempre più violenti, che dal piano politico si spostarono su quello militare, trasformando l'Iraq non in un paese liberato per la democrazia ma in un campo di battaglia per la guerriglia contro gli Americani, i loro alleati e tra le varie fazioni irachene.

Nel 2004 un accordo tra le forze d'occupazione e il governo interinale, frattanto messo in piedi a Baghdad, stabilì che vi sarebbero state entro breve regolari elezioni. Qui emersero le differenze di fondo. Ciascuna delle parti in competizione chiese una legge elettorale che garantisse il massimo di rappresentanza. Fu adottata una legge proporzionale con collegi unici e candidati nominati, che di fatto predisponeva la composizione del Parlamento. Le elezioni vennero fissate per il 30 gennaio 2005, ma subito i sunniti, discriminati dal sistema proporzionale perché minoritari, rifiutarono di prendervi parte. Ciò non impedì che fossero presentate ben 200 liste, tra le quali dominavano quella di una coalizione di partiti sciiti (la *United Iraqi Alliance*) e una lista frutto dell'alleanza tra i due maggiori partiti curdi. Nonostante il minaccioso boicottaggio dei qaedisti e l'astensione dei sunniti, e nonostante i timori e le esitazioni di una parte del mondo sciita, superate in seguito all'intervento pro-elettorale del grande ayatollah sciita Al-Sistani, la consultazione si svolse in modo pacifico e pressoché regolare. I partiti della coalizione sciita ottennero il maggior numero di seggi, ma non la maggioranza assoluta necessaria a governare e a predisporre il testo di una nuova Costituzione. Fu necessaria un'alleanza parlamentare tra sciiti e curdi, che designarono come primo ministro lo sciita Ibrahim al-Ja'fari e come presidente il curdo Jalal Talabani (con sette posti simbolicamente riservati alla minoranza sunnita). Un anno dopo (maggio 2006) Talabani venne sostituito da Nuri al-Maliki, esponente moderato del partito religioso sciita (già perseguitato da Saddam), che da allora rimase alla guida di un mosaico governativo composto da 37 ministri.

Anziché segnare il momento del passaggio verso la normalizzazione, i risultati elettorali aprirono un biennio di guerriglia e insicurezza che palesemente derivava dalla struttura etnico-politico-religiosa dell'Iraq e dall'impossibilità di considerarlo come una nazione unitaria. All'inizio del XXI secolo l'Iraq restava unito per effetto della politica nazionalistica di Saddam Hussein, ma era pur sempre diviso almeno in tre grandi gruppi: le regioni nord-orientali, a maggioranza sunnita (circa il 40 per cento della popolazione); quelle settentrionali, dove la presenza della minoranza curda (il 10 per cento) rappresentava un punto d'appoggio per Baghdad contro i sunniti, ma anche un motivo di attrito con la Turchia, proprio per l'analoga presenza anche in quel paese di una forte minoranza curda lungo il confine con l'Iraq; quelle sud-occidentali, a maggioranza sciita (poco meno del 60 per cento della popolazione). A questa sistemazione si debbono aggiungere ulteriori elementi: le consistenti minoranze cristiane e l'importanza della dislocazione delle risorse petrolifere situate, queste ultime, soprattutto nell'area di Mosul, assegnata solo nel 1926 all'Iraq, cioè alla Gran Bretagna, e geograficamente situata nel centro delle regioni sunnite.

A complicare ulteriormente la situazione si aggiungevano le rivalità interne al mondo sciita, fortemente attratto dall'esperienza iraniana ma diviso quanto meno in due gruppi: gli sciiti di cultura laica e quelli più settari; legati, questi ultimi, alla predicazione di uno dei più influenti leader religiosi iracheni, Mohammed Sadeq al-Sadr, prestigioso per cultura e per la discendenza dalla famiglia di Maometto, ma veicolo poi, suo malgrado, dell'ala più aggressiva del mondo sciita quando la guida del gruppo fu assunta da suo figlio Muqtada al-Sadr, populista aggressivo, capace di mobilitare moti popolari e docile solo verso l'insegnamento dell'ayatollah Al-Sistani. Comporre questo mosaico in una rappresentanza politica era dunque un compito difficile, che Saddam aveva risolto con una dura politica di repressione.

Su questo terreno scivoloso avevano un certo peso gli uomini di Al Qaeda, di confessione sunnita e come tali ostili al regime di Baghdad e alla normalizzazione parlamentare; oltre a ciò, tra il 2005 e il 2007, meno violenta ma più rischiosa, si era sviluppata anche la controversia sulle regole costituzionali in discussione: se creare uno Stato unitario o uno Stato federale, con libertà per le varie regioni di associarsi fra di loro (per esempio, costituendo una dominante entità sciita nell'Iraq meridionale). L'intervento americano impedì che fosse approvato un progetto preliminare in questa direzione e ottenne che fosse sostituito da una serie di clausole aperte a diverse interpretazioni. Il che permise di sottoporre a referendum la Costituzione, che fu approvata dal 79 per cento dei votanti (astenuti i sunniti). Subito dopo si tennero nuove elezioni (25 dicembre 2005), alle quali parteciparono anche i sunniti, ma che diedero una distribuzione dei seggi non dissimile da quella del 30 gennaio, salvo la presenza, ora, dei deputati delle regioni settentrionali sunnite.

Democratizzare l'Iraq significava dunque affrontare un compito quanto mai arduo. E il tutto era reso più complesso sia dall'occasionale convergenza degli islamici contro gli invasori occidentali, sia dalle rivalità tribali o etniche, sia dalle appartenenze settarie. Per fare solo un esempio, basti pensare che l'autorità del grande ayatollah Al-Sistani, capo spirituale degli sciiti non soltanto iracheni, venne subito messa alla prova dall'emergente violenza del giovane allievo/rivale, Muqtada al-Sadr. Questa situazione caotica e senza apparenti vie d'uscita prese a modificarsi con grande lentezza dopo la sconfitta elettorale subita negli Stati Uniti da Bush e dai repubblicani nelle elezioni a medio termine del novembre 2006, fortemente condizionate dalla prospettiva che la situazione irachena potesse poco per volta riprodurre ciò che gli Stati Uniti avevano vissuto in Vietnam. Da parte del governo di al-Maliki (che dopo le elezioni del dicembre 2005 aveva sostituito come primo ministro al-Ja'fari) vennero avviati contatti preliminari con le opposizioni e in particolare con i capi del disciolto partito Baath, del quale Saddam era stato il massimo esponente, nell'intento di recuperare buona parte del personale amministrativo non troppo compromesso con il precedente regime, e con l'obiettivo di evitare il rischio che l'Iraq fosse frantumato in Stati separati. A ciò si aggiunse la ripresa dei contatti con gli Stati vicini, tutti interessati a impedire la disintegrazione dell'Iraq e le imprevedibili conseguenze che ne sarebbero derivate. Si trattava di una politica di normalizzazione che nel marzo 2008 portò persino alla visita a Baghdad del presidente iraniano Ahmadinejad, bersaglio delle polemiche statunitensi ma capo dell'Iran, cioè del più grande paese sciita del mondo, poco propenso, proprio per questo, a favorire il terrorismo sunnita di Osāma bin Lāden e, semmai, disponibile a schierarsi con altre formazioni di impronta sciita, come gli Hezbollah libanesi.

A questo lavorìo sviluppato dagli Iracheni tenne dietro la svolta impressa dal presidente Bush per volere del Congresso americano, dominato dai democratici. Di concerto con alcuni alleati arabi, come il governo saudita, all'inizio del 2007 l'amministrazione USA elaborò una nuova strategia politica basata su due capisaldi: un misurato incremento delle forze americane presenti in Iraq, accompagnato dall'impegno di un loro graduale ritiro con il mutare della situazione, e l'avvio di un approccio meno aggressivo e più aperto al dialogo con gran parte dei soggetti politici e sociali dell'Iraq, così da isolare gradualmente le sacche di resistenza, riportare una relativa tranquillità in tutta l'area e lentamente avviare l'Iraq, se non alla democrazia stile americano, quanto meno alla pace interna e a una vita normale. Questa strategia, dapprima guardata con diffidenza, venne affidata al generale David Petraeus che, circondato da abili collaboratori, operò dal marzo 2007 sulla base della convinzione che la guerra non potesse essere vinta con la sola forza militare. L'intera operazione *Surge*, come allora venne chiamata, si basava in altri termini sull'ipotesi che l'esercito statunitense, con la collaborazione di quello britannico, potesse riuscire a compiere lo sforzo necessario per riportare il conflitto nell'ambito di una dialettica politica talora violenta ma gradualmente più vicina alla normalità. Alla fine del marzo 2008 il caso iracheno usciva dai temi più aspri della campagna presidenziale americana e veniva lasciato in eredità al presidente Obama, risoluto fautore del disimpegno statunitense.

La questione di fondo, già affiorata durante la fase dei più aspri conflitti militari e delle contrapposizioni politiche, riguardava la capacità del governo, e in particolare di al-Maliki, di dare vita a una coalizione politica che recuperasse il concetto di identità nazionale per l'Iraq, diviso com'era tra le fazioni che si erano combattute e appoggiato da una coalizione di sciiti – rissosi per motivi di supremazia – e curdi, tesi alla difesa della loro identità, mentre sullo sfondo le province sunnite alternavano momenti concilianti a momenti di violenta opposizione, secondo ondeggiamenti che accompagnavano la prevalenza, in seno alla Commissione che lavorava per una nuova Costituzione, ora di elementi favorevoli alla provincializzazione, ora di elementi più orientati verso il centralismo. Questa divisione apparve in tutta la sua portata con le elezioni provinciali del 2009 (alle quali rimase estraneo il Kurdistan), quando i sostenitori del governo si presentarono disuniti e favorirono così il successo dell'ala sciita laica, sostenuta da al-Maliki. I Curdi rimasero fermi sulle loro posizioni tradizionali e rielessero come presidente della loro regione autonoma Mas'ud Barzani, figlio del fondatore del Partito democratico curdo, Mustafa Barzani.

La divisione venne confermata dalle successive elezioni politiche, del marzo 2010. Vi si presentarono, in un clima preceduto da grappoli di attentati qaedisti, 86 liste. Nessuna di esse conquistò la maggioranza, ma i partiti che ottennero, con liste separate, il maggior numero di voti furono quello guidato dall'ex premier Iyad Allawi e quello guidato da al-Maliki. Nessuno aveva superato la soglia del 25 per cento dei voti, perciò la formazione del nuovo governo fu il risultato di un negoziato durato sino al mese di novembre, quando al-Maliki, grazie a un'interpretazione discussa e discutibile della Costituzione, riuscì a comporre l'esecutivo, relegando il vero vincitore, Allawi, alla presidenza del Parlamento. Gli oppositori accusarono al-Maliki di aver negoziato il suo successo d'intesa con l'Iran (e sulla base della convergenza di affinità religiose). Era, questo, dal punto di vista internazionale, il problema più delicato, poiché le truppe americane frattanto lasciarono il paese (in due fasi, nell'agosto e nel dicembre 2010), consegnando il potere nelle mani di un alleato dei loro avversari iraniani e in quelle dei guerriglieri islamici legati al qaedismo.

Guardata dall'esterno, la vita irachena, dopo la partenza delle forze americane, sembrava assumere talora l'aspetto di un faticoso ma definitivo avanzamento verso la democrazia. Ma si trattava invero solo di un'apparenza, poiché dall'interno si potevano comprendere le persistenti divisioni etniche e politiche e si pagava con il sangue la violenza dello scontro. Basta infatti ricordare che, secondo statistiche convalidate dalle Nazioni Unite, tra il 2012 e il 2013 le vittime delle violenze furono circa diecimila e che nel 2014 la situazione si aggravò ulteriormente. Del resto, il problema dominante dell'appartenenza dell'Iraq a uno qualsiasi degli schieramenti mediorientali non era risolto. Perciò le nuove elezioni parlamentari, indette per il 30 aprile 2014, si svolsero in un clima di tensione che permise un'affluenza alle urne di poco più del 50 per cento degli aventi diritto. Alle elezioni si presentarono le forze tradizionali, tra le quali la formazione guidata ancora da al-Maliki (Alleanza per lo Stato di diritto), che mirava a ottenere un nuovo mandato come primo ministro. L'esito fu tuttavia tale da non garantire la formazione di alcuna maggioranza. Ebbe inizio l'ennesimo logorante negoziato, dopo il quale, con profondo disappunto di al-Maliki, che incolpò gli Stati Uniti per la sua estromissione, venne formato, nel mese di agosto, un governo diretto dal vicepresidente del Parlamento, Haydar al-'Abadi, esponente anch'egli dell'Alleanza ma meno compromesso di al-Maliki rispetto alle crudeltà avvenute in Iraq negli anni precedenti. Che il paese si avviasse verso la normalizzazione era però una inutile speranza poiché frattanto le forze che dilaniavano l'Iraq e le ricadute provocate dalla guerra civile siriana aprirono altri e più crudi scenari, dominati dall'estremismo sunnita, cioè dall'emergere dell'idea di Califfato islamico.

2.9. *Il problema del nucleare iraniano*

L'altro grande problema con il quale gli Stati Uniti – e non soltanto loro – dovevano misurarsi riguardava la questione iraniana. Dopo l'esito incerto della guerra provocata nel 1980 dall'attacco iracheno e chiusa nel 1988 da un compromesso che le successive vicende irachene avevano resto stabile, l'Iran era entrato in una fase di profonda trasformazione, caratterizzata da una forte pressione delle autorità religiose per affermare la loro completa egemonia e dalla sempre più debole resistenza degli ambienti laici e moderati, emarginati grazie a una politica di apparente tolleranza e di indottrinamento sistematico; ma anche particolarmente condizionata dal radicale mutamento demografico che, soprattutto in conseguenza della diminuzione della mortalità infantile, modificò la composizione per classi di età della popolazione iraniana, passata, dal 1980 ai primi anni del XXI secolo, da 50 a oltre 70 milioni di abitanti, in maggioranza inevitabilmente giovani in attesa di lavoro. Il problema della disoccupazione e quello della crescita produttiva diventavano dominanti, nonostante un incremento del prodotto interno lordo prossimo al 7 per cento, accompagnato però da un'inflazione pari a circa il 15 per cento.

Questa ribollente vita sociale venne governata per una ventina di anni da riformisti e conservatori, divisi secondo sfumature talora marginali ma tutti sottoposti all'autorità suprema del grande *ayatollah* Ali Khamenei, «guida suprema della rivoluzione», successore, nel 1989, del padre della rivoluzione, Ruhollah Khomeini. Alla presidenza della Repubblica e alla guida del governo si succedettero Ali Rafsanjani, considerato un blando riformatore, e nel 1997 Mohammad Khatami. Questi rimase al potere fino al 2005, quando, dopo due mandati, secondo le regole istituzionali, non poté ripresentare la sua candidatura. Le elezioni del giugno 2005 diedero la vittoria, al secondo turno e con una forte astensione accompagnata da pesanti accuse di brogli, al sindaco di Teheran, Mahmud Ahmadinejad, non appartenente alla gerarchia religiosa ma esponente dell'ala più intransigente del mondo sciita, un aspetto al quale egli aggiungeva la volontà di attuare profonde riforme sociali. Il carattere laico della provenienza di Ahmadinejad velava appena il fatto che egli, sebbene poco conosciuto, fosse un fedele seguace della gerarchia clericale. Proprio l'insieme di queste convinzioni caratterizzò l'attività e lo stile di Ahmadinejad. La sobrietà della vita personale non gli impediva di essere ispirato da un fanatismo a tutta prova, che lo portava ad attaccare con virulenza tutto ciò che non gli appariva conforme alla volontà originaria della rivoluzione khomeinista. Egli tentò una serie di riforme sociali che di fatto ebbero scarsa efficacia, ma le bilanciò adottando (con il consenso della suprema guida spirituale, Ali Khamenei) una politica internazionale dall'accentuato carattere militaristico e nazionalistico e perciò fortemente unificante. L'appoggio concesso ai gruppi sciiti più combattivi, come gli Hezbollah libanesi o le forze sciite antiamericane in Iraq, esprimeva la volontà di dare all'immagine internazionale dell'Iran un profilo carico di aggressività, che faceva apparire il regime di Teheran quale un soggetto militaristico, tutto teso verso la supremazia che l'armamento atomico gli avrebbe conferito.

A proposito di questo tema, bisogna tenere presente il profondo orgoglio nazionale degli Iraniani, etnicamente esterni al mondo arabo e fedeli alla versione sciita dell'islamismo; occorre poi ricordare che mai nella storia l'Iran era stato sconfitto in guerra e solo durante il secondo conflitto mondiale era stato occupato dagli Alleati e dai Sovietici, ma con il consenso dello Scià; così come bisogna tenere presente che, nonostante la volontà egemonica regionale e la percezione della propria potenza, l'Iran, nella storia moderna e contemporanea, non aveva mai promosso azioni aggressive, pur essendo stato indirettamente (ai tempi di Mossadegh) o direttamente (nel 1980) aggredito da paesi esterni. Solo così si spiega perché il Presidente iraniano cercasse di trovare nella politica internazionale la base di quel consenso unificante del quale non disponeva, e si spiega altresì come la questione nucleare potesse diventare il simbolo dell'unicità e delle potenzialità iraniane.

Durante il periodo pre-rivoluzionario, dal 1974, alcuni scienziati iraniani avevano avviato, con la collaborazione degli Stati Uniti, lo studio per la costruzione, entro il 2000, di una serie di centrali per la creazione di uranio arricchito, la materia prima necessaria per l'uso pacifico dell'energia nucleare. In seguito alla rivoluzione del 1979 il progetto era stato sospeso ma poi, durante la guerra contro l'Iraq (1980-1988), la distruzione di molti impianti petroliferi aveva portato il governo iraniano, allora guidato da Rafsanjani, a riprendere il programma nucleare, questa volta con l'appoggio dell'Unione Sovietica, che avrebbe fornito documentazione tecnica e materiale combustibile per dieci anni. Si trattava di un impegno che Mosca, alla vigilia della dissoluzione dell'URSS, non poteva mantenere. Tuttavia ciò non impedì che gli studi continuassero, sempre con intenzioni pacifiche ma con una potenzialità suscettibile di essere utilizzata per scopi militari. Il governo di Teheran giustificava tali ricerche come frutto della necessità di predisporre il sistema energetico iraniano per il momento in cui le riserve petrolifere del paese si fossero esaurite. Che si trattasse di un pretesto più che di un argomento appare ovvio. Tuttavia l'arricchimento dell'uranio per scopi dichiaratamente pacifici non violava il trattato di non proliferazione al quale anche l'Iran aveva aderito nel 1968. E la questione si proiettava sul piano internazionale per diverse ragioni: la prima era il timore che anche l'Iraq e la Libia seguissero l'esempio iraniano (un timore, questo, superato poi da ciò che era accaduto in Iraq e dalla decisione di Gheddafi di sospendere il progetto libico); la seconda riguardava e riguarda il fatto che il Pakistan e l'India posseggono un arsenale militare nucleare, che implicitamente offre un argomento al progetto iraniano. La terza, e ben più allarmante, era che la remota ipotesi di un Iran dotato di armamenti nucleari potesse tradursi nell'alibi per il loro uso da parte di altri gruppi integralistici, intrisi di terrorismo, ostili a Israele e pronti a combatterlo anche con questi armamenti.

Nel 2002, la ricognizione satellitare mostrò che in effetti esistevano in Iran almeno due impianti segreti, a Natanz e ad Arak. Negli anni successivi il governo di Teheran mostrò di voler aderire pienamente ai protocolli attuativi del trattato di non proliferazione, mentre ai servizi segreti americani risultava che esso aveva continuato a migliorare le conoscenze tecniche in materia, anche con la collaborazione di scienziati pakistani. Per eludere le critiche internazionali, Teheran accettò che la questione dei suoi impianti nucleari fosse sottoposta all'IAEA, permettendo che gli esperti dell'Agenzia ispezionassero i siti nucleari iraniani per convalidarne la natura pacifica. Ebbe inizio un estenuante negoziato con l'IAEA (e soprattutto con Stati Uniti, Gran Bretagna, Francia, Cina e Russia) che aprì la via a una serie di ispezioni, rese ancora più urgenti dal tono minaccioso che il presidente Ahmadinejad aveva dato alla sua politica internazionale. Furono ispezioni condotte dapprima nell'equivoco, poiché gli esperti, guidati dall'egiziano al-Baradei, furono (verosimilmente) indirizzati a controllare quella parte degli impianti che avesse l'aspetto più innocuo. Lo stesso al-Baradei affermò tuttavia nel 2007 che entro pochi anni, volendolo, l'Iran sarebbe stato in grado di disporre di armi nucleari.

Sciogliere questa contraddizione era impossibile, mentre era plausibile pensare che l'Iran volesse dotarsi di impianti nucleari solo per uso pacifico, sebbene ciò richiedesse una dose di ottimismo diagnostico che non tutti erano disposti a concedere poiché non si poteva escludere che l'Iran volesse utilizzare gli armamenti nucleari per contrastare eventualmente il potenziale nucleare israeliano e per affermare la propria supremazia regionale, acquistando un rilevante ruolo autonomo nella vita internazionale. Ma, a questo proposito, esistono solo argomentazioni che attingono alla logica della politica di potenza e non ai colpi di mano che un regime autocratico potrebbe attuare. È ben evidente che una politica militare aggressiva basata su armamenti nucleari trascinerebbe tutta l'area in un vortice autodistruttivo, del quale proprio gli Iraniani sarebbero le vittime. Questa considerazione appartiene però al campo della razionalità e vale solo se si osserva che nemmeno durante gli anni dell'equilibrio del terrore le armi nucleari ebbero altra efficacia se non quella simbolica di espressione della potenza.

È però necessario osservare che in quegli anni l'Iran doveva fronteggiare una situazione di serio isolamento diplomatico. I suoi rapporti con gli Stati vicini erano minati dal timore che esso diventasse troppo potente. I rapporti con l'Unione Europea, eccellenti sul piano commerciale, erano frenati dalla diffidenza politica e dall'incombere delle sanzioni decretate dall'ONU; quelli con gli Stati Uniti erano paralizzati dall'eredità del recente passato e dalla preoccupazione che l'Iran potesse diventare non solo egemone nell'area (lo era già ai tempi di Reza Pahlevi II, senza che ciò turbasse i sonni della diplomazia americana), ma anche una dinamo per la diffusione dell'antiamericanismo, già così radicato nel Medio Oriente. La situazione divenne tale da suggerire al Consiglio di sicurezza delle Nazioni Unite di imporre sanzioni economiche e finanziarie sempre più severe, e che furono sempre più avvertite anche dalla popolazione iraniana. Era uno stato di cose apparentemente senza via d'uscita e tale rimase fino all'elezione di Obama alla presidenza degli Stati Uniti (novembre 2008) e alla successiva elezione del moderato Hassan Rouhani (14 giugno 2014) alla presidenza iraniana. Sin dai primi atti Rouhani mostrò di essere orientato verso un compromesso e un addolcimento polemico rispetto agli avversari. Gli osservatori ritengono che questo dipendesse dall'efficacia delle sanzioni e dall'effettivo disinteresse iraniano rispetto al possesso di un'arma dal valore simbolico. Sta di fatto che dopo quella data i negoziati, più volte interrotti, tra i 5+1 (al gruppo dei negoziatori era stata aggiunta la Germania) assunsero un nuovo carattere. In cambio di un'attenuazione delle sanzioni, gli Iraniani si mostrarono disposti a negoziare un accordo che, senza mettere in discussione le loro intenzioni finali, rendesse chiaro che il loro nucleare aveva funzioni pacifiche. In alcuni momenti l'accordo parve vicino e passibile di trasformarsi in una collaborazione più strutturata tra l'Iran e il resto della società internazionale.

Nei primi mesi del 2015 il negoziato proseguì tra momenti di ottimismo e fasi di scetticismo. Il cambiamento del quadro regionale spinse però sia gli Stati Uniti sia l'Iran a mutare rotta in vista di una possibile (e forse inevitabile) collaborazione contro l'emergere dell'islamismo estremista dell'ISIS sunnita in Iraq e in Siria. Fu questa imprevista e radicale svolta che spinse ancor più risolutamente gli Iraniani a cercare un vero compromesso e, nell'altro senso, aprì nuove opportunità al progetto di cambiamento della politica mediorientale degli Stati Uniti voluto da Obama. L'intesa siglata all'inizio dell'aprile 2015, in vista della stipulazione di un accordo particolareggiato da firmare entro il 30 giugno, prevedeva, da un lato, che fossero eliminate le sanzioni economiche contro l'Iran e, dall'altro, che i programmi nucleari iraniani fossero ridimensionati nella misura necessaria a non disseminare allarme. Così l'arco di tempo tra la fine di aprile e il 14 luglio, quando l'accordo venne firmato, divenne un periodo quanto mai carico di aspettative, infine soddisfatte in linea di principio e in attesa delle ratifiche delle parti interessate.

2.10. *Nuovi sviluppi della questione israeliana*

Alla base dell'antiamericanismo così diffuso nel Medio Oriente vi sono diverse motivazioni: non solo l'attivismo degli Stati Uniti nel Libano e contro l'Iran, o l'attacco contro l'Iraq; la motivazione principale riguarda più probabilmente lo stretto legame stabilitosi con Israele dopo il 1967. Fino al 1973 questo legame era stato controbilanciato dalla presenza sovietica in Egitto e dal relativo disinteresse (fatta eccezione per le questioni petrolifere) degli Stati Uniti verso il Mediterraneo orientale. Il graduale modificarsi di questa situazione fra il 1967 e il 1973 e, soprattutto, le conseguenze della guerra dello Yom Kippur avevano trasformato la presenza americana e le relazioni bilaterali in una sorta di punto di forza della politica mediorientale degli Stati Uniti. A mano a mano che il fulcro della guerra fredda si era spostato dall'Europa verso il Mediterraneo e verso l'Africa, il rapporto fra Israele e gli Stati Uniti si era trasformato in una *special relationship*, basata sul pieno appoggio americano – anche militare – e, in parallelo, sull'impegno degli Stati Uniti a spingere tutta l'area verso una soluzione del problema palestinese che garantisse lo stesso Israele dal rifiuto arabo.

Questa «presenza obbligata», rispetto alla quale gli Americani potevano contare sulla collaborazione di molti paesi europei, si scontrava con l'asprezza dei contrasti che dividevano il mondo israeliano da quello palestinese e arabo. Gli Israeliani diffidavano di Yasser Arafat e dell'OLP poiché questa organizzazione affermava nella sua carta istitutiva il rifiuto di riconoscere lo Stato di Israele, piuttosto che una Palestina unita.

Dopo gli accordi del 1993-1995 Barak rimase al potere meno di due anni e la sua azione politica si concluse con il fallimento dei nuovi accordi di Camp David, voluti da Clinton ma naufragati dopo un lungo negoziato, in una marea di accuse reciproche. Nel 2001 Barak venne sostituito da un governo di larga coalizione presieduto da Ariel Sharon, un eroe della guerra del 1973, divenuto il principale esponente del *Likud*, cioè dell'ala conservatrice israeliana, e subito additato come un provocatore, poiché uno dei gesti più espliciti da lui compiuti fu una visita alla Spianata delle Moschee (Muro del Pianto), ritenuta inviolabile, in particolare da parte del generale che era accusato di essere stato l'artefice dei massacri di Sabra e Shatila del 1982. La decisione dei laburisti di togliere il loro appoggio a Sharon a causa della sua dura repressione contro una nuova *intifada*, questa volta armata, portò, nel gennaio 2003, a nuove elezioni. Ma la vittoria elettorale di Sharon e del *Likud* mostrò che la durezza del primo ministro corrispondeva ai sentimenti della maggioranza degli Israeliani. In quel clima ricominciò l'inumano alternarsi di attacchi terroristici e di ritorsioni, colpo su colpo. Le vittime furono quasi cinquemila, per tre quarti palestinesi. Proprio questi fatti rafforzavano gli elementi dissidenti da Arafat e spezzavano l'OLP. Nel 1987 era stato fondato *Hamas* («fervore», ma anche acronimo della denominazione del «Movimento di liberazione islamico»), costituzionalmente ostile al riconoscimento di Israele. Lungo la frontiera settentrionale aveva acquistato consistenza, in territorio libanese ma senza che il governo di Beirut volesse o potesse controllarlo, *Hezbollah*, il «partito di Dio», espressione della presenza nel Libano degli sciiti, sovvenzionati dall'Iran e appoggiati dalla Siria (una tendenza accentuatasi a partire dal febbraio 2005, quando venne assassinato – e molti pensarono per istigazione siriana – Rafiq al-Hariri, l'autonomista presidente del Libano).

La situazione appariva senza vie d'uscita e tale rimase sino al febbraio 2004, allorché Sharon annunciò una svolta potenzialmente radicale: le forze israeliane che occupavano la Striscia di Gaza avrebbero lasciato le loro posizioni; gli insediamenti che coloni israeliani avevano stabilito all'interno della Striscia sarebbero stati smantellati, a condizione che ciò rendesse possibile la ripresa di un dialogo costruttivo fra Israele e l'Autorità palestinese. Sharon pagò a caro prezzo la sua decisione, che si ripercosse in modo negativo sia in Israele sia nel mondo politico palestinese. In Israele, Sharon si scontrò con la ferma opposizione del *Likud* al punto che dovette, all'inizio del 2005, formare un governo di coalizione con i laburisti e poi provocare una scissione dello stesso *Likud* mediante la costituzione di un nuovo partito che rispecchiasse le sue idee: il *Kadima* («Avanti»). Poi il processo voluto dal leader israeliano subì una brusca interruzione quando, nel gennaio 2006, egli venne colpito da un'emorragia cerebrale che lo ridusse in uno stato di coma nel quale sopravvisse fino alla morte, avvenuta l'11 gennaio 2014. I suoi successori, guidati da Ehud Olmert, un uomo politico senza il carisma del suo predecessore, indissero nuove elezioni, che *Kadima* riuscì a vincere. Frattanto, in agosto, la Striscia di Gaza era stata sgomberata, non senza violente proteste da parte dei coloni ebrei e dei loro sostenitori israeliani.

La morte di Arafat, avvenuta l'11 novembre 2004, aveva costretto anche i Palestinesi a scegliere una nuova leadership e aveva acceso uno scontro tra coloro che erano disposti a seguire la linea di Arafat, accettando gli accordi di Camp David e l'esistenza di Israele, e l'ala oltranzista, alla cui testa si poneva il movimento di *Hamas*. I moderati ebbero dapprima la meglio con l'elezione di Mahmūd Abbās, *alias* Abu Mazen, alla presidenza dell'Autorità, ma nelle elezioni immediatamente successive (gennaio 2006) subirono una sconfitta che in pratica divise in due il mondo palestinese. Le ipotesi di compromesso si moltiplicarono, senza alcun risultato efficace. Abu Mazen, riconosciuto dagli Israeliani come loro interlocutore, stabilì la sede del governo a Ramallah; Ismail Haniyeh, esponente di *Hamas* (Khaled Mashal, il vero capo del movimento, si trovava esule a Damasco), divenne presidente del Consiglio dei ministri e stabilì la sua sede a Gaza. In pratica era come se esistessero due entità palestinesi. Da allora, mentre al-Fatah continuò il dialogo con Israele, Gaza venne trasformata in una sorta di Stato autonomo palestinese, chiuso in se stesso, ma punto di riferimento della guerriglia. Dal territorio di Gaza, dopo pochi mesi di tregua, riprese il lancio di razzi Qassam, di corta gittata, diretti contro la vicina città israeliana di Sderot e già usati nel 2002. La risposta israeliana era puntuale e colpiva direttamente i responsabili dei lanci, ma provocava anche vittime civili.

Questa situazione contraddiceva l'impegno assunto durante la conferenza di Annapolis (Maryland) del 27 novembre 2007, convocata dal governo americano per discutere con le delegazioni dei paesi più interessati ai problemi mediorientali. La conferenza, nuova espressione della svolta che già aveva caratterizzato la politica irachena di Washington, mirava a convogliare quanti più consensi possibile, e soprattutto quelli dei paesi arabi, di Israele e dell'Autorità palestinese, verso un comune impegno: avviare un negoziato perché entro il 2008 fossero poste le basi per una soluzione definitiva fondata sul riconoscimento dell'esistenza di due Stati, Israele e la Palestina. La positiva conclusione di questo dibattito parve rappresentare un passo verso la pace. Essa però venne respinta da *Hamas*. Fra Haniyeh e Abu Mazen la rottura fu completa. Dopo di allora, Gaza venne governata come un territorio a sé, racchiuso nel suo rifiuto.

L'offensiva missilistica si fece più intensa. Il governo israeliano reagì, sinché pervenne alla determinazione (gennaio 2008) di sospendere l'erogazione di energia e il flusso commerciale verso Gaza. Isolato il territorio, i suoi abitanti dovettero affrontare momenti di dura carestia. Risposero alla morsa entro la quale venivano chiusi facendo saltare con l'esplosivo la barriera che, lungo il confine meridionale, divideva Gaza dal territorio egiziano. Per alcuni giorni, centinaia di migliaia di Palestinesi invasero le più vicine località egiziane; poi il governo del Cairo dovette intervenire e ripristinare i controlli. A nord, poco dopo, riprese il lancio di razzi, anche più precisi dei vecchi Qassam, costruiti su base industriale (il che faceva pensare che fossero stati importati nei giorni dell'apertura del confine egiziano) e capaci di colpire sino al porto di Ashkelon, 20 chilometri a nord del confine di Gaza. A quel punto, il 1° marzo, la reazione israeliana divenne ancora più aspra. Un certo numero di carri armati penetrò nella Striscia di Gaza, scontrandosi contro un'accanita resistenza. Non era un'invasione né una rioccupazione di un territorio che si sarebbe, in tal caso, trasformato in un grande campo di concentramento. Era un gesto dimostrativo. Ma un gesto che colpiva tutte le parti in causa, poiché mostrava l'impervio cammino che gli obiettivi fissati ad Annapolis avrebbero dovuto percorrere, prima di essere raggiunti, e lasciava trapelare la volontà di Israele di non subire passivamente un assedio sempre più carico di incognite: le incognite che avevano gravato e gravano sull'avvenire di tutta la regione e che sarebbero riaffiorate durante gli anni della cosiddetta «primavera araba».

Parte terza

Il mutamento geopolitico del sistema internazionale

3.1. *La Russia, la Cecenia e l'Ucraina*

Il principale limite rispetto all'ipotesi di una egemonia solitaria degli Stati Uniti, dopo la fine dell'Unione Sovietica, era rappresentato non solo dalle esitazioni americane nell'esercizio di un esplicito predominio, ma anche dal fatto che ben presto, e dopo pochi anni di «esitante supremazia», la crescita di altri soggetti del sistema internazionale si trasformò in capacità di contenimento di tale supremazia. Il primato americano non ne subì immediate ripercussioni e la supremazia restò fuori discussione anche dopo l'inizio del XXI secolo. Tuttavia, se mai una tentazione a esercitare un dominio assoluto fosse esistita a Washington, in questi anni essa venne ridimensionata dal mutamento dei rapporti di forza preesistenti. Non si può dire che la Repubblica federativa russa o la Repubblica popolare cinese, o l'India o il Giappone o l'Unione Europea, crescessero al punto di controbilanciare la supremazia americana. Tuttavia ciascuno di questi soggetti mutò così rapidamente la propria forza economico-politica da precorrere l'avvento di un sistema internazionale policentrico.

La dissoluzione dell'Unione Sovietica e la nascita di una Repubblica federativa russa, assai meno estesa geopoliticamente, parvero dapprima legittimare la riscoperta dell'eccezionalismo americano. Tuttavia, dopo un decennio di crisi, la Russia recuperò una buona parte del suo posto e delle sue ambizioni internazionali. Sin dai primi passi del governo Eltsin (cioè dal 1992) la situazione russa era stata condizionata da una serie di passaggi critici, sintetizzata dalla lotta di potere ingaggiata attorno al Presidente, che nell'aprile 1993 vedeva la sua opera politica approvata da un referendum popolare, ma che nel giugno-luglio 1996 a fatica riusciva a vincere il secondo turno delle elezioni presidenziali proprio a causa del crescente malcontento popolare nonché dei timori suscitati dalle sue precarie condizioni di salute. Un'asperrima crisi, nel settembre-ottobre 1993, mostrò come fra Eltsin e la Duma, cioè il Parlamento della Repubblica russa, si fosse determinata una tensione permanente, che rivelava la distanza esistente tra il potere centrale e quello periferico (una tensione che allora il governo dovette sedare con la forza, emarginando l'ambizioso leader ceceno Ruslan Khasbulatov, ma anticipando al tempo stesso un problema etnico, quello ceceno, che da allora condizionò la politica interna ed estera russa). Contemporaneamente vi fu un continuo alternarsi di governi, dopo gli anni di Egor Gajdar e di Viktor Černomyrdin, sino all'accelerazione che nel 1998-1999 vide susseguirsi nella carica di premier dapprima il giovane Sergej Kirienko, poi il recuperato Evgenij Primakov, quindi Sergej Stepašin e infine Vladimir Putin, il tutto accompagnato dalla formazione di aggregati affaristici di dubbia liceità ma di enorme influenza sulle decisioni politiche. Proprio questa instabilità politica mostrava la fragilità del potere del Presidente, al quale la Costituzione elaborata nel 1993 concedeva uno spazio di manovra sufficiente per esautorare il Parlamento ma che, oltre a creare una democrazia zoppicante, esacerbava i conflitti e rendeva quanto mai difficile il compimento della transizione dal regime comunista a quello democratico e pluralistico del quale Eltsin si dichiarava un fautore.

Lo Stato russo uscito dalla fine dell'URSS era formato da 21 repubbliche autonome, 49 regioni, 10 distretti e due città a statuto federale (Mosca e San Pietroburgo). Un potere centrale debole e un nazionalismo risentito favorivano le tendenze separatistiche, specialmente nella regione caucasica, la più ricca di gruppi nazionali e religiosi e la più complicata dal punto di vista dell'intarsio territoriale. L'insurrezione indipendentistica della Repubblica di Cecenia, nel Caucaso settentrionale, era iniziata nel 1991 e toccò due momenti acuti nel 1993 e nel 1996, quando Mosca accettò un compromesso che manteneva solo l'apparenza della sovranità russa. Nel settembre 1999, in un clima politico surriscaldato dall'avvicinarsi delle elezioni per la Duma, le insorgenze indipendentistiche nel Daghestan, una regione prossima alla Cecenia, rimettevano in discussione l'accordo, poiché le truppe russe rientrarono in Cecenia con il pretesto di tagliare le basi di partenza della ribellione del Daghestan, ma senza troppo nascondere il progetto di una piena restaurazione della sovranità russa.

Il compito di dirigere questo progetto spettò a Vladimir Putin e fu la prima occasione nella quale il premier russo poté mostrarsi uomo d'ordine, capace di restituire al paese unità nazionale e credibilità internazionale. La guerra in Cecenia venne presentata come un momento della lotta contro il terrorismo di matrice islamica (la religione dominante in quel territorio) e contro le potenziali sovversioni indotte da interventi esterni. Eletto presidente di tutta la Repubblica russa nel dicembre 1999, Putin diede all'offensiva contro i nazionalisti ceceni un vigore estremo. Non esitò a usare l'aviazione per una serie di pesanti bombardamenti né a rinvigorire l'azione dell'esercito che, dopo una lotta di rara violenza, nel 2003 riportò la Cecenia sotto il pieno controllo russo. Un controllo confermato, nel marzo 2005, dall'uccisione di Aslan Maskhadov (il capo degli indipendentisti), e tuttavia sempre esposto a inattese insorgenze nazionalistiche. Diventava così ben evidente che le aree della Cecenia e del Daghestan erano il punto sensibile di tutta la politica russa sulle questioni del Medio Oriente, poiché la Cecenia era un potenziale rifugio dei terroristi di Al Qaeda e, in quanto tale, rappresentava un motivo di convergenza, pur in un contesto poco amichevole, nei confronti degli Stati Uniti e dei loro alleati mediorientali.

Un secondo motivo di fondo che ostacolava la transizione auspicata da Eltsin stava nella complessità del compito di sostituire un sistema basato sulla pianificazione economica con un sistema economico di mercato, in un regime di democrazia. Si riproponeva un tema centrale per l'analisi dello sviluppo economico, nelle sue varie forme e con i limiti intrinseci alla diversità delle situazioni. Trasferire la maggior parte dei mezzi di produzione e il loro controllo amministrativo dalla burocrazia di Stato agli operatori di mercato significava privatizzare gli impianti industriali privi di valore militarmente strategico o direttamente collegati alle funzioni dello Stato. Voleva anche dire creare un sistema bancario moderno, privatizzare la proprietà fondiaria, eliminando le fattorie collettive per sostituirle con altre forme di organizzazione della vita agricola. Il presupposto di questa trasformazione era l'esistenza di un soggetto adeguato a regolare e controllare la produzione del capitale e la sua distribuzione, indirizzata non sulla base di piani quinquennali ma secondo linee guida generali e orientative, collegate ai risultati produttivi, da privilegiare.

Milioni di piccoli risparmiatori russi avevano accumulato, in maniere diseguali, circa 500 miliardi di rubli. In teoria una somma considerevole; in pratica una somma resa irrilevante dalla decisione, presa nel gennaio 1992, di liberalizzare i prezzi, presupposto della liberalizzazione dell'economia ma anche della svalutazione del rublo. I capitali esistenti si volatilizzarono in poche settimane e il governo dovette cercare altri metodi per pagare i costi della privatizzazione, convogliando in tale direzione, sulla base di incentivi appropriati, le risorse accantonate dalle imprese di Stato o quelle provenienti dall'estero, a saldo delle esportazioni. Il primo caso era da escludere poiché presupponeva una mentalità imprenditoriale estranea ai burocrati russi. Restava perciò il problema di escogitare il metodo adatto a mobilizzare risorse teoricamente impalpabili ma in pratica coincidenti con i titoli di proprietà degli impianti pubblici. E occorreva che imprenditori stranieri, privati o istituzionali, valutassero come accettabile il rischio di investimenti in Russia, concentrandosi soprattutto nell'ambito della produzione di quelle materie prime delle quali la Russia è ricca. Un'occasione ghiotta, se colta con ardimento; e un'occasione che risvegliava anche l'avventurismo di molti speculatori che, in quegli anni, costruirono in Russia immense fortune personali.

Il metodo adottato dal governo fu quello di distribuire a tutti i cittadini certificati del valore nominale di 10.000 rubli, da investire nell'acquisto di azioni. Era un esperimento ingegnoso per rendere palpabile il concetto di proprietà privata, ma che presupponeva anche preparazione, trasparenza e senso dell'occasione. Circa 40 milioni di russi acquistarono i certificati. Nel giro di tre anni, 120.000 imprese vennero privatizzate. Ma i certificati prima e le azioni poi furono l'oggetto di colossali speculazioni da parte di chi disponeva di liquidità. I nuovi proprietari acquistarono le imprese; i milioni di venditori di certificati o di azioni rimasero con una liquidità resa inutile, entro poco tempo, dall'inflazione. La transizione dalla proprietà pubblica a quella privata creò un nuovo ceto di oligarchi accanto ai quali la grande massa della popolazione per alcuni anni visse in condizioni di indigenza. In termini macroeconomici, la produzione industriale scese complessivamente, fra il 1988 e il 1995, del 40 per cento. Fra il 1991 e il 1995 il prodotto interno lordo si ridusse del 50 per cento. Nel 1995-1997 parve che questa caduta subisse un momento di sosta. Invece nel 1998 l'infondatezza della speranza in un vero cambiamento si manifestò in modo drammatico. In agosto esplose una crisi senza precedenti: in poche settimane il rublo perse la metà del suo valore rispetto al dollaro; secondo le statistiche ufficiali, la produzione industriale scese nel 1998 all'80 per cento di quella del 1997; l'inflazione raggiunse il 100 per cento. Sempre secondo le statistiche ufficiali, 42 milioni di russi (quasi il 30 per cento della popolazione) vivevano nel 1998 sotto la soglia di povertà. La corruzione faceva poi la sua parte. Alla metà del 1999 il ministero degli Interni russo calcolava che almeno il 40 per cento dell'economia del paese e circa il 50 per cento delle banche fossero sotto il controllo della criminalità organizzata. Il risultato era la rinuncia a investire o l'esportazione illegittima di capitali.

Per ritornare alla normalità restava la risorsa dei capitali internazionali. Nel 1998 il Fondo monetario internazionale concesse alla Russia un credito di 11,2 miliardi di dollari. La crisi di agosto ne bloccò l'erogazione. Poi i pagamenti vennero avviati, sotto un rigoroso controllo delle autorità monetarie internazionali. Ma tutto ciò, al pari di quanto avveniva in Cecenia, esponeva la Russia ai condizionamenti di volontà esterne che solo con una risoluta svolta politica si sarebbero potute frenare.

Intanto, l'azione internazionale della Russia era condizionata dalla necessità di non aprire, sia sul piano politico che su quello economico, conflitti troppo aspri con i paesi creditori. La severa fermezza della quale Putin diede prova in Cecenia gli procurò ben presto credibilità interna e internazionale. Dopo le elezioni del dicembre 1999, Eltsin ritenne giunto il momento di lasciare definitivamente la scena politica, rinunciando alla carica di presidente della Repubblica russa e facilitando l'elezione, al suo posto, dello stesso Putin, votato dalla Duma sin dal primo scrutinio. Il compito del nuovo presidente era anzitutto quello di normalizzare la situazione interna, affermando la supremazia dello Stato rispetto ai gruppi di potere che avevano prosperato negli anni di Eltsin.

Senza prendere in considerazione analiticamente questo tema, bisogna rilevare che Putin operò con mano non lieve, senza distinguere fra oligarchi e avversari politici; anzi, spesso utilizzando l'argomento etico per eliminare gli avversari politici. L'esperienza maturata durante gli anni in cui aveva fatto parte del KGB gli suggerì i metodi utili ai fini perseguiti. Nelle elezioni parlamentari del dicembre 2003 egli ottenne una maggioranza schiacciante, necessaria per ogni revisione costituzionale e per assicurare la propria rielezione alla presidenza della Repubblica (marzo 2004). Il potere restava nelle mani di chi aveva promesso la restaurazione dell'ordine e la rinascita economica senza concentrazioni nelle mani di pochi neocapitalisti con pochi scrupoli. I metodi discutibili non cancellarono il successo della politica interna, reso tangibile dal ritorno a una certa misura di ordine pubblico, compatibilmente con le difficoltà che, specie nelle aree periferiche, il governo di Mosca incontrava; e reso tangibile soprattutto dalla ripresa economica. Nella prima fase della sua presidenza, Putin si diede come obiettivo la crescita del prodotto interno lordo della Russia di almeno l'8 per cento all'anno, per quindici anni, con l'intenzione di raggiungere la parità con il prodotto della Francia o della Gran Bretagna. Fino al 2008 l'obiettivo venne raggiunto. Putin puntò soprattutto sull'esportazione di risorse petrolifere e di metano, per ripianare il debito verso l'estero. È sufficiente tenere presente a questo proposito che il prezzo del barile di petrolio, che nel 1998 ammontava a 10 dollari USA, nel 2008 raggiungeva i 160 dollari. Si trattava di una risorsa trainante che portò la Gazprom (cioè la maggiore industria petrolifera russa) a primeggiare tra le grandi multinazionali di tutto il mondo. La disoccupazione scese al 5 per cento e il bilancio statale rimase per tutto il periodo in attivo.

Ma ciò era il frutto della crescente domanda globale di risorse energetiche e di materie prime. Quando ebbe inizio, tra il 2007 e il 2008, la crisi economica degli Stati Uniti, poi allargatasi a tutto il mondo industrializzato, l'economia russa ne risentì pesantemente, rivelando i limiti delle riforme adottate e la complessità dei problemi che Putin doveva ancora risolvere. Le riforme che egli aveva promosso in ambito finanziario, nella legislazione per il lavoro e per la regolamentazione dei prezzi non avevano ancora mutato in maniera radicale l'eredità ricevuta dal passato recente e remoto. Così la caduta dei prezzi del petrolio sul mercato mondiale ebbe immediate ripercussioni sull'economia russa. Il prodotto interno lordo scese nel 2009 dell'8 per cento, con evidenti ripercussioni su tutto il sistema economico. Poi la situazione fu in parte bilanciata grazie a una ripresa della crescita secondo ritmi meno ambiziosi (dal 3 al 5 per cento) senza che però, tra il 2012 e il 2014, il tasso di crescita ritornasse a livelli conformi alle necessità imposte dalla piena conversione dell'economia dal sistema sovietico a quello del mercato controllato; vi fu anzi un ritorno a valori appena superiori all'1 per cento di incremento del PIL, se non anche a un'effettiva diminuzione nel 2014. L'inflazione, che nello stesso anno raggiunse l'11,5 per cento, e la disoccupazione tornarono a circoscrivere ogni ambizione. Alcuni esponenti del mondo economico si arricchirono in maniera eccezionale ma il resto della popolazione, pur soddisfatto dalla stabilità del potere, dovette ridimensionare le proprie aspettative.

Nelle elezioni per la Duma (dicembre 2007) «Russia Unita», il partito di Putin, ottenne il 63 per cento dei voti; nelle successive elezioni presidenziali, del 2 marzo 2008, il candidato designato da Putin, Dmitrij Medvedev, venne eletto con quasi il 70 per cento dei voti. Poco dopo, lo stesso Putin avrebbe assunto la carica di primo ministro. Si formava così una diarchia nel cui ambito il ruolo di Putin, benché formalmente subalterno a quello del presidente della Repubblica, si consolidava. Esperienza e reciproca fiducia davano vita a un binomio dirigente di notevole compattezza ma dalla evidente diseguaglianza di peso politico poiché non vi era dubbio che il vero *dominus* della politica russa fosse Putin, che del resto, nel marzo 2012, superati gli intervalli imposti dalla Costituzione, venne eletto presidente per la terza volta, mentre Medvedev recuperava la funzione di primo ministro.

Questa evidente ripresa della stabilità russa, pur entro i limiti descritti, annunciava la rinascita di un soggetto capace di riprodurre anche nella politica internazionale la potenza sovietica? La risposta a questa domanda retorica rimase a lungo negativa, secondo proiezioni che indicavano i rischi di una recessione la cui durata sarebbe stata pluriennale. Solo l'azione internazionale di Putin poteva dare ai Russi una certa fiducia sul ruolo del loro paese nell'arena internazionale assieme a una certa enfasi nazionalistica, che affiorarono esplicitamente quando, dopo un decennio di potere, Putin ritenne giunto il momento di riscoprire la possibilità di non subire (magari con qualche resistenza di facciata) la volontà degli Stati Uniti e di rielaborare il programma di politica estera pensato nel 1993, per riaffermare anche sul piano dei principi e delle declamazioni interne che il sistema internazionale non doveva essere il frutto della volontà di una sola potenza bensì il risultato di una politica policentrica. Se nel settembre 2001, dopo l'attentato alle Torri Gemelle di New York, Putin non esitò a esprimere la propria solidarietà verso gli Stati Uniti, in seguito egli fece valere la tesi per cui le scelte di politica internazionale dovevano essere espressione delle volontà convergenti della Russia, dell'Europa, degli Stati Uniti e della Cina. Più ancora, quando Sergej Lavrov, nel 2004, divenne ministro degli Esteri russo (una carica ancora ricoperta nel 2015) il policentrismo venne adattato alla teoria secondo la quale la Russia doveva seguire «alleanze variabili», a seconda delle circostanze e sulla base dei propri interessi.

Così, se la solidarietà contro il terrorismo islamico fu l'espressione della comune preoccupazione di non lasciare spazi agli islamici che operavano in segreto anche in Cecenia – ora provincia autonoma della Repubblica russa –, gradualmente Mosca prese le distanze dagli Stati Uniti, specialmente in relazione all'invasione dell'Iraq o alle sanzioni contro l'Iran, giudicati gesti non conformi alla normalità delle relazioni internazionali. All'ipotesi di una fruttuosa collaborazione tra la Russia e la NATO, nell'ambito della *Partnership for Peace*, seguì un periodo di relativa freddezza. Solo con l'elezione di Obama alla presidenza degli Stati Uniti le relazioni tra i due antichi rivali per un certo periodo migliorarono. Ma a farle ritornare mediocri, se non cattive, si accalcarono alcuni episodi di per sé separati ma nell'insieme eloquenti. In primo luogo, durante la «primavera araba» e nei giorni della maggiore tensione contro il regime di Assad (minacciato nel 2011 da un attacco aereo statunitense in appoggio ai ribelli), i legami che da lunga data stringevano il dittatore siriano alla Russia ebbero un peso importante nel rinfocolare la rivalità. A questo si aggiunse, quasi come una ripicca diplomatica, la decisione russa di concedere asilo, nel 2013, a Edward Snowden, l'agente della *National Security Agency* e della CIA che aveva reso pubblici numerosi importanti documenti segreti americani e che era stato costretto alla fuga.

Ma sopra tutti questi motivi, fu in particolare la controversia del 2013-2015 sull'Ucraina a spingere verso una crisi tale da riproporre le ragioni di fondo di una durevole tensione. L'Ucraina aveva ricevuto nel 1954 da Chruščëv i generosi confini territoriali che situavano al suo interno la Crimea (compreso il porto strategico di Sebastopoli) e alcune regioni lungo il proprio confine orientale, nelle quali erano presenti forti gruppi di etnia russa. La comune appartenenza all'Unione Sovietica non aveva completamente assorbito il nazionalismo ucraino, radicato nei secoli, ravvivato durante la seconda guerra mondiale e imbevuto di una forte avversione al controllo russo. Ciò aveva avuto un peso limitato sinché era esistita l'Unione Sovietica. Dal 1991 l'Ucraina indipendente aveva tuttavia a lungo oscillato tra la tendenza a considerarsi una nazione appartenente all'Europa e quella a ritenersi un paese slavo, intimamente legato alla Russia anche in virtù degli accordi di mutuo rispetto stipulati nel 1994. Di questo dualismo erano state espressione sia la cosiddetta «rivoluzione arancione» sia la controffensiva filo-russa. La «rivoluzione arancione» indicava il movimento filo-occidentale del quale Julija Tymošenko divenne l'icona, nonostante le molte diatribe che accompagnarono il suo operato. Scelta come primo ministro nel 2005, recuperò questo ruolo dal 2007 al 2010, proponendosi come artefice di profonde riforme e di un risoluto avvicinamento all'Unione Europea. Le contromisure russe, che si spinsero persino al razionamento invernale delle forniture di metano all'Ucraina, determinarono l'insuccesso politico della Tymošenko, seguito da accuse e persecuzioni che la portarono in carcere. Nelle presidenziali del 2010 fu sconfitta di stretta misura dal filo-russo Viktor Yanukovyč.

Da principio questo cambiamento ebbe l'effetto di migliorare i rapporti con Mosca, senza che i negoziati per un trattato di associazione con l'Unione Europea fossero interrotti. Non si conoscono – ma si possono intuire – le motivazioni per cui alla vigilia della firma di questo accordo, prevista per il 20 febbraio 2014, Yanukovyč decise di rinviare ogni decisione in merito. Si conoscono bene, però, le conseguenze del suo gesto. Infatti la decisione, che spostava nettamente gli equilibri politici del paese, appariva collegata alla nuova politica estera di Putin, da qualche tempo nettamente orientata a recuperare un controllo indiretto sui territori e sugli Stati già appartenuti all'Unione Sovietica. La politica di Putin era basata sulla stipulazione di una serie di nuovi accordi con la Bielorussia e il Kazakhstan e quegli altri Stati, specialmente dell'Asia centrale, che avessero voluto seguire la stessa linea. Su queste premesse Putin riteneva (è razionale immaginarlo) che un legame troppo stretto tra l'Ucraina e l'Europa avrebbe impedito il successo del suo progetto. Sta di fatto che la decisione di Yanukovyč provocò immediate reazioni nelle maggiori città del paese. Nacque un movimento simile a quello della «rivoluzione arancione» ma ancora più determinato nella sua volontà di contrastare l'influenza russa. Per settimane gli avversari del Presidente e i fautori dell'accordo con l'Unione Europea si accamparono nelle piazze e soprattutto a Kiev, in piazza Maidan (piazza dell'Indipendenza), dove ebbero luogo violenti combattimenti che portarono a una breve ma accesa battaglia di popolo per effetto della quale Yanukovyč fu costretto a rinunciare alla presidenza e a fuggire tra il 22 e il 24 febbraio a Mosca, mentre trionfavano entusiastici movimenti popolari, venivano distrutti i simboli del potere del presidente decaduto e si costituiva un governo provvisorio pronto a riprendere i negoziati con Bruxelles.

Tuttavia la sensazione di avere avuto partita vinta e la speranza di poter avviare un processo di normalizzazione democratica non durarono a lungo, poiché Putin non intendeva accettare un fatto compiuto che danneggiava non solo l'immagine ma anche la forza russa. Non si può dimenticare, infatti, che da quando i Russi si erano affacciati sul Mar Nero, durante il XVIII secolo, il problema del controllo di questo bacino e quello della libertà di navigazione verso il Mediterraneo erano stati due punti critici di tutta la storia europea e avevano segnato prima gli scontri tra l'Impero ottomano e l'Impero zarista, poi i rapporti tra la Repubblica turca e l'Unione Sovietica. Quando, nel 1991, l'Ucraina geografica aveva ottenuto l'indipendenza, la penisola di Crimea era rimasta in mani ucraine, e nelle stesse mani era rimasto dunque anche il porto di Sebastopoli, la base principale (con Odessa) della capacità russa di condizionare la vita del Mar Nero e di commerciare attraverso gli Stretti del Bosforo e dei Dardanelli. Il governo di Mosca aveva in parte rimediato a questa situazione con la costruzione, a oriente della Crimea, del porto di Novorossiisk. Ma fu necessario un lungo negoziato tra Kiev e Mosca perché la flotta sovietica del Mar Nero fosse ospitata, con un affitto pluriennale, nella base di Sebastopoli. Perciò, nel momento in cui l'Ucraina adottava una politica internazionale potenzialmente ostile agli interessi russi, diventava inevitabile prevedere che vi sarebbero state serie conseguenze, come puntualmente accadde.

La posizione russa era resa più forte non solo dalle ragioni storiche e dagli interessi contingenti che la ispiravano, ma anche dal fatto che la popolazione della penisola di Crimea era in grande prevalenza russa e subiva, con una diffidenza pronta a trasformarsi in ostilità, ciò che accadeva nel resto del paese. Infatti solo poco più del 24 per cento degli abitanti della Crimea erano ucraini; circa il 59 per cento erano russi e il 12 per cento tartari (ritornati nelle loro case dopo le persecuzioni staliniane). Il rifiuto dei russi di Crimea di accettare ciò che accadeva nel resto del paese fu contemporaneo agli eventi dell'Ucraina. Gran parte della popolazione manifestò (non si sa quanto spontaneamente) contro le decisioni del governo di Kiev e, dopo una rapida pantomima elettorale, il paese si proclamò repubblica indipendente, salvo a concordare, il 16 marzo 2014, l'annessione di tutta la penisola alla Russia: una decisione che gran parte della comunità internazionale non riconobbe, ma alla quale pochi avevano profonde motivazioni politiche da contrapporre, poiché era piuttosto difficile negare che l'assegnazione della Crimea all'Ucraina nel 1954 fosse stata un gesto arbitrario e che la Repubblica russa potesse vantare solidi e importanti interessi a navigare liberamente nel Mar Nero e a raggiungere il Mediterraneo.

Meno solide e meno credibili furono invece le successive mosse compiute dal Cremlino. Questo, infatti, basandosi sull'ipotesi che le minoranze russe nelle regioni orientali dell'Ucraina fossero esposte a pericoli di snazionalizzazione o di persecuzioni, inviò una serie di reparti militari lungo il confine ucraino, che fu poi attraversato da mezzi militari che non esponevano la nazionalità di provenienza ma che divennero ben presto la miccia che accese una sorta di guerriglia continua, in buona parte delle aree di Donetsk e di Luhans'k. Fu questo, più ancora dell'annessione della Crimea, il motivo che provocò le reazioni dell'Unione Europea e degli Stati Uniti. L'Unione Europea riprese i negoziati con Kiev, giungendo alla firma di un preliminare di adesione il 21 marzo 2014; la stessa Unione (pur con idee nazionali diverse, ma che condividevano gli orientamenti della politica estera europea poiché erano condizionate dai legami commerciali e dalle forniture energetiche russe) insieme agli Stati Uniti adottò una serie sempre più severa di sanzioni economiche e finanziarie che crearono difficoltà a entrambe le parti, ma soprattutto alla Russia. Questa infatti si vide bloccare una serie di mercati per le sue esportazioni e varie risorse finanziarie disponibili in Occidente. Al centro del conflitto stava l'ipotesi secondo la quale la Russia intendeva appoggiare lo scissionismo delle regioni orientali ucraine o, quanto meno, costringere il governo di Kiev ad adottare una Costituzione federale che rendesse di fatto inevitabile una specie di condominio sui territori contesi. Le elezioni del 26 ottobre 2014 in Ucraina davano un esito incoraggiante per i partiti favorevoli a una politica filo-europea, se non anche alla domanda di adesione alla NATO. In tal modo l'impegno russo di ritirare le truppe dal confine con l'Ucraina, assunto in un incontro tra il presidente ucraino Porošenko e Putin, svoltosi a Minsk il 5 settembre, alla fine dell'anno non venne mantenuto, a causa, si affermò, della difficoltà di risolvere il problema dell'effettivo controllo dell'evacuazione. Più probabilmente, per demotivare l'europeismo e l'atlantismo di certi ambienti ucraini.

Sebbene non si possa esagerare la portata di questa contrapposizione, è evidente che essa divenne un ostacolo nella ricostruzione di quelle buone relazioni russo-europee esistenti fino a qualche anno prima. Non è credibile che la Russia volesse sfidare la NATO e l'Europa con azioni militari più incisive, poiché la situazione interna russa non era tale, nei primi mesi del 2015, da giustificare timori del genere. Tuttavia, inserito nel progetto euroasiatico di Putin e nella spinta concorrenziale verso l'Asia centrale, il timore accentuava le difficoltà di una normalizzazione, esasperando le posizioni di entrambe le parti. L'ininterrotto susseguirsi di scontri locali nell'area contesa rendeva sempre più incerta la situazione. Le relazioni dell'UE e degli Stati Uniti con la Russia oscillavano tra l'acutizzarsi delle crisi, reso più fastidioso dalle continue polemiche, e il proposito di attuare gli accordi denominati Minsk-2, del febbraio 2015, che avrebbero dovuto normalizzare la situazione entro la fine dello stesso anno. Era, questa, un'indeterminatezza che rispecchiava sia la difficoltà occidentale di seguire una politica intransigente verso Mosca, sia la speranza di ridiscutere la questione in momenti meno difficili per l'economia russa e, di conseguenza, con un interlocutore più disposto a un vero compromesso.

3.2. *Le Repubbliche caucasiche*

Per comprendere meglio le motivazioni e i confini della politica estera russa e per avere la misura dei conflitti che il governo russo deve affrontare lungo tutto il suo confine sud-orientale, è sufficiente ricordare l'asprezza delle contrapposizioni esistenti rispetto alle repubbliche dell'Asia centrale. Con la fine dell'Unione Sovietica, gran parte del territorio a nord del Caucaso fu assegnata alla Repubblica russa; viceversa, lungo il crinale della catena caucasica e a sud di essa nacquero tre Stati, fieri della loro indipendenza e risoluti a difenderla, ma anche divisi fra di loro da ancestrali rivalità. La grande area caucasica rimasta sotto la sovranità russa è suddivisa in più regioni, tra le quali dominano il Daghestan e la Cecenia; la prima confina con la Georgia, la Cecenia e il Mar Caspio, la seconda con il Daghestan, l'Ossezia del Nord e la Georgia. In entrambe la parte prevalente della popolazione è intimamente legata all'islamismo. La causa dei conflitti degli anni di Eltsin fu la situazione creatasi in Cecenia. Quando nel 1997 venne eletto presidente della regione Aslan Maskhadov, con una maggioranza pari al 60 per cento dei voti, l'ipotesi dell'indipendenza cecena riaffiorò con forza. Certo Maskhadov non poteva pensare di sconfiggere con la forza i Russi e puntava soprattutto alla mobilitazione religiosa e a quelle iniziative terrroristiche che per alcuni anni costrinsero Mosca sulla difensiva. Ma nel nuovo conflitto esploso nel 1997 Putin colse l'occasione, offertagli dall'esistenza di gruppi di guerriglieri separatisti guidati da Šamil Basaev, per eliminare in modo quanto più radicale possibile un nemico insidioso (specialmente per le sue diramazioni regionali).

La guerra – poiché questo è il termine che meglio descrive la situazione sul campo – provocò circa 100.000 vittime e si estese anche al Daghestan. L'islamizzazione del conflitto fu accentuata dalla decisione del leader ceceno Doku Umarov (l'ispiratore di un attentato alla metropolitana di Mosca nel 2010 e all'aeroporto della capitale nel 2011) di dare vita a un emirato del Caucaso settentrionale. Tuttavia l'offensiva russa ebbe successo. I Ceceni furono ridotti all'ubbidienza e affidati alla guida di un fedele di Putin, Ramzan Kadyrov, che governò con mano di ferro e abbondanti investimenti del governo centrale, intesi a favorire la formazione di un consenso più credibile, poiché gli attentati continuarono, con un migliaio di morti ogni anno, fino al 2013. In quell'anno Umarov venne ucciso e fu sostituito come emiro da Aliaskhab Kebekov, un daghestano che rappresentava l'ala più giovane e più risoluta del mondo islamico caucasico.

Restava così il ferreo controllo russo su tutta l'area, mentre l'emergere del movimento islamico in Siria e, poco dopo, in Iraq avrebbe esposto le certezze locali agli eventi in corso in tutta l'area. Ciò che è sufficiente a spiegare le ragioni e le esitazioni dell'opposizione russa verso l'estremismo islamico siriano e iracheno.

La questione cecena non era però la sola a richiedere l'attenzione russa nella stessa area. A sud del Caucaso gli interessi russi, benché indiretti e delimitati dalla nuova suddivisione geopolitica, non erano meno accentuati. La situazione interna e internazionale della Georgia, la repubblica che dominava gran parte dell'area caucasica in senso stretto, era altrettanto ricca di incognite, anche a causa della maggiore dimensione geografica e della posizione strategica che il paese occupa. Come se ciò non bastasse, il caso era reso più complicato dalle dispute relative a due regioni settentrionali del paese: l'Abkhazia e l'Ossezia del Sud.

L'Abkhazia è situata al confine nord-occidentale della Georgia con la Russia, affacciata sul Mar Nero. Come tutte le popolazioni di quest'area, i suoi abitanti sono animati da un forte spirito nazionalistico e da una inflessibile caparbietà. Prima ancora della dissoluzione dell'Unione Sovietica essi (circa 500.000 persone divise in diversi gruppi etnici) avevano cercato di proclamare la loro indipendenza. Nel 1991, dopo la creazione della Georgia indipendente, vennero inseriti all'interno del nuovo Stato, dal quale tuttavia li divideva una dura ostilità etnico-politica. Con l'appoggio russo iniziarono nell'agosto 1992 una guerra di indipendenza, tra le più cruente dell'area, terminata nel settembre 1993, con il risultato che gli Abcasi riuscirono a mantenere una sorta di autonomia, espellendo dal proprio territorio circa metà della popolazione di nazionalità georgiana. Si trattava però solo di una tregua, poiché gli Abcasi intendevano ottenere una piena indipendenza. Sempre con l'appoggio russo ripresero le ostilità nel 2008, ma furono costretti a sospenderle in seguito all'intervento dell'Unione Europea, che inviò in loco i propri osservatori. Era un rimedio simbolico, poiché il governo di Sokhumi (la capitale dell'Abkhazia) rimase fermo nella sua soggettività di Stato indipendente, riconosciuto come tale solo dalla Russia, dal Venezuela e da alcune isole minori del Pacifico e protetto da un accordo di difesa militare con la Russia, stipulato per 49 anni nel 2009, nonché dal fatto che nel 2010 il territorio abcaso era tutelato rispetto alla Georgia dall'installazione di una serie di batterie missilistiche terra-aria, fornite anch'esse dalla Russia.

L'altro conflitto interno alla Georgia, relativamente circoscritto ma riguardante un territorio lungo il quale transita una buona parte degli oleodotti che dalla Russia trasferiscono petrolio e metano verso il Mediterraneo, concerne l'Ossezia. Questo territorio aveva fatto parte, fino al 1991, dell'Unione Sovietica, ma sin da allora era diviso in due: l'Ossezia del Nord, inserita tra le regioni russe, e l'Ossezia del Sud, assegnata alla Georgia, pur nell'ambito della Federazione sovietica. La divisione venne confermata nel 1991, con la fine dell'Unione Sovietica. L'Ossezia del Nord rimase alla Russia come repubblica autonoma e l'Ossezia del Sud fu lasciata alla Georgia, sempre come regione autonoma. Il territorio russo fu poi denominato Alania, secondo l'antica tradizione, mentre l'Ossezia georgiana divenne un'area di contestazioni e di conflitti. Per quanto piccola, l'Ossezia del Sud riuscì a diventare teatro di un aspro conflitto. Gli abitanti della zona settentrionale presero le armi per ottenere l'annessione all'Ossezia del Nord. Ciò diede luogo a scontri violenti con gli abitanti della zona meridionale, risoluti a mantenere il legame con la Georgia. Questi scontri durarono dal 1991 al 1992, provocando, si ritiene, 100.000 vittime, e furono placati dall'intervento russo e da quello georgiano, rafforzati dall'invio di forze di interposizione dell'OCSE. Non era ancora la pace poiché nel 2008 l'Ossezia del Sud (circa 60.000 abitanti) proclamò la propria indipendenza, provocando però l'intervento delle forze regolari georgiane, che avanzarono sino a quando furono respinte da un brusco intervento russo. Il conflitto rimase in sospeso e l'Ossezia del Sud confermò la dichiarazione di indipendenza: un assetto giuridico controverso in astratto ma forte anch'esso dell'appoggio russo; forte, in altri termini, della volontà del governo di Mosca di controllare sia gli oleodotti verso l'Europa sia le spinte politiche georgiane, tese a negoziare un avvicinamento all'Unione Europea senza escludere nemmeno l'adesione alla NATO. Non a caso l'Unione Europea assunse il compito di salvaguardare la tregua, mentre le truppe russe rimasero sul territorio osseto sino al 2010.

Il versante meridionale del Caucaso (come del resto la Georgia, che tuttavia occupa territori rivendicati anche dalla Repubblica federativa russa) non appartiene geograficamente all'Europa e dovrebbe invece essere considerato come un ponte tra l'Europa e l'Asia. Non andrebbe perciò trattato in questo paragrafo, se non fosse per il fatto che tutti e tre gli Stati costituiti dopo il 1991 (la stessa Georgia, l'Armenia e l'Azerbaijan), avendo già fatto parte dell'Unione Sovietica, restavano in vario modo legati all'eredità del passato e intendevano segnare con risolutezza la loro piena indipendenza e la loro identità nazionale tendenzialmente europeistica. L'area centrale della regione è occupata dall'Armenia, nazione tormentata e perseguitata da secoli (i suoi abitanti sono circa tre milioni ma si calcola che circa otto milioni vivano all'estero), animata da una perenne ostilità alla Repubblica turca per l'eccidio (successivo a quelli compiuti alla fine del XIX secolo) attuato dalle sue forze nel 1915-1923, negli anni della rivoluzione nazionalista, e che aveva portato allo sterminio di quasi due milioni di Armeni. L'accusa di una piena responsabilità turca venne respinta dal governo di Ankara, che negò ogni colpa, salvo concedere, ma solo nei primi anni del XXI secolo, qualche spiraglio interpretativo che incrinava il precedente negazionismo. Così nel primo dopoguerra l'Armenia, alla quale era stata promessa l'indipendenza, visse sotto il peso di due nemici: la Turchia e l'Unione Sovietica, alla quale fu spinta ad associarsi. L'identità cristiana prevalente nell'etnia locale e il forte sentimento nazionale non solo favorirono la diaspora di tanti cittadini, ma alimentarono anche la ricerca di fonti intese a documentare le atrocità subite.

Non appena l'URSS entrò in crisi e prima ancora della sua dissoluzione formale, gli Armeni proclamarono la loro indipendenza, il 21 settembre 1991. Sin dall'inizio non ebbero vita facile, poiché i confini esistenti facevano in modo che un forte gruppo di Armeni fosse costretto a rimanere in una *enclave* dell'Azerbaijan, il Nagorno Karabakh, che il governo di Erevan (la capitale dell'Armenia) cercò di unificare al proprio territorio, aprendo un conflitto armato con l'Azerbaijan, durato sino al 1994, senza altro risultato se non quello di assicurare agli abitanti del Nagorno Karabakh un certo grado di autonomia, ma anche quello di provocare il periodico ripetersi di incidenti di frontiera che avvelenarono le relazioni con il vicino azero e non cessarono di far temere che, nonostante i controlli internazionali, potessero sfociare in un nuovo aperto scontro, deleterio per tutta la regione a causa della sua importanza strategica e della vicinanza al Mar Caspio e alla città azera di Baku, il terminale petrolifero della regione.

Né ebbero alcun esito le pressioni per ottenere che un'altra *enclave* armena, il Naxçiva, interna all'Iran e all'Azerbaijan, fosse legata alla nazione originaria. In questo intarsio di dispute etnico-nazionalistiche, la vita politica interna armena risente del contesto esterno ostile. La questione del Nagorno Karabakh la contrappone all'Azerbaijan, mentre la polemica sugli eccidi compiuti dai turchi o dai predecessori ottomani la contrappone alla Turchia. Il presidente eletto nel 2008 e rieletto nel febbraio 2013, Serž Sargsyan, segue realisticamente un orientamento filo-russo, poiché dalla Russia (che dispone di una base militare sul territorio armeno) possono giungere garanzie contro vicini ostili. Ma l'insieme di queste situazioni orienta la politica internazionale armena anche a mantenere ottimi rapporti con il mondo occidentale, consacrati dalla partecipazione al Consiglio d'Europa e alla *Partnership for Peace*, simbolo effimero della comunità atlantica con diversi paesi dell'ex Unione Sovietica.

Lo Stato più esteso e più importante dell'area è però l'Azerbaijan. Più esteso per superficie e più popolato, con quasi dieci milioni di abitanti che, a differenza dei Georgiani e degli Armeni, non appartengono alla comunità cristiana ma sono in maggioranza islamici sciiti. E più importante anche per la posizione geografica, tra la Russia e l'Iran, la Georgia e l'Armenia, e per la lunga costa sul Mar Caspio. Dopo aver fatto parte della Repubblica transcaucasica sovietica, l'Azerbaijan proclamò l'indipendenza, anch'esso prima della fine dell'URSS, nell'ottobre 1991, e fu subito coinvolto nella guerra con l'Armenia per il Nagorno Karabakh. Nel 1994 il presidente Heydar Aliyev, già esponente della gerarchia sovietica sin dai tempi di Brežnev, eletto deputato azero, conquistò subito una posizione di primato che mantenne sino al 2003, grazie all'appoggio russo e al fatto di essere stato uno degli autori della pace con l'Armenia. Estromesso dal potere poco dopo, con l'accusa di corruzione e malversazioni, venne sostituito dal figlio, Ilham Aliyev, riconfermato nel 2008 alla presidenza.

Questi elementi relativi alla complessità della situazione russa devono però essere riconsiderati ora nel loro insieme, per non perdere di vista le potenzialità che l'azione di Putin è riuscita a esprimere, ma anche i numerosi problemi che le accompagnano. Pur senza considerare per ora come questa complessità si rifletta sulle relazioni tra i grandi paesi asiatici (*v. infra*), non deve sfuggire il fatto che la stessa situazione interna della Repubblica federativa russa pone problemi impegnativi. Dalle coste del Baltico alle relazioni con l'Ucraina e con il mosaico caucasico, i temi si traducono in altrettante sfide per il potere del governo di Mosca e impegnano risorse che più fruttuosamente potrebbero essere utilizzate in altri campi. Si tratta di una limitazione che grava sulla possibilità russa di operare davvero come erede dell'URSS e di ambire a occuparne il ruolo internazionale. Se poi a tutto questo si aggiunge l'immane problema posto dalla colonizzazione della Siberia e dalle tensioni che questo genera quanto meno lungo i suoi sterminati confini, si può forse pervenire alla conclusione che per un certo, imprevedibile numero di anni la Russia sarà condizionata da temi che la costringeranno a guardare all'interno più che verso l'esterno. Nei tempi più recenti, anche per galvanizzare il sentimento nazionale russo (una forza della quale è necessario tener conto), il presidente Putin ha cercato di ripercorrere il cammino del riaccostamento a un certo numero di Stati indipendenti, sia lungo il confine con l'Unione Europea sia lungo tutti gli altri confini della Repubblica. Ma proprio questa ambizione rischia di trasformarsi in un limite, quando si scontra con resistenze interne ed esterne alla Russia.

3.3. *La Cina come superpotenza*

Il ruolo della Repubblica popolare cinese nella vita internazionale è quasi certamente il cambiamento più importante avvenuto nell'ultimo quarto di secolo, non solo in Asia ma, per i riflessi indiretti, anche in gran parte del mondo. Da potenza attanagliata dai problemi interni, come l'esplosione demografica o la difficoltà di liberarsi dai lacci ideologici, che le impedivano di affrontare realisticamente le questioni riguardanti lo sviluppo, la Cina è poi diventata uno dei due o tre paesi che dominano la vita globale. Gli schematismi ideologici sono stati superati da uno spregiudicato pragmatismo e le questioni legate allo sviluppo si sono trasformate nella grande questione che già aveva dominato la vita interna di molti paesi «occidentali», cioè nel problema della distribuzione del prodotto interno lordo, per evitare che si avveri la perversa previsione, avanzata da qualche economista, secondo la quale la Cina diverrà forse la più grande potenza economica del globo ma avrà la popolazione più povera. A tutto questo groviglio di temi si aggiungono gli effetti della crescita cinese sulla politica e l'economia internazionali. Affrontare in termini semplici e concisi temi che richiederebbero ben altro spazio significa ancora una volta sacrificare, più che in altri casi, gli aspetti particolari a quelli generali, dato che questi ultimi offrono per ora la distinta immagine di un dinamismo così rapido da essere sintetizzabile, nei suoi tratti dominanti, anche in poche pagine. Si tratta di un mutamento tanto clamoroso da aver indotto diversi cronisti e qualche storico, con una certa precipitazione, a definire il secolo XX come secolo americano e il XXI come secolo cinese. Definizione precipitosa poiché altri profeti suggeriscono che il XXI sarà il «secolo dell'Africa».

Deng Xiaoping aveva ereditato da Mao Zedong il potere sostanziale nel 1976, proprio nel momento in cui l'economia mondiale attraversava la crisi di transizione che avrebbe aperto ai successivi stravolgimenti. Dal punto di vista politico, Deng non nutrì mai alcuna esitazione circa il precetto della supremazia del Partito comunista cinese e la necessità di non accettare che alcun contropotere ne limitasse il controllo sul paese. Gli studenti e gli intellettuali del dissenso, che nel 1989 si radunarono in Piazza Tienanmen per chiedere riforme democratiche, declamando slogan che esigevano riforme del tipo *perestrojka* anche per la Cina, esprimevano il malessere della popolazione rispetto a una situazione economica che poteva essere confrontata con quella della Russia di Eltsin: inflazione, corruzione, nepotismo, scarsità di merci, limitazioni burocratiche vessatorie. La repressione fu crudele e sui teleschermi di tutto il mondo lo spettacolo della crisi cinese apparve come il culmine del declino. Ma Deng Xiaoping e i suoi collaboratori, se fecero mostra di ferrea determinazione e non esitarono nemmeno a sacrificare il segretario generale del Partito comunista, Zhao Ziyang, giudicato troppo arrendevole nei confronti delle agitazioni di piazza, non si lasciarono deviare dalla linea di riforma economica adottata da oltre un decennio. È sin troppo nota la caustica e machiavellica massima di Deng Xiaoping: «Non importa che un gatto sia bianco o nero; importa che sappia prendere i topi». Era l'apologia dell'effettività. La ricetta era precisa: controllo politico rigoroso da parte del partito e modernizzazione economica senza riguardi per le tradizioni e le abitudini. Jiang Zemin e Li Peng, i primi eredi politici di Deng, non si scostarono da questi principi.

Con una popolazione di quasi un miliardo e quattrocento milioni di abitanti (un quarto della popolazione globale), un prodotto interno lordo che negli anni dal 1982 al 1992 crebbe mediamente del 13 per cento annuo e dal 2000 cresce mediamente dell'8 o 9 per cento annuo, salvo una frenata in corrispondenza con la crisi economica americana del 2008 e la calcolata discesa verso il 7 o 7,5 per cento nel 2014, e con un tasso di investimenti che dal 2001 al 2003 è stato superiore al 43 per cento del capitale annuo disponibile, alla fine del 2005 il gigante asiatico aveva già scavalcato l'Italia, la Francia e la Gran Bretagna nella classifica delle nazioni più industrializzate del mondo. Il controllo politico consentiva il contenimento dei costi del lavoro, sebbene il reddito medio pro capite fosse salito dai 420 dollari del 1980 ai circa 9000 del 2013. Una crudele politica demografica limitava la crescita della popolazione. Il trionfo dello spirito imprenditoriale e di quello commerciale trasformò la Cina in uno dei maggiori paesi importatori ed esportatori del mondo, con un successo che tra il 2013 e il 2014 la portò, in termini di valore, al primo posto del commercio internazionale. Così, nei primi anni del XXI secolo, il fenomeno «Cina» si rivelò in tutta la sua portata. Sebbene le regioni interne di questo immenso paese debbano ancora entrare nell'epoca della modernizzazione, tutta la zona costiera, quella che si affaccia sui grandi fiumi, e i milioni di persone che popolano le megalopoli di oltre 20 milioni di abitanti, formatesi attorno alle antiche città di Pechino o Shanghai, si sono adattati con incontenibile energia al processo di cambiamento. Tutto ciò che è moderno, grande, appariscente, mastodontico, visibile come espressione di grandezza, viene accettato dai cinesi come aspetto di un avanzamento inarrestabile.

Nel 2003 il segretario generale del Partito comunista, Jiang Zemin, venne sostituito dal più giovane Hu Jintao, mentre alla carica di primo ministro venne designato un altro esponente della «nuova» generazione, Wen Jiabao, al quale, nel marzo 2008, venne rinnovato il mandato per altri cinque anni. Il primo ministro non nascose al Congresso nazionale del popolo, riunitosi all'inizio del 2008, alcune delle principali difficoltà che il grande cambiamento provocava. Prima di tutto vi era la necessità di limitare il ritmo della crescita economica all'8 per cento annuo per evitare i pericoli dell'inflazione, ufficialmente contenuta entro il

4,8 per cento annuo ma di fatto già superiore al 10 per cento durante il 2007 e cresciuta del 7,1 per cento nel solo gennaio 2008: «L'aumento dei prezzi e l'inflazione – diceva Wen Jiabao – costituiscono insieme la più grande preoccupazione per la nostra vita economica». In realtà il problema era assai più complesso di quanto potesse apparire dal modo semplice in cui il leader cinese aveva parlato ai militanti del suo partito. Infatti una trasformazione così irruenta era accompagnata dell'emergere di una serie di contraddizioni. In primo luogo vi erano le diversità regionali, che facevano risaltare la povertà delle aree agricole, gravate dal regime dell'*hukou*: questa norma, quasi come nella servitù della gleba, fino all'agosto 2014 costringeva il contadino cinese a possedere un certificato di residenza che impediva l'urbanizzazione (che avveniva perciò solo in modo clandestino), con il risultato che le famiglie contadine non potevano fruire dei servizi sociali disponibili nelle città e davano vita a un sistema sociale stridente rispetto, in primo luogo, all'opulenza di alcune fortune accumulate nel processo di industrializzazione ma anche, in termini meno acuti benché più diffusi, ai pur modesti vantaggi dell'urbanizzazione. Vi era poi il problema delle condizioni di sicurezza e del lavoro, accompagnate dal peso sociale della percezione che un impegno così esasperato non poteva essere compensato solo dalla visione delle trasformazioni urbane. La diseguale distribuzione dei profitti, benché controllata dal regime, non poteva passare inosservata e, di conseguenza, delineava l'approssimarsi di profondi disagi sociali (se non anche politici).

Nonostante queste difficoltà, gli anni di governo di Hu Jintao segnarono il climax della trasformazione della Cina da potenza regionale a potenza globale, da paese in via di sviluppo a paese in via di modernizzazione. L'ispirazione risaliva agli anni di Deng Xiaoping, che aveva indicato le quattro vie della rivoluzione cinese: agricoltura, scienza e tecnologia, industria, difesa nazionale. Vi era stata la trasformazione del modo di essere della società civile (quanto meno nelle aree costiere del paese e in alcuni grandi centri interni). I servizi non erano più approssimativi o artigianali, ma organizzati in modo funzionale; le iniziative riguardanti la razionalizzazione delle opere pubbliche (dighe, regolamentazione delle acque, miglioramento del sistema stradale) davano al paese un aspetto nuovo; i trasporti erano un campo nel quale il governo di Pechino operava con maggiore energia. Forse con troppa energia, come fece quando pianificò e attuò la costruzione di una linea ferroviaria che completava nel 2006 il tratto da Xining a Lhasa, certo violando la sacralità dei luoghi, ma mostrando capacità ingegneristiche futuribili, dato che buona parte della linea viaggia oltre i 4000 metri di altitudine, fino a superare talora i 5000, e che le vetture debbono pertanto essere pressurizzate.

Così, se fino al 2002 la programmazione economica fu principalmente diretta al risparmio e al controllo dei consumi interni, senza troppa attenzione per la qualità dei prodotti, dopo quell'anno, segnato dall'ammissione della Cina nella *World Trade Organization* e da un brusco passaggio nella produzione dalla prevalenza dell'iniziativa pubblica a quella privata, divenne possibile anche una serie di innovazioni tecnologiche che modificarono la qualità e la quantità delle esportazioni cinesi. Nel 1978 le imprese di Stato fornivano il 78 per cento della produzione industriale e impiegavano il 60 per cento della mano d'opera non agricola. Nel 2008 le imprese di Stato fornivano il 31 per cento della produzione industriale e impiegavano il 22 per cento della popolazione lavorativa. Solo la preoccupazione di non creare categorie di nuovi disoccupati servì da limite al passaggio della produzione dall'inefficiente mano pubblica a quella privata. Le riforme bancarie di quegli anni orientavano la forte propensione al risparmio dei cinesi verso un sistema adatto a predisporre la poderosa accumulazione di capitale necessaria per le fasi successive dello sviluppo. L'impetuosa crescita delle esportazioni e il mutamento della qualità tecnologica delle merci esportate contribuirono a modificare l'immagine esterna della Cina: da sistema economico capace in prevalenza di imitare le scoperte tecnologiche altrui, in sistema economico sempre meglio in grado di dare un contenuto tecnologico qualificato a buona parte delle merci esportate.

Tuttavia, accanto a queste imponenti trasformazioni, altri aspetti acquistavano rilevanza fra il 2007 e il 2008. Il primo, anche a causa di sfavorevoli condizioni climatiche, poneva e pone in tutta la sua portata la questione della sostenibilità e della qualità dello sviluppo, poiché se le campagne sono sacche di povertà, le metropoli sono bacini di inquinamento, come è possibile vedere anche nel 2015 dalle immagini relative alla vita a Pechino o a Shanghai. Si trattava di temi che per il mondo già modernizzato si ponevano da decenni e che avevano trovato la loro sintesi nel concetto di «sostenibilità dello sviluppo», ma che erano, nel caso cinese, messi in secondo piano dall'urgenza di far uscire dalla povertà un enorme paese arretrato per avviarlo verso una continua crescita.

Continua non significa anche «virtuosa». La crescita cinese aveva sorpreso il mondo, ma il mondo, i governanti cinesi e la popolazione di quel paese, così come la popolazione mondiale, avvertivano la portata delle conseguenze ambientali di quella trasformazione. L'uso indiscriminato delle risorse carbonifere, la motorizzazione senza regole né controlli, la trascuratezza rispetto all'ambiente, la passione verso ciò che appariva moderno e grandioso, diventavano d'un tratto problemi contingenti, che la Cina avrebbe dovuto affrontare e che l'assegnazione a Pechino dei Giochi Olimpici dell'agosto 2008 rese ancora più urgenti, dato che gli atleti, abituati a condizioni ambientali compatibili con il loro impegno fisico, non potevano esporsi ai rischi dell'inquinamento pechinese.

Il secondo aspetto critico era rappresentato dalle radicali differenze nelle quali le diverse regioni cinesi vivevano. Queste si facevano sentire soprattutto dove la povertà si intrecciava con credenze religiose ostili alla centralizzazione del potere, vale a dire nello Xinjiang, per la forte presenza islamica, e nel Tibet, dove nel marzo 2008 esplodeva una ribellione buddista contro ciò che il Dalai Lama chiamava «colonizzazione» ma che era anche azione politica intesa a trasferire in una delle regioni più povere della Cina la piena autorità del governo centrale e un tipo di imprenditoria economica del tutto contrario alle tradizioni locali.

Questa potenza economica si rifletteva sulla politica internazionale cinese, con tutti i suoi punti critici e i suoi limiti, ma anche con le enormi possibilità create dalla rivoluzione economica. In questo campo, la spinta a prevedere il futuro tende a semplificare una realtà più complessa. Si tratta di amplificazioni che non considerano né la portata dei problemi interni che la Cina deve ancora affrontare, né gli ostacoli rappresentati dal fatto che essa resta pur sempre «l'impero di mezzo», cioè un immenso territorio circondato da grandi potenze come l'India, la Russia e il Giappone, con le quali ha stabilito negli ultimi anni relazioni amichevoli ma sempre tali da condizionare i metodi, se non i fini, della sua politica estera. Il problema della colonizzazione della Siberia; quello degli inevitabili antagonismi con il mondo islamico, così prossimo e parimenti interessato al controllo dell'Asia centrale; la tacitata questione di Taiwan; la polemica con il Giappone per la sovranità sulle isole Senkaku; la radicata rivalità con il Vietnam: tutti questi sono potenziali elementi di contrapposizione tra la Cina e i suoi vicini, con particolare importanza per il Giappone.

Il cardine attorno al quale ruota il futuro della politica estera cinese riguarda ovviamente i rapporti con gli Stati Uniti. Un tema, questo, oggetto di continue discussioni e contraddittorie previsioni in entrambi i paesi. Nel febbraio 2012, non ancora nominato segretario del Partito comunista cinese ma già notoriamente proiettato verso il primato politico in patria, Xi Jinping visitava Washington e dai suoi incontri politici traeva la conclusione che in avvenire vi sarebbe stato «un nuovo modello di relazioni fra grandi potenze». A prima vista parve che il presidente Obama condividesse questa affermazione. Tuttavia una riflessione più attenta dava luogo a molte perplessità. Infatti la definizione «nuovo modello» poteva essere interpretata in molti e diversi modi. Da principio essa sarebbe stata considerata a Pechino come l'ammissione statunitense che il potere americano nel mondo fosse in declino e che in futuro il primato sarebbe toccato alla Cina. Tuttavia nel 2014 il segretario di Stato americano John Kerry precisava che «un nuovo modello non sarebbe stato definito dalle parole ma dalle azioni». L'interpretazione che privilegiava un primato cinese è infatti costruita sulla previsione di un declino americano. Sebbene la crisi del 2007-2013 scalfisse la posizione americana nel mondo, il modo in cui gli Stati Uniti uscirono dalla crisi non accreditò la tesi di un loro imminente declino, mentre era più facile prevedere che la crescita cinese (come osservava la rivista «Foreign Affairs» nell'ottobre 2014) potesse andare incontro a prevedibili momenti di stasi, che gli economisti giudicano inevitabili dopo un ventennio di crescita.

D'altra parte, a rendere la situazione internazionale della Cina più complessa del previsto sopravveniva, nell'autunno del 2014, il riproporsi di un tema che pareva risolto pacificamente da parecchi anni. Fino al 1997, Hong Kong era stata una colonia britannica passata (come nel 1999 la portoghese Macao) sotto la sovranità cinese; un accordo con la Gran Bretagna aveva previsto uno statuto speciale cinquantennale che garantiva il mantenimento di costumi, scuole, mezzi di informazione di stile britannico, sanzionati dal fatto che il governatore era eletto per un ventennio su base indiretta e con il consenso della comunità cittadina. Viceversa, nel settembre 2014 affiorava in maniera sempre più netta la notizia che le autorità cinesi intendessero non solo completare l'abolizione dei residui costumi britannici, già da tempo surrettiziamente avviata, ma anche procedere a nuove elezioni del governatore in termini tali da cancellare in modo permanente l'eredità coloniale. Sebbene questa eredità stesse a cuore solo a una parte limitata degli abitanti di Hong Kong, a molte migliaia di studenti e giovani lavoratori della città le decisioni del governatore apparivano come una sopraffazione politico-giuridica, contro la quale essi iniziarono a protestare con estrema calma ma eguale determinazione, occupando lo spazio pubblico più vicino alle sedi istituzionali, per rivendicare il rispetto degli accordi esistenti. Il fatto che dapprima alcuni giovani, poi la loro totalità, si riparassero, anche per banali ragioni climatiche, sotto gli ombrelli fece definire quella manifestazione come «rivoluzione degli ombrelli».

Alla fine del mese di novembre, nonostante i tentativi di avviare un dialogo tra le parti, la manifestazione non era ancora cessata e pareva anzi volgere verso una severa repressione. A fatica, ma entro diversi mesi, il governo di Pechino riuscì a ridurre il dissenso al silenzio. Il caso, in sé circoscritto, ebbe tuttavia un valore simbolico assai alto. Del resto, che il dissenso non fosse solo una velleità minoritaria risultò chiaro nel giugno 2015, quando il Parlamento di Hong Kong non riuscì ad approvare la riforma elettorale voluta da Pechino. Verso Hong Kong si rivolse perciò una grande mobilitazione di opinione pubblica in ogni parte del mondo. In particolare, gli Stati Uniti mostrarono una certa maggiore riluttanza a mantenere la linea del dialogo e optarono per una maggiore intransigenza, sebbene non al punto tale da lasciar prevedere un appesantimento ulteriore delle relazioni bilaterali, che del resto nemmeno la Cina sembrava volere.

Tutto questo, secondo gli esperti di cose cinesi, non era né condizionato né provocato dall'elezione di Xi Jinping, nel febbraio 2013, a primo segretario del Partito comunista cinese, e poi accentratore di tutte le altre cariche politiche e militari del regime. Benché presentata pubblicamente come una transizione naturale nell'esercizio del potere, l'elezione di Xi Jinping non era stata priva di insidie e contrasti. Il principale di questi era stato rappresentato dallo scontro con Bo Xilai, il potente sindaco di Chongqing, un agglomerato urbano di oltre 30 milioni di abitanti. Bo Xilai, figlio di uno dei fondatori del Partito comunista cinese, guidava una frazione definita maoista dalla maggioranza del partito. Il suo prestigio era notevole e la sua capacità di contrastare Xi nel Congresso dei deputati del popolo, del quale egli faceva parte, rappresentava una sfida pericolosa. Solo cogliendo un'occasione scandalistica il governo di Pechino riuscì a impedire che l'ascesa di Bo avesse successo. Venne infatti accusato dapprima di essere coinvolto nell'uccisione, architettata dalla moglie, di un uomo d'affari britannico, poi di altri crimini; fu imprigionato e il 21 settembre 2013 condannato all'ergastolo, così come vennero condannati alcuni altri esponenti del partito ritenuti a lui vicini.

L'ascesa al potere di Xi Jinping venne perciò accompagnata da attese contraddittorie. Alcuni autori o commentatori sostenevano che egli avrebbe seguito «la stessa linea politica (dura e intransigente) sia in patria che all'estero» dei suoi predecessori. Tuttavia questo era il frutto della volontà del Partito di affrontare con maggiore risolutezza alcune difficoltà delle quali si scorgevano i segni, come una certa tensione nel mondo del lavoro e in relazione al controllo sociale, e una evidente fragilità rispetto a crisi internazionali prossime, come le vicende interne del Myanmar e quelle della Corea del Nord lasciavano capire. In effetti, il compito di Xi Jinping aveva aspetti meno equivoci. Senza perdere il pieno controllo del paese, governato in modo più centralizzato da un solo uomo come mai era accaduto in passato, il regime del nuovo presidente intendeva mostrarsi capace di combattere la corruzione (causa di molte polemiche interne) e di eludere il rischio di rallentare il progresso, anche con il sacrificio di alcune «libertà» da poco concesse ai cinesi, come l'uso di Internet, uno strumento tecnologico nel cui utilizzo la Cina occupa il penultimo posto delle graduatorie internazionali assieme a Cuba e precedendo solo l'Iran.

La considerazione meno controversa riguarda la volontà di Xi Jinping di governare l'economia evitando eccessivi squilibri e razionalizzando sia le questioni del commercio estero sia il rapporto finanziario con gli Stati Uniti. Il suo preciso progetto sarebbe stato infatti quello di eliminare, o quanto meno ridurre, entro il 2020 il peso dell'industria ancora finanziata dallo Stato, in modo da rendere le merci cinesi più liberamente commerciabili all'estero e da sottrarne il valore ai condizionamenti imposti dalla valutazione in dollari. Xi non nascondeva la sua ambizione di rendere la valuta cinese, il *renminbi*, utilizzabile negli scambi quanto meno con i paesi vicini dell'Asia orientale. Se da lui non si potevano attendere riforme politiche, ci si poteva tuttavia aspettare un dinamismo espansivo mirato a completare la trasformazione interna e a conquistare i mercati, anche mediante investimenti resi possibili dalle risorse capitalizzate, così da circoscrivere il vincolo bilaterale creato dall'enorme riserva in dollari nelle mani del Tesoro cinese. Temi rispetto ai quali il «presidente imperiale» – come lo definiva «Foreign Affairs» nel dicembre 2014 – si vedeva incoraggiato dalla stessa Banca mondiale che, nel medesimo arco di tempo, lo spingeva a sostenere nella produzione, più che il raggiungimento di determinati obiettivi, una politica di riforme, intesa come spinta a favorire ulteriormente (in coincidenza con le intenzioni di Xi) la privatizzazione del sistema produttivo e la possibilità di investimenti provenienti dall'estero. Diversamente, prevedeva la Banca mondiale, la crescita dell'economia cinese avrebbe corso il rischio di un rallentamento.

Quanto, infine, alla questione della quantità di dollari presenti nelle riserve cinesi e delle conseguenze che da tale situazione potrebbero derivare, essa vede contrapposte diverse interpretazioni. Alcuni sperano, con antico antiamericanismo, che la Cina un giorno decida di liberarsi di tali riserve convertendole in oro o in un'altra valuta forte. A prescindere dal fatto che altre valute forti non esistono, dal momento che il concorrente potenziale, l'euro, risente della crisi economica dell'Unione Europea, la conversione in oro non avrebbe gran senso, poiché essa immobilizzerebbe una parte troppo elevata delle riserve cinesi rendendole inutilizzabili, a meno di non convertirle in moneta circolante. Secondo molti autori, le cui tesi sono rielaborate da Giuseppe Iannini, tra le due situazioni esiste una speciale interdipendenza che frena ogni iniziativa precipitosa. La Cina opera come «fabbrica del mondo», cioè come grande esportatore di merci, ma gli Stati Uniti «godono della rendita di reputazione che fonda il sistema dollaro-centrico e permette di utilizzare il risparmio altrui per finanziare la propria spesa in eccesso». Nel commercio internazionale prevalgono i soggetti detentori di marchi e tecnologie moderne; al loro fianco (o seguito) si pongono i paesi manifatturieri, che divengono esportatori netti ma nella valuta delle economie dominanti. «Si sarebbe affermata cioè una sorta di 'divisione del lavoro' in cui il capitale a basso costo reperibile sui mercati finanziari avanzati, in particolare statunitensi, avrebbe trovato in Cina occasioni di profitto che [avrebbero] ampiamente ripagato il costo del debito: il meccanismo avrebbe funzionato grazie al trasferimento di un ingente volume di risparmio, originato da produttori virtuosi, a favore di consumatori accaniti, trasferimento reso possibile da canali la cui 'fluidità' [era] stata favorita da fattori monetari, finanziari e demografici».

Grazie a questa convergenza di elementi, si riteneva che potesse nascere una combinazione non comune ma vantaggiosa per entrambe le parti, se non altro perché essa consentiva alla Cina di agganciare il mercato globale mediante la sua ingente riserva di valuta monetaria, cioè di dollari: il che a breve termine rendeva necessaria la collaborazione e rinviava al futuro – non si sa quanto remoto – i rischi di un conflitto finanziario. La situazione inoltre liberava un'ingente quantità di risorse monetarie, delle quali il governo cinese favorì l'investimento in imprese esterne alla Cina, dall'Africa all'America Latina, all'Europa, agli stessi Stati Uniti, secondo metodi quanto mai flessibili, suggeriti dalla localizzazione delle imprese e dei profitti previsti.

3.4. *L'India e le sua trasformazione*

Benché il caso cinese sia il più appariscente sul piano dell'immagine e su quello delle relazioni internazionali, le innovazioni più interessanti giungono probabilmente dall'India. Per analizzare in termini chiari il ruolo che questo paese tende a occupare nel sistema internazionale è opportuno in primo luogo prendere in considerazione la particolarità della sua configurazione geopolitica. Infatti pochi paesi nel mondo sono altrettanto condizionati o caratterizzati dal contesto geopolitico in cui operano. Se è lecito *parva componere magnis*, la situazione indiana presenta non poche analogie con quella dell'Italia nel Mediterraneo. Basta tenere presente che essa estende il suo ruolo e la sua visione dall'estrema parte occidentale dell'Oceano Indiano, cioè dal Sudafrica e da

Città del Capo, all'estrema propaggine orientale, che potrebbe essere simboleggiata da Singapore e dall'arcipelago indonesiano ma che lambisce persino l'Australia. Nessun paese del globo vive al centro di un bacino marittimo e (questo è il caso indiano) controlla con la propria estensione più di un quarto dell'emisfero meridionale. Se si considerano anche i confini settentrionali, appare in tutta la sua evidenza il fatto che l'India (come l'Italia) è protetta (o divisa) dal resto del continente asiatico dalla più alta catena montuosa esistente al mondo, l'Himalaya, e che confina con alcuni paesi ciascuno dei quali pone problemi: il Pakistan, con l'ininterrotta contesa sul Kashmir, la Cina, il Nepal, il Buthan, il Bangladesh e il Myanmar.

Dopo decenni di chiusura e di incontestato dominio del Partito del Congresso, fondato nel 1885 e guidato dal 1920 al 1947 dal Mahatma Gandhi, il paese fu controllato per tre generazioni dalla famiglia di Jawaharlal Nehru, primo ministro dell'India indipendente, al quale succedette la figlia Indira Gandhi (nessuna parentela con il Mahatma, espressione che significa «uomo dalla grande anima») dal 1966 al 1984 (quando Indira venne assassinata da due guardie del corpo ribelli); a lei seguì il figlio Rajiv, resosi inviso alla grande maggioranza della popolazione indu (800 milioni contro circa 200 di musulmani) e assassinato nel 1991. Sotto i Gandhi l'India venne governata con mano ferrea, sulla base di una scelta neutralistica in politica internazionale, ma fortemente sensibile alla politica sovietica per la comune rivalità contro il Pakistan e la Cina. In politica interna, furono poste le basi per la nascita di un sistema industriale autonomo, poggiando sulla capacità del governo di mediare fra regole ancestrali, divisioni di casta, rivalità religiose, arretratezza economica e programmazione quinquennale su modello sovietico. La chiusura venne superata solo quando la supremazia del Partito del Congresso fu spezzata, nelle elezioni del 1991, con la vittoria del *Bharatiya Janata Party* (BJP, Partito del popolo indiano), «interprete – scrive Federico Rampini – del riflusso nazionalista e religioso in ampi strati sociali, in cerca di una difesa della propria identità di fronte alla duplice sfida della globalizzazione-occidentalizzazione e delle tensioni con la comunità islamica». Lo slogan elettorale del BJP era «per un'India brillante», una formula che «solleticava la fierezza nazionale per i traguardi raggiunti nell'economia globale».

In effetti, tra i primi provvedimenti della nuova amministrazione vi fu il varo, fra il 1991 e il 1993, di una diversa politica commerciale. La tariffa media imposta sulle importazioni era dell'87 per cento, ma in alcuni casi raggiungeva valori enormi, sino al 400 per cento. Le riforme fecero scendere questi dati mediamente al 27 per cento. Il passo era lungo, ma insufficiente ad adeguare il mercato doganale indiano ai livelli di quello mondiale. Sebbene un mercato di oltre un miliardo di consumatori possa essere teoricamente sufficiente per assorbire la produzione interna, la chiusura protezionistica concentrava ancora nelle mani pubbliche gran parte delle attività economiche, così da comprimere la crescita di un sistema economico dalle incommensurabili potenzialità. D'altra parte, con la svolta impressa dal BJP alla politica economica indiana, tutto il mosaico dei soggetti politici cominciò a crescere con rapidità, anche se mancò agli Indiani la volontà di ostentare i loro progressi, e benché l'alternanza di partiti o di temporanee e instabili coalizioni di governo circoscrivesse tali progressi.

Proprio l'andamento degli indici produttivi metteva in luce i problemi strutturali dell'economia indiana. Secondo dati del 2007, il prodotto interno lordo era cresciuto fra il 1980 e il 2005 mediamente del 6/7 per cento annuo, passando da un totale di 434 miliardi di dollari a oltre 3300. Il prodotto pro capite era passato, nello stesso arco di tempo, da 643 dollari a circa 3100. Nel 2010 la crescita saliva al 10 per cento, ma dopo di allora anche l'India risentiva della crisi mondiale e l'indice scendeva nel 2011 a poco più del 6 per cento e nel 2012 (ultimo dato disponibile) al 3,2 per cento, segno evidente della pesante recessione in atto. Ad aggravare la situazione, dal 2009 si verificava una diminuzione del prodotto pro capite, che nel 2012 mostrava un netto segno di indebolimento, con una discesa a 1489 dollari pro capite del reddito annuale. Erano, questi, dati sufficienti a spiegare la permanenza delle evidenti sacche di povertà e delle profonde diseguaglianze che da gran tempo caratterizzavano la vita indiana.

L'aspetto che più colpisce nel modo in cui la pianificazione indiana concepiva la crescita economica era ed è la straordinaria spinta ricevuta dalle imprese ad alta tecnologia e dalla ricerca. Ormai la crescita tecnologica del distretto di Bangalore è divenuta esemplare per tutto il mondo in via di sviluppo. Rampini cita *The Idea of India*, un libro scritto nel 1997 da un giovane studioso indiano, Sunil Khilnani, che nel suo saggio definisce quella indiana «la terza grande rivoluzione democratica della storia dell'umanità, dopo la francese e l'americana, e probabilmente la più importante delle tre, poiché è avvenuta superando enormi ostacoli sociali ed economici: le dimensioni demografiche, la disomogeneità etnica, religiosa e linguistica». Sebbene la definizione enfatica possa avere spinto troppo avanti questo autore, resta il fatto che essa riflette il pensiero di un popolo impegnato in una profonda trasformazione secondo metodi propri. Queste caratteristiche, combinate con il fatto che l'India non si proponeva ancora, sul piano internazionale, come potenza assertiva (forse anche perché non aveva un seggio permanente nel Consiglio di sicurezza dell'ONU, del quale fece parte solo nel biennio 2011-2012 come membro eletto), consentivano al governo di New Delhi – dove dal 2004 era ritornato al potere il Partito del Congresso, ispirato dalla vedova di Rajiv, Sonia Gandhi – di mantenere un profilo quanto mai misurato nelle relazioni con tutti i suoi vicini e con le potenze più lontane.

La fine della guerra fredda aveva però fatto sentire le sue conseguenze anche sulla politica internazionale dell'India, resa quanto mai delicata dalla porosità dei confini e dal continuo afflusso di immigrati, specialmente dal Myanmar o dagli staterelli himalayani. Infatti se fino al 1990 l'orientamento era stato prevalentemente legato alla storia e ispirato di conseguenza al non allineamento, dopo quella data si rese necessaria una profonda revisione, non per adottare una politica aggressiva ma per segnalare una presenza più dinamica e militarmente più incisiva. In tal senso, la conseguenza più visibile della svolta fu la decisione di modificare, migliorandole radicalmente, le relazioni con gli Stati Uniti, così da potersi definire come una potenza eguale, cioè come una delle maggiori potenze del XXI secolo. Nel giugno 2005 i due paesi firmarono un trattato decennale di mutua collaborazione che avrebbe dato origine a una partnership strategica, condizionata ma non modificata – dopo l'elezione di Narendra Modi, esponente prestigioso del BJP, alla carica di primo ministro, nel maggio 2014 – dalle scelte di politica globale che lo stesso Modi si proponeva di impostare.

La decisione indiana di dotarsi di armamenti nucleari risaliva agli anni Settanta del XX secolo, ma era stata concepita più in funzione difensiva rispetto al Pakistan che in funzione di un inesistente attivismo internazionale. Esponenti del mondo indiano proiettano verso il futuro l'equiparazione della potenza nucleare indiana a quella cinese, così da dare al paese la capacità sia di prevenire incursioni tali da interferire con le situazioni esistenti nel Sud-Est asiatico, sia di concentrare le sue risorse nello sviluppo economico, culturale e tecnologico. Del resto il principio fondamentale sul quale si basa la politica nucleare indiana è quello del «minimo comune deterrente» e dell'impegno a non utilizzare per primi le armi nucleari; ad esso si aggiungeva nel 2006 l'adesione all'IAEA per ciò che riguarda i protocolli applicativi del nucleare civile. Nello stesso anno l'arsenale indiano si arricchiva della sperimentazione efficace di un sistema di missili antimissile, poi coordinato con quello statunitense. Inoltre vi è da tenere presente che, a differenza della Cina o della Russia, l'India deve controllare coste marittime assai più estese, per un totale di 5422 chilometri, per non parlare delle coste degli arcipelaghi, prossimi o meno alla terraferma. Quanto al peso di questi armamenti sull'economia indiana, esso si aggira sul 2,5 per cento del bilancio statale, cioè su un livello alquanto inferiore a quello della Cina (pari nel 2013 al 47,4 per cento, per un valore di 188 miliardi di dollari).

L'elenco delle altre misure militari intese a rafforzare gli armamenti indiani è troppo lungo per essere ripreso nella sua complessità. Tuttavia accanto a questo rafforzamento non è mai mancata, almeno sino alla metà del 2014, la reiterazione del proposito di fare dell'India una potenza appartenente al ristretto gruppo dominante il policentrismo internazionale, nel senso che anche l'intesa con gli Stati Uniti non può né deve essere considerata una scelta di subordinazione, bensì come una sorta di cooptazione nel gruppo dei «grandi», come appare anche dall'evidente proposito indiano di non deteriorare le relazioni con la Russia di Putin (il paese che fornisce la maggior parte degli armamenti acquistati dall'India) e dall'interesse a stretti legami con l'Unione Europea, divenuta partner «strategico» secondo una declinazione soprattutto economica e commerciale.

Tutte queste considerazioni sono però da collegare alle conseguenze, gradualmente esplicite, del cambiamento politico avvenuto con le elezioni che nell'aprile-maggio 2014 portarono al successo elettorale Narendra Modi, guida del BJP. Elezioni che non furono solo un normale esercizio della vita democratica indiana, ma segnarono una transizione tanto profonda da apparire epocale. Il Partito del Congresso, che – salvo la breve parentesi già indicata – dominava il paese dal momento dell'indipendenza, subì in quell'occasione una sconfitta così pesante da suggerire l'ipotesi che esso avesse finito il proprio ciclo politico. Rahul Gandhi, il candidato del partito, otteneva che per esso fossero eletti solo una cinquantina di deputati: meno di un decimo dei 543 seggi che compongono la Camera dei deputati indiana. Viceversa il trionfo di Narendra Modi era sanzionato dalla conquista di 335 seggi, una maggioranza schiacciante e tale da lasciare al nuovo primo ministro, salvo incidenti di percorso, mano libera almeno per tutta la durata della legislatura. Il risultato elettorale assumeva dunque un altro significato: esso rappresentava la trasformazione dell'India. Nazionalista fervente, avversario dichiarato della minoranza islamica (il 18 per cento dell'elettorato, ostile in blocco alla sua elezione), sostenitore di un crudo liberismo nella vita economica, Modi appariva come l'espressione della crescita del ceto medio indiano. Non a caso gli elettori appartenenti alle classi più povere e quelli dell'élite intellettuale (non quella economica, che lo aveva appoggiato risolutamente) lo avevano combattuto, criticando il modo in cui egli dal 2001 al 2014 aveva governato lo Stato del Gujarat, un territorio relativamente piccolo, situato a nord-ovest della penisola indiana e confinante con il Pakistan.

Ma era proprio il successo di questo esperimento locale che dava a Modi la spinta per impersonare l'uomo nuovo che costruisce il progresso. Mentre l'India, nel suo complesso, era praticamente in recessione, con una popolazione che superava ormai il miliardo e cento milioni di abitanti, nello Stato del Gujarat il governo Modi portava la produzione agricola a crescere fino a quasi l'11 per cento all'anno; inoltre riusciva a migliorare il sistema delle comunicazioni, facendo in modo che il 90 per cento delle strade fossero asfaltate, ma soprattutto dava una spinta all'elettrificazione, con l'energia disponibile in modo permanente 24 ore su 24. Proiettare questo successo su tutta l'India, mentre il Partito del Congresso la spingeva verso una crisi sempre più profonda, era la carta vincente di Modi, il veicolo del suo trionfo elettorale. Dal maggio 2014 il nuovo primo ministro indiano cercò di smuovere tutte le forze economiche del paese. Sebbene non sia ancora possibile definire i limiti e la portata della sua azione, è evidente che, se essa riuscirà a superare gli ostacoli degli interessi costituiti, forti soprattutto nella Camera Alta indiana, la ripresa economica potrebbe coronare le intenzioni del nuovo governo e far compiere all'India un mutamento risolutivo.

Il dinamismo del nuovo premier si riversò rapidamente anche sulla politica internazionale: un terreno nel quale Modi sembrava orientato a sfruttare l'eredità ricevuta, stabilizzando le situazioni più delicate, specialmente rispetto alle relazioni con gli alleati tradizionali, come la Russia e la Cina, ma in particolare rafforzando ulteriormente i vincoli con i fornitori di capitali, come i paesi europei e gli Stati Uniti. A conclusione della sua prima visita a Washington, all'inizio di ottobre 2014, il premier indiano e il Presidente americano pubblicavano sul «Washington Post» un articolo scritto insieme nel quale si affermava: «Come nazioni impegnate per la democrazia, la libertà, la diversità e lo spirito imprenditoriale, l'India e gli Stati Uniti sono legati da valori comuni e reciproci interessi». Non si può dire, ovviamente, sino a che punto questa alleanza anticipi davvero un'intesa duratura poiché, superate le difficoltà attuali, sarà interesse indiano esprimere con maggiore enfasi un ruolo nuovo, quanto meno in Asia. Tuttavia per qualche anno i valori e gli interessi comuni controbilanceranno le difficoltà emergenti nelle relazioni sino-americane.

3.5. *L'Asia centrale come terreno di potenziali tensioni*

Se si tiene presente tutto l'insieme di situazioni sin qui sinteticamente delineate e se ne considerano le proiezioni internazionali, si desume che, tralasciando le possibili dispute sino-americane, la sola e ampia regione verso la quale convergono interessi diretti potenzialmente conflittuali di almeno tre grandi potenze (la Russia, la Cina, l'India) è l'Asia centrale, verso la quale anche l'UE e più ancora gli Stati Uniti hanno interessi strategici indiretti. È dunque in quest'area che il policentrismo può diventare conflittuale, anche perché essa è contigua al Medio Oriente, all'Iran, all'Afghanistan, già o tuttora campi di battaglia di aspri conflitti regionali.

Le radici di questa potenziale conflittualità sono inevitabilmente legate alla scomparsa dell'Unione Sovietica e all'affermazione in Cina di un regime risoluto a non concedere troppo a chi lo contrasta. Mentre la Russia aspira a mantenere il suo ruolo di ponte tra l'Occidente e l'Oriente, tutti gli Stati dell'Asia centrale, divenuti indipendenti dopo il 1991, sono percorsi da spinte che spesso contrastano con le aspirazioni russe e finiscono per alimentare o nazionalismi locali o la propensione della Cina (che precede quella che in futuro sarà espressa dall'India) a guardare con interesse verso aree di espansione che la Russia faticherebbe a contenderle, per quanto Mosca continui a considerare questi paesi come satelliti russi. L'importanza di tutta l'area è data soprattutto dal fatto che essa – come scrive Malashenko – si trova nello snodo principale delle comunicazioni terrestri fra l'Asia e l'Europa e come tale rappresenta il fulcro delle ambizioni russe di restare al centro del mondo euroasiatico. Tale propensione aveva trovato parziale attuazione in due importanti accordi fra i paesi dell'area. Il 10 ottobre 2000 il primo di questi accordi aveva dato vita alla «Comunità economica euroasiatica», con l'adesione della Russia di Putin, della Bielorussia di Lukašenko e del Kazakhstan di Nazarbaev, ma anche del Turkmenistan e del Tajikistan, ai quali si unì nel 2005 l'Uzbekistan. Era uno schema al quale da parte russa si cercava di dare maggiore forza mediante un incremento nella collaborazione militare, rendendola più incisiva nel 2015. Ma era anche uno schema povero di efficacia, considerato il fatto che la situazione interna russa non consentiva al principale paese dell'Unione di estendere davvero la sua influenza economica su tutta l'area.

I limiti dell'accordo vennero alla luce tra il 2008 e il 2014, quando prima l'Uzbekistan diede notizia del suo ritiro dall'Unione e poi, tra il maggio e il dicembre 2014, in coincidenza con la crisi ucraina, Putin ritenne opportuno sostituire a un'organizzazione dall'esistenza solo formale un blocco più omogeneo di paesi davvero associati (se non anche subalterni) alla politica di Mosca. Nel maggio 2014 la Comunità fu sciolta e in suo luogo venne istituita, il 10 ottobre (con l'impegno a iniziare l'attività il 1° gennaio 2015), un'Area economica comune, con la partecipazione di Russia, Bielorussia e Kazakhstan. Gli altri Stati restavano al margine poiché la Russia non aveva il potenziale sufficiente per ristabilire la sua influenza su tutta l'area. D'altra parte i dirigenti di questi paesi sono inclini a prendere come modello, piuttosto che l'instabile quadro offerto dalla Russia, le relazioni con i paesi occidentali dai quali assorbono tecnologia oppure, in qualche caso, attingono all'insegnamento – se così si può dire – del modello islamico come prassi di vita civile. Il che rende ancora più allarmante la situazione per un paese, come la Russia, così sensibile al contenimento dell'islamismo. Dato che in tutta l'Asia centrale, dopo la fine del sistema sovietico, sono rimasti circa sei milioni di russi, la prossimità con il mondo islamico, forte soprattutto nel Tajikistan e nell'Uzbekistan, può trasformarsi in motivo di allarme. Esiste in questi paesi un diffuso senso di gratitudine per il fatto che da parte russa non siano stati frapposti ostacoli allo sviluppo dei poteri interni locali, ma questo modo di sentire si traduce nella disponibilità a collaborare, prima che nella volontà di subire l'influenza di Mosca.

Il contesto diventa critico allorché si osserva che, soprattutto sul piano delle importazioni e su quello dei trasferimenti energetici, il declino russo favorisce l'intervento del capitale americano o quello del capitale e dell'immigrazione cinesi. Per citare un solo esempio, nel Tajikistan sono stati compiuti investimenti per 63 progetti del valore complessivo di 2,3 miliardi di dollari. La Cina è il principale dei paesi che hanno promosso tali investimenti, mentre gli Stati Uniti riforniscono il Tajikistan di armamenti, utilizzando in parte quelli che provengono dalla ritirata delle loro truppe dall'Afghanistan. Considerati nel loro insieme tutti questi elementi, ai quali si dovrebbero aggiungere molti altri aspetti meno visibili ma altrettanto interessanti, si percepisce la conseguenza che l'Asia centrale, confinante a occidente con il Mar Caspio, a oriente con la Cina, a sud con l'Iran e l'Afghanistan e a nord con la Siberia, possa essere considerata stabile solo con un certo ottimismo. La sua importanza strategica è divenuta tale da esporla a facili incursioni esterne. Sebbene la Cina mostri tuttora di voler seguire la via della collaborazione pacifica e l'India non abbia ancora espresso la portata continentale della sua politica estera, la presenza nell'area di forze americane, il ruolo che esse svolgono in Afghanistan e in Iraq anche dopo la ritirata del grosso delle truppe e la sovrapposizione di questi elementi al conflitto provocato dalla creazione del Califfato islamico, collegato allo scontro tra elementi sciiti ed elementi sunniti che si contendono la supremazia nell'area, sono tutti motivi che inducono a pensare che una regione dall'assetto così fragile non può non essere, come prevede Malashenko – uno dei principali studiosi di questo tema –, il campo di uno scontro per conquistare l'influenza maggiore. Quando dunque si considerano le relazioni interne al sistema policentrico delle grandi potenze è verso questa direzione che l'attenzione dovrebbe dirigersi.

3.6. *La «corona» insulare tra Asia e Pacifico*

I grandi paesi dell'Asia continentale, dalla Russia siberiana alla Cina, all'India, sono circondati da una serie di arcipelaghi che dall'estremo nord, con le isole Curili, fino al sud, con l'Indonesia, Singapore e Myanmar (che è un'isola solo metaforicamente, a causa del suo lungo e voluto isolamento), nell'insieme formano una specie di corona che separa la terraferma dal Pacifico. Una catena di isole diverse l'una dall'altra per il clima (dal gelo delle Curili al caldo equatoriale dell'Indonesia); per l'importanza, dato che ciascuno di questi arcipelaghi ha un valore geopolitico diverso; per la compattezza, poiché alcune di queste terre sono separate da grandi distese marittime e altre invece sono così vicine da apparire come unità territoriali frammentate da antichi movimenti tellurici; per la ricchezza, poiché alcune sono povere mentre altre, come il Giappone, appartengono al gruppo dei paesi più ricchi e industrializzati del mondo; per l'attivismo politico e militare, poiché alcuni di questi arcipelaghi hanno cercato o cercano di dominare vaste aree mentre altri guardano in prevalenza allo sviluppo interno. Insomma, una corona ornata in modo diseguale da arcipelaghi che sono stati attori centrali della storia internazionale o semplici testimoni o vittime delle iniziative altrui. Ma, infine, una corona che sino agli anni precedenti il XXI secolo aveva avuto, nel suo assieme, quasi come fosse stato disposto da una mano invisibile, il compito di delimitare la zona entro la quale la Cina (assai meno la Russia) avrebbe potuto agire, impedendole di raggiungere l'Oceano Pacifico nella sua più vasta dimensione.

Il più settentrionale di questi arcipelaghi, le isole Curili, richiede di essere citato in questa sede per due ragioni. La prima sta nel fatto, solitamente dimenticato, che durante la seconda guerra mondiale le isole, che si trovavano allora sotto la sovranità giapponese, vennero fortificate per renderle inaccessibili agli attacchi americani. La seconda ragione è che nel 1945 Stalin ottenne che, in cambio dell'entrata in guerra dell'Unione Sovietica contro il

Giappone, tra gli altri trofei territoriali, le isole Curili fossero trasferite all'URSS. Il cambiamento aveva allora un modesto rilievo, dato che le isole che compongono l'arcipelago (circa 60), per una lunghezza di 1500 chilometri, erano abitate da poche migliaia di persone e avevano perso la loro importanza strategica. Esse però diventarono un tema politicamente spinoso diversi anni dopo, quando il governo di Tokyo incominciò a reclamare che le quattro isole più meridionali dell'arcipelago, prossime all'isola di Hokkaido, cioè al territorio giapponese, fossero restituite a chi le aveva scoperte e colonizzate. La disputa durò a lungo e avvelenò i rapporti tra i due paesi prima e dopo il 1991, fino al novembre 2014, quando il presidente Putin e il primo ministro nipponico, Shinzō Abe, raggiunsero un compromesso sulla base del quale le due parti rinunciavano a considerare la questione come un motivo di attrito, rinviando *sine die* la discussione sul destino delle isole. Si trattava non tanto di un avvicinamento bilaterale quanto di un comune desiderio di prevenire interventi di altri paesi vicini, come la Corea del Nord e la Cina. In tal senso, l'accordo recava nell'area un mutamento di relazioni di una certa rilevanza, poiché da esso affioravano sia le preoccupazioni giapponesi e russe rispetto alla Cina, sia il desiderio di superare una remota barriera al consolidarsi degli altri paesi dell'area.

Le Curili però non erano le sole isole che provocassero tensioni tra le potenze, poiché esse delimitavano solo la presenza russa rispetto a un paese assai dinamico come il Giappone. Se si tiene presente quanto detto sopra, si comprende perché fosse molto più aspro lo scontro per il controllo di due arcipelaghi posti a sud del Giappone e non lontano da Taiwan, l'arcipelago delle Spratly e le isole Senkaku (in cinese Diaoyu), importanti, queste ultime, non solo per la ricchezza di risorse petrolifere e per la posizione geopolitica ma, più ancora, perché il loro controllo aprirebbe alla Cina un varco naturale rispetto all'Oceano Pacifico. Occupate dagli americani fra il 1945 e il 1972, le isole Senkaku erano poi state affidate all'amministrazione giapponese, contestata dalla Cina, che rivendicava il pieno diritto di governare quei territori, e da Taiwan, che nutriva la medesima aspirazione. Si tratta, in questo caso, di un dissenso più profondo e più rischioso, poiché sia i Cinesi sia gli Americani non esitano a far balenare l'ipotesi che la questione possa assumere aspetti militari. E di un dissenso strettamente collegato alla sorte dell'isola di Taiwan, una volta sicuro approdo dei cinesi antagonisti del regime vittorioso a Pechino nel 1949, ma poi diventata base delle speranze cinesi di conquistare, anche solo con la forza della penetrazione economica, il pieno controllo su di essa. Sicché si comprende perché la disputa sulle Senkaku non abbia solo un valore simbolico ma rappresenti invece un obiettivo strategico di primaria importanza.

Forse ancora più complessa è la questione delle isole Spratly, una trentina di isolotti e alcune decine di atolli nel Mar Cinese meridionale, importanti sia per la posizione strategica sia per le rilevanti risorse petrolifere che si troverebbero nelle loro acque. A rendere però più che mai complicato il superamento delle rivendicazioni sulla sovranità di tutte le isole vi è il dato di fatto che alcune di esse sono occupate da forze armate vietnamite, altre da forze cinesi, altre da forze malesi e altre ancora da forze di Taiwan, per non parlare delle rivendicazioni delle Filippine e del Brunei. La portata delle rivendicazioni è frutto dell'estensione geografica dell'arcipelago, che lo rende prossimo a tutti i paesi citati e che accresce la sua importanza economica e strategica. Talché il formulare ipotesi sul superamento della contesa appare un esercizio impossibile, anche perché la costruzione, da parte della Cina, di isolotti artificiali nell'area delle Spratly (2015) non fa che rendere ancora più spinosa la questione.

Ancora in merito alla «corona» asiatica verso il Pacifico, occorre osservare che solo pochi tra gli Stati che la costituiscono hanno avuto o hanno un ruolo attivo nella politica internazionale. Infatti se si escludono il Giappone, le due Coree, Taiwan e, fino a un certo punto, l'Indonesia e l'Australia, gli altri territori sono quasi esclusivamente proiettati verso i problemi interni e limitano la loro politica internazionale a crisi che riflettono solo il ricordo della storia. Il piccolo Brunei, le Filippine, la Thailandia, la Nuova Zelanda vivono problemi interni di natura diversa, ma sul piano internazionale agiscono sulla scia degli orientamenti americani. La Malaysia è condizionata dalla sua composizione etnico-religiosa, che le impedisce di accostarsi apertamente all'Occidente e le pone il problema di non esasperare ogni motivo di controversia che possa contraddire la soluzione pacifica necessaria per la pace interna dello Stato, composto anche da un'importante etnia islamica. A sua volta Singapore, proprio a causa del suo ruolo di cerniera tra l'Oceano Indiano e il Pacifico, è impegnata a mantenere una posizione il più possibile neutrale rispetto alle contese internazionali. Indipendente dal 1963, Singapore era stata trasformata dall'attività instancabile di Lee Kuan Yew, fondatore della moderna città-Stato, in uno dei maggiori centri finanziari e politici dell'Asia orientale e tale era rimasta grazie alla sapiente transizione del potere posta in essere dall'onnipotente Lee a partire dal 1990, quando egli aveva iniziato a governare come ispiratore massimo della politica del suo paese, che visse dunque sotto la sua influenza sino alla morte, il 23 marzo 2015. Sono, la Malaysia e Singapore, tra i paesi più prosperi di tutta l'area asiatica sud-orientale, ma anche i meno esposti alle tensioni internazionali.

Persino il Vietnam, simbolo della lotta dell'Asia sud-orientale contro gli Stati Uniti dopo il lungo, cruento ed emotivo conflitto degli anni dal 1963 al 1975, era spinto dalla sua posizione geopolitica a contendere alla Cina la possibilità di aprirsi liberamente verso il Mar Cinese meridionale e perciò avvertiva l'utilità di un graduale mutamento delle sue relazioni con gli Stati Uniti, realizzato nel 2014 con la stipulazione di un accordo di piena normalizzazione e di amicizia. Ciò, dopo aver trascinato nella medesima direzione anche il regno di Cambogia, governato dal «comunista» Hun Sen, già compagno del famigerato Pol Pot e poi suo tenace avversario, sino all'estinzione dell'estremismo comunista nel paese. Quanto al Laos, esso restava concentrato nelle sue dispute interne, salvo ad aprirsi gradualmente, con i primi anni del XXI secolo, alla penetrazione di Cina e Thailandia, che in quel modo ripresero una tradizionale interferenza nel rapporto tra Vietnam e Cambogia. E salvo il neutralissimo Myanmar, che solo nel 2013 usciva dal suo pluriennale isolamento per seguire la spinta americana verso una misurata liberalizzazione interna, dalla quale risultava vincitrice la figlia del fondatore dell'indipendenza birmana, Aung San Suu Kyi.

A loro volta le Filippine e la Thailandia conoscevano momenti di severe sfide interne. Il regno di Thailandia, che dal 1946 era retto da uno dei sovrani ormai più longevi del mondo, re Bhumibol Adulyadej, dopo essere stato occupato dai giapponesi durante la seconda guerra mondiale, aveva praticamente vissuto in una situazione interna spesso caotica e in un contesto internazionale dominato dalla prossimità alla Cina, che inevitabilmente il governo di Bangkok teme e che lo porta ad alternare momenti di estremo anticomunismo alla ricerca di forme di vicinanza cooperante ma, del pari, lo induce a considerare come un punto fermo delle sue relazioni internazionali il rapporto che lo lega agli Stati Uniti. Nei decenni più recenti, l'uomo forte della vita thailandese è stato Thaksin Shinawatra, uno dei più ricchi del paese, animato da un risoluto impegno politico personale ma anche da una profonda ambizione.

Thaksin fu eletto primo ministro nel 1997, nel momento in cui la crisi finanziaria che investiva alcuni paesi dell'area toccava il suo apice. Era appoggiato in quella fase dalle forze militari, che hanno nel paese un ruolo dominante. Dopo aver adottato una politica riformistica, si adoperò per dare al proprio potere un carattere praticamente dittatoriale, non disgiunto da attività che resero la sua famiglia ancora più opulenta. Conquistò il consenso con la lotta contro la povertà, contro il terrorismo e contro il traffico di droga. Nel 2004, quando lo *tsunami* (l'uragano tropicale che devastò in quei giorni tutta l'Asia orientale) investì anche la Thailandia, Thaksin si adoperò con grande visibilità per la ricostruzione. La sua popolarità rese facile il successo elettorale del 2005, ma venne seguita da una accentuazione delle sue propensioni dittatoriali e dalla ribellione del Sud islamico contro il potere centrale. La situazione mutò profondamente, anche in seguito a madornali scandali nei quali la famiglia del primo ministro risultò coinvolta.

Per superare l'*impasse*, Thaksin convocò nel 2006 nuove elezioni, che segnarono una svolta nella vita thailandese e diedero inizio ad anni di innumerevoli contrasti. In quelle elezioni, Thaksin risultò ancora vincitore, ma con un appoggio popolare in declino e soprattutto con l'ostilità delle forze armate. Durante un suo viaggio a New York per partecipare all'Assemblea generale delle Nazioni Unite, i generali orchestrarono, con l'appoggio del re, un colpo di Stato. Per alcuni anni Thaksin e la sua famiglia furono ostracizzati in nome della democrazia. Ebbe inizio un conflitto tra i partiti, che in pratica combattevano per frantumare l'eredità politica del periodo riformista di Thaksin. Grosso modo si può dire che si formassero, tra il 2009 e il 2011, due schieramenti contrapposti: da un lato Thaksin e la sua forza elettorale, legata all'appoggio del mondo rurale, dall'altro i partiti appoggiati dai militari, radicati nelle città (Bangkok ha una popolazione di oltre 8 milioni di abitanti), e dal Partito democratico. Era uno scontro politico che contrastava con la comune visione che si ha in Occidente del ruolo dei militari e di quello dei politici. Gli Shinawatra non intendevano cedere il loro potere e, al contrario, Thaksin decise di valersi della collaborazione della propria famiglia, candidando alle elezioni del luglio 2011 la sorella Yingluck Shinawatra, che, pur povera di esperienza politica, riuscì a vincere e divenne primo ministro.

Questa esperienza però non durò a lungo, poiché dall'estate 2012 tra i militari e la Shinawatra ebbe inizio uno scontro politico, accompagnato da continue e sanguinose agitazioni di piazza e dall'incertezza sulla legittimità del potere della Shinawatra, che venne destituita dai militari il 7 maggio 2014 e incarcerata dopo la costituzione di un governo interinale, durato fino al 22 maggio, quando le forze armate decisero di agire con durezza ancora più severa, imponendo la legge marziale e assumendo direttamente la guida del paese. Il generale Prayuth Chan-ocha convocò il 23 maggio i maggiori rappresentanti politici del paese, tra i quali anche Yingluck Shinawatra, ma colse quell'occasione per trarre in arresto la giovane donna politica e diversi suoi seguaci e sottoporli, poco dopo, a processo. Uno scontro interno così aspro finì per spingere in secondo piano i temi delle relazioni internazionali, legati del resto al dualismo sino-americano. Ma fu anche uno scontro capace di raggelare, per alcuni anni, buona parte delle relazioni della Thailandia con i paesi dell'Unione Europea.

Nelle Filippine, l'arcipelago formato da oltre 7000 isole, le più estese delle quali sono Luzon e Mindanao, la vita interna è stata dominata dalla storia internazionale recente, che in poco più di un secolo ha visto questo arcipelago passare dalla dominazione spagnola a quella americana, poi a quella giapponese durante la seconda guerra mondiale, poi di nuovo a quella statunitense, sino al 1946, quando esso diventò formalmente indipendente. Il legame con gli Stati Uniti e l'opposizione alla Cina rappresentano i capisaldi di una vita interna sostanzialmente stabile, benché periodicamente segnata da traumatici scontri tra le forze politiche e le personalità al potere. Il più recente e animato cambiamento ebbe luogo nel 1986, quando venne abbattuto il governo di Ferdinand Marcos (che durava dal 1965), dopo che nel 1983 il suo antagonista politico, Benigno Aquino, era stato assassinato da mani ignote (ma non sconosciute al capo di Stato maggiore dell'esercito). Convocate le elezioni presidenziali, Marcos, che non godeva più né dell'appoggio della Chiesa cattolica (alla quale appartiene più del 90 per cento dei Filippini) né di quello degli Stati Uniti, venne sconfitto da Corazón Aquino, la vedova di Benigno. Seguirono alcuni anni di grandi speranze poiché la Aquino, pur frenata dalla prevalenza dei seguaci di Marcos nell'Assemblea legislativa, cercò di attuare riforme che attenuassero la povertà che spingeva tanti concittadini all'emigrazione (si calcola che complessivamente 11 milioni di cittadini delle Filippine abbiano lasciato il paese per cercare all'estero qualche occasione di lavoro). Ma le sue promesse non riuscirono a diventare realtà. Del resto, secondo gli esperti di storia delle Filippine, il problema che domina il paese è la contraddizione tra l'apparenza democratica e il fatto che il potere sia ancora prevalentemente legato a famiglie o personalità piuttosto che ai partiti, il che rendeva e rende difficile costruire maggioranze stabili a favore di qualsiasi riforma.

L'esperimento Aquino ebbe termine con una sensazione di generale delusione e in questo clima si svolsero le presidenziali del 1992, che pure videro eletto il candidato sostenuto dalla stessa Aquino, il generale Fidel V. Ramos, protagonista di un mandato elettorale così efficace da conquistargli persino l'appoggio dei comunisti locali. Alla sua scadenza, nel 1998, gli elettori scelsero, sulla base di un programma elettorale che attingeva a quello del predecessore, di votare come presidente Joseph Estrada, noto per essere stato un popolare attore cinematografico. Sebbene godesse di un vasto consenso popolare, Estrada venne indebolito da accuse di corruzione che riguardavano lui personalmente e i suoi collaboratori e che lo portarono all'*impeachment*, in seguito al quale fu costretto a lasciare la presidenza al suo vice, l'economista Gloria Macapagal-Arroyo. A lei toccò il compito di rimediare alla disastrosa situazione lasciatale da Estrada. Guidò il paese con energia, nonostante le minacce di attentati contro la sua persona. Nel 2004 venne rieletta alla presidenza (come la Costituzione le consentiva di fare, poiché nel 2001 la sua nomina era stata l'esito di una successione a un presidente deposto) e vi rimase fino al 2010, quando le elezioni furono vinte da Benigno S. Aquino III, figlio di Benigno e Corazón.

Osservare, a questo punto, che le relazioni con gli Stati Uniti fossero il fulcro della politica estera delle Filippine diviene quasi un luogo comune. L'unico problema seriamente e periodicamente in discussione fra i due paesi riguarda infatti i metodi e la durata dell'uso delle basi militari degli Stati Uniti sul suolo filippino; basi importanti specialmente durante la guerra in Afghanistan, e strategicamente centrali nel sistema militare costruito dagli Stati Uniti negli arcipelaghi asiatici; basi, infine, per le quali nell'aprile 2014 sono state rinnovate le prerogative americane.

3.7. *L'Australia, l'Indonesia, le Coree e la forza del Giappone*

La «corona» asiatica è completata da tre Stati maggiori: l'Australia, l'Indonesia e il Giappone. Quanto all'Australia, che in effetti è più un continente a sé che una parte del sistema insulare, è difficile dire che essa abbia avuto, dal secondo dopoguerra in poi, un ruolo proprio nella vita internazionale; questo è stato in prevalenza assorbito da questioni riguardanti la sovranità o i conflitti delle isole e degli arcipelaghi del Pacifico meridionale. Forte della sua ricchezza e del suo relativo isolamento, l'Australia ha vissuto la trasformazione da paese agricolo e produttore di materie prime a grande sistema industriale, caratterizzato all'interno da una vita politica piuttosto piatta, salvo che per le periodiche manifestazioni di gruppi autoctoni contro la supremazia dei bianchi. Membro del Commonwealth, ha seguito nel tempo una linea politica non dissimile da quella britannica, aderendo prima all'ANZUS (*Australia, New Zealand and United States Security Treaty*), nel 1951, poi nel 1954 alla SEATO (*South-East Asia Treaty Organization*), e successivamente seguendo la politica marittima della NATO. La crescita della Cina, relativamente vicina ma non al punto da alterare il contesto internazionale locale, ha portato all'avvio di buoni rapporti tra i due paesi, così come la prossimità all'Indonesia ha dato origine a scambi più intensi. I progetti di Barack Obama per un accordo commerciale relativo a tutto o a parte del Pacifico (cfr. *infra*) hanno trovato in Australia un'accoglienza naturalmente favorevole.

Il più popoloso paese islamico del mondo, l'Indonesia, con 254 milioni di abitanti e una capitale, Giacarta, di oltre 10 milioni di abitanti, è esteso su un immenso territorio, composto da oltre 17.000 isole. Questi pochi dati sono sufficienti a rendere evidente sia l'importanza dell'Indonesia come Stato che chiude verso il sud la «corona» asiatica, sia le potenzialità che esso può o potrà esprimere, una volta risolto il problema di dare un'identità omogenea alla varietà di gruppi etnici che lo compongono (giavanesi, sundanesi, maduresi, malesi e altri gruppi minori). Dopo essere stata, durante la seconda guerra mondiale, occupata e sfruttata dai Giapponesi, ma anche abituata ad amministrarsi da sola, l'Indonesia, già colonia olandese, dopo la fine della guerra non perse il gusto per l'autonomia. La lotta contro gli Olandesi (e i Britannici) per scongiurare il ritorno allo stato coloniale fu lunga e resa più complicata da una serie di tentativi di compromesso. Grazie alla guida forte e popolare di Kusno Sosrodihardjo, detto Sukarno, e del suo braccio destro, Mohammad Hatta, nel 1949 la colonia ottenne l'indipendenza, dapprima con un vincolo formale alla monarchia olandese, poi in maniera piena e libera.

La personalità di Sukarno dominò per quasi vent'anni la vita politica indonesiana. E le idee nazionaliste del Presidente, appoggiate dal Partito comunista indonesiano e dall'esercito, servirono da guida alla politica internazionale, segnata, in termini di prestigio e di influenza, dal ruolo che Sukarno acquistò specialmente come guida dei paesi «neutrali», che egli convocò (con gli altri maggiori leader neutralisti allora al potere) nel 1955 per la prima conferenza, fondamento del movimento dei «non allineati», a Bandung, una città dell'isola indonesiana di Giava. Meno successo e le prime frizioni tra l'esercito e Sukarno si ebbero tra il 1963 e il 1965, quando l'Indonesia, spinta dalla Cina, cercò di frammentare la neonata (1963) Malaysia, accusandola di essere un prodotto del neocolonialismo britannico, ma più probabilmente perché essa rappresentava un ostacolo sia per l'influenza indonesiana nell'area, sia per l'avanzata delle forze sino-comuniste verso la medesima direzione. Fu, quello, il momento del declino di Sukarno, poiché dall'interno delle forze armate, ostili in genere al comunismo e verosimilmente influenzate dall'islamismo filoamericano, venne avviato un complotto, il cui esito fu traumatico. Nell'autunno del 1965, infatti, ebbe luogo un tentativo di colpo di Stato, sulla cui natura si sono fatte molte illazioni, la principale delle quali riconduce la sua preparazione all'intervento dei servizi segreti americani. L'esito del colpo di Stato fu l'esplosione di una sorta di guerra civile in cui l'esercito prese le parti degli avversari di Sukarno e il generale Haji Mohammad Suharto, appoggiato dagli elementi più conservatori, conquistò il potere, formalmente per placare gli scontri interni, sostanzialmente per porre termine a un eccidio che aveva provocato centinaia di migliaia di vittime, nonché una situazione politica caotica, ma che fornì anche all'esercito il migliore argomento per tenere sotto stretto controllo la vita politica del paese. Una delle prime e rivelatrici decisioni di Suharto fu la rottura delle relazioni diplomatiche con la Repubblica popolare cinese. Subito dopo venne il ritorno alle Nazioni Unite, delle quali Sukarno aveva proposto la sostituzione con un'assemblea mondiale dei popoli rivoluzionari, a sostegno del diritto della Cina e della Corea del Nord di essere rappresentate.

Suharto mantenne un potere autoritario per oltre trent'anni, dal 1967 al 1998. Un potere appoggiato dall'esercito e orientato in senso anticomunista, anche se non espressamente filo-americano. L'ideologia sulla quale Suharto costruì il suo progetto politico venne elaborata dal Partito democratico indonesiano, che rappresentava politicamente il generale. Si trattava della *Pancasila*, termine derivato dal sanscrito per sintetizzare cinque concetti fondamentali (*panca*), basati su cinque principi (*sila*): il nazionalismo, la democrazia, l'internazionalismo, la giustizia sociale e la fede in un solo dio. Per essere ammessi nell'arena politica, tutti i partiti dovevano aderire a questa specie di filosofia, mentre le forze armate avevano un loro ruolo affidato al partito di governo, denominato *Golkar*, sigla di una definizione indonesiana più complessa.

Nel valutare l'esperienza sia di Sukarno sia di Suharto è necessario ribadire la profonda diversità di concezioni esistente in molte parti del mondo rispetto alla nozione di progresso sociale e di democrazia. In paesi sottosviluppati (come era stato il caso più noto, cioè l'Egitto nasseriano) il ruolo dei militari finisce per confluire nelle funzioni di una classe media abitualmente circoscritta e quasi sempre troppo debole per esprimere una rappresentanza politica rispetto al dualismo dei ceti più agiati o alla condizione miserevole dei paria sociali. Perciò non può sorprendere che l'autoritarismo di Suharto fosse popolare, anche se periodicamente accompagnato da venature elettoralistiche dominate sempre dal *Golkar*. D'altra parte, durante il trentennio del governo di Suharto l'Indonesia fu uno dei paesi che riuscì a vivere una effettiva trasformazione. In quegli anni il prodotto interno lordo crebbe regolarmente, con poche variazioni e nonostante la crisi finanziaria del 1997, del 7 per cento circa all'anno. Integrata nell'ASEAN (*Association of Southeast Asian Nations*), l'Indonesia, ricca di petrolio, di risorse minerarie e di legnami preziosi, assimilò la sua crescita a quella delle altre cosiddette «tigri asiatiche», come Hong Kong, Taiwan, la Corea del Sud e Singapore.

Il dominio di Suharto incominciò a vacillare nel 1998, quando il malcontento si infiltrò negli ambienti militari, logorati dalla sovraesposizione dittatoriale in un paese avviato sulla strada della modernizzazione. Emerse per qualche tempo, come capo dell'opposizione, la figlia di Sukarno, Megawati Sukarnoputri; ma nel 1998, quando ebbero luogo nuove elezioni, il gruppo *Golkar* ripresentò la candidatura di Suharto, accompagnato da una nuova personalità come vicepresidente e auspicato successore, Rudy Habibie, noto anche come B.J. Habibie. Assillato dagli effetti inflazionistici della crisi esplosa durante l'anno precedente, nel maggio 1998 Suharto si dimise e venne sostituito da Habibie.

Questi, sentendosi privo di mandato elettorale, indisse nuove elezioni per la fine del 1999; furono elezioni aspramente combattute tra Megawati Sukarnoputri e il vecchio e quasi cieco leader islamico Abdurrahman Wahid, che uscì vincitore dalle urne, grazie specialmente alla notorietà conquistata durante la sua lunga carriera politica. Gli osservatori ritengono che l'esito di quelle elezioni fosse un disastro per l'Indonesia. Wahid governò in modo incerto e con propensione autoritaria. Non trascorse molto tempo prima che il Parlamento lo destituisse, nel 2001, sostituendolo con la candidata che aveva perso le elezioni, Megawati. Nel clima di ritrovata serenità, la presidentessa riuscì a governare con un certo equilibrio sinché l'islamica Indonesia non venne scossa dalle conseguenze dell'intervento americano in Afghanistan, che richiedevano una scelta secondo le inclinazioni religiose o secondo una visione basata sulla considerazione degli schieramenti internazionali.

Questo tema influenzò radicalmente l'esito delle presidenziali del 2004, le prime vere elezioni libere svoltesi in Indonesia per la scelta di un presidente. Vinse, al di là di ogni previsione, Susilo Bambang Yudhoyono, un tecnico dalla grande esperienza nei problemi agricoli ma, più ancora, un riformista politico, pronto a ridurre i poteri dell'esercito e della polizia e a riformare il sistema della giustizia. Non ebbe tuttavia la possibilità di agire in modo tempestivo, poiché l'enorme *tsunami* che in quel terribile inverno colpì tante parti dell'Asia orientale infierì soprattutto sulle isole indonesiane, provocando centinaia di migliaia di vittime e distruzioni tali da mettere duramente alla prova tutto il paese. Il presidente diede una notevole dimostrazione delle sue capacità organizzative; operò per la ricostruzione e raccolse vasti consensi elettorali, che portarono alla sua rielezione nel 2009. Alla scadenza del mandato, in base alla Costituzione indonesiana egli non poté ripresentarsi per una terza elezione. Perciò nel luglio 2014 venne eletto, con l'appoggio del partito islamico, Joko Widodo, già governatore di Giava, un politico ostile all'estremismo e di conseguenza sensibile al richiamo di quei paesi che intendono combatterlo.

Questa sintetica descrizione dei paesi che compongono la «corona» asiatica e del modo in cui essi operano in politica internazionale non sarebbe completa se non si tenesse conto dei due più importanti paesi che, quasi al centro di tutta l'area, ne costituiscono il maggior punto di forza economico e, in un certo senso, anche internazionale: la Corea del Sud e il Giappone. Con l'armistizio firmato nell'agosto del 1953 le Coree (del Nord e del Sud) entravano in un periodo di relativa tranquillità, che però non fu mai suggellato dalla firma di un vero e proprio trattato di pace. La Corea del Nord visse nel suo eccezionale isolamento, governata dalla dinastia imperial-repubblicana dei Kim (Kim Il-sung fino al 1994, Kim Jong-il fino al 2008, Kim Jong-un dopo quella data). La singolarità nordcoreana è dimostrata dal fatto che questa parte della penisola è governata dal rigore più assoluto, in un clima di severa vigilanza rispetto a ogni manifestazione politica e culturale e in uno stato di penosa povertà della popolazione. Essa più che vivere sopravvive, in condizioni rese ancora più evidenti dal confronto diretto che i Nordcoreani debbono affrontare non solo con la Corea del Sud e il Giappone ma, ora, anche con la Cina. Se nel 1950 il confronto tra le due Coree era parso una specie di ripetizione di quello tra la Germania orientale e quella occidentale, a tanti anni di distanza è come se la situazione norcoreana fosse stata artificialmente ibernata secondo modelli sociali e stili di vita che nulla hanno a che vedere con la trasformazione globale. Paradossalmente, si potrebbe dire che la Corea del Nord sopravvive come una sorta di modello per la rappresentazione del passato.

L'unico aspetto al quale il governo di Pyongyang dedica gran parte della sua attenzione è la relativa modernizzazione di un apparato militare probabilmente poco efficiente ma tale da dare, all'interno del paese, l'immagine di una capacità di controllo insuperabile. Periodicamente, a Pyongyang, vengono effettuate manifestazioni di potenza militare o, in senso opposto, vengono emesse dichiarazioni che sembrano preludere a una volontà di distensione tra le parti. In realtà il paese è estraneo alla vita internazionale e vive nel suo isolamento, alla mercé di dittatori dall'indole medioevalmente indecifrabile. L'influenza nordcoreana su ciò che accade in tutta l'area rimane marginale e quasi irrilevante, salvo che nei periodici momenti di isteria politica espressi dai suoi dirigenti o dai capi delle forze armate.

Completamente diverso fu invece il destino della Corea del Sud, specialmente quando furono rimarginate le ferite della guerra e nel 1960 il dittatore Syngman Rhee ebbe abbandonato il potere. Dopo di allora la Corea del Sud non fu mai un paese pacifico all'interno, poiché agitato da manifestazioni pro o contro la presenza di truppe americane, l'appoggio della politica USA nel Vietnam e i cospicui investimenti giapponesi. Ma questi momenti di tensione non impedivano la straordinaria crescita del paese. Un dato indica con eloquenza la portata del mutamento avvenuto dopo la guerra. Nel 1963 il reddito medio pro capite era calcolato in 100 dollari all'anno; nel 2012 era salito a 32.000 dollari: segno, questo, del passaggio del paese dall'epoca pre-industriale a quella dell'industrializzazione avanzata. È sufficiente citare imprese come la Samsung, la LG, la Hyundai, la Daewoo, per avere un'idea della capacità propulsiva dell'economia di una delle cosiddette «tigri asiatiche». Tutto ciò ebbe luogo in anni durante i quali il governo venne tenuto con mano ferrea da esponenti del mondo militare o imprenditoriale, capaci di raccogliere, spesso con metodi non trasparenti dal punto di vista dell'etica politico-finanziaria, il consenso di vaste maggioranze. Dal generale Park Chung-hee, che governò tra il 1960 e il 1979 – quando venne assassinato dal capo dei servizi segreti, che cercò di rinsaldare l'oscillante controllo delle forze armate sul paese –, al generale Chun Doo-hwan, che governò dal 1979 al 1988, furono i militari a controllare la vita politica sudcoreana. Nel 1988 si tennero le prime elezioni dirette, vinte da Roh Tae-woo, candidato dello stesso partito del suo predecessore, il Partito della giustizia democratica. Solo nel 1993 le elezioni portarono al potere un democratico riformatore, Kim Young-sam, già sconfitto in tre precedenti occasioni e il primo non appartenente al mondo militare, il cui ruolo egli cercò di ricondurre alla normalità di un paese quasi democratico.

Con il nuovo presidente ebbe inizio un periodo di riforme istituzionali e di maggiore libertà politica (40.000 prigionieri politici furono scarcerati e Kim Young-sam riuscì a porre sotto processo i suoi predecessori Chun e Roh con l'accusa di aver favorito i colpi di Stato che li avevano portati al potere). Fu come aprire il vaso di Pandora della storia della corruzione politica nella Corea del Sud. Ma su quegli anni che dovevano preludere a un nuovo modo di crescere pesò la crisi finanziaria del 1997 in Thailandia. Il mondo del lavoro fu scosso da imponenti proteste che resero difficile l'opera dei successori di Young, Kim Jong-pil e Kim Dae-jung. Nel 2002 le elezioni furono vinte dal candidato democratico Roh Moo-hyun, poi tra il 2006 e il 2012 si susseguì un'alternanza di democratici e conservatori sinché nel 2012, dopo che nel 2010 le conseguenze della crisi finanziaria furono superate, i militari recuperarono terreno, riuscendo per la prima volta a far eleggere una donna alla presidenza, Park Geun-hye, figlia del generale che aveva presieduto la Corea del Sud tra il 1960 e il 1979. Era l'espressione di una persistente e forte volontà di tener testa alla Corea del Nord e di restare legati all'alleanza con gli Stati Uniti, nonostante i dissensi che questa provocava nel paese e nonostante i complicati intrecci delle relazioni con il Giappone. Ma è evidente che l'andamento di queste relazioni determinava l'orientamento della Corea del Sud verso la Cina e contribuiva a consolidare l'approccio, misurato ma ispirato dall'idea di contenimento, che caratterizza ora l'azione internazionale dei due paesi.

Secondo l'art. 9 della Costituzione, elaborata sulla base delle direttive delle forze d'occupazione americane ed entrata in vigore nel 1946, il Giappone, divenuto una monarchia costituzionale pur con le prerogative simboliche lasciate all'imperatore Hiro Hito, si impegnava definitivamente a non partecipare più ad alcuna guerra e a non dotarsi di forze armate. Tutto ciò avrebbe potuto avere un fondamento pratico se, a partire dal 1950 e almeno fino all'agosto 1953 (ma potenzialmente per molti altri anni successivi), la guerra di Corea non fosse divenuta l'occasione per una rapida scoperta delle implicite potenzialità strategiche offerte proprio dal Giappone. Sebbene non sia necessario ribadire ciò che gli Stati Uniti avevano voluto nel 1945, quando avevano accettato che la penisola di Corea, dopo la sconfitta giapponese, fosse divisa in due parti, si può riflettere sulle motivazioni che avevano spinto gli Americani ad accettare le esose richieste di Stalin, il cui senso apparve chiaro nel 1950. Si capì allora che la Corea del 1945 poteva essere un punto di separazione tra la pressione sovietica a nord e il disordine cinese a sud. Nel 1950, dopo che i comunisti ebbero vinto la loro battaglia per la conquista del potere in Cina, la posizione coreana divenne ancora più importante poiché l'intervento dei «volontari cinesi» a difesa della Corea del Nord mostrò che questo territorio poteva essere una sorta di barriera tra l'imperscrutabile aggressività del nuovo potere cinese e l'altrettanto imperscrutabile volontà di Stalin di accettare che la Cina dominasse un'area direttamente contigua al territorio sovietico. Perciò la possibilità di sfruttare le basi giapponesi per organizzare, nel 1950, il recupero sudcoreano dopo l'aggressione dal nord e, nel periodo successivo, per rafforzare il regime del dittatore sudcoreano Syngman Rhee, venne colta in tutta la sua portata strategica. Dal momento dell'occupazione americana del Giappone (settembre 1945) e poi a lungo, per alcuni decenni, il ruolo di retrovia logistica del contenimento rispetto all'avanzata cinese o alle possibili intenzioni sovietiche dominò il rapporto fra Stati Uniti e Giappone.

Accanto a questo elemento di forza, per così dire, geopolitica, il Giappone offrì agli Stati Uniti un altro punto di riferimento: la stabilità di governo. Dal 1946 al 2014 (e con la sola eccezione degli anni dal 2009 al dicembre 2012, quando, dopo la vittoria elettorale, governò il Partito democratico) il governo giapponese fu, più o meno direttamente, nelle mani del Partito liberale, espressione della convergenza tra il nuovo mondo conservatore del quale la riscossa economica facilitava il predominio, consolidandolo, e quello dei ceti dirigenti prebellici, non più come vincolo alle potenti famiglie che costituivano lo *zaibatsu* (gruppi finanziari), quanto in virtù di una nuova forma di collaborazione denominata *keiretsu*, che si riferisce piuttosto a un'organizzazione del potere per settori economici, consolidati dalla prossimità a grandi banche. Personalità eminenti emersero come guide capaci di orientare la vita politica tenendo sotto controllo le periodiche tentazioni di gruppi di dissidenti, quasi sempre ispirati dai consueti motivi dell'antiamericanismo o dalla volontà di scuotere in profondità il tradizionalismo di cui la vita politica e la vita quotidiana dei giapponesi sono impregnate. Per citare solo alcune di queste personalità, basti ricordare Shigheru Yoshida, primo ministro dal 1946 al 1954; Eisaku Sato, primo ministro dal 1964 al 1972; Yasuhiru Nakasone, primo ministro dal 1982 al 1987; Junichiro Koizumi, primo ministro dal 2001 al 2006; infine Shinzō Abe, primo ministro la prima volta dal 2006 al 2007, poi dal 2012 sino alle elezioni del dicembre 2014 e, dopo il successo elettorale, anche per il successivo mandato.

A questi aspetti politici e strategici si deve aggiungere il fatto che proprio la proibizione di avere un esercito e di muovere guerre (una proibizione aggirata sul piano interno grazie alla creazione di un robusto gruppo armato denominato «forza di autodifesa», composto da alcune decine di migliaia di uomini) paradossalmente contribuiva ad accrescere il peso del Giappone nella politica internazionale. Infatti esso mise la propria neutralità al servizio del compito di linea avanzata del controllo strategico americano sul Pacifico, specialmente dopo che nel gennaio 1960 tra i due paesi venne sottoscritto un accordo di mutua assistenza. Di fatto, e nonostante il trattato di pace del 1951, che era accompagnato da un accordo che assicurava agli Stati Uniti l'uso di basi sul territorio giapponese, la presenza militare americana, localizzata nella città di Yokosuka, non venne mai a cessare. A Yokosuka infatti venne creata una base navale nippo-americana, alla quale si aggiunsero tre basi aeree situate nella parte centro-meridionale dell'arcipelago nipponico, oltre a quelle installate nell'isola di Okinawa.

Territorio giapponese occupato durante la seconda guerra mondiale, Okinawa venne utilizzata come punto di forza dell'aviazione americana fino al 1972, quando le pressioni del governo di Tokyo, sostenuto da un vigoroso movimento di protesta popolare, convinsero il governo di Washington a restituire al Giappone la sovranità sull'isola: una sovranità piena, eppure circoscritta dal fatto che molte truppe e un certo numero di basi militari americane continuarono a stazionare nell'isola, sempre dando luogo a proteste popolari in Giappone, superate da una progressiva riduzione del contingente. In tal modo il precetto della neutralità era aggirato dall'indiretta partecipazione a una linea difensiva la cui funzione era, per l'appunto, quella di «contenere» all'esterno delle acque del Pacifico i momenti di conflitto che si sviluppavano sul continente: dalla guerra di Corea alla difesa del regime di Chiang Kai-shek, dopo che questi si era trasferito a Taiwan, alla partecipazione nel 1960 negli scontri legati alla condizione delle isole di Quemoy e Matsu, alla guerra nel Vietnam e poi, in senso generale, rispetto a tutto ciò che accadeva tra Indonesia e Malaysia, nelle Filippine: insomma, ovunque nell'Oceano Pacifico. Tutto ciò segnava in termini netti lo stretto collegamento esistente tra il Giappone e gli Stati Uniti. Una volta tolto di mezzo il tema della supremazia nell'Oceano Pacifico, superata cioè la contrapposizione che aveva portato alla seconda guerra mondiale, prevalevano le ragioni della collaborazione.

Questa durò, quasi senza alcuna frizione, fino al 1971, allorché gli Stati Uniti, dopo preparativi segreti dei quali nemmeno Tokyo venne informata, decisero di operare sul piano diplomatico per un avvicinamento alla Cina. Le prime indiscrezioni sulla volontà di Nixon e Kissinger di modificare il loro atteggiamento verso Pechino suscitarono così le reazioni giapponesi. Kakuei Tanaka, divenuto primo ministro nel 1972, si affrettò a rimediare alla voluta distrazione dell'alleato, anticipandolo con una visita nella capitale cinese il 25 settembre 1972 e promuovendo (ben prima degli Stati Uniti, che completarono solo nel 1979 il procedimento analogo) il pieno ristabilimento delle relazioni diplomatiche fra i due paesi (29 settembre 1972). Era, quello, il momento segnato dalle recenti proteste per la questione di Okinawa e dalle difficoltà che il Giappone, come gli altri paesi non autosufficienti, incontrava per l'improvviso rincaro dei prezzi petroliferi sul mercato mondiale. Sebbene la svolta nei rapporti sino-americani fosse ispirata in prevalenza dal progetto di mettere in difficoltà, e anzi paralizzare, la politica sovietica in Asia, essa aveva dunque ricadute importanti in altre parti della regione. Da quegli anni, gradualmente, il Giappone si rese sempre più conto del fatto che la sua posizione geografica lo rendeva arbitro dei rapporti sino-americani e, più ancora, determinava i limiti dell'influenza USA nel Pacifico. Fra le diverse possibilità che si prospettavano per la politica estera giapponese (alleanza con gli Stati Uniti, accordo con la Cina e neutralità) si apriva un ventaglio di sfumature che, senza visibili mutamenti di rotta, avrebbe reso il Giappone assai forte sul piano dei negoziati internazionali e nel controllo dei mercati asiatici.

L'aspetto centrale dell'egemonia giapponese in Asia (ma si dovrebbe dire, in senso lato, nel mondo) è tuttavia rappresentato dalla poderosa crescita economica. All'indomani della guerra, il Giappone, come la Germania in Europa, era un paese devastato dai bombardamenti alleati. Unico al mondo, esso era ed è il solo paese ad aver subito per ben tre volte le conseguenze delle distruzioni provocate dall'energia nucleare: a Hiroshima e Nagasaki, durante la guerra, e a Fukushima, nel marzo 2011, quando un terremoto provocò danni così seri alla centrale nucleare locale da costringere alla sua chiusura. Grazie alla sua straordinaria tenacia, il Giappone è divenuto la terza potenza mondiale per prodotto interno lordo, dopo gli Stati Uniti e la Cina. Il decollo verso la ricostruzione ebbe inizio nei primi anni Sessanta del XX secolo e durò alcuni decenni, nonostante le catastrofi naturali che periodicamente colpiscono il paese. Nel dopoguerra il Giappone non dovette pagare riparazioni ai vincitori, che anzi, negli anni della guerra di Corea, contribuirono alla ricostruzione delle sue infrastrutture. Straordinaria efficacia ebbero l'industria tessile dapprima, poi quella meccanica e quella elettronica, con una coraggiosa iniezione di novità tecnologiche e un forte senso di partecipazione dei lavoratori alla crescita del paese o a quella di una determinata impresa, considerata come un bene collettivo e come tale, spesso, posta in grado di inserire nella catena proprietaria i dipendenti.

Il Giappone divenne un paese esportatore di prodotti industriali, specialmente verso gli Stati Uniti; la sua politica commerciale, favorita dal frequente ricorso alla svalutazione dello yen per favorire le esportazioni, fu accompagnata da un tenace protezionismo che tutelava la produzione giapponese e sacrificava l'agricoltura a favore della concentrazione industriale. Nel primo periodo del suo «miracolo economico», il prodotto interno lordo del paese crebbe mediamente del 10 per cento all'anno; poi il ritmo di crescita rallentò e per decenni si assestò sul 4/5 per cento all'anno. Nascevano industrie il cui nome è, anche in questo caso, sufficiente come indicazione della diffusione dei prodotti giapponesi nel mondo. Infatti Toyota, Honda, Sony, Panasonic, Yamaha, Toshiba, Canon, Nintendo, Sharp, Bridgestone e altri meno famosi, sono altrettanti simboli della diffusione mondiale dei prodotti dell'industria nipponica o assemblati in Giappone. L'apertura alla Cina, negli anni Settanta, aggiunse sbocchi commerciali e opportunità per investimenti di capitale giapponese. In pochi anni, tutto il Sud-Est asiatico venne, si potrebbe dire, industrialmente colonizzato dal Giappone.

Questa situazione durò sin verso la fine del XX secolo, quando si manifestarono alcuni aspetti critici del sistema finanziario giapponese. Il debito pubblico raggiunse il 200 per cento; il sistema bancario incominciò a scricchiolare in seguito a una serie di errori negli investimenti e alcune banche furono costrette al fallimento. Il mondo economico giapponese entrò in un periodo di relativa inerzia, quasi di ristagno, che divenne evidente con l'inizio del XXI secolo e proseguì per diversi anni. Una serie di eventi naturali e di incidenti tecnologici mise in evidenza la crisi. Nel 1995 un terremoto di violenza pari al 7° grado della scala Richter colpì la città di Kobe, nell'isola di Honshu – la principale del Giappone –, provocando danni impressionanti; il 26 dicembre 2004 lo *tsunami* devastò con la sua violenza anche le coste giapponesi; nel marzo 2011 un terremoto del 9° grado della scala Richter colpì l'area prossima alla costa orientale di Honshu, devastando il territorio e, peggio ancora, provocando, come si è detto, il disastro di Fukushima. Furono momenti di grande difficoltà, nel corso dei quali alcune delle maggiori imprese giapponesi vennero acquistate, totalmente o in parte, da capitale americano. Furono anche momenti che si ripercossero in profondità sul dinamismo giapponese, aggravati dal peggioramento dei rapporti con la Cina, segnato in particolare dall'inasprirsi della polemica sulle isole Senkaku.

A tratti il sistema parve reagire, ma solo dopo il disastro di Fukushima e con il ritorno di Shinzō Abe al potere venne recuperata una spinta verso una politica produttivistica, fortemente sovvenzionata, seguendo tuttavia un'ispirazione non immune da tendenze fortemente nazionalistiche. Abe ritenne necessario recuperare la fiducia dell'elettorato e indisse nuove elezioni nazionali per il 16 dicembre 2014. Era, questo, il segno di una relativa incertezza rispetto al futuro; un'incertezza che rifletteva anche l'indeterminata qualità delle relazioni con la Cina, della quale i Giapponesi possono essere amici e clienti, ma anche avversari. Molto dipende dalle scelte giapponesi, collegate a quelle degli Stati Uniti; più ancora dipende da quanto il nuovo padrone della Cina, Xi Jinping, vorrà sviluppare la sua azione, spesso conciliante ma altrettanto spesso dinamica e quasi aggressiva. Il Giappone sta in mezzo alla corrente e subisce le conseguenze di tali oscillazioni (v. *infra*).

3.8. *Le opzioni strategiche per il Pacifico e il progetto di «pivot» asiatico*

Nessun discorso sulla «corona» degli arcipelaghi che segnano il confine tra l'Oceano Pacifico e la terraferma avrebbe un senso compiuto se non si tenesse conto del fatto che il destino di queste isole è condizionato dal ruolo che esse si vedono affidare o si attribuiscono rispetto alle relazioni tra le due sponde dell'Oceano. Sebbene il paragone possa apparire fuori luogo, e persino eccessivo, il tema della «solidarietà» nel Pacifico, contro l'avanzata del comunismo e, comunque, contro la poderosa crescita cinese, non è criticamente diverso dal tema della solidarietà atlantica, poiché entrambi rispecchiano il ruolo di baricentro geopolitico degli Stati Uniti. Nel caso dell'Oceano Atlantico inteso a bilanciare l'avanzata (o la temuta avanzata) sovietica; nel secondo caso, divenuto attuale cinquant'anni dopo l'Alleanza atlantica, un baricentro inteso a rafforzare le posizioni dei paesi della «corona» asiatica rispetto alla crescita della potenza cinese e ai potenziali pericoli in essa avvertibili. Non si tratta di ravvisare nella politica di Barack Obama una nuova versione del concetto di «containment» enunciato nel 1947 da George Kennan, dato che nel caso asiatico ciò che deve essere fronteggiato non è una minaccia prevalentemente militare e ideologica, bensì una contrapposizione economica e commerciale. Infatti l'analogia affiora nella sua portata geopolitica se l'argomentazione si sposta su questi temi, e in particolare su quello dell'interdipendenza economica. L'interdipendenza dei sistemi economici europeo e statunitense fu l'elemento che ispirò il Piano Marshall nel secondo dopoguerra; la dipendenza o la potenziale interdipendenza tra gli interessi economici americani – o, in antitesi, cinesi – e quelli dei paesi che vi sono collegati ripete in molti sensi (tranne, per ora, quello militare) scenari analoghi. Anche sul piano ideologico, la nozione di asiatismo rispecchia abbastanza bene quella di atlantismo. Sono queste, pertanto, le motivazioni che impongono di considerare il complesso rapporto emergente dalla svolta asiatica della politica degli Stati Uniti non come un aspetto marginale ma come il tema di fondo (o uno dei temi di fondo) della situazione esistente in tutta l'area.

Dalla fine della seconda guerra mondiale e fino alla vigilia del XXI secolo, il Pacifico fu dominio esclusivo degli Stati Uniti che, nonostante la sconfitta subita nel 1975 in Vietnam, avevano stabilito una serie di strette alleanze con gran parte dei paesi che compongono la corona asiatica. Le flotte americana, britannica e australiana sono le uniche che, ancora nel 2015, riescono a solcare, disturbate solo dalla pirateria, l'Oceano Pacifico e a raggiungere l'India, superandola per poi aggirare il capo di Buona Speranza, sino a ricongiungersi con le flotte dell'Oceano Atlantico. Il dominio dei mari non è più, da solo, l'espressione del dominio internazionale, tuttavia l'assenza di competizioni visibili o prossime fornisce a questo aspetto una forza incomparabile, soprattutto dopo che i commerci affidati alle grandi navi porta-container hanno acquistato tanto peso. Un aspetto che non va trascurato, perché ciò significherebbe ignorare quanto potrebbe avvenire nel caso di un conflitto militare, e che spiega, in senso opposto, perché nessuno abbia per ora la possibilità di sfidare tale supremazia.

Questo però è solo uno dei profili che contribuiscono a definire i caratteri strategici di una situazione che sino ai primi anni del XXI secolo non propose motivi di radicale cambiamento. Motivi che affiorarono con molta rapidità quando la crescita economica cinese si trasformò da problema prevalentemente interno in carattere dominante della politica commerciale e finanziaria del governo di Pechino. Come tale, si proiettò sui rapporti con l'esterno, in primo luogo con i paesi più vicini alla Cina e con i quali essa intendeva creare fruttuosi rapporti e convergenza di interessi: una convergenza che non poteva essere immune da conseguenze politiche. Questo palese cambiamento non provocò reazioni da parte degli Stati Uniti fino a quando, nel 2008, non venne eletto alla presidenza Barack Obama, che era nato a Honolulu, la capitale delle isole Hawaii, al centro del Pacifico, e che da giovane aveva vissuto per qualche anno in Indonesia. Sebbene questi aspetti della biografia presidenziale non abbiano avuto un peso risolutivo nella sua azione politica, Obama aveva ben chiara la necessità di affrontare in modo diverso i problemi del Pacifico e quelli dei rapporti con i paesi asiatici. A questo proposito si possono individuare tre momenti precisi dell'iniziativa presidenziale.

Quando entrò alla Casa Bianca, nel gennaio 2009, Obama nutriva una meditata visione generale dei futuri orientamenti della politica estera americana. Tenendo fermo il concetto che l'Alleanza atlantica fosse il perno della presenza degli Stati Uniti nel mondo occidentale e che il Mediterraneo, con particolare riguardo per il Medio Oriente, fosse un'altra area rispetto alla quale gli USA non avrebbero dovuto concedersi distrazioni, egli rielaborò una visione degli interessi degli Stati Uniti nel mondo che, per alcuni aspetti, ricordava il pensiero di Richard Nixon. Come il suo «famigerato» ma intelligente predecessore, Obama riteneva che una sovraesposizione del potere americano fosse (e fosse stata) un errore. Con una dose forse eccessiva di ottimismo, considerava necessario un ridimensionamento della presenza USA in Iraq e in Afghanistan, in vista di un non lontano rientro in patria delle truppe che vi erano impegnate e del ritorno della gestione degli affari a chi governava, dopo democratiche elezioni, i due paesi. In termini operativi riteneva però necessario che l'azione americana modificasse il suo relativo disinteresse verso il Pacifico per sostituirlo con una strategia a vasto raggio, nel cui ambito la posizione della Cina avrebbe potuto trovare la soluzione più opportuna. Il che significa che sin dall'inizio l'orientamento delineato da Obama lasciava aperta sia l'ipotesi di un rapporto più intenso e più amichevole con la Cina, sia quella di un rapporto animato dalla volontà di circoscrivere l'espansionismo economico e le opzioni militari del governo di Pechino. L'ispirazione generale seguiva la volontà di esercitare l'azione americana secondo il criterio dello *smart power*, che la nuova amministrazione sceglieva come alternativa al dualismo tra i concetti di *hard* e *soft power*. *Smart*, cioè il potere della ragione e della comprensione reciproca, piuttosto che l'uso della forza o dell'influenza.

Che la direzione di questo esercizio del potere fosse primariamente l'Asia venne illustrato dal fatto che il primo capo di governo ricevuto da Obama dopo l'insediamento fosse il primo ministro giapponese Taro Aso e che la prima visita all'estero compiuta dal nuovo segretario di Stato, Hillary Clinton, avesse come destinazione l'Asia sud-orientale. Dal 15 al 22 febbraio 2009 la

Clinton visitò in sequenza il Giappone, la Corea del Sud, la Cina e l'Indonesia, dove diede rilievo alla sua permanenza visitando la sede dell'ASEAN con la quale, due anni dopo, stipulò un trattato di amicizia, accompagnato dalla nomina di un ambasciatore stabile degli Stati Uniti presso l'Associazione. La visita a Pechino pareva esprimere la volontà di non escludere la Cina dal cerchio delle amicizie rafforzate, ma una serie di altre decisioni annacquò tale interpretazione e fece affiorare l'esistenza, nell'azione americana, di una certa propensione all'accerchiamento politico e militare proprio della Cina. Se i ripetuti incontri fra Obama e il presidente cinese nel corso del 2009, coronati dalla visita di Obama in Cina nel novembre dello stesso anno, fecero pensare all'inizio di un «dialogo strategico ed economico», nei mesi successivi gli Americani presero una serie di decisioni che parevano orientate nella direzione opposta. In quasi nessuno dei temi in discussione (dall'appoggio cinese alla Corea del Nord alle questioni del cambiamento climatico, al caso del Dalai Lama, che Obama in un primo tempo non aveva voluto incontrare per non oscurare la serenità delle relazioni sino-americane) vennero fatti passi avanti e, in qualche caso, vennero invece compiuti gesti che li contraddicevano.

Luca Gori, in un saggio sulla politica asiatica di Obama, elenca vari fronti sui quali il nuovo atteggiamento verso la Cina divenne manifesto. Nel gennaio 2010 l'amministrazione USA autorizzò la vendita di una consistente quantità di armi a Taiwan, antagonista storico della Cina comunista; poco dopo il presidente Obama ricevette alla Casa Bianca il Dalai Lama «nella sua veste di capo religioso e culturale», e in novembre fece a sua volta un lungo viaggio nella Corea del Sud, in Giappone, in India e in Indonesia, «quattro democrazie asiatiche»: ciascuna delle visite esprimeva l'appoggio americano a modelli di sviluppo contrapposti a quello cinese. Parallelamente, nel corso dello stesso anno, Hillary Clinton reiterò discorsi che criticavano lo scarso rispetto dei diritti umani da parte della Repubblica popolare cinese. L'inasprirsi delle manifestazioni bellicistiche da parte della Corea del Nord spinse poi la diplomazia americana a protestare perché la Cina non collaborava a limitare l'esibizionismo nordista e aprì la via sia a un ulteriore coordinamento diplomatico tra la Corea del Sud, il Giappone e gli Stati Uniti per un fronte comune contro la Corea del Nord, sia a manovre navali congiunte tra Americani e Sudcoreani. A tutto ciò vanno aggiunti il moltiplicarsi degli incidenti attorno agli arcipelaghi contestati, nelle acque del Mar Cinese meridionale, e l'inasprirsi della concorrenza commerciale, provocata dall'esitazione cinese nello sganciare il *renminbi* dalla parità fissa col dollaro per renderlo più fluttuante e, di conseguenza, rendere meno concorrenziali le esportazioni cinesi. Così, osserva Gori, «a ben guardare tra il 2009 e il 2010 Washington e Pechino erano state capaci di costruire un dialogo bilaterale sufficientemente solido [...] ma non erano riuscite a creare un autentico rapporto di fiducia».

La disponibilità cinese a incrementare la potenza militare per controbilanciare o, quanto meno, ridurre il peso degli Stati Uniti fu il segno tangibile di questa difficoltà. Il lancio di nuovi missili e poi di satelliti artificiali, nonché la costruzione di nuovi sottomarini d'attacco, esprimevano la volontà della Cina di diventare, entro un certo tempo, una grande potenza non solo terrestre ma anche navale. Se fino al 2010 i rapporti tra le due potenze rimasero buoni, al punto da apparire diretti verso una stretta intesa intercontinentale, nel 2011 la situazione subì un cambiamento di rotta che sarebbe durato almeno sino all'autunno del 2014 e i cui esiti erano imprevedibili. La realistica propensione cinese al rafforzamento tattico e strategico delle proprie forze armate era suggerita dalla necessità di fronteggiare i pericoli prossimi, come quelli derivanti dai disordini periodicamente ripetuti nel Tibet o nella regione dello Xinjiang, ma assumeva una portata più vasta quando veniva estesa alla creazione di una flotta cinese, alla sperimentazione missilistica e a quella dell'uso dei satelliti. La rapida familiarità con la quale la tecnologia cinese aveva raggiunto e imitato quella statunitense o giapponese o sudcoreana era un sintomo dell'avvicinarsi di progetti estesi su più vasta scala.

Fu quello l'ambito che spinse l'amministrazione americana a modificare gli accenti della sua politica nel Pacifico, aggiungendo alla spinta politica e alle manifestazioni di buon vicinato alcune misure militari che, escludendo la Cina, assumevano un carattere di «contenimento» proprio nei suoi confronti? Nell'autunno 2011, prima Hillary Clinton e poi lo stesso presidente Obama indicarono il cambiamento parlando di una politica americana orientata a costruire un *Pivot to Asia*, che si potrebbe tradurre con la definizione di «pilastro asiatico». Pilastro nel senso di presenza a lungo termine e non rassegnata all'inevitabile egemonia cinese, bensì concepita come alternativa a questo cambiamento o, quanto meno (ciò che solo con il passare degli anni potrà apparire in modo più esplicito), alla volontà di essere uno degli attori dominanti l'ordine internazionale in via di costituzione nel Pacifico.

La più corposa espressione di questa svolta fu l'arricchimento degli accordi politici esistenti con aiuti militari. Nel novembre del 2011 Obama e Clinton visitarono quasi tutti i paesi dell'Asia sud-orientale, ripescando un progetto prima appena enunciato, quello di dar vita a una *Trans-Pacific Partnership* (TPP) cioè un'area di libero scambio estesa a tutto il Pacifico (e parallela a quella che poco dopo sarebbe stata proposta all'Unione Europea) e a tutti i paesi che si fossero impegnati a rispettare una serie di principi nel campo della protezione della proprietà intellettuale, dei diritti dei lavoratori, della tutela ambientale: «Principi – osserva Gori – che di fatto escludevano la Cina». Oltre che sul terreno economico, il mutamento di direzione della politica americana si avvertiva chiaramente con la decisione, presa nell'autunno 2012, di allargare la presenza militare USA in tutta l'area, anche grazie alla fine dell'impegno in Afghanistan, mediante il rafforzamento dei reparti di combattimento già dislocati in Australia, l'incremento delle forze navali presenti nell'area, la stretta intesa militare con le Filippine e il crescente impegno nel controllare la navigazione dal Pacifico all'Oceano Indiano, via Singapore, così da porre le basi di un più stretto collegamento con l'India che, meno di due anni dopo, sarebbe passata sotto il governo di Narendra Modi, fautore di una stretta alleanza con gli Stati Uniti (v. *supra*).

La svolta della politica estera di Obama poneva a quasi tutti i paesi della «corona» qualche nuovo problema poiché essi erano tutti (o quasi) legati alla Cina da uno stretto interscambio commerciale che sarebbe stato compromesso da tensioni indotte. Si profilava il rischio di un'alternativa secca tra l'essere legati alla politica di contenimento americana (interpretando in tal senso le nuove tesi americane) o prendere le distanze da essa per non alterare i rapporti con la Cina. Era, questo, un dilemma che attraversava tutti i paesi dell'area, dal Giappone all'Indonesia, e rispetto al quale nemmeno gli stessi americani potevano restare indifferenti. Infatti il rapporto commerciale-finanziario esistente tra Cina e Stati Uniti rappresentava uno dei casi dominanti le relazioni internazionali nel Pacifico, ma anche nel resto del mondo. Occorre tenere presenti due dati: l'enorme incremento dei commerci tra i due paesi nonché il rapporto affatto speciale esistente tra il dollaro e il *renminbi* e il ruolo delle due monete nelle rispettive riserve. Il volume degli scambi commerciali tra Cina e Stati Uniti era passato da un dato tecnicamente impercettibile, all'inizio delle relazioni diplomatiche tra i due paesi, a un dato macroscopico (da 2 miliardi di dollari nel 1979 a 562 miliardi nel 2013), con un deficit commerciale americano verso la Cina moltiplicatosi in maniera esponenziale. Con la crisi economica americana del 2008-2013 il rapporto tra la valuta USA e quella cinese acquistava un peso dominante. Infatti la politica dei cambi cinese era rivolta a mantenere basso il valore del *renminbi* per favorire le proprie esportazioni a danno di quelle americane, condizionate dal valore del dollaro come riserva mondiale di ultima istanza e come parte dominante della riserva cinese (circa il 70 per cento di quest'ultima era in dollari o titoli in dollari).

Su questa divaricazione si sono innestate numerose discussioni, alla base delle quali vi è sempre la teoria che entro pochi anni il *renminbi* possa sostituire il dollaro come moneta dominante gli scambi internazionali (nel 2013 questi avvenivano ancora per oltre l'85 per cento in dollari) e che la trasformazione della valuta cinese in quella dominante il mercato finanziario globale sia l'estremo segnale della prossima supremazia cinese rispetto a quella degli Stati Uniti, che perderebbero il cosiddetto signoraggio nella stampa della valuta di base per i commerci internazionali. Tuttavia perché questa previsione si avveri occorre che da parte cinese si riesca a creare una specie di circolo soggettivamente virtuoso che renda davvero il *renminbi* una moneta universalmente accettata come simbolo e strumento di misura del valore delle merci. Il che appare difficile in un prossimo avvenire, considerato che la crescita cinese, per quanto imponente, deve prima risolvere i limiti interni al sistema economico per essere in grado di dominare il mercato globale. La teoria secondo la quale i cinesi condizionano la politica americana perché da un giorno all'altro potrebbero disfarsi delle loro riserve, mettendo in crisi il valore monetario del dollaro, è alquanto irrealistica poiché presuppone una manovra commerciale e finanziaria che, allo stato attuale, recherebbe danno più alla Cina che agli Stati Uniti. Il rallentamento delle esportazioni cinesi, iniziato nel 2008 e accentuatosi dal 2009 in poi, «è emblematico della vulnerabilità della componente estera della domanda globale, fortemente dipendente dall'andamento della domanda internazionale e dalle politiche economiche attuate dal resto del mondo e soprattutto dagli Stati Uniti, che godono del 'privilegio' di governare il sistema monetario internazionale» (Iannini). Immaginare che l'economia cinese, unica al mondo, non subisca gli effetti della recessione globale iniziata nel 2008 e per alcune parti del mondo come l'Unione Europea, non ancora del tutto terminata, significa affidarsi ad astrazioni indimostrabili.

D'altra parte, pensare che il mutamento di rotta deciso da Obama nel 2011 fosse solo il preludio di una politica di contrapposizione aperta contro la Cina non è una conclusione ragionevole. Obama aveva certo bisogno di mostrare che gli Stati Uniti non erano subalterni alla politica cinese e nemmeno condizionati da essa. Doveva invece percorrere un difficile cammino, deviare dal quale era facile ma rischioso: affermare la supremazia americana senza urtare la sensibilità cinese e anzi rendendo la Cina partecipe, in qualche modo, delle decisioni più importanti relative al Pacifico. Chiarì la sua posizione dopo che nel novembre 2012 venne rieletto alla presidenza. Nei mesi precedenti la situazione internazionale aveva subito forti scosse, soprattutto a causa degli effetti della cosiddetta «primavera araba» e del dilagare dei movimenti di protesta in Siria. Questo richiedeva idee precise e azioni che le rispecchiassero. Il politologo americano Barry B. Posen riesaminava di recente questo tema e dava una sua interpretazione dell'azione di Obama. Prendendo le mosse dal concetto di egemonia del pensiero liberale come categoria ispiratrice dell'azione americana nel secondo dopoguerra, scriveva:

> Questa strategia ha collocato gli Stati Uniti al centro dell'attenzione politica in un mondo che attraversa rapidi cambiamenti sociali, politici ed economici. Gli Stati Uniti sono sufficientemente forti e presenti per essere biasimati in caso di sconfitta, ma non sono forti a sufficienza per operare in modo adatto ad alleviare le tensioni e le complicazioni che il rapido sviluppo spesso provoca. La strategia [del pensiero liberale] sottovaluta la persistenza del nazionalismo e la tendenza dei popoli a lasciare che la loro natura sia dominata dall'esterno. Sopravvaluta la misura entro la quale la violenza si è diffusa, trasformando ogni sforzo

per contrastarla in impegni eccessivamente costosi. Infine questo pensiero è come un assegno in bianco rilasciato dagli Stati Uniti ai loro alleati. Alcuni utilizzano questa risorsa per incrementare la spesa sociale interna, come accade in Europa o in Giappone. Altri usano le risorse per pagare le proprie stravaganti avventure nel campo della sicurezza, come fanno alleati diversi, quali l'Afghanistan e Israele. Sono, queste, le ragioni che rendono troppo costosa e controproducente una grande strategia liberale nel mondo.

Obama doveva operare, soprattutto nel Pacifico, tra la volontà di affermare i valori americani e i costi di questa impresa. Ma la crisi economica, esplosa proprio all'inizio della sua presidenza, trasformava la sua politica internazionale in una trama sin troppo elaborata e sottile che, nel caso dei rapporti con la Cina, finiva per costringerlo a una serie di manovre e contromanovre non sempre lineari.

Nei mesi successivi alla rielezione divenne chiaro che Obama aveva idee precise ma non era disposto a promuovere azioni clamorose, per l'ovvia ragione che queste avrebbero contraddetto la sua strategia generale di politica internazionale. Il discorso tenuto il 28 maggio 2014 all'Accademia di West Point rispecchiava tale apparente ambivalenza. Negò, in quell'occasione, che gli Stati Uniti fossero un paese «in declino». «L'America – disse – deve sempre guidare il mondo. Se non lo facciamo noi nessuno lo farà». Ma, aggiunse, «l'azione militare non può essere in ogni circostanza la sola o la principale componente della nostra leadership», considerato che alcuni errori compiuti in passato erano derivati da una precipitazione militaresca poco attenta alle conseguenze. Considerazioni che spostavano l'asse della politica americana dalla volontà di prevalere con la forza verso quella di prevalere con un uso più attento degli elementi che formano la potenza americana: in primo luogo la forza economica. Occorreva evitare di compiere errori militari e portare gli Stati Uniti verso un periodo di tranquillità. Ciò che, riferito ai rapporti con la Cina, si traduceva in un'accurata revisione del tracciato seguito negli anni precedenti al fine di evitare iniziative giudicate frutto della debolezza americana o di arroganza. Era indispensabile una via di mezzo che eludesse (senza evitarlo nei fatti) il timore di una connessione troppo stretta tra il sistema delle alleanze e quello delle ritorsioni. Tutto questo divenne necessario dopo che Xi Jinping ebbe assunto il potere in Cina (marzo 2013) ed ebbe impresso la sua volontà sia di affermare il ruolo del proprio paese in Asia, valendosi delle riserve umane, tecnologiche e finanziarie di cui esso disponeva, sia di risolvere le difficoltà interne, placando il dissenso e ampliando gli spazi dell'iniziativa privata in vista di una più equa distribuzione della ricchezza.

L'idea che il *Pivot to Asia* fosse il tema dominante nella politica estera degli Stati Uniti venne forzosamente delimitata dagli avvenimenti nell'Africa del Nord, nonché dalle dispute legate alla crisi mediorientale e alle controversie sulle isole del Mar Cinese meridionale. Non è un caso che all'inizio del 2013 Obama, nel suo discorso di inaugurazione del secondo mandato presidenziale, annunciasse il rilancio del negoziato per una *Transtlantic Trade and Investment Partnership* (TTIP), il progetto di accordo doganale e commerciale con l'Unione Europea, che dopo di allora passò in breve dall'auspicio alla difficile ma pratica fase del negoziato tra le parti. Ma in parallelo l'amministrazione americana avviava una serie di conversazioni assai discrete con quella cinese. Ciò diventava pubblico nel novembre 2014, alla vigilia della riunione dell'ASEAN, convocata in Birmania per il giorno 10. Considerato che sia l'ASEAN sia il progetto di *Trans-Pacific Partnership* non prevedevano la partecipazione cinese, erano necessarie nuove iniziative che modificassero questi progetti.

Prima che la riunione ASEAN avesse inizio, il governo cinese lanciò un suo progetto per la creazione di una *Free Trade Area of the Asia-Pacific* (FTAAP) che aveva tutto il sapore di una iniziativa volta a contrastare quella americana, ma che si proiettava così avanti nel tempo da indurre il «Wall Street Journal» a prevedere che essa sarebbe stata realizzata nel 2025. Perciò, in vista della riunione annuale dell'APEC (*Asia-Pacific Economic Cooperation*) – l'unica sede internazionale che vedesse la partecipazione della Cina, di Taiwan, del Giappone, degli Stati Uniti e di altri paesi asiatici non tradizionalmente amici –, fissata per il 9 novembre 2014, Obama ritenne opportuno recarsi a Pechino, dove le sue conversazioni con Xi Jinping acquistarono una valenza inattesa. Infatti in quell'occasione il governo cinese accettò ciò che aveva rifiutato nel 2009 a Copenhagen, ovvero di sottoscrivere una dichiarazione comune con gli Stati Uniti nella quale entrambi i paesi affrontavano il tema dell'inquinamento ambientale e si impegnavano (in vista della conferenza sul clima che si sarebbe tenuta a Parigi nel 2015) a ridurre le rispettive emissioni di gas serra, la Cina diminuendone la quantità entro il 2030 (anno di maggior produzione) e gli Stati Uniti riducendo del 25 per cento quelle prodotte sul loro territorio. Forse ancora più interessante fu la dichiarazione di Xi Jinping il quale, in un discorso poco conosciuto fuori della Cina, affermò che «l'Asia è sufficientemente grande per offrire opportunità sia alla Cina sia agli Stati Uniti». Era un'enunciato, questo, antitetico rispetto a qualsiasi ipotesi di divisione dell'area in sfere di influenza nelle quali la Cina avesse una parte preponderante. Ma era anche il segnale che il governo di Pechino e quello di Washington avevano fatto propria la nozione secondo la quale un loro avvicinamento sul continente asiatico avrebbe prodotto maggiori vantaggi per entrambi, più di quanti ne potesse produrre un inasprimento delle tensioni in atto o potenziali.

Parte quarta

L'Unione Europea e le intersezioni atlantiche

4.1. *Il difficile cammino dell'Unione Europea*

Lo straordinario allargamento dello scenario internazionale successivo alla fine del bipolarismo mise in luce con grande evidenza la portata della globalizzazione come carattere permanente della politica internazionale; rese chiaro, in altri termini, che qualsiasi analisi della vita internazionale doveva tener conto del fatto che gli attori non si limitavano (come del resto accadeva nella vita reale) a quei paesi che avevano dominato la politica mondiale sino al 1990, ma erano evidentemente assai più numerosi, benché non sempre conosciuti. Tuttavia questa osservazione non può sovrapporsi al dato di fatto, così esplicito, che la conoscenza della globalizzazione aveva avuto inizio proprio in Europa e dall'Europa era stata governata per molti decenni, se non anche per alcuni secoli. È per questa ragione che non è possibile trascurare in un'analisi del dopo-guerra fredda come anche l'Europa reagisse alla trasformazione di ciò che era reso visibile dall'evidenza storica.

Dopo l'entrata in vigore del trattato di Maastricht, il 1° novembre 1993, i problemi dell'Unione Europea non potevano più essere considerati come questioni omogenee, tutte afferenti a un processo di riorganizzazione, ma richiedevano di essere inseriti in una visione globale del ruolo dell'Unione nel sistema internazionale in corso di formazione. L'Europa era e sarebbe stata in grado di svolgere sino in fondo la parte di superpotenza che ormai l'evoluzione storica le assegnava? Trattarne nell'ambito di una storia delle relazioni internazionali richiede una scelta fra tematiche interne all'Unione e riflessi internazionali dei mutamenti voluti, subiti o promossi in modo unitario da parte dell'Unione stessa. Le questioni relative ai criteri di convergenza economica, alla nascita di una moneta unica (l'euro), alla Banca centrale europea, ai criteri di stabilità nella politica economica, dibattute fra il 1992 e il 1998, riguardavano scelte dell'Unione. Anche il trattato di Amsterdam del 2 ottobre 1997, quello di Nizza del febbraio 2001 e quello di Lisbona del dicembre 2009, che rielaboravano e riordinavano l'assetto comunitario, riflettevano in prevalenza questioni istituzionali interne, relative alla distribuzione del potere, delle responsabilità e degli oneri fra gli organi dell'Unione, ma al tempo stesso creavano un insieme di situazioni tale da avere inevitabili riflessi esterni. Acquistavano piena valenza internazionale nuovi aspetti dell'integrazione europea: la capacità di aggregazione continentale dopo la fine dell'URSS, l'elaborazione di una politica estera comune e il mutamento del rapporto strategico fra Unione, NATO e Stati Uniti. E tuttavia vi erano altri problemi che avevano ripercussioni sull'azione internazionale dell'Unione: l'evoluzione interna delle istituzioni europee; la loro capacità di funzionare anche in momenti di profonda crisi, come quella delineatasi a partire dal 2008; la loro abilità nel consolidare una visione comune e convergente degli interessi continentali; la capacità di evitare che l'allargamento dell'Unione finisse per tradirne lo spirito primigenio e ostacolasse la nascita di qualcosa di simile a un sentimento di europeismo diffuso.

La forza d'attrazione del sistema europeo restava alta e si concretizzava in deliberazioni studiate da tempo. Nel giugno 1994 venne accettata la richiesta di adesione dell'Austria, della Svezia, della Finlandia e della Norvegia (ma il referendum di ratifica vide ancora i Norvegesi contrari all'integrazione). Presentarono domanda di adesione nel 1987 la Turchia; nel 1990 Cipro e Malta; nel 1994 Ungheria e Polonia; nel 1995 Romania, Slovacchia, Lettonia, Estonia, Lituania e Bulgaria; nel 1996 la Repubblica ceca e la Slovenia. Il tema fu affrontato in negoziati dal contenuto economico e normativo diverso, caso per caso, con la previsione di un esito positivo. Ma già allora era evidente che la richiesta dei paesi baltici poneva una questione riguardante i futuri rapporti con la Russia, mentre quella della Slovenia anticipava le difficoltà che sarebbero sorte a causa della dissoluzione della Jugoslavia. Inoltre la diversità delle situazioni economiche dei paesi candidati poneva all'Unione problemi di coerenza interna ma anche di grande rilevanza internazionale.

Nel dicembre 2002 il Consiglio europeo di Copenhagen discusse tutte le questioni sospese e, consapevole di affrontare una sfida non comune rispetto alla solidità dell'architettura istituzionale e politica alla quale si dava vita, deliberò l'ammissione all'UE di dieci paesi: Cipro, Malta, Ungheria, Polonia, Slovacchia, Lettonia, Estonia, Lituania, Repubblica ceca e Slovenia, con decorrenza dal 1° maggio 2004. Per Romania e Bulgaria si giunse alla firma del trattato di adesione il 25 aprile 2005, con decorrenza dal 1° gennaio 2007. Frattanto nel 2003 anche la Croazia aveva depositato la sua domanda di adesione, il cui cammino venne concluso con l'ammissione nel 2013. In ciascuno di questi casi, il primo passo per l'avvio dei negoziati veri e propri era la firma dell'accordo di «Associazione e stabilizzazione». Da questo punto di vista, gli anni di svolta furono il 2006 e il 2007. L'Albania sottoscrisse l'accordo nel 2006; la Bosnia-Erzegovina e il Montenegro (indipendente dal maggio 2006) lo fecero nel 2007, e nello stesso anno questi paesi, assieme alla Macedonia, divennero «candidati» al negoziato definitivo. Più complesso era il caso della Serbia, con la quale i negoziati erano iniziati nel 2005 ma venivano bloccati dall'appoggio dell'Unione Europea alla dichiarazione di indipendenza del Kosovo (17 febbraio 2008). Qui iniziava una sorda lotta politica, interna alla Serbia, per la scelta tra l'isolamento o l'integrazione nel sistema europeo, superata di fatto nel 2014 ma non ancora formalmente conclusa. La domanda della Macedonia era invece rallentata dall'ostilità della Grecia a riconoscere uno Stato dal nome appartenente all'eredità storica greca, un'ostilità nemmeno essa superata nel 2015. Inoltre, il 26 ottobre 2004 veniva firmato un trattato bilaterale di cooperazione con la Svizzera, la quale non entrava nell'Unione per una serie di motivazioni storiche o legate al regime giuridico del controllo dei capitali bancari.

Mentre le ipotesi di adesione dell'Ucraina e della Georgia si ponevano come questioni remote, il caso più impegnativo era quello della Turchia. L'interesse di questo paese per l'integrazione europea datava quanto meno dal 1987, ma solo nel 1999 esso veniva riconosciuto come «candidato» all'adesione e nel 2005 avevano avuto inizio i negoziati, ma sulla base di una serie di condizioni che suscitarono un notevole disappunto turco. D'altra parte, i rapporti con la Turchia sollevavano un gran numero di ostacoli, di natura geografica, religiosa e politica. Mentre l'opposizione greca era stata sopita dalle prospettive di un compromesso sui rapporti fra la comunità turca e quella greca a Cipro, restavano in primo piano la questione del modo in cui il governo di Ankara trattava le minoranze interne e, con crescente evidenza, il tema della laicità dello Stato. L'affiorare di forti propensioni a un islamismo non sempre controllato suscitava preoccupazioni nella cultura politica europea, non superate in modo chiaro a causa del precipitare degli eventi, specialmente dopo l'insurrezione siriana del 2011 e dopo che, nel 2014, la nascita dell'ISIS (*Islamic State of Iraq and Syria*) poneva in termini affatto nuovi il ruolo della Turchia in tutta l'area. Né era sufficiente la partecipazione attiva della Turchia alla NATO perché le riserve fossero superate, così come, del resto, nemmeno il governo turco appariva animato dalla volontà di una rapida conclusione del negoziato. Ad accrescere la portata delle difficoltà si aggiungeva la disputa tra Ankara e la Città del Vaticano (aprile 2015) sulla questione del genocidio armeno.

Probabilmente, però, le varie deliberazioni furono prese senza un'attenta valutazione delle conseguenze prossime e remote di ciò che si faceva. Detto in altri termini, se l'Europa precedente Maastricht era il risultato di un processo storico dalle radici culturali e politiche profonde, le decisioni sull'ampliamento dell'Unione all'Est erano suggerite soprattutto dal senso di opportunità politica, considerata nella sua portata pratica e nella sua efficacia a breve termine. Così, la trasformazione dell'Unione Europea, cresciuta in pochi anni sino a integrare 28 Stati, cioè quasi tutto il continente, modificava sotto molti aspetti la natura e le funzioni dell'organizzazione. Fino al 1989 essa era stata come una sorta di «nocciolo duro» dell'economia di mercato rispetto alla pressione del sistema della pianificazione centralizzata. Dal momento della sua crescita a unione che ingloba i paesi più industrializzati, più ricchi e più modernizzati del mondo e, al tempo stesso, paesi che attraversano una transizione modernizzante analoga a quella vissuta dall'Europa durante i primi decenni del secondo dopoguerra, ma anche paesi che debbono ancora trasformare la loro struttura produttiva, avvicinandola o integrandola a quella della parte più avanzata dell'Europa, si poneva il problema dell'obsolescenza delle regole elaborate dal 1985 al 1993 e nasceva l'esigenza di ripensare i modi per governare in maniera efficiente e democratica un insieme di realtà così differenziate.

Era evidente dunque, alla fine del XX secolo, che il vecchio ordinamento doveva meglio corrispondere alla nuova realtà. Ma come caratterizzare questa realtà? Come far coesistere un insieme eterogeneo di nazioni che, per vantaggi economici e commerciali, si erano associate nell'Unione? Oppure, come dare vita a una realtà che, se pure a fatica e tenendo conto delle diverse radici culturali, rispecchiasse «la nascente nazione europea»? In altri termini, si doveva regolamentare *ex novo* un rapporto costruito sulle reciproche convenienze o legittimare una unicità divenuta il paradigma della civiltà mondiale: per cultura, tradizione, arti, ricchezza, fantasia istituzionale e per molti altri motivi ancora? Ratificare un insieme che si era diviso sino alle lacerazioni più profonde, combattendo interminabili lotte dinastiche o contendendosi l'egemonia continentale, ma che infine aveva trovato nella regola del diritto comunitario e nello stile di vita quotidiano o nella reciproca collaborazione la formula per «inventare» la pace e la prosperità? Qual era, insomma, il senso dell'Unione? Era, questo, un problema sotteso a tutto il processo di ricomposizione di un'Europa che dopo il 1945 era cambiata in maniera tanto eterogenea. Ma era anche una sfida che le istituzioni europee e le forze politiche europeistiche lanciavano alle rispettive opinioni pubbliche. Sino a che punto queste avrebbero rinunciato a far valere il richiamo ad antiche tradizioni, l'oblìo rispetto a contrapposizioni antiche, la diversità delle condizioni economiche e la difficoltà di superare i momenti di crisi in nome di un'entità ancora tutta da costruire? Ecco le sfide alle quali l'Unione Europea avrebbe dovuto rispondere negli anni successivi; sfide dalla portata così profonda da mettere a repentaglio le sue stesse fondamenta.

In una visione limitata ai tempi brevi, la prima riflessione metteva in evidenza un aspetto contingente di ciò che era appena accaduto. La capacità di attrarre paesi che fino al 1989 avevano considerato l'integrazione europea come un nemico da combattere o una struttura dalla quale mantenere le distanze, dopo la fine della guerra fredda e con la riunificazione della Germania si traduceva nel desiderio di evitare che alcuni paesi minori, lasciati soli nel ricostruire il loro sistema economico, potessero diventare, se non una preda attraente per una Repubblica russa che frattanto recuperava energie, un motivo di instabilità in aree tradizionalmente sensibili della geopolitica europea. La Polonia, la Repubblica ceca, la Slovacchia e l'Ungheria erano già molto vicine allo stile di vita occidentale perché questo pericolo potesse acquistare verosimiglianza a breve termine. Ma gli Stati baltici, quelli scandinavi e quelli della penisola balcanica ponevano una serie di problemi di sicurezza internazionale che l'Unione doveva affrontare per schivare situazioni critiche. E problemi ancora più seri erano posti da quei paesi che stavano per entrare o per associarsi all'Unione, come mostrava il caso emblematico dell'Ucraina.

Nell'insieme questa situazione richiedeva che le norme elaborate sino al trattato di Nizza (2001) fossero adeguate al bisogno di fronteggiare problemi nuovi, relativi alla distribuzione e al riequilibrio delle competenze dei vari organi, cioè, principalmente, ai rapporti fra Stati sovrani e Unione, e tali per cui l'Unione potesse in ogni campo elaborare una politica convergente per quanto riguardava la vita interna, e una politica estera adeguata all'evolvere del sistema internazionale. In altri termini, una politica estera non dominata dalle maggiori potenze europee secondo i loro interessi nazionali, ma espressione di un modo comune di sentire i problemi, così da poter operare sul piano politico e, se necessario, su quello militare in maniera più risoluta e più adatta a rappresentare gli orientamenti politici e gli interessi di un soggetto unico, se non unitario.

Sino alla fine del XX secolo le competenze internazionali dell'UE erano state limitate quasi esclusivamente ai campi del commercio internazionale e ai rapporti con i paesi ex coloniali (paesi ACP - Africa, Caraibi e Pacifico). Il 23 giugno 2000 venne sottoscritta a Cotonou, capitale del Benin, una nuova convenzione, che sostituiva gli accordi di Lomé, firmati per la prima volta nel 1975 in sostituzione dell'accordo di Yaoundé. Il silenzio relativo ai problemi di politica internazionale e di difesa dalla portata più ampia venne interrotto nel dicembre 1999 con la decisione di istituire una «Forza europea di reazione rapida», composta da circa 60.000 uomini, appoggiati da una consistente marina e da 400 aerei da combattimento. Era, questa, la reazione europea all'incapacità di sviluppare un'azione efficace durante la guerra del Kosovo; ma si trattava solo di un primo timido passo verso la revisione del castello istituzionale europeo. Nel maggio 2002 la

Commissione approvava un documento dal titolo *A Project for the European Union*, nel quale si affermava che «l'Unione Europea deve esercitare le responsabilità di una potenza mondiale». Era, in pratica, l'avvio di una trasformazione radicale poi affidata, nel dicembre dello stesso anno, durante il Consiglio europeo di Laeken (Belgio), a una «Convenzione» che avrebbe dovuto proporre un nuovo trattato contenente le basi istituzionali dell'Europa, così come essa stava evolvendo. Alla testa della Convenzione venne posto l'ex presidente della Repubblica francese, Valéry Giscard d'Estaing; a comporla furono chiamati 105 rappresentanti dei diversi paesi, ai quali fu affidato il compito di elaborare un documento da sottoporre a una conferenza intergovernativa nel 2004. La Convenzione lavorò speditamente e in un clima volutamente ambizioso. Il 18 luglio 2003 Giscard d'Estaing presentò al Consiglio europeo di Roma uno schema di trattato, accolto con molto favore. Esso non riprendeva tutte le istanze di rafforzamento dei poteri comunitari ma, come osservava lo stesso Giscard d'Estaing, era «il massimo» che fosse stato possibile ottenere. Giuliano Amato, vicepresidente della Convenzione, giudicava il progetto come «il mezzo mediante il quale l'Europa [era] stata ri-unificata».

In effetti, rispetto a tutte le modificazioni precedenti, la bozza di trattato conteneva molte innovazioni che possono essere riassunte principalmente in un concetto: il fulcro del potere decisionale veniva in buona misura sottratto al Consiglio dei ministri (cioè alla potestà sovrana degli Stati) per essere affidato agli organi dell'Unione. Nei mesi successivi alla presentazione del progetto non mancarono ulteriori diatribe finché si giunse, il 29 ottobre 2004, alla firma del trattato che avrebbe dovuto dar vita alla nuova Costituzione europea. Non era la creazione di una «federazione», ma un passo piuttosto audace in tale direzione. Veniva prevista la designazione di un presidente del Consiglio europeo in carica per due anni e mezzo, rinnovabili; si proponeva la riduzione a 15 dei membri della Commissione con diritto di voto; ma soprattutto si prevedeva che a partire dal novembre 2009 gli organi deliberanti (dalla Commissione al Consiglio dei ministri) avrebbero potuto assumere, tranne che per le materie riguardanti il fisco, il bilancio, la politica estera e la difesa, deliberazioni a maggioranza degli Stati membri, purché questa rappresentasse almeno il 65 per cento della popolazione. Sulle questioni considerate importanti per la sovranità nazionale, invece, l'Unione avrebbe dovuto procedere secondo il metodo del consenso, cioè con l'approvazione unanime dei partecipanti. Per quanto riguardava la politica internazionale, era prevista la sostituzione dell'ufficio dell'Alto rappresentante per gli affari esteri e la politica di sicurezza (creato nel 2009 e affidato alla britannica Catherine Ashton) con la creazione di un ministero degli Esteri vero e proprio che si occupasse anche dei problemi della difesa europea. Politica estera, politica di difesa e politica economica comuni erano il banco di prova risolutivo per il futuro dell'Unione, purché il progetto fosse approvato.

L'entusiasmo che accompagnò la firma della Costituzione europea venne molto presto smorzato dalle polemiche. In effetti la Convenzione aveva compiuto un lavoro pionieristico e, in un certo senso, avveniristico, poiché il presupposto del suo lavoro era stato l'interpretazione del mandato ricevuto come segno della volontà dei paesi europei di trasformare il vincolo che li legava nella creazione di una vera e propria nazione europea, capace di esprimersi, in determinate occasioni, con una sola e forte voce e di essere non soltanto un partner degli Stati Uniti nella politica mondiale ma un collaboratore di eguale influenza. Il presupposto non teneva conto dell'inerzia delle organizzazioni e della straordinaria difficoltà che ogni operazione riguardante l'esercizio del potere incontra, soprattutto quando questo tocca temi legati alla sovranità. Il passo compiuto era coraggioso e molto lungo. Il successo dipendeva da una formalità giuridica, cioè dalle modalità secondo le quali le ratifiche dei paesi dell'Unione sarebbero state deliberate. Infatti era normale che tali ratifiche fossero la mera espressione di un voto delle rappresentanze parlamentari, ma era pure lecito che alcuni governi pensassero di sottoporre il trattato a un referendum popolare, così da sottrarsi alle diatribe derivanti dalla lotta politica interna. Fu, questa, la strada scelta dai governi francese e olandese. Il 29 maggio 2005 gli elettori francesi espressero il loro voto, che risultò contrario alla ratifica con una maggioranza del 54,7 per cento. Pochi giorni dopo anche l'elettorato olandese, fortemente condizionato dal voto francese, negò la sua ratifica. Molti altri paesi avevano già ratificato la Costituzione, o si apprestavano a farlo, secondo le rispettive procedure costituzionali, ma il voto francese, come già era accaduto nel 1954, gettò nello sconforto gli europeisti e, con essi, anche tutti coloro che da qualche generazione si erano abituati a considerare la propria nazionalità e quella europea come un insieme inscindibile. Esistevano ostacoli che dovevano essere superati più gradualmente. Senza entrare in una disamina di tali ostacoli, basti osservare che forse la Convenzione aveva osato troppo, rispetto a un'opinione pubblica impreparata a capire il valore dell'unità europea, benché pronta a godere dei benefici di pace e benessere che l'Unione aveva recato a tutto il continente.

Furono necessari diversi mesi di contatti discreti perché si riprendesse una discussione che, con una certa animosità, pareva ormai superata. Il risultato degli incontri fu presentato il 25 marzo 2007 dal cancelliere tedesco Angela Merkel – alla guida di una coalizione di governo che comprendeva democristiani e socialisti – in occasione della celebrazione del cinquantenario dei trattati di Roma. Il 2007 fu l'anno del ritorno al pragmatismo. Entro giugno la bozza di un nuovo trattato europeo era pronta. Gli aspetti di sovranazionalità erano praticamente cancellati, mentre veniva sanzionato il principio dell'*opting out*, cioè la possibilità per alcuni paesi di dichiararsi estranei rispetto a certe politiche comuni. Il 13 dicembre 2007 il nuovo trattato veniva firmato a Lisbona e sarebbe entrato in vigore dopo il completamento delle ratifiche, previsto entro termini utili per far entrare in vigore le nuove norme prima delle elezioni del 2009 per il Parlamento europeo. In pratica si ritornava al passato, quanto alla natura dei documenti sottoscritti, che non erano più una «Costituzione» ma una serie di trattati. Tali documenti restauravano in gran parte i poteri statuali e dilazionavano nel tempo (fino al 2017) l'entrata in vigore del principio delle votazioni a maggioranza. Non si parlava più di ministro degli Esteri ma restava l'espressione, già esistente, di «Alto rappresentante per gli affari esteri e la politica di sicurezza». Il Parlamento non avrebbe approvato «leggi» europee ma solo «direttive». Il Consiglio dei ministri, espressione della sovranità degli Stati, rimaneva come *dominus* rispetto alla pur potenziata Commissione.

Insomma, gli ottimisti giudicavano il nuovo trattato come un aggiustamento solo cosmetico rispetto al testo del 2004. I realisti tendevano a interpretare il nuovo sistema come la ripetizione della continua diarchia fra sovranità nazionale e poteri dell'Unione, una diarchia che solo lentamente sarebbe stata stemperata dalla consuetudine del vivere assieme. Tuttavia, considerati nella loro natura interna, gli accordi di Lisbona avevano un contenuto che avrebbe fortemente condizionato le relazioni tra i paesi dell'Unione e i loro rapporti con la Commissione, soprattutto a partire dal momento della loro entrata in vigore, dato che questa coincise con gli anni della crisi economica nella quale il sistema mondiale era entrato alla fine del 2007, ma che aveva colpito l'Europa dal 2008, con effetti talora molto pesanti e con squilibri che avrebbero generato innumerevoli dubbi sulla validità dei patti sottoscritti.

Si trattava di temi che riguardavano e riguardano la politica economica dell'Unione come pure la sua politica internazionale. Per comprendere bene la portata dei dissensi è necessario però tenere conto di una premessa generale. Sul piano giuridico, la mancata approvazione della Costituzione secondo il progetto predisposto dalla Convenzione guidata da Giscard d'Estaing aveva lasciato sul terreno una vittima ingombrante. Si potrebbe dire, con una certa dose di paradosso e con un buon grado di esagerazione, che questo era il cadavere dell'Europa. Forse, meno animosamente, si può dire che l'incapacità di dare all'Unione un profilo politico-giuridico netto avesse incrinato fortemente la nozione stessa che aveva ispirato gli autori del processo di integrazione europea. Pur senza enfatizzare ciò che era stato raggiunto prima del 1990, non si può negare che sino a tale data la relativa eguaglianza dei maggiori paesi che guidavano l'Unione e la sensazione che essa fosse anche uno strumento difensivo rispetto a ogni tentazione eversiva avevano ispirato la crescente sensazione dell'esistenza di un soggetto europeo fortemente legato dalle sue radici culturali e dal suo processo politico. Non si può parlare, se non in modo astratto, dell'esistenza di uno spirito di identità europeo, ma si può dire che qualcosa di analogo a questo sentimento fosse alla base del sentire politico comune. Il 1990 invece aprì la strada a cambiamenti di fondo, per due ragioni: da un lato, esso coincideva con la riunificazione della Germania; dall'altro, apriva le porte dell'Unione a una serie di Stati che, con poche eccezioni, solo a fatica si potevano considerare interni alla tradizione dell'Europa occidentale.

L'unificazione della Germania, fatta in gran fretta, con poche consultazioni e molte taciute avversità, squilibrava dall'interno l'Unione poiché creava nel suo centro un soggetto così forte e magnetico da mutare politicamente le relazioni interne all'Europa. Mentre tutti gli altri paesi dell'Unione avevano conosciuto anni di alternanza politica, aspre dialettiche tra partiti, profondi cambiamenti economici, perdita di domini coloniali, la Germania aveva goduto, pur nella calibrata alternanza di governi democristiani, socialisti o di coalizione, di una stabilità politica sconosciuta agli altri paesi d'Europa. Dal 1990 in poi e per una ventina d'anni avrebbe avuto come compito dominante quello di trasformare la struttura economica della sua parte orientale per renderla eguale a quella della Germania occidentale, il che avrebbe comportato rigore e disciplina finanziaria e la destinazione di molte risorse in questa direzione. Ricerche svolte da istituzioni private mostrano che tra il 1991 e il 2013 il governo di Berlino spese per l'unificazione complessivamente duemila miliardi di euro. La maggior parte di questa cifra venne utilizzata per adeguare la spesa sociale della Germania orientale agli standard occidentali, soprattutto in relazione al sistema previdenziale. Nell'insieme, questo tema spiega perché la Germania fosse così fortemente legata all'idea di stabilità economica dell'Unione. Quanto agli altri Stati, è ben evidente che tra essi e i fondatori dell'Unione esistevano diversità geopolitiche più che profonde.

La Polonia era assillata dal problema della rinascita economica e da quello del prestigio nel consesso europeo, ma restava anche dominata dal rapporto di avversione storica rispetto alla Russia, cui tuttavia la legavano profondi vincoli economici. I paesi baltici e quelli dell'Europa settentrionale avevano una storia e una vita politica interna che non avevano molto in comune con quelle dell'Europa centro-meridionale; nel caso dei paesi baltici, poi, il divario era approfondito e condizionato dal timore della vicinanza russa – anche perché al loro interno essi ospitavano consistenti gruppi etnici russi – e dal bisogno di ricorrere, proprio per la stessa ragione, alla tutela della NATO. Tutti i paesi balcanici erano spinti dalla volontà di uscire dall'isolamento e di trovare nell'Unione un punto di riferimento per recuperare i ritardi provocati dalla guerra fredda. Nell'insieme, dunque, dopo il 2004 nasceva una Unione Europea quasi continentale, ma svuotata degli impulsi culturali e politici che avevano animato le affinità degli anni precedenti. Si poteva auspicare che questa situazione fosse solo temporanea e che con il tempo la moltiplicazione dei soggetti decisionali fosse delimitata (bisogna ricordare che ogni Stato mantiene la propria sovranità quasi per intero pur dopo l'adesione all'Unione e, di conseguenza, conta come uno dei voti che nel sistema comunitario può trasformarsi in blocco di ogni decisione). Tuttavia essa animò gli anni successivi al 1990 e, più ancora, quelli riguardanti l'applicazione del trattato di Lisbona.

Uno dei temi centrali che accompagnarono la definizione del trattato di Lisbona fu l'esistenza del «patto di stabilità» che, firmato già nel 1997, imponeva precise regole di politica economica. A questo proposito, bisogna ricordare che il trattato di Maastricht aveva previsto una serie di «parametri di convergenza» che sarebbero dovuti diventare le regole fondamentali per la nascita dell'Unione monetaria europea entro il 1999 (limiti dell'inflazione, tassi di interesse e debito pubblico). Alla fine del 1995 i parametri di convergenza erano così poco applicati che solo uno Stato, il Lussemburgo, li aveva rispettati. Per questa ragione il tema venne ripreso in vista della necessità di stabilire un percorso più preciso verso l'Unione monetaria; un accordo in proposito venne raggiunto con una risoluzione adottata il 17 giugno 1997 dal Consiglio dei ministri dell'Unione, riunitosi ad Amsterdam, nella quale si demandava alla Commissione il potere di intervento nei casi in cui il debito pubblico «previsto o effettivo» superasse il valore di riferimento del 3 per cento del PIL, sino alla possibilità di adottare «tutta la gamma delle sanzioni previste» qualora uno Stato non avesse preso i «provvedimenti correttivi di bilancio» necessari a porre fine alla situazione e a ripristinare i programmi di stabilità o convergenza.

Il documento, che rispecchiava un momento di particolare impegno costruttivo dell'Unione, era interpretato in senso rigoroso dalla Germania e da quegli altri Stati dove la politica di bilancio garantiva a lungo termine la conformità al patto; era invece interpretato in modo flessibile da quei paesi (Portogallo, Italia, Grecia, Spagna e, in una certa misura, Francia) la cui politica interna non garantiva una perseverante adesione ai parametri e rendeva perciò necessario che questi fossero applicati tenendo conto non solo dei dati di fatto ma anche degli sforzi e della «buona volontà» manifestata per rientrare nelle regole. Le formule del 1997 erano un compromesso tra i rigoristi, che temevano le ondate inflattive provenienti dai paesi economicamente più esposti all'inadempienza, e i partigiani della flessibilità. Questi ultimi ottennero che non sarebbero stati sanzionati qualora il debito pubblico di uno di essi non avesse superato il 60 per cento del PIL o fosse stato in via di riduzione entro tale percentuale, con l'impegno a perseguire il pareggio di bilancio entro un certo termine, dopo una breve fase transitoria. Ma di fatto questo compromesso premiava l'impostazione rigorista, cioè quella sostenuta dalla Germania, poiché stabiliva che la data entro la quale attuare la terza fase della convergenza monetaria fosse il 1° gennaio 1999, giorno in cui sarebbe entrata in circolazione la moneta unica, l'euro, e avrebbe iniziato la sua attività la Banca centrale europea, creando in tal modo l'Unione monetaria europea.

Questo era un passo di importanza risolutiva per le istituzioni europee ma non ancora il passo conclusivo poiché la Banca, se poteva determinare il tasso di sconto rispetto alla moneta unica, non era legittimata a emettere moneta. Poteva dunque operare esclusivamente sulla base delle riserve conferitele (come essa fece nel 2007-2008 per appoggiare il risanamento finanziario degli Stati Uniti) mentre, fino al 2014, non avrebbe avuto che un limitato potere di controllo sul sistema bancario europeo, in attesa della costituzione dell'Unione bancaria europea, già approvata in linea di massima e tale da poter rappresentare un passo strutturale verso l'integrazione.

Tutto il cammino percorso dall'Unione Europea venne messo in crisi dal 2008 al 2014 dalla più severa recessione vissuta in Europa dopo la seconda guerra mondiale. Si trattò di una crisi che aveva come radici le situazioni interne ai singoli paesi ma che si rifletteva sull'Unione nel suo complesso. Spesso essa servì da elemento dialettico per i gruppi più conservatori o più nazionalisti al fine di conquistare successi elettorali. In realtà all'origine della crisi si possono collocare i limiti stessi delle istituzioni europee. Può apparire paradossale che l'Unione, simbolo di un processo di graduale cessione della sovranità nazionale, fosse concepita come oggetto di polemica da parte di coloro che sceglievano di agitare come bandiera antieuropea il permanente primato del concetto di sovranità nazionale, sottacendo in tal modo la contraddizione in termini e fornendo argomenti contrari alle istituzioni europee.

Vi è in questa antinomia qualcosa che deve essere capito. La moneta unica e la politica di stabilità, che in una fase recessiva erano una il simbolo e l'altra il metodo per il superamento della crisi, diventavano altrettanti bersagli per coloro che, detto in termini elementari, intendevano indicare le cause della recessione nella macchinosità e nella rigidità del modo di attuare una politica comunitaria. Così in Francia, nel 2015, il movimento guidato da Marine Le Pen e radicato nella piccola borghesia locale e cittadina, oppressa dai rigori delle difficoltà economiche, agita le insegne della tradizione nazionale per collocarsi all'esterno di istituzioni (europee) che non hanno né la forza politica né gli strumenti operativi adatti per contestare queste interpretazioni, così da mettere in evidenza presunti limiti concettuali e pratici. Il fatto che l'Unione, a norma dei trattati, sia intervenuta nelle situazioni della Grecia, della Spagna, del Portogallo, della stessa Italia, viene interpretato non come lecita e giustificata applicazione dei trattati internazionali che gli Stati sono tenuti a rispettare, dopo averli ratificati, ma come una indebita intrusione nella vita interna di un certo numero di paesi europei.

Non è possibile qui elencare i gruppi antieuropeisti cresciuti in questi ultimi anni all'interno dell'Unione, ma appare in maniera più che chiara la strumentalità di un'azione propagandistica che trascura il senso e i risultati sin qui conseguiti dal processo di aggregazione per fare leva su un'idea di sovranità sempre meno vincolante e pur tradotta in una specie di idolo intoccabile. Si tratta di limiti dei quali si poteva cogliere l'esistenza nell'azione di una Commissione rivelatasi debole di fronte alla crisi, quella presieduta dal portoghese José Manuel Barroso, conscio della portata dei problemi ma troppo statico rispetto alla loro soluzione. Ed è pure evidente che tali limiti fossero rispecchiati da una certa macchinosità della prassi e da una non facile identificazione delle istituzioni e delle loro sedi, sebbene queste istituzioni abbiano assicurato all'Europa settant'anni di pace (quanti mai essa aveva conosciuto). Una pace che può essere messa in discussione solo da questioni marginali di confine, come nel caso dell'Ucraina. Al centro di questa diatriba vi è la fondamentale distinzione dei paesi europei tra i rigoristi del patto di stabilità – guidati dalla Germania con i paesi che le sono prossimi – e quelli che ne chiedono un'applicazione elastica, dei quali è un caso esemplare l'Italia assieme ai paesi dell'area mediterranea. La distinzione ha radici nei fatti ma l'interesse delle parti che si «rinfacciano» un eccesso di rigore o un eccesso di improvvisazione nella spesa sociale non consiste nel peggioramento delle premesse della crisi, bensì nel suo superamento. Compito, questo, che spettava anzitutto al Parlamento eletto nel maggio 2014 e alla Commisione entrata in funzione nel novembre dello stesso anno, sotto la presidenza di Jean-Claude Juncker, con l'esplicita – ma non sempre risoluta – volontà, assecondata dall'appoggio della Banca centrale, di avviare una politica creditizia adeguata al rilancio dell'economia di tutta l'Europa.

4.2. *L'Unione Europea e la* NATO

Oltre ai problemi interni, le diverse incertezze politico-giuridiche sul futuro mettevano in evidenza le difficoltà che l'Unione incontrava sul piano delle relazioni internazionali per l'evidente incapacità di sviluppare una politica estera efficace nei momenti di pace. Il che pone un ulteriore problema di fondo. Durante la guerra fredda, la CEE prima e l'Unione Europea poi avevano proiettato, pur con momenti di profonda divergenza, la loro azione internazionale in simbiosi con quella americana. Mentre gli Stati Uniti diventavano, più o meno spontaneamente, i «gendarmi del mondo», l'Europa poteva crescere dal punto di vista economico, risparmiandosi le enormi spese militari sostenute dal bilancio americano. Il modello europeo si presentava come una realtà pacificata e impegnata nel mantenimento della pace. Nei casi di pericolo o di crisi, che esigevano la presenza europea, affiorava in tutta la sua portata il ruolo della NATO.

Era proprio la disomogeneità militare che consentiva di scorgere l'assenza della voce europea dalle grandi decisioni di politica internazionale. L'esigenza di una politica estera e di sicurezza comune (PESC) era stata affermata sin dal Titolo I, art. B del trattato di Maastricht. Il tema divenne l'oggetto di un appassionato dibattito. Alla fine del 2014, con l'assunzione dell'incarico di Alto rappresentante da parte dell'italiana Federica Mogherini, già ministro degli Esteri dell'Italia, veniva avviata una riflessione sui limiti e la portata di una politica estera europea differenziata da quella gelosamente svolta dei ministeri nazionali. In tutte le crisi, dalla guerra del Kuwait al caso del Kosovo, ai problemi provocati dalla cosiddetta «primavera araba», alla crisi in Ucraina, l'assenza di una politica comune dell'Unione Europea e la propensione di alcuni degli Stati di maggiore influenza comunitaria a seguire interessi propri furono il carattere distintivo della politica estera europea. Perciò se della politica estera americana si può parlare come di «egemonia esitante», della politica europea si deve parlare come di una potenzialità inespressa. Episodi sporadici come gli interventi in Albania nel settembre 1998, o altri interventi nella ex Jugoslavia, non colmavano questo vuoto. Solo alla fine del 1999 una più precisa consapevolezza del problema prese corpo con la nomina di Javier Solana, già segretario generale della NATO, a responsabile della PESC e, al tempo stesso, portavoce della politica internazionale dell'Unione europea occidentale (UEO). Tuttavia questa nomina, che conferiva a Solana un compito autonomo da quello del presidente della Commissione, Romano Prodi, nominato a sua volta pochi mesi prima, conteneva gli elementi di una possibile divaricazione tra gli sviluppi interni e l'azione internazionale dell'Unione Europea. Negli anni successivi il compito di Alto commissario fu affidato alla britannica Catherine Ashton che, prima di compiere alcuni passi in relazione alle crisi mediorientali del 2014, si impegnò prevalentemente nella formazione di un «corpo diplomatico europeo», reclutando il personale presso i paesi membri.

È molto probabile che la contiguità e la parziale sovrapposizione alla NATO e all'UEO affievolissero la capacità di avvertire l'urgenza della formazione di una politica estera e difensiva comune. La supremazia politica della NATO rivelava la principale contraddizione interna al sistema: l'incapacità degli Europei di elaborare un progetto di politica internazionale autonomo non necessariamente coincidente con quello atlantico. Il fatto che la NATO non si dissolvesse dopo la fine del Patto di Varsavia non ha solo una spiegazione cronologica (il Patto di Varsavia venne sottoscritto nel 1955, il Patto atlantico risale al 1949), ma ovviamente riflette il senso non soltanto antisovietico dell'alleanza occidentale. Infatti essa non fu mai solo un trattato di mutua difesa, ma fu anche il progetto di costituire una comunità di valori e, più ancora, il simbolo della garanzia americana rispetto all'ordine europeo e ai suoi mutamenti. Nel 1989-1990, dinanzi alla riunificazione della Germania, la NATO era dunque più necessaria che mai. E lo era ancor più per i paesi dell'Europa centrale che, già integrati nel sistema sovietico, erano animati dalla volontà di rafforzare i processi interni di democratizzazione e dal bisogno di tutelare la propria autonomia sia rispetto ai potenziali condizionamenti russi sia rispetto alla nuova forza germanica. La Polonia, l'Ungheria, la Repubblica ceca, la Slovacchia erano all'avanguardia di queste richieste, che ponevano alla NATO delicati problemi di equilibrio interno ma sollevavano anche questioni di opportunità derivanti dal proposito di non compiere scelte che il governo russo di Eltsin avrebbe potuto interpretare come intese a costituire una sorta di schermo contro il «ritorno al passato», cioè come iniziative che sfidassero il residuo prestigio del Presidente e della politica estera russa. I paesi baltici avrebbero avvertito pochi anni dopo il peso della prossimità russa, mentre la crisi ucraina del 2014 avrebbe dato piena evidenza ai rischi impliciti in una sovrapposizione di interessi tra NATO e Unione Europea.

Per aggirare questi problemi, il Consiglio atlantico del gennaio 1994 aveva varato la proposta, suggerita dalla diplomazia americana, di promuovere una *Partnership for Peace*, alla quale furono invitati a partecipare tutti gli Stati appartenuti all'Unione Sovietica (Russia per prima) e tutti i paesi europei dell'ex Patto di Varsavia, allo scopo di creare, mediante una serie di forme di collaborazione tecnico-politica, un nuovo sistema di sicurezza, valido per tutti. La proposta non soddisfaceva le attese dei paesi prossimi alla Germania, ma era sufficientemente elastica per assorbire gli urti delle tensioni potenziali e per accompagnare lo sviluppo di quei negoziati per il disarmo che stancamente restavano in vita. Perciò il processo politico si sviluppò in due direzioni. La Polonia, l'Ungheria e la Repubblica ceca negoziarono davvero l'ammissione alla NATO, ottenendola nel maggio 1998, con decorrenza dal marzo 1999; la porta venne poi socchiusa nell'aprile 1999 anche per la Romania e la Slovenia; e uno spiraglio venne lasciato aperto pure per l'Estonia, la Lettonia e la Lituania e, con maggiore cautela, per la Slovacchia e la Bulgaria, che tutte entrarono nell'organizzazione alla fine dell'aprile 2004. Per la Croazia e l'Albania vi furono incoraggiamenti, che cronologicamente coincisero con la guerra nel Kosovo, e i negoziati furono inevitabilmente condizionati dalla situazione generale degli Stati già appartenenti alla ex Jugoslavia, per concludersi il 4 aprile 2009 con l'ammissione dei due paesi nella NATO, mentre rimaneva in discussione l'adesione del Montenegro e si profilava il tema, più di altri delicato, della Georgia e dell'Ucraina.

È difficile immaginare che il governo di Mosca considerasse con favore questa evoluzione, specialmente nella misura in cui essa riguardava gli Stati baltici. Tuttavia il deterioramento della situazione interna russa negli anni di Eltsin intralciava anche la politica estera e, in definitiva, faceva prevalere la persuasione che fosse meglio avere lungo la frontiera occidentale paesi integrati in un'alleanza rigida come la NATO piuttosto che vicini turbolenti e rancorosi. Del resto, per attutire le ripercussioni di questa avanzata atlantica, era stata ripresa la proposta di dare vita effettiva e non solo fittizia al progetto di *Partnership for Peace* per coinvolgere in esso in primo luogo la Russia e l'Ucraina e poi il maggior numero possibile di altri Stati già sovietici, così da comporre un sistema che, almeno in termini teorici, creasse una trama di cooperazione. Nel maggio 1997 venne sottoscritto l'atto istitutivo di un comitato permanente di consultazione e cooperazione con la Repubblica russa e un atto analogo fu stipulato nel luglio 1997 con l'Ucraina. Veniva così avviata una consultazione militare «permanente» fra realtà disomogenee: la NATO, che nel 1999 mise in mostra la sua capacità d'azione, e due strutture militari, come quella ucraina e quella russa, che invece versavano nella crisi più profonda. Per i paesi minori fu creato l'*Euro-Atlantic Partnership Council* (EAPC), un grande consesso con 29 partecipanti già sovietici, comunisti e neutrali, più i membri della NATO, che avrebbe dovuto formalizzare l'esistenza di uno schema concettuale pensato per razionalizzare la transizione lungo il confine fra l'Europa occidentale, l'ex impero sovietico e l'Asia centrale e al quale nel 2015 aderivano 50 paesi.

Negli anni successivi lo schema rivelò almeno due punti deboli: l'assetto dei paesi caucasici e quello interno al nucleo originale della NATO. L'insieme dei problemi caucasici pone ancora tanti interrogativi e presenta ancora tanti aspetti indecifrabili (salvo che per l'importanza acquisita dall'area nella produzione e nella commercializzazione del petrolio e per le conseguenze dell'offensiva dei fondamentalisti islamici di matrice sunnita) che ricadono in gran parte sulla vita interna russa e sui rapporti tra Russia e paesi transcaucasici. Quanto ai paesi membri della NATO, invece, la coincidenza del cinquantenario dell'Alleanza con la guerra del Kosovo fornì l'occasione per un mutamento giuridico che indicava, forse più di qualsiasi altro evento sin qui ricordato, la volontà degli Stati Uniti di stringere la cinquantennale alleanza con vincoli così saldi da renderla indissolubile, sino a trasformarla nell'apparato militare di una politica estera che, come quella dell'Unione Europea, non riusciva a superare i limiti della disponibilità nazionale rispetto alla necessità di associare davvero un apparato militare alle declamazioni politiche. Visto che quasi tutti i paesi dell'UE appartengono alla NATO, e tenuto conto della propensione (o della necessità economica) europea a diminuire gli stanziamenti per la difesa e quindi il peso delle forze armate continentali lungo tutti i fronti possibili – dal Mediterraneo al Medio Oriente, al confine con la stessa Russia –, il vertice tenuto a Washington il 23-24 aprile 1999 non fu solo l'occasione per una celebrazione del cinquantenario dell'Alleanza. Fu anche l'occasione in cui la vecchia alleanza venne trasformata e di fatto sostituita da un nuovo accordo.

Senza che quasi nessuno sollevasse obiezioni, e senza fare riferimento alle procedure che in ogni Stato indipendente esistono in materia di stipulazione di trattati, i documenti finali della Conferenza sancirono la trasformazione dell'Alleanza atlantica da patto di difesa rispetto all'ipotesi di un'aggressione contro uno dei paesi membri in strumento per sviluppare qualsiasi azione politica, anche non necessariamente difensiva, che i paesi della NATO (e principalmente gli Stati Uniti) giudicassero opportuno intraprendere. Perciò, nel definire «Il concetto strategico dell'Alleanza», uno dei documenti (se non anche il più importante) approvati in quell'occasione affermava, al punto 24:

> Ogni attacco armato contro il territorio degli Alleati, da qualunque direzione provenga, sarebbe coperto dagli articoli 5 e 6 del trattato di Washington [del 1949]. Comunque la sicurezza dell'Alleanza deve anche tener conto del contesto globale. Gli interessi di sicurezza dell'Alleanza possono essere toccati da altri rischi di più ampia natura, inclusi azioni terroristiche, sabotaggi e crimine organizzato, e dall'interruzione del flusso di risorse vitali. Movimenti incontrollati di masse umane, in particolare come conseguenza di conflitti armati, possono inoltre porre problemi per la sicurezza e la stabilità che riguardano l'Alleanza. Esistono disposizioni in seno all'Alleanza che prevedono la consultazione tra Alleati in base all'art. 4 del trattato di Washington e, ove necessario, il coordinamento dei loro sforzi, incluse le loro reazioni a rischi di tale genere.

Così, in un «contesto globale», che andava ben oltre l'area atlantica, la NATO assurgeva a potenziale guardiano del terrorismo mondiale, della distribuzione delle risorse energetiche e dell'evoluzione demografica, quasi come una sorta di *policeman* globale. Lo stesso documento al punto conclusivo, il 65, aggiungeva:

Allorché l'Alleanza atlantica entra nella sua sesta decade, deve essere pronta ad affrontare le sfide e le possibilità di un nuovo secolo. Il Concetto strategico riafferma il permanente obiettivo dell'Alleanza e definisce i suoi fondamentali compiti di sicurezza. Esso [...] indirizzerà la politica di sicurezza e di difesa dell'Alleanza, i suoi concetti operativi, il suo dispositivo di forze convenzionali e nucleari e i suoi dispositivi di sicurezza collettiva, e verrà riesaminato alla luce del mutevole contesto di sicurezza. In un mondo incerto permane la necessità di una difesa efficace, ma nel riaffermare questo impegno l'Alleanza continuerà anche a fare pieno uso di ogni opportunità per aiutare a creare un continente senza divisioni, promuovendo e sostenendo l'ideale di un'Europa integra e libera.

In tal modo un'alleanza nata e vissuta come regionale si trasformava in garante di sicurezza «in un mondo incerto», cioè in strumento di politica globale, condizionato, assai più che negli anni precedenti, dalla netta consapevolezza statunitense che gli oneri finanziari della politica atlantica, soprattutto se legati agli impegni militari, ricadevano in particolare sulla disponibilità degli Stati Uniti a dare all'Alleanza quel nerbo militare che gli Europei non erano in grado di costruire.

Si può così affermare che frattanto l'organizzazione atlantica era cresciuta sino a sovrapporsi militarmente alla stessa Unione Europea per ciò che riguardava la politica internazionale o in tutti i casi che richiedevano un impegno non necessariamente legittimato dall'ONU. È questo, per esempio, il caso dei progetti statunitensi per il dispiegamento, sul territorio della Polonia e della Repubblica ceca, di batterie di missili antimissile (nuova modulazione del progetto di «difesa spaziale» d'origine reaganiana). Per i due paesi che avevano conosciuto il dominio sovietico questo sistema difensivo rappresentava un ulteriore collegamento all'insieme euro-atlantico. Ma esso era anche considerato come un tentativo degli Stati Uniti per controllare armamenti che il governo di Mosca giudicava come potenziali elementi di squilibrio tra le forze dell'intero continente europeo. Alla decisione della NATO, presa nell'aprile 2007, di procedere con le discussioni per l'installazione di tali sistemi, Putin rispondeva minacciando di non applicare il trattato del 1990 per la limitazione degli armamenti convenzionali sul continente europeo e poi, il 14 luglio 2007, poneva in essere la sua determinazione, senza che ciò bloccasse i progetti americani.

Ma proprio questa sovrapposizione di piani mette in evidenza ciò che nel 2008 doveva ancora essere chiarito. Nato sotto l'influenza degli Stati Uniti con la creazione dell'OECE e poi continuato con la creazione della CECA, della CED, dell'UEO, della Comunità economica europea poi cresciuta a Unione Europea, il processo di rinascita del Vecchio Continente era apparso, almeno sino al 1989, come il frutto dell'iniziativa americana o, dopo alcuni anni, come il territorio protetto dall'ombrello atomico americano, grazie al quale esso prosperava. Ma, dopo il 1989, esistevano ancora gli estremi di tale minaccia oppure esistevano solo conflitti locali rispetto ai quali l'equazione Europa uguale NATO assume un significato fuorviante? Si tratta del problema che domina la stretta alleanza fra Unione Europea e Stati Uniti, toccandone il tasto più delicato, ma anche quello che nel caso di una discussione sulla necessità delle spese militari diventava un motivo di potenziale divergenza. Infatti, dopo l'ascesa di Putin al potere in Russia e, soprattutto, dopo che il presidente russo, a partire dal 2008, ebbe avanzato l'ipotesi di ricomporre una più stretta alleanza fra la stessa Russia e un certo numero di paesi che avevano fatto parte dell'Unione Sovietica, la doppia valenza acquistò un nuovo significato. Se a Mosca si poteva subire l'adesione all'Unione Europea di paesi già dominati dall'URSS, quando si fosse posto il tema della loro adesione anche alla NATO le conseguenze non sarebbero mancate, come avvenne in Georgia e in Ucraina. Così come, in senso opposto, non sarebbero mancati gli effetti di una crisi politica interna all'Europa, come parve profilarsi nella tarda primavera e all'inizio dell'estate 2015, in seguito alla crisi nei rapporti tra la Grecia e l'Unione Europea, benché questa fosse superata in luglio da un faticoso compromesso, di non facile attuazione.

4.3. *La strategia dei rapporti euro-americani*

Non è possibile lasciare il profilo riguardante la condizione dei cinque principali soggetti della vita internazionale, nel 2014, senza analizzare in breve anche la trama delle relazioni esistenti tra di essi. Infatti, dato che questi paesi sono i soggetti dalle cui relazioni dipende l'ordine internazionale, è necessario capire come queste possano in futuro configurarsi. Il tema è solo in apparenza ricco di sfumature e novità. In pratica, l'assetto geopolitico attuale circoscrive le aree di attrito e limita la possibilità che in un prossimo futuro l'innovazione policentrica possa tradursi in moltiplicazione dei conflitti. È sufficiente infatti, per convalidare questa asserzione, tenere presente che alcune aree del mondo sono per ora sottratte a ogni influenza diretta della pentarchia. L'Africa, l'America Latina, l'Oceania, sono continenti nei quali si sviluppano forti competizioni, in un certo senso paragonabili a ciò che era accaduto negli anni della cosiddetta «coesistenza competitiva», ma in nessuna di queste parti del mondo si intravvedono elementi di uno scontro potenziale capace di contrapporre grandi potenze. Infatti, la situazione economica russa è tale da escludere significativi interventi in queste aree. Basti tenere presente che all'inizio del mese di novembre 2014 l'OCSE, formulando le sue previsioni sullo sviluppo dei venti maggiori paesi industrializzati del mondo, collocava la Russia all'ultimo posto, con una prospettiva di crescita prossima allo zero. Immaginare investimenti all'estero, non direttamente correlati agli interessi delle esportazioni russe di materie prime, appare dunque fuori luogo.

La competizione si limita dunque agli altri quattro paesi. Tra questi, l'India si affaccia appena verso l'esportazione di capitali e di conseguenza la competizione riguarda solo gli Stati Uniti, l'Unione Europea e la Cina. L'Unione Europea è avvantaggiata dall'esistenza di accordi di lunga data, ereditati dall'età coloniale o dalla convenzione di Cotonou, del 20 giugno 2000, per una durata di vent'anni e tale da assicurare all'UE un'importante influenza commerciale e politica sui paesi ACP. Gli Stati Uniti e, da alcuni anni, la Cina sono molto presenti soprattutto in Africa, senza che tuttavia la loro attività abbia visibilmente oltrepassato la soglia della competizione economica. Se si tiene presente tutto questo insieme di situazioni, da esse deriva che, tralasciando le possibili dispute sino-americane, la sola e ampia regione verso la quale convergano interessi diretti potenzialmente conflittuali di almeno tre grandi potenze (la Russia, la Cina e l'India) è l'Asia centrale, verso la quale anche l'UE e più ancora gli Stati Uniti hanno interessi strategici indiretti. È dunque in quest'area che il policentrismo può diventare conflittuale, anche perché essa è contigua al Medio Oriente, all'Iran, all'Afghanistan, già o tuttora al centro di aspri conflitti regionali.

Parte quinta

L'emergere di nuovi soggetti internazionali

5.1. *L'America Latina, da «cortile di casa» a «partner»*

Per quasi due secoli, l'America Latina venne ironicamente definita «il cortile di casa» degli Stati Uniti, quasi fosse un'area nella quale gli Stati Uniti, specialmente dopo l'enunciazione della dottrina Monroe del 1823, potevano esercitare una dominazione incontrastata. L'invecchiamento di questa definizione (che già in passato aveva mostrato i segni dell'usura, senza mettere in discussione l'assunto predominante) affiorò verso la metà del XX secolo, con momenti di crisi come quelli vissuti nel 1946 con l'Argentina di Perón; nel 1954 con il Guatemala di Jacobo Arbenz Guzmán; nel 1959-1962 con Fidel Castro a Cuba; nel 1973 con Salvador Allende in Cile. Da parte statunitense, sin dagli anni di Eisenhower il rapporto con l'America Latina era stato considerato sempre più importante e tale da richiedere un fermo controllo, ma anche misure adatte a controllare l'emergere di forme di violenta ostilità. L'*Alleanza per il progresso*, voluta da Kennedy negli anni della sua breve presidenza, fu l'espressione della volontà di scegliere una via che conciliasse l'evoluzione del subcontinente americano con l'egemonia degli Stati Uniti.

Il vero e profondo distacco ebbe tuttavia inizio con gli anni Novanta del XX secolo, nel corso dei quali gli Stati Uniti si mossero in modo da alimentare ipotesi contraddittorie. In termini generali, ma anche generici, l'amministrazione di George Bush sr. e quella di Bill Clinton continuarono ad appoggiare l'evoluzione dei paesi latino-americani verso l'abbandono di regimi militari e a favore dell'adozione di forme di democrazia pluralistica. È sufficiente pensare in proposito al caso del Paraguay, dove nel 1954 era stato eletto presidente il generale Alfredo Stroessner, poi rieletto più volte e spodestato *manu militari* solo nel 1989. Del resto, fatta eccezione per il caso di Cuba, tutte le minacce di guerriglia d'ispirazione comunista vennero progressivamente estinte, salvo la sollevazione dell'esercito zapatista di liberazione nazionale (ispirato alla tradizione libertaria di Emiliano Zapata), iniziata nel gennaio 1994 nella regione messicana del Chiapas sotto la guida del «subcomandante» Marcos (il nome vero è Rafael Sebastián Guillén Vicente e lo pseudonimo sarebbe solo un acronimo) e ancora strisciante, ma con sempre minor seguito, nel 2015, nella regione e fuori di essa, come simbolo di sollevazione popolare. Le elezioni presidenziali e parlamentari, convocate anche da regimi militari al potere (Guatemala, Honduras, El Salvador) o da regimi di estrema sinistra (Nicaragua), riportarono questi paesi nell'ambito dell'esercizio della democrazia formale.

Tutti erano fortemente attratti dal promettente esordio del NAFTA (*North American Free Trade Association*, costituito da Canada, Messico e Stati Uniti ed entrato in vigore il 1° gennaio 1994), che appariva allora come un poderoso punto di riferimento per la collaborazione economica fra i paesi dell'area e per il loro sviluppo. L'influenza degli Stati Uniti rimase in quel modo ancora per qualche tempo ineludibile, specialmente per i progetti di unione doganale (come l'accordo MERCOSUR, stipulato fra Argentina, Brasile, Paraguay e Uruguay nel 1991 e nel 2012 ampliato al Venezuela, mentre il Paraguay veniva sospeso dalla partecipazione), al punto che, dopo l'entrata in vigore del NAFTA, si incominciò a discutere della creazione di un'«Area di libero commercio delle Americhe» (ALCA). Essa avrebbe potuto ripetere il modello europeo per quanto riguardava la coerenza con le forme di governo democratico e per l'adozione di una politica economica tale da rendere compatibile la situazione dei singoli Stati, eventualmente in crisi, con l'intervento del Fondo monetario internazionale. Il progetto venne attuato ma rimase privo di efficacia. Nella prima metà degli anni Novanta del XX secolo i paesi del subcontinente americano apparivano così avviati verso un'integrazione più completa nel mercato internazionale, benché a ritmi meno celeri che in altre parti del mondo. Ma rispetto a questa situazione stavano rapidamente maturando le ragioni di una crisi e di una svolta radicale. La diminuzione degli investimenti esteri e degli aiuti internazionali a causa della crisi di credibilità che la situazione fiscale di quasi tutti i paesi interessati provocava, costrinse infatti i governi, come scrive Valerio Castronovo, «non solo a tagliare le spese correnti e quelle sociali, ma a ridurre all'osso anche quelle per le infrastrutture, al fine di riequilibrare i bilanci».

L'America Latina si trovò trascinata in un alternarsi di politiche produttivistiche e improvvise crisi che, verso la metà degli anni Novanta, misero in evidenza i problemi strutturali che assillavano queste economie, riducendo il tasso di crescita a circa l'uno per cento annuo e confermando la fragilità dei sistemi finanziari locali. «L'iperinflazione divenne il portato di entrambe queste anomalie» e in un tale clima i mali antichi dell'America Latina si intrecciarono in una spirale perversa che provocò profondi mutamenti nella vita interna di tutti i paesi del subcontinente e dell'America centrale, aprendo la via alla ricerca delle responsabilità della crisi, così da renderle fatalmente convergenti rispetto agli effetti dell'egemonia degli Stati Uniti. Populismo ed egemonia delle forze armate divennero gli elementi trainanti del cambiamento.

Nel 1993 il tenente colonnello dei paracadutisti venezuelani, Hugo Chávez, era stato solo uno dei protagonisti di un tentato colpo di Stato. Incarcerato per questa sua iniziativa, venne liberato nel marzo 1994, e fondò un partito che si proponeva di scacciare la vecchia classe dirigente, mobilitando le masse contro gli «oligarchi» e contro «l'imperialismo yankee». In una situazione sociale sempre più desolante, nel dicembre 1998 Chávez venne eletto presidente del Venezuela, con l'impegno di attuare un «socialismo patriottico e democratico». Dopo una modifica costituzionale, nel luglio 2000, venne rieletto per sei anni alla presidenza e ancora rieletto nel 2006. Dal momento del suo consolidamento al potere, e nonostante i tentativi per rovesciarlo con un colpo di Stato nel 2002, Chávez riuscì a prendere, nell'immaginario collettivo, il posto dell'anziano Fidel Castro, malato e prossimo alla rinuncia al potere. Passava così a Chávez la bandiera della lotta contro gli «yankee». Le promesse di riforme che egli enunciò, facendo leva sulle risorse petrolifere e minerarie del Venezuela, lo portarono a diventare il simbolo, molto imitato, del cambiamento e della ribellione alla superpotenza americana, ancorché i suoi programmi rimanessero nebulosi, eccezion fatta per il progetto di nazionalizzare le compagnie petrolifere e poi anche quelle elettriche e di telecomunicazioni. Del resto la crescita economica, costruita sulla premessa della creazione di una moneta nazionale, il *bolívar*, a cambio fisso con il dollaro, e la crescita del prezzo del petrolio sul mercato internazionale resero possibile un incremento annuo medio del PIL fra il 13 e il 17 per cento e fornirono al presidente venezuelano la carica necessaria per imporsi come quasi-dittatore nel proprio paese e dominatore del riscatto latino-americano.

In effetti, fino alla morte, avvenuta nel marzo 2013, egli apparve, se guardato dal punto di vista della democrazia occidentale, un populista eloquente e velleitario, nel suo tentativo di esportare il modello venezuelano; ma guardato dal punto di vista dei diseredati di tutta l'America Latina egli divenne un simbolo di speranza. Un simbolo appannato dai limiti del suo successore, Nicolás Maduro Moros, eletto di stretta misura nell'aprile 2013, privo del carisma di Chávez ma soprattutto condizionato dal brusco decremento dei prezzi del petrolio sul mercato internazionale e dalle accuse di malgoverno, che nell'insieme affievolirono il prestigio del Venezuela come modello per tutta l'America Latina. Del resto le basi del potere di Chávez (e di Maduro) erano troppo circoscritte e, in definitiva, fragili, essendo costituite in primo luogo dall'appoggio delle forze armate, perché il regime venezuelano, ancorché duraturo, potesse davvero diventare il paradigma del cambiamento. Se Chávez era stato in vita un vessillo dell'opposizone agli Stati Uniti, con Maduro questo vessillo smise rapidamente di sventolare.

Ben più grande il Brasile, e ben più efficace il modo adottato dal suo presidente per affrontare i problemi dell'economia. Fernando Henrique Cardoso, eletto alla presidenza nel 1995, dopo un faticoso lavoro per evitare che il Brasile fosse tagliato fuori dalle risorse del Fondo monetario internazionale, e dopo che ebbe superato anche lo scoglio della rielezione, nel 1998, per l'appunto grazie a un prestito di 41,5 miliardi di dollari ottenuto dal FMI nello stesso anno, pose le basi perché l'inflazione, che condizionava le possibilità di crescita del gigante sudamericano, fosse superata. La sua azione di politica economica mirava a far uscire il Brasile dal declino pauperistico superando problemi come quello fondamentale della diffusa povertà (almeno un terzo della sua popolazione, cioè oltre 50 milioni di persone, viveva sotto la soglia della povertà). Il rigore di Cardoso favorì il buon esito dell'opera del suo successore. Nel 2002 le elezioni presidenziali diedero la vittoria a Luiz Inácio Lula da Silva, un uomo politico apparentemente simile a Chávez ma rivelatosi poi ben più abile e ben più attento a evitare che il Brasile, auto-escludendosi dall'integrazione nel mercato internazionale, finisse nel gorgo di una ingovernabilità inaffidabile.

Mentre gran parte della pubblica opinione si attendeva un'azione politica non dissimile da quella del presidente venezuelano, Lula, all'indomani del suo insediamento, nella chiara percezione del fatto «che il suo paese aveva ancora bisogno della fiducia dei mercati per poter accedere al credito internazionale» (il debito estero brasiliano ammontava allora a 230 miliardi di dollari), adottò un insieme di misure che se da un lato addolcivano le situazioni di maggiore povertà, dall'altro erano tali da rendere il Brasile ancora credibile sul piano della compatibilità finanziaria e, anzi, da proiettarlo verso un futuro di egemonia in tutto il subcontinente. Lula incrementò del 15 per cento i salari minimi, limitò le spese per i programmi sociali secondo parametri accettati dal FMI e, in pari tempo, tagliò del 45 per cento tutti gli altri capitoli della spesa pubblica, compreso quello delle forze armate. Non, dunque, un populismo «massimalista e rumoroso», ma una «rivoluzione silenziosa» ispirata al concetto che «tutti dovessero diventare ricchi» più che alle tesi della lotta di classe. Una politica economica molto meditata e distribuita con accortezza impostò lo sforzo teso a far convergere la larga disponibilità di forza lavoro (remunerata in modo adeguato) con la scarsità dei capitali.

Rieletto alla presidenza nel dicembre 2006, Lula fu in pratica l'antagonista ideologico e politico di Chávez in tutto il continente. Anche per questo, il pur delicato rapporto con gli Stati Uniti restò solido, specialmente in vista della promessa, formulata da George Bush jr. nel 2007, di abolire i dazi sui prodotti agricoli dell'America meridionale. Nel 2009 l'economia brasiliana crebbe al punto che il paese diventò l'ottava economia mondiale. Le risorse naturali e quelle minerarie rendevano fruttuosa l'adozione di un sistema economico misto, nel quale il privato e il pubblico riuscivano a convergere verso obiettivi comuni. Nonostante le difficoltà cicliche, nel 2005 il governo brasiliano era in grado di restituire l'ultima rata

(15,5 miliardi di dollari) del prestito del Fondo monetario internazionale e nel 2006 annunciava di aver raggiunto l'autosufficienza per quanto riguardava le forniture petrolifere. Così, alla fine del secondo e nell'ultimo mandato della sua presidenza, Lula lasciava un paese proiettato a collocarsi tra le maggiori economie mondiali. Nel 2010 la disoccupazione era scesa al 6,7 per cento (mentre negli Stati Uniti era ancora al 9 per cento). L'inflazione era bloccata al 4,9 per cento e il Brasile aveva così superato, per prodotto interno lordo, l'Italia, il Canada e la Russia.

Nelle elezioni del 2011 (così come in quelle dell'ottobre 2014) le forze politiche delle quali Lula era stato l'ispiratore candidavano alla presidenza una donna, Dilma Rousseff, affidandole il compito di continuare lungo la scia del suo predecessore. La Rousseff orientò la sua politica commerciale in modo da favorire la collaborazione con la Cina, più ancora di quella con gli Stati Uniti. Tuttavia la sua opera diede risultati meno consistenti, poiché il riaffacciarsi della disoccupazione e dell'inflazione, nel momento della crisi economica globale, resuscitavano l'opposizione e costringevano la Rousseff a subire un serrato ballottaggio per essere eletta la seconda volta come presidente. I clamori suscitati dal fatto che nell'estate del 2014 i Mondiali di calcio si svolsero in Brasile furono in parte offuscati dallo sbilancio tra le spese e i profitti ottenuti con una manifestazione che avrebbe dovuto lanciare il paese nel firmamento delle maggiori potenze economiche. La classe media brasiliana era stata soddisfatta dalle riforme di Lula e dall'azione della Rousseff, ma restava l'enorme problema dei ceti più poveri, che premevano per un miglioramento delle loro condizioni di vita. Alla fine del 2014 il faticoso successo elettorale della Rousseff gettava qualche consistente ombra sul futuro del paese e sulla sua capacità di diventare il modello di sviluppo e di influenza per tutta l'America Latina.

Chávez e Lula furono la fonte di ispirazione per la trasformazione della vita sudamericana nei paesi andini, come la Bolivia, che nel dicembre 2005 elesse alla presidenza Evo Morales, un politico di umile famiglia, di origine india, che rapidamente si accostò all'esempio del vicino venezuelano; e come il Perù (dopo la parentesi di Alberto Kenya Fujimori, 1990-2000), con l'elezione nel 2006 di Alan García, esponente del partito «Apra», dalle opinioni vicine a quelle di Chávez ma non disposto a seguirlo nella dichiarata ostilità verso l'azione di Lula, con il quale ebbe invece stretti rapporti di collaborazione, e nemmeno nello scontro con gli Stati Uniti, ai quali rimase legato. Del resto il successore di García, Ollanta Humala, eletto nel giugno 2011, non poteva dissociarsi molto da una linea che gli assicurava un appoggio contro la guerriglia sollevata nel paese dal gruppo castrista *Sendero Luminoso* e che gli consentiva di promuovere l'economia e soprattutto il turismo in un paese il cui peso nella politica andina era condizionato dalle controversie di confine con il Cile.

La Bolivia è priva di sbocco verso il mare ed è caratterizzata da una configurazione orografica che la vede divisa in due parti: un altipiano che supera talora i 4000 metri di altezza e occupa circa metà del territorio, e una pianura amazzonica – la parte orientale del paese – dal clima tropicale che favorisce la produzione agricola. Fino al 2002 la Bolivia fu dominata da governi militari, legati a doppio filo ad alcune multinazionali statunitensi, proprietarie delle ricchissime miniere di stagno. Solo dopo quella data ebbe inizio l'epoca delle elezioni presidenziali pluralistiche, vinte la prima volta da Gonzalo Sánchez de Lozada, uomo della grande proprietà, che sconfisse di misura l'emergente sinistra populista di Evo Morales. Il margine ridotto della vittoria di Sánchez non favorì la sua attività di governo; quasi subito dopo le elezioni si verificò un'ondata di agitazioni e di repressioni che nell'ottobre 2003 costrinse Sánchez alle dimissioni. Il vicepresidente Carlos Mesa cercò per quasi due anni di governare, finché fu costretto a indire nuove elezioni, nel dicembre 2005, nelle quali Morales conquistò la vittoria, agitando slogan vaghi e contraddittori in nome di un «socialismo del XXI secolo». In pratica ciò si tradusse in una politica di espansione della spesa pubblica, di incremento dei salari, di confisca e redistribuzione della proprietà agraria, accompagnata dalla confisca di gran parte dei beni appartenenti a compagnie straniere. Morales, con questa azione, urtava contro i progetti di investimenti in Bolivia, previsti dal Brasile, dall'Argentina e dalla Spagna, e ciò lo spingeva di conseguenza verso un'intesa sempre più stretta con Chávez e Fidel Castro, che egli seguì non solo sul piano del populismo ma anche su quello della restrizione delle libertà civili, secondo un metodo che non esitava nemmeno dinanzi all'uso della forza contro gli oppositori. Era un modo di fare politica che lo portava verso l'aperta rottura con gli Stati Uniti, divenuta clamorosa con l'invito a visitare la Bolivia rivolto al presidente iraniano Ahmadinejad, allora uno dei più noti e polemici avversari degli Stati Uniti, fino a giungere al progetto di mettere sotto accusa l'amministrazione Obama dinanzi alle Nazioni Unite, nel settembre 2013, con l'accusa di «crimini contro l'umanità».

In tal modo Morales si poneva alla sinistra di Chávez. Un uso così spregiudicato della propria popolarità politica favorì l'azione svolta per il superamento delle difficoltà socio-politiche interne e degli effetti della caduta dei proventi del gas, del quale la Bolivia è il secondo produttore latino-americano. Fu però la scoperta delle riserve di litio, nella più grande distesa di sale esistente al mondo, a Uyuni, che diede a Morales nuova forza interna e internazionale. La scoperta trasformava la Bolivia in una specie di Arabia Saudita del litio, un minerale necessario per la costruzione di batterie elettriche o ibride per automobili. Nasceva una sorta di quasi monopolio che consolidava tutti gli aspetti della politica boliviana e recuperava buona parte del credito finanziario (non di quello politico) perduto negli anni precedenti. Alle elezioni del 12 ottobre 2014 Morales venne rieletto per un terzo mandato. Visto il declino del Venezuela e la transizione in atto a Cuba, egli diventava il campione dell'anticolonialismo sudamericano e della trasformazione di un piccolo paese, già di fatto considerato una colonia, nel solo coerente avversario dell'influenza statunitense nel sud.

Fra l'esperienza venezuelana-boliviana e quella brasiliana si collocano quelle dell'Argentina e del Cile. Quando il peronista Néstor Kirchner, nel maggio 2003, si insediò alla Casa Rosada, sede della presidenza argentina, non poteva trovare una situazione più disastrosa di quella che i suoi predecessori (Menem e Duhalde) gli avevano lasciato. Il PIL era sceso del 14 per cento, la disoccupazione si avvicinava al 21 per cento, il tasso di inflazione al 40 per cento e il debito estero a 137 miliardi di dollari. Kirchner, che non aveva particolari esperienze in campo economico, intendeva seguire un programma analogo a quello di Lula. Più di Lula, egli fu condizionato sia dai potentati politici interni sia dalle obiettive difficoltà della situazione argentina, sulla quale gravava, proprio in quel periodo, la crisi provocata dall'impossibilità di rimborsare titoli di credito per un totale di 14 miliardi di dollari a coloro che li avevano acquistati dal governo di Buenos Aires (i *bond* argentini). Tuttavia Kirchner, nonostante le forti resistenze di parte dell'opinione pubblica, si allineò su posizioni di compromesso e cercò un accordo con gli Stati Uniti e con i paesi occidentali, «ben sapendo se non altro che in un mondo globalizzato nessun paese poteva agire da solo e tanto meno in rotta di collisione con quelli più avanzati». Tra le sue prime decisioni vi fu l'estromissione dal governo di un numero consistente di militari di alto grado. Il suo programma ottenne buoni risultati, con un risanamento che riportava il PIL a una crescita annuale del 9,2 per cento nel 2006 e riequilibrava gli altri conti, anche in virtù di un compromesso con il Fondo monetario internazionale per il ripianamento del debito argentino in tre anni, e con una politica estera che, nonostante le concessioni di facciata all'estremismo antiamericano, restava solidamente legata agli Stati Uniti, che scorgevano nella combinazione fra Argentina e Brasile una «terza via» rispetto a quella di Chávez.

Nell'ottobre 2007 il presidente argentino elaborò un progetto di continuità al potere di ispirazione machiavellica. Infatti appoggiò l'elezione alla presidenza della moglie, Cristina Elisabeth Fernández de Kirchner, così da poter progettare che nel 2011, alla scadenza del mandato della consorte, avrebbe potuto ricandidarsi alla presidenza. La tradizione peronista si faceva sentire con forza. Cristina Fernández de Kirchner venne eletta al primo scrutinio con una maggioranza che non superava il 50 per cento ma che, secondo le norme vigenti in Argentina, essendo superiore di oltre il 10 per cento rispetto ai voti ottenuti dal secondo candidato, era sufficiente a evitarle il ballottaggio. Gli anni della sua presidenza non furono però facili. Alcuni scandali internazionali di natura finanziaria, nei quali la Presidentessa era chiamata in causa, e una serie di decisioni impopolari in materia doganale, contestate persino nella loro legittimità giuridica, sollevarono parecchio risentimento e fecero vacillare la popolarità della coppia Kirchner. Lo scontro tra fazioni politiche, istituzioni e governo finì per impedire alla Presidentessa di raggiungere risultati chiari. Sebbene in campo internazionale essa riuscisse a conquistarsi un certo prestigio, che nel 2010 la portò alla guida di UNASUR (l'Unione degli Stati dell'America del Sud), il suo avvenire politico appariva incerto. A modificare la situazione fu la morte improvvisa, per un attacco cardiaco, del marito Néstor, il 27 ottobre 2010. La tragedia personale favorì, se così si può dire, un recupero di quella popolarità che negli ultimi anni era venuta meno.

Il buon esito economico del 2010 (con una crescita del PIL pari al 9 per cento) e la solidarietà pubblica assicurarono alla Kirchner il successo alle elezioni del novembre 2011, vinte al primo turno. Durante il nuovo mandato la Presidentessa adottò coraggiose misure economiche, ma commise l'errore di concentrare nella presidenza i poteri della Banca centrale argentina, sottraendo all'ente il controllo tecnico e aprendo così una pesante crisi istituzionale, contrassegnata da una serie di inchieste giudiziarie, dalle quali tuttavia uscì vincente. Nel maggio 2012 rinazionalizzò la YPF (*Yacimientos Petrolíferos Fiscales*), principale compagnia petrolifera del paese, privatizzata da Menem nel 1994. Secondo la Presidentessa, la privatizzazione era all'origine del primo sbilancio dei proventi di settore, a causa dell'esportazione dei profitti verso la Spagna, dato che la proprietà della Compagnia era stata acquisita, per l'appunto, dalla spagnola Repsol, e ciò metteva in condizioni di svantaggio la politica del governo. La decisione provocò reazioni internazionali che misero il governo di Buenos Aires in crisi con il paese europeo più amico. E la Kirchner ritenne di trovare un rimedio ripescando l'antica polemica con la Gran Bretagna per la sovranità sull'arcipelago delle Falkland/Malvinas. Il primo ministro britannico, Cameron, non si sottrasse all'ipotesi di un referendum risolutivo, che ebbe luogo il 10-11 marzo 2013 e il cui risultato fu più che esplicito, poiché votò quasi il 100 per cento degli aventi diritto, con 1513 voti a favore del mantenimento della sovranità britannica e solo 3 (*sic!*) contro.

Era un metodo tipicamente populista per cercare di riversare all'estero i problemi interni. L'inflazione dominava infatti la vita quotidiana, al punto che, sebbene il governo argentino dichiarasse che essa era del 10 per cento all'anno, il Fondo monetario dava una misura più che doppia, pari al 24 per cento. Il paese era così sull'orlo di un fallimento ufficiale che a stento, nel 2014, la Presidentessa riuscì a evitare, con una serie di artifici finanziari e soprattutto utilizzando le riserve della Banca centrale per contenere la portata del debito pubblico. Ma, in quell'atmosfera, l'azione internazionale dell'Argentina era spinta al margine poiché la Presidentessa otteneva, grazie alla sua immagine pubblica, udienza e prestigio ai quali però non corrispondeva influenza e che finivano per risospingere il paese verso l'antagonista di sempre, cioè gli Stati Uniti. La crisi economica del 2009 ebbe pesanti riflessi sull'Argentina, ma la Kirchner riuscì a realizzare una serie di progetti economico-sociali che la aiutarono a superare molti momenti di crisi, in particolare quello legato all'accusa di complicità nel complotto che aveva portato all'assassinio del procuratore Alberto Nisman, autore di un'inchiesta sull'uccisione di una comunità di ebrei per opera di agenti iraniani, tollerata, se non approvata, dalla Kirchner stessa. Da questa crisi la Presidentessa uscì ancora vittoriosa poiché nessuna accusa specifica le venne rivolta. La sua presidenza continuò, condizionata dai problemi dei rapporti finanziari con le istituzioni internazionali. Queste, nell'agosto 2014, dichiaravano l'insolvenza dell'Argentina rispetto al debito internazionale, senza tuttavia che ciò avesse conseguenze pratiche immediate per l'andamento dei prezzi interni, mantenuti artificialmente bassi dalla politica monetaria del governo.

Abbastanza dissimile era, in sostanza, la situazione cilena. Dopo la fine del governo di Pinochet (dal settembre 1973 al marzo 1990), e passati gli anni della transizione, durante la quale il dittatore (morto nel dicembre 2006) aveva goduto, fino al 2000, di una certa impunità nonostante i vari processi intentati a suo carico, nel marzo 2006 a Santiago del Cile salì alla presidenza la prima donna eletta a tale carica in America Latina, Michelle Bachelet, figlia di uno dei pochi generali che nel 1973 erano rimasti fedeli ad Allende. Esule, la Bachelet ritornò in patria poco prima della campagna elettorale che le assicurò una risonante vittoria. Trovò un paese dall'economia riordinata secondo il liberismo stile Milton Friedman, al quale Pinochet si era ispirato. La Bachelet non era certo una personalità scialba. Le solide origini familiari e l'esperienza vissuta avevano fatto di lei una politica esperta. Per alcuni anni aveva vissuto nella Repubblica democratica tedesca e nel 1998 aveva frequentato il Collegio militare di difesa inter-americano, a Washington; ciò le consentì, dopo il ritorno in patria, di essere ministro della Difesa negli anni della presidenza di Ricardo Lagos.

Eletta alla presidenza, adottò una politica di gradualismo riformista e fu favorita, a partire dal 2008, dalla notevole crescita sul mercato internazionale dei prezzi del rame, del quale il Cile è uno dei maggiori produttori mondiali. Dovette però misurarsi con due sfide, una internazionale e l'altra «naturale». Nel 2007 il governo peruviano riaprì un'antica controversia relativa al confine marittimo tra le acque cilene e quelle peruviane, una controversia risolta sul piano giudiziario dalla Corte internazionale di giustizia dell'Aja che, nel gennaio 2014, sentenziò salomonicamente una divisione del confine soddisfacente per entrambe le parti. La sfida naturale derivò invece dal terremoto, di 8,8 gradi della scala Richter, che il 29 febbraio 2010 colpì l'area centrale del paese, provocando centinaia di vittime e danni enormi, calcolati sino a 30 miliardi di dollari. Alla Bachelet e al suo successore, Sebastián Piñera, toccò il compito di ricostruire l'economia di un paese devastato, proprio all'indomani dell'ammissione del Cile, primo fra i paesi dell'America meridionale, nell'OCSE (11 gennaio 2010). Formidabile fu l'impegno per la ricostruzione, che richiese misure finanziarie molto severe ma che il governo attuò con largo consenso pubblico. Solo negli anni successivi il Cile fu scosso da aspre agitazioni sociali, riguardanti soprattutto il regime scolastico, basato su un sistema di ispirazione privatistica che imponeva costi elevati (e discriminazione sociale) e del quale si chiedeva l'abolizione a favore di un sistema pubblicistico. La Bachelet, ritornata alla presidenza nel marzo 2014, riuscì ad avviare il problema a parziale soluzione mediante una politica di consistenti sovvenzioni. Per il resto l'economia cilena, legata all'andamento del mercato del rame (e, in minor misura, a quello del vino), rimase ben inserita nel mercato mondiale e fece sì che il Cile restasse uno dei paesi latino-americani dal maggior sviluppo economico, favorito sia dalle relazioni con gli Stati Uniti sia da quelle con la Cina.

Il predominio statunitense era in crisi anche nei paesi più vicini: dal Messico a quelli dell'America centrale. La prossimità geografica e, in un certo senso, la contraddizione etnica davano alle relazioni tra il Messico e il suo vicino settentrionale un senso tutto speciale. Il problema dell'immigrazione dal Messico verso il Nord era una costante insuperabile, se è poi vero che dal 2013 gli Stati Uniti erano divenuti, per suddivisione etnica, un paese nel quale gli «ispanici» costituivano il gruppo più numeroso. L'alternativa tra l'assenza di regole e l'adozione di regole sin troppo severe, quali la costruzione, nelle aree critiche, di ostacoli artificiali all'immigrazione clandestina, indicava i due estremi di un tema rispetto al quale i ripetuti e amichevoli incontri tra i presidenti messicani e quelli statunitensi non portarono a soluzioni efficaci. L'aspetto critico del problema era costituito dalle potenzialità che gli Stati meridionali della Confederazione nordamericana (come la California, il Texas e il Nuovo Messico) offrivano per la mano d'opera a basso costo, senza che le norme sull'immigrazione fossero sempre rispettate. Ma altri problemi arricchivano il paniere delle occasioni di scontro: non solo la profonda avversione di molti messicani verso i loro vicini, ma addirittura la propensione di alcuni a tradurre tale avversione in aperta ostilità, prossima al castrismo, come la storia del Chapas aveva dimostrato. E, ancora, il massiccio traffico di droga, florido verso la California e letale per la società statunitense, ma proficuo per gli spacciatori messicani.

In Messico, il Partito rivoluzionario istituzionale (PRI), che aveva assicurato la piena intesa con gli Stati Uniti, venne per la prima (e per ora unica) volta sconfitto, nel 2000, dal candidato conservatore, Vicente Fox, senza che ciò si ripercuotesse a breve sulle relazioni con il potente vicino. La relativa stabilità che Fox assicurò al paese contribuì a un vigoroso miglioramento della situazione economica, al punto che nel 2005 Fox e George W. Bush discussero l'ipotesi di una libera circolazione delle merci fra i due paesi, incontrando però l'ostilità del Congresso USA, spinta poi fino alla proposta di costruire una barriera artificiale per impedire il traffico umano verso la California. Le accuse di corruzione e di eccessiva acquiescenza verso Washington favorirono, nelle elezioni del 2006, il successo del PRI e l'ascesa al potere di una personalità paradossalmente ancora più legata agli Stati Uniti, il conservatore Felipe Calderón, del Partito d'azione nazionale, che, eletto con una esigua maggioranza, dovette adattarsi a un compromesso di governo con il Partito rivoluzionario istituzionale. In pratica le cose non mutarono. La trasformazione del Messico fu rapida, nonostante la corruzione, il narcotraffico, la violenza, che spesso si traduceva in scontri non dissimili da vere e proprie battaglie tra criminali. Tuttavia la stabilità macroeconomica rimase la principale carta che il presidente messicano poteva giocare. Gli investimenti esteri, il turismo e le esportazioni di petrolio controbilanciarono la concorrenza asiatica.

Dopo l'elezione del 2008, la prima visita che Obama fece all'estero fu in Messico (aprile 2009) per discutere il dramma dell'immigrazione e della violenza che vi era collegata e che aveva provocato nel solo 2008 circa 5400 vittime messicane. I due presidenti si incontrarono poi più volte, negli anni successivi, sempre per affrontare il tema dell'immigrazione e sempre con decisioni risolutive, ma solo a parole. Toccò al presidente messicano eletto nel luglio 2012, Enrique Peña Nieto, il compito di affrontare le ripercussioni della crisi economica. Nieto apparteneva al Partito rivoluzionario istituzionale, che in tal modo ritornava alla guida del paese. Egli adottò una riforma fiscale che incrementava l'imposta sul reddito (portandola a un modestissimo 2,8 per cento del prodotto interno lordo), senza però riuscire a ottenere un'effettiva crescita economica, che nel 2013 fu la più bassa di tutto il continente latino-americano (l'1,2 per cento), al punto da spingere ulteriormente verso l'emigrazione illegale al Nord. Questa divenne un fenomeno sociale e di massa, che attrasse soprattutto i più giovani, fino a provocare la fuga di 90.000 ragazzi, tutti affidati, negli Stati Uniti, a strutture pubbliche. In altri termini, la vicinanza tra i due paesi, uno assetato di lavoro a costi modesti e l'altro afflitto da un'elevata natalità e da una radicata serie di squilibri sociali, finiva per dare vita a una convergenza di interessi eterogenei che nel loro insieme davano visibilità a un paese di 120 milioni di abitanti, divisi da condizioni di vita profondamente diseguali ma tali da dare spazio all'importanza regionale del Messico, alla sua attrattività turistica, alle sue risorse profonde, sino a farlo apparire in prima fila tra i paesi capaci di superare entro qualche decennio i limiti che al momento ne condizionano lo sviluppo e la partecipazione alla politica internazionale.

Nel Centro America restavano infine le diversità di situazioni ereditate dal passato. Haiti, Santo Domingo, l'Honduras, il Guatemala e persino il Costarica vissero ancora fasi di straordinaria povertà o di estrema incertezza politica. Due soli esempi richiedono però di essere citati più esplicitamente, quelli del Nicaragua e di Panama. In Nicaragua, nel novembre 2006, sedici anni dopo la sconfitta elettorale del 1990 e l'affermazione di un governo moderato sotto la guida di Violeta Chamorro, venne rieletto alla presidenza Daniel Ortega, a suo tempo protagonista del tentativo di trasformare il proprio paese in uno Stato socialista ma in pratica autore di un vero disastro economico. Consumato politicante, Ortega giunse nel 2006 persino ad allearsi con gli esponenti del partito dell'ex dittatore Somoza e, anche per una serie di errori di valutazione compiuti a Washington, a riprendere la guida di un paese che aspettava una svolta socio-politica e invece ottenne solo il trasformismo dell'ex dittatore. Questi, a sua volta, non fece nulla per ricucire le ferite aperte in passato; anzi, con gesti, iniziative politiche e stretta intesa con i paesi più avversi agli Stati Uniti, mostrò di essere coerente con la linea anti-yankee del partito sandinista, che aveva a suo tempo guidato. Numerosi sono gli esempi che si potrebbero citare, ma qui è sufficiente ricordare che, sebbene nel 2005 il governo di Managua avesse approvato la partecipazione del Nicaragua al *Central America Free Trade Agreement* (CAFTA), caldeggiato dagli Stati Uniti, subito dopo il ritorno al potere Ortega aderì alla coalizione dei paesi anti-USA, l'*Alianza bolivariana para América Latina y el Caribe*, ispirata dal venezuelano Chávez e che aveva come acronimo allusivo il termine ALBA.

Nel 2008 Ortega proibì ai partiti di opposizione di partecipare alle elezioni amministrative, ma poi non perse occasione per sfidare ideologicamente gli Stati Uniti. Quando venne rieletto alla presidenza, nel 2012, alla cerimonia del suo insediamento presero parte non solo gli amici latino-americani ma anche Ahmadinejad, e Ortega colse l'occasione per appoggiare le ambizioni nucleari iraniane e per deplorare che Gheddafi fosse stato ucciso. Insomma, si comportava come se nulla fosse frattanto accaduto nel resto del mondo. Il Nicaragua rimase uno dei più accesi fautori centroamericani dell'ostilità agli Stati Uniti. Non è perciò un caso che nel 2013 Ortega concedesse a un finanziere cinese, Wang Jing, il permesso di studiare la costruzione di un canale transoceanico dalle dimensioni tali da competere, se completato, con quello di Panama. L'impegno sociale di Ortega non impedisce che il Nicaragua sia il paese più povero dell'America Latina, salvo Haiti.

Meno distratti furono gli Stati Uniti a Panama dove, nel 1989, avevano cacciato militarmente il dittatore Manuel Noriega per affidare il potere a mani più congeniali, quelle di Guillermo Endare (1989-1994) e poi di Ernesto Pérez Balladares, del Partito conservatore, fino al 1999; a questi seguirono prima Mireya Moscoso, poi nel 2004 Martín Torrijos, nel 2009 Ricardo Martinelli, uno dei più ricchi abitanti di Panama, e nel 2014 Juan Carlos Varela. I proventi del traffico lungo il canale, così come quelli del traffico di droga e di capitali e quelli fruttati dalla scelta di far sì che Panama diventasse la sede prediletta di compagnie navali sottoposte a un regime fiscale favorevole, sarebbero dovuti ricadere sulla popolazione, che invece ne trasse poco beneficio. Tutto ciò poteva avvenire grazie al controllo meno diretto e più discreto svolto dagli Stati Uniti e a una posizione geopolitica unica al mondo, politicamente poco esposta e tecnicamente favorita dai lavori per l'ampliamento del canale transoceanico, che dovrebbero essere completati entro il 2016.

In questo quadro così complesso si inseriva l'anomalia cubana. Tuttavia, alla fine del XX secolo e agli inizi del XXI, il regime di Fidel Castro non era più che un simbolo. Non più un simbolo, però, della capacità di trasformare un paese ricco e dominato dai plutocrati in un paese progredito in ogni campo della vita civile e capace di assicurare il massimo di eguaglianza ai suoi cittadini, bensì quello di un egualitarismo nella povertà e di un antiamericanismo di maniera. La Cuba degli anni della malattia di Fidel Castro (rivelata nel 2006) e della sua rinuncia a tornare al potere (18 febbraio 2008), ceduto al fratello Raúl, di poco meno anziano, segnava la fine di un regime e l'avvio di una fase di riforme che, dal suo canto, il governo di Washington aveva incominciato ad accettare sin dal giugno 2000, quando il Dipartimento di Stato aveva cancellato il paese dalla lista degli «Stati fuori legge» e il Congresso americano aveva autorizzato l'esportazione verso Cuba di medicinali e generi alimentari. Voleva il destino che il più tenace oppositore degli Stati Uniti e della loro egemonia nel «cortile di casa» si avvicinasse alla fine di un quasi cinquantennale esperimento proprio negli anni in cui buona parte dell'America Latina seguiva, con diverso grado di intensità, il passato insegnamento castrista. Un insegnamento che non può essere ricondotto, sul piano delle relazioni internazionali, alla lotta contro «l'imperialismo yankee» secondo il modello propugnato da Chávez, basato sulla proposta di un sistema sociale diverso, quanto piuttosto alla presa di distanza politica e al rifiuto di ogni stretta subordinazione.

In altri termini, la svolta cubana indicava la fine dell'epoca nella quale i paesi dell'America Latina potevano essere considerati come inevitabilmente subalterni agli Stati Uniti o con questi dovessero misurarsi in scontri dall'esito predeterminato. Piuttosto, aveva inizio il periodo nel quale i rapporti fra le due parti del continente americano tendevano a normalizzarsi, trasformandosi in relazioni potenzialmente «normali», fra Stati «normali». Un periodo durante il quale la subordinazione si trasformava in «buon vicinato», del quale Franklin Delano Roosevelt aveva dettato la formula senza che questa fosse trasformata in realtà. Il rifiuto secondo lo stile venezuelano o nicaraguegno restava, in definitiva, come un'angusta eredità del castrismo. Ciò divenne ancora più evidente con le riforme che Raúl Castro adottò, soprattutto abolendo le restrizioni alle piccole attività artigianali e concedendo una maggiore libertà di movimento fuori Cuba ai propri concittadini. Sul piano umano, le aspre polemiche del passato furono in gran parte abbandonate, sia grazie all'iniziativa personale di Jimmy Carter sia per effetto dei contatti presi da Hillary Clinton nella sua qualità di segretario di Stato di Obama. Le visite compiute da papa Giovanni Paolo II nel 1998 e da Benedetto XVI nel 2012 segnarono un allentamento della tensione propagandistica, così come parve a molti un grande segnale il fatto che Obama e Raúl Castro, quando si incontrarono, nel dicembre 2013, ai funerali di Nelson Mandela in Sudafrica, si scambiassero cordialità e strette di mano.

Tuttavia nessuna visita di Stato o pellegrinaggio papale poteva modificare una struttura economica ossificata dal regime castrista, né ridurre l'isolamento nel quale di fatto Cuba si trovava e che venne improvvisamente eliminato alla metà del dicembre 2014, quando Castro e Obama diedero notizia di un accordo, negoziato da tempo in segreto, per la ripresa di relazioni diplomatiche normali. Ciò non significava l'estinzione del sistema sociale creato dal castrismo, ma ne anticipava comunque un ridimensionamento verso forme di governo meno chiuse alle influenze esterne e meno isolate sul piano economico. Gradualmente, durante i primi mesi del 2015, venne adottata una serie di misure per la normalizzazione dei rapporti bilaterali. Ma il momento risolutivo giunse l'11 aprile 2015, quando, in occasione del Summit delle Americhe in corso a Panama, i due presidenti si incontrarono per discutere a lungo le modalità di una completa ripresa delle relazioni fra i loro paesi, come poi avvenne grazie a una serie di negoziati intesi a normalizzare la compatibilità dei rispettivi regimi e, nel giugno 2015, con la riapertura delle loro sedi diplomatiche.

Si può dunque dire, in sintesi, che negli anni successivi alla guerra fredda, venuto meno il timore che l'America Latina potesse diventare (come si era temuto nel 1962 a Cuba o nel 1973 in Cile) una testa di ponte per la diffusione dell'influenza sovietica, adattata ai metodi locali, il controllo degli Stati Uniti su tutta l'area divenne meno esplicito, affidato, più che alle pressioni diplomatiche o allo sfruttamento economico, alla possibilità di intessere relazioni amichevolmente normali con paesi che cercavano, ciascuno secondo la propria tradizione e taluno in opposizione alla presenza statunitense, la propria via per lo sviluppo. Il maggiore di questi paesi, il Brasile, diventava uno degli esempi della possibilità di tale trasformazione; gli altri seguivano, secondo la loro forza strutturale o la natura del sentimento nazionale. In tal modo il subcontinente si avviava verso un'epoca di indipendenza/interdipendenza, nella quale la potenza più forte non poteva più considerarsi anche quella inevitabilmente dominante. Il «cortile di casa» diventava un condominio – se è lecita questa banale metafora –, con parti di proprietà non egualmente divise ma diritti soggettivi eguali, in un sistema nel quale la globalizzazione aveva fortemente fatto sentire la sua importanza. Non si trattava di un mutamento marginale delle relazioni internazionali, bensì di un adeguamento di fondo. Infatti, passare dalla subalternità o dalle speranze di un'aperta contestazione a un rapporto diplomatico, magari sempre irto di ostacoli ma tendenzialmente normalizzato, era e sarà per il futuro il cambiamento più importante per le relazioni tra i paesi dell'emisfero occidentale, e non solo per quelle.

5.2. *L'Africa: il continente dimenticato*

Poco si parla e troppo poco si è parlato dell'Africa, salvo che per quella mediterranea. Questo è un riflesso del ritardo con cui l'Africa subsahariana si è integrata nel mercato globale, come soggetto in grado di assumere iniziative proprie e non solo come oggetto di iniziative esterne. Ma è anche il riflesso del fatto che, dopo la fine della guerra fredda, l'Africa subsahariana era rimasta esterna alla dinamica delle relazioni internazionali e perciò era stata alquanto trascurata dalle grandi correnti finanziarie e dalle spinte economiche che, in altri continenti, avevano aperto la via allo sviluppo. In ogni caso, nessuna di queste letture può oggi essere condivisa, poiché da alcuni anni (dalla fine del XX secolo all'inizio del XXI) l'Africa non si presta più a una considerazione unitaria, dato che diverse sue parti sono divenute, o mostrano di avviarsi a divenire, soggetti indipendenti, dal crescente interesse, al punto che essa viene spesso considerata il continente che, grazie alla sua inattesa e vigorosa espansione, entro pochi decenni si trasformerà in un'area di nuovo dinamismo e di prosperità economica. Se si guarda in profondità ma in termini geopoliticamente più estesi il rapporto tra l'Africa e il resto del mondo, si può vedere che proprio nel «continente dimenticato» si è verificata la manifestazione più eloquente della trasformazione dei rapporti intercontinentali.

Enfatizzare questo cambiamento sarebbe un errore. Il cammino che molti paesi africani debbono compiere è ancora assai lungo e le condizioni dalle quali diversi Stati di un continente così eterogeneo muovono sono profondamente diverse. Infatti, proprio l'Africa è il continente nel quale la diversità dei punti di partenza appare in tutta la sua portata: vi sono paesi le cui condizioni promettono che adeguati sforzi umani, capaci di sfruttare le risorse locali, possano portare a un rapido cambiamento; in altri Stati, al contrario, le condizioni naturali, l'assenza di strutture e di un personale politico omogeneo, adatto a superare le incertezze e l'instabilità, non possono che posporre verso un futuro imprecisabile la speranza di una veloce integrazione nello sviluppo.

In Africa esistono risorse minerarie (oro, diamanti, metalli del gruppo del platino, minerali ferrosi, bauxite, cobalto, vermiculite, zirconio, carbone) con giacimenti tra i maggiori del mondo, solo in parte sfruttati. È, questo, un aspetto della situazione che affiora in tutta la sua portata se si considera il rapporto tra l'Europa e il continente africano. Sino alla fine della guerra fredda, al centro della contrapposizione tra gli Stati Uniti e l'Unione Sovietica vi era stata da principio l'Europa; poi il conflitto si era esteso all'Asia orientale, al Medio Oriente, all'America Latina. Quando lo scontro bipolare aveva investito parti dell'Africa, ciò era accaduto senza che il ruolo dell'Europa avesse un peso risolutivo. A partire dall'ultimo decennio del XX secolo, nel momento in cui l'Africa usciva dall'arretratezza per affrontare i temi della modernizzazione, si manifestava piuttosto univocamente l'indebolirsi o la voluta diminuzione della presenza europea in quanto motivo dominante la vita africana. Se si pensa che fino al 1960 l'Africa era stata, in modi e con gradazioni diverse, il «cortile di casa» dell'Europa, il luogo dove sfruttare a basso costo le riserve minerarie e naturali conosciute, e si confronta questa situazione con ciò che accade ora, non è possibile sottrarsi alla constatazione che nell'attuale rinascita africana l'Europa non occupa una posizione quale i precedenti storici potrebbero indurre a pensare. Al contrario, esiste in molti paesi africani, già strettamente legati all'Europa, una spinta a indebolire questi legami e persino a reciderli completamente, per lasciare piuttosto che l'innovazione derivi da relazioni sempre più strette, e non mediate dagli Europei ma stabilite direttamente, con gli Stati Uniti, la Cina, l'India e pochi altri paesi, attivi ciascuno per proprio conto, senza collegamenti con la presenza internazionale dell'Unione Europea.

A queste osservazioni si potrebbe contrapporre la rapidità con la quale prima la Comunità europea a poi l'UE avevano affrontato il tema del rapporto con le antiche colonie, ma questa nota acquista un senso ambiguo se si tiene presente il modo in cui l'Unione sviluppò la questione del rinnovo della Convenzione di Cotonou con gli ACP. Il rinnovo, siglato il 1° ottobre 2014, esprime la volontà di liberalizzare completamente le relazioni commerciali fra le parti. Secondo le precedenti versioni degli accordi di Cotonou, i prodotti provenienti dall'Africa, dai Caraibi e dai paesi convenzionati del Pacifico potevano essere esportati verso l'Europa senza il pagamento di tariffe doganali. Il nuovo accordo prevede, in nome del liberoscambismo, che la norma sia applicata anche in senso opposto, cioè in modo che anche i paesi ACP debbano abolire le tariffe in vigore a carico dei prodotti europei. In teoria ciò appare come la premessa di una possibile invasione di prodotti dell'agricoltura europea in paesi la cui maggiore risorsa produttiva e le cui esportazioni sono affidate, per l'appunto, all'agricoltura. Ma, come osservano Severino e Ray, questa è solo l'apparenza della volontà di essere eguali e di favorire l'eguaglianza. In pratica, si tratta della perseveranza europea nel concetto di portare soccorso (magari ispirato da un afflato caritatevole), più che della volontà di trasferire innovazione ai «poveri africani» per aiutarli a superare le loro difficoltà, con un atteggiamento che è ispirato dalla compassione, proprio quando i paesi dell'area subsahariana chiedono parità, rispetto e investimenti finanziari tali da favorire la diversificazione delle capacità produttive dei singoli. Per cui, sotto l'apparenza dell'egualitarismo, vi è un atteggiamento orientato a lasciare che l'economia dei paesi africani rimanga in condizioni di arretratezza e non sia in grado di competere con quella europea.

L'Europa, dunque, appare sempre meno interessata a collaborare con iniziative africane, salvo quelle riguardanti l'emigrazione/immigrazione, mentre chi davvero vuol vedere l'Africa modernizzarsi, perché diventi un partner credibile nei commerci internazionali, è in primo luogo la Cina, seguita dagli Stati Uniti. Tra il 2000 e il 2011 gli investimenti cinesi in Africa ammontarono complessivamente a circa 75 miliardi di dollari e furono accettati non come espressione di neocolonialismo ma come sintomo di un'opportunità economica avvertita a Pechino, sebbene una certa repulsione fosse generata dalla preferenza cinese per esportare non solo capitali ma anche mano d'opera. A loro volta gli Stati Uniti rispondevano con risolutezza e nell'estate del 2014 riunivano a Washington un vertice con i paesi africani, il cui esito era l'impegno a investire in Africa (nel settore edile, in quello dell'energia, nei servizi bancari e nella tecnologia) complessivamente 33 miliardi di dollari, senza porre problemi di personale, giacché da tempo negli stessi USA decine di migliaia di lavoratori operano per il mercato africano.

Dare tuttavia per completamente esclusa da queste opportunità l'Europa sarebbe un errore, se non altro perché almeno la Francia è ancora attenta a ciò che accade nei paesi francofoni e non solo mantiene stretti rapporti con i governi dell'Africa settentrionale già appartenenti alla galassia imperiale francese, ma non esita a intervenire militarmente in quelle parti dell'Africa occidentale che sono più minacciate dalla presenza di gruppi estremisti (come il Mali o la Repubblica centro-africana); non è errato, però, affermare che mentre gli investitori cinesi non pongono questioni di «diritti umani» come condizione per i loro investimenti e gli Americani tendono a considerare questo aspetto con un certo distacco, gli Europei, e soprattutto i Britannici e i Francesi, forse dimentichi di essere stati i maggiori sfruttatori dell'Africa coloniale, condizionano i loro schemi alla trasformazione democratica dei sistemi politici africani. È un tema consueto per i rapporti tra l'Europa e i paesi in via di sviluppo, poiché da parte europea si tende a dare la prevalenza ai temi della democrazia formale, dei quali l'Africa possiede un vasto campionario, rispetto alla maggiore attenzione richiesta dalla meritocrazia, dalla globalizzazione, dal ruolo di Internet e, in generale, dalle innovazioni tecnologiche.

5.3. *Come guardare ai problemi dell'Africa?*

Discutere analiticamente degli Stati africani, che sono poco meno di sessanta, non è un proposito sensato. Non si tratta infatti di ripercorrere la storia di un continente al cui interno il potere politico si sia, durante i secoli, sedimentato in termini comprensibili. È sufficiente un richiamo storico: anche l'Europa, prima dell'inizio dell'età moderna, era suddivisa in un numero incalcolabile di soggetti politici, alcuni dei quali possedevano risorse e volontà per trasformarsi in soggetti capaci di dominare tutto il continente. Questo processo di creazione dello Stato moderno durò a lungo e venne superato dalla capacità di alcune grandi dinastie di accumulare una potenza sufficiente a imporre la creazione di un numero definito di Stati. Dagli inizi dell'età moderna, in tal modo, l'Europa venne divisa in soggetti politico-giuridici ben identificati, ciascuno dei quali era spesso un rivale degli altri anche sul terreno militare. Solo dopo la seconda guerra mondiale si pose termine alle spinte autodistruttive per creare una Comunità europea. Per l'Africa una trasformazione del genere non è ancora avvenuta e difficilmente avverrà in tempi brevi, data la vastità del continente e la radicata diversità delle culture politiche che lo dominano.

La questione va dunque affrontata prima antropologicamente che secondo le suddivisioni politico-istituzionali. Sulla base di questo criterio, i problemi strutturali hanno una evidente prevalenza rispetto a quelli dell'attualità contingente. Appare più utile prendere in considerazione il fatto che prima della politica in Africa vi era (o vi è) l'etnia, cioè, come diceva Max Weber, con una definizione di natura antropologica prima che sociologica o storica, la considerazione del sociale come composto in primo luogo da gruppi umani, caratterizzati dalla credenza soggettiva di una discendenza, determinata dall'affinità dei tratti somatici o delle usanze o di entrambi. Sebbene qualcuno azzardi dati sul numero dei gruppi etnici africani (vi è chi ne enumera circa 3000) e sulla consistenza numerica delle maggiori etnie, è possibile che il gruppo etnico originario più influente sia quello dei Bantu, che dal Camerun all'Africa sud-orientale si sono suddivisi, lungo millenni di storia, in due sottofamiglie principali: i Bantu orientali, che includono i Kikuyu (Kenya), gli Zulu (Sudafrica), gli Xhosa (Sudafrica; a questo gruppo appartenne Nelson Mandela), i Tswana (Botswana), gli Shona (Mozambico, Zimbawe, Zambia); e i Bantu occidentali, che comprendono gli Herero (Namibia, Botswana, Angola), i Tonga (Zambia, Zimbabwe) e i Tonga del Malawi (Malawi). Quanto all'Africa orientale, le etnie più diffuse sarebbero gli Oromo (in Etiopia e Kenya), i Boscimani (nell'Africa australe), gli Zulu (nel Sudafrica). Tra la parte desertica e quella occidentle del continente, le etnie più diffuse sono gli Igbo (Ghana e aree vicine), gli Ngoni (zona sudanese e nilotica), i Tuareg e i Berberi nell'Africa settentrionale e nel deserto, gli Yoruba nell'Africa occidentale, gli Arabi (Egitto e Sudan).

Il passaggio che qualifica la trasformazione del gruppo etnico da soggetto antropologico in soggetto istituzionale segnò, nel tempo e nei luoghi, la creazione di una struttura statale, talora sovrapposta, altre volte imposta, altre ancora formatasi spontaneamente, tale per cui l'istituzione diveniva la matrice delle regole di convivenza; queste si sovrapponevano alla tradizione etnica e venivano interpretate e applicate o governate da una burocrazia che aveva il potere di esercitare un primato sociale e politico. Nella realtà africana, questo passaggio acquistò un ritmo ben preciso durante il periodo della colonizzazione europea. Fu infatti in quei decenni che territori diversi furono accorpati (quasi sempre in virtù della vicinanza geografica) in colonie o Stati veri e propri, con un loro nome non sempre e non necessariamente legato alla tradizione etnica e anzi, più spesso, frutto di imposizioni. Gran parte degli Stati che attualmente compongono la costellazione africana hanno ricevuto un nome, se così si può dire, artificiale, quasi sempre per un adattamento di nomi locali al portoghese, come nel caso dell'Angola; o all'arabo, come per l'Algeria (dalla città che in arabo definisce le quattro isole della capitale); oppure al latino, come Eritrea (che gli italiani trassero dalla definizione latina del Mar Rosso) o, per la più artificiale delle sintesi, Tanzania, somma di Tanganica e Zanzibar, creata nel 1964, quando i due territori furono unificati.

La trasformazione di questi agglomerati in strutture istituzionali fu il risultato di situazioni diverse. Senza voler citare esempi di antica tradizione, è sufficiente ricordare la Liberia, nata nel 1847 come frutto dell'azione di gruppi filantropici americani che speravano di trovare in essa la sede per il reinserimento dei neri che rifiutavano il regime schiavistico ancora esistente oltre Atlantico; il Sudan, frutto delle contrapposizioni tra Gran Bretagna, Francia e Italia nell'ultimo decennio del XIX secolo; la Somalia, formata dalla creazione dei protettorati italiani nello stesso arco di tempo; la Libia, nata dalla colonizzazione italiana. In alcune altre parti dell'Africa, l'antagonismo vissuto in Europa nella fase più acuta della guerra fredda si ripercosse non tanto sulla creazione quanto sul modo di esistere di non pochi territori. Il primo e il più clamoroso di questi esempi fu quello del Congo belga. Dopo la fine della contesa tra Sovietici e Americani per conquistare il sopravvento su un territorio che domina l'Africa centrale, lo Zaire (per usare il nome allora scelto per il grande paese) venne ricostituito e governato fin dalla metà degli anni Sessanta da Mobutu Sese Seko.

Nell'ambito di questa categoria di Stati condizionati dalla guerra fredda, uno degli aspetti che più merita interesse riguarda l'omogeneità del tessuto politico-istituzionale e del programma di organizzazione statale che ispirò l'azione dei primi governi indipendenti. La cultura di matrice socialista o, più spesso, rigorosamente marxista-stalinista ebbe per le élite dirigenti di molti paesi un grande fascino. I due casi più noti in proposito sono quelli dell'Angola e del Mozambico, entrambi inevitabilmente condizionati dai precedenti politici della lotta contro i Portoghesi. In Angola due erano i partiti dominanti: il *Movimento Popular de libertação de Angola* (MPLA), fondato nel 1956 da Agostinho Neto, un intellettuale e poeta radicato nella cultura angolana e nell'ispirazione marxista-leninista; e l'*União Nacional Para a Indipendência Total de Angola* (UNITA), fondata nel 1964 da Jonas Savimbi, un intellettuale che aveva ottenuto il dottorato all'Università di Losanna e che seguiva l'insegnamento comunista di ispirazione maoista. Mentre il MPLA aveva le sue radici nei centri urbani e soprattutto a Luanda, capitale dell'Angola, Savimbi poteva contare sull'appoggio del gruppo etnico più numeroso del paese, gli Ovimbundu, legati alla vita agraria e all'allevamento. Il MPLA guidò la guerriglia contro i Portoghesi e nel 1975, liberato il paese, Neto divenne il primo presidente dell'Angola. Tenne la carica solo per due anni e venne poi trasferito in un ospedale di Mosca, dove morì nel 1979. Lo sostituì il suo seguace più abile e più efficiente, José Eduardo dos Santos.

I rapporti tra i due partiti subirono i riflessi della guerra fredda. Il MPLA, ben armato dai Sovietici e dai Cubani, e l'UNITA, appoggiato da Mobutu ma soprattutto dagli Stati Uniti, si contrapposero per molti anni prima di scegliere la via dell'accordo. Nel 1975 le due parti tentarono di comporre un governo di coalizione e di varare una Costituzione. Il negoziato fu però così controproducente da sfociare in una guerra civile nella quale le rivalità personali ebbero buona parte. Ma l'ideologia aveva profondamente cementato la vita dei due paesi. Fu uno scontro lungo e incontrollato che solo dal 1991 si aprì a qualche spiraglio di pace, affidato a un protocollo firmato a Lusaka (nello Zambia) alla fine del 1994. In linea di principio, con tale protocollo l'UNITA accettava la sconfitta militare, in cambio dell'impegno a formare un governo di unità nazionale. Di fatto, l'accordo non venne mai attuato. Sebbene nel 1998 venisse formato un governo di riconciliazione, le forze contrapposte continuarono a combattersi, anche se con minore intensità. Il momento in cui la riconciliazione ebbe davvero inizio fu determinato dalla cattura, per mano di forze governative, di Savimbi, il 22 febbraio 2002. Dos Santos ebbe l'abilità di varare allora un'amnistia pacificatrice, grazie alla quale fu possibile porre fine a una guerra civile che durava da 27 anni e aveva provocato mezzo milione di morti. Dos Santos si presentò come candidato alle prime elezioni libere tenute in Angola, nel settembre 2008, che vinse con facilità. Governò per qualche anno con metodi semi-dittatoriali poi, con la nuova Costituzione approvata nel gennaio 2010 e con la rielezione alla presidenza, nell'agosto 2012, gradualmente aprì alla creazione di una società civile più libera, benché gravata dalla penosa eredità della guerra civile.

All'inizio del XXI secolo gran parte del bilancio statale (il 21,2 per cento) era ancora destinata alle forze armate, mentre restava trascurato il sistema sanitario (in un paese che nel 2006 venne colpito da una fatale epidemia di colera); non esistevano infrastrutture e l'istruzione era un privilegio di pochi. Tuttavia l'Angola aveva risorse che proprio a partire dagli anni più difficili furono messe a profitto. Il prodotto interno lordo iniziò a crescere a ritmi esponenziali (tra il 18 e il 20 per cento nel 2005-2007), grazie allo sfruttamento delle riserve petrolifere e al commercio dei diamanti, e in pochi anni, secondo i calcoli degli economisti, raddoppiò: esempio unico, quanto meno per l'Africa. Con un atteggiamento risoluto, il governo di Luanda espulse in poco tempo decine di migliaia di congolesi che sfruttavano illegalmente la produzione mineraria angolana. L'intenso sfruttamento delle risorse petrolifere fece dell'Angola il primo produttore di greggio dell'Africa (davanti alla Nigeria e all'Algeria), capace di attrarre investimenti cinesi, tra il 2004 e il 2006, ma anche statunitensi e italiani. La crisi economica del 2008 venne superata in un paio d'anni e dal 2010 in poi l'Angola continuò a crescere come esempio delle potenzialità africane, nonostante i radicati problemi sociali (povertà diffusa e corruzione), e come speranza nell'avvento di un regime più libero.

La difficoltà di fondo era costituita dal rapporto tra la spinta all'urbanizzazione (la capitale, Luanda, ha 4 milioni di abitanti) e i problemi del territorio: la stessa spinta che aveva caratterizzato lo scontro fra MPLA e UNITA. Il presidente dos Santos ebbe allora la capacità e l'accortezza pragmatica di guidare la trasformazione dell'Angola da baluardo della penetrazione sovietica in Africa in dinamica forza economica, tale da anticipare una crescita imponente, voluta anche da una popolazione dall'indole energica e laboriosa, così come ebbe l'abilità (dicono le cronache contemporanee) di accrescere vistosamente la potenza economica del suo *entourage* familiare e politico. È perciò evidente che su questi presupposti la trasformazione della società angolana in senso moderno e politicamente pluralistico era considerata con fiducia. Crescevano nuovi soggetti, nuove imprese, la preparazione tecnica si diffondeva. Il problema del potere politico era quello di stare al passo con questi mutamenti, in modo adeguato a confermare la stabilità delle istituzioni e l'impegno a una politica di sviluppo adatta ad attrarre capitali stranieri.

Nel Mozambico, prima dell'indipendenza, si era formato un solo movimento anticolonialista, il FRELIMO (*Frente de libertaçao de Moçambique*), fondato nel 1962 da Eduardo Mondlane e guidato, dal 1970, da Samora Machel, dopo che Mondlane era stato assassinato. Machel nutriva idee rigorosamente marxiste-staliniste. Le attuò creando un governo formato solo da esponenti del FRELIMO, che rapidamente varò una radicale riforma della proprietà agricola, collettivizzando l'agricoltura, che era allora la principale attività produttiva del paese. Circa 4000 piccole aziende agricole vennero abbandonate e i pochi capitali disponibili furono destinati all'acquisto di macchinari più moderni, da utilizzare per la trasformazione agricola. Anche in questo caso, il punto critico era il fatto che queste riforme non tenevano conto delle condizioni effettive in cui il paese viveva, ma applicavano in modo coerente e inflessibile la teoria della collettivizzazione in agricoltura come volano per la crescita economica. Era una premessa che urtava con il fatto che gran parte del macchinario acquisito per automatizzare il lavoro agricolo rimaneva inutilizzata in mancanza del personale preparato a farne uso e delle risorse per acquistare i pezzi di ricambio. Su questi presupposti, l'esperimento si tradusse in un fallimento che gli eredi del potere politico dovettero governare per il superamento dell'arretratezza.

La triste situazione del Mozambico, frutto del malgoverno portoghese, radicalmente disinteressato alla crescita civile della sua colonia, fu aggravata dalle scelte compiute dal governo di Samora Machel. Furono sufficienti pochi anni perché si comprendesse che erano state controproducenti: l'80 per cento delle spesa pubblica era andato alle fattorie collettive, che però producevano solo il 10 per cento del fabbisogno nazionale. Era nata intanto l'opposizione, forte dell'appoggio dei bianchi che ancora governavano la Rhodesia contro la nascente stella di Robert Mugabe. Il nuovo partito, RENAMO (*Resistência Nacional Moçambicana*), era guidato da Afonso Dhlakama. La sua azione non si limitò alla contrapposizione politica: dal 1976 al 1994, infatti, condusse una vera e propria guerra civile contro il regime di Samora Machel. A sua volta questi, dopo il fallimento dell'esperimento rivoluzionario, e a mano a mano che gli aiuti sovietici si facevano più limitati, si avviò in una direzione non dissimile da quella angolana di dos Santos, e nel 1983 aprì agli investimenti stranieri. Quando Machel morì per un incidente aereo (forse un attentato), il Comitato centrale del FRELIMO designò a succedergli Joaquim Chissano, una personalità meno politicamente esposta e pronta a favorire apertamente gli investimenti stranieri. Nel 1992 Chissano firmò un accordo di pace con Dhlakama grazie al quale la guerra civile non ebbe subito termine, ma incominciò a condizionare in modo meno pesante la vita del paese. Con le prime elezioni libere (1994), Chissano venne eletto presidente e ripeté il successo nel 1999.

Dal 1992, per qualche anno, la vita politica del Mozambico attraversò un periodo di relativa calma, sinché, nel 2000, una serie di incidenti (il più grave dei quali fu l'uccisione di Carlos Cardoso, un rispettato giornalista critico del Mozambico) ridiede spazio a una diradata guerriglia. Solo con la rinuncia di Chissano a correre ancora per la presidenza, nel 2002, il cambiamento divenne netto. Armando Guebuza, un altro esponente del FRELIMO, venne eletto sulla base di un programma che, sebbene lanciato da uno stalinista, diede inizio a una politica dichiaratamente filo-occidentale. In quegli anni, l'economia del Mozambico si avviò verso una trasformazione che suscitò l'ammirazione di molti esperti internazionali. Rieletto nel 2004 e nel 2009, Guebuza vide il proprio paese cambiare faccia in maniera completa. Il prodotto interno lordo crebbe da allora a un ritmo del 7 per cento annuo (7,4 nel 2014). Esisteva politicamente una dittatura di partito, ma questo non impediva la sopravvivenza di altre forze politiche. Nonostante l'incertezza che dominava la vita civile in molte parti del paese, lo sfruttamento delle miniere di alluminio, di cui il Mozambico è ricco, quello delle noci di anacardio (un frutto importante in campo medico) e la scoperta di importanti giacimenti petroliferi al largo delle coste si tradussero in altrettante occasioni di crescita, che attirarono l'attenzione di molti paesi del mondo. L'economia agricola continuò a occupare gran parte degli ambiti produttivi (circa il 70 per cento della popolazione) ma il resto si avviò verso i nuovi settori industriali e terziario. La crescita economica non risolse i problemi relativi alla creazione di infrastrutture, ma è sufficiente citare la politica di intervento per la regolamentazione dei flussi d'acqua dei grandi fiumi per capire che il Mozambico diventava, da paese dal reddito più basso di tutta l'Africa, una delle forze trainanti l'economia del continente. Esso non è una democrazia e la sua popolazione è ancora afflitta da molti mali (tra i quali domina l'analfabetismo), ma la rapidità della trasformazione si traduce anche qui in speranze non illusorie.

I casi dell'Angola e del Mozambico erano l'espressione estrema di quanto l'ideologia potesse avere una funzione di matrice della istituzionalizzazione dell'etnia. Altri territori, dove si sperimentò sulla base di un eguale apparato teorico l'evoluzione di un sistema di istituzioni, non furono il teatro di conflitti militari, combattuti anche direttamente dai Sovietici (con il concorso dei Cubani); furono piuttosto esperimenti d'applicazione dei metodi politici frutto dell'ispirazione sovietica: controllo politico assiduo; talora adozione di forme fittizie di pluralismo, svuotato nei fatti dall'egemonia del partito dominante; e, accanto a questi aspetti istituzionali, la speranza di promuovere una crescita economica rapida ed esemplare per il resto del continente, senza che ciò si traducesse subito in un miglioramento delle condizioni di vita delle popolazioni indigene, ma le preparasse per i mutamenti politici ulteriori. La presenza di personalità politiche capaci di guidare la «rivoluzione» completava il quadro e dava all'assieme un certo carattere di analogia. Le condizioni di partenza erano rese eguali dalla volontà di lottare contro i colonizzatori, ma erano vissute in modo diverso, poiché la lotta era affidata solo a forze interne ed era concatenata con la perdurante difficoltà dei diversi gruppi etnici ad accomunarsi in un modo di sentire condiviso e nazionale, per restare piuttosto legati alla tradizione dell'appartenenza etnica.

Così la vita politica della Tanzania, indipendente dal 1964, fu a lungo dominata dalla figura di Julius Nyerere, uno dei due soli laureati del territorio, fondatore nel 1960 della *Tanganika African National Union* (TANU). Nyerere guidò il paese dal 1961 al 1985: un lungo periodo di governo paternalistico, condizionato dalla difficoltà dei rapporti con Zanzibar fino al 1964; poi caratterizzato dal dominio del partito unico, il TANU, di ispirazione marxista-leninista. Coerente con questa premessa ideologica, Nyerere nazionalizzò tutte le proprietà agricole e produttive, con risultati fallimentari ma con grande impegno nei lavori pubblici e nell'istruzione. Solo nel 1992, con l'uscita di scena di Nyerere, la situazione politica incominciò a cambiare, benché l'abitudine all'esistenza di un partito unico come forza politica dominante avesse lasciato dietro di sé un sistema politico più che frazionato e quasi ingovernabile. Dal 1995 al 2005 si susseguì un certo numero di soggetti politici. Nel 2005 le elezioni furono vinte da Mrisho Kikwete, esponente del Partito rivoluzionario. Era un potere ricco, poiché una clausola della Costituzione permetteva al governo di «comperare» i voti. Ma ciò nonostante venne avviata una serie di riforme, favorite dal buon livello del sistema educativo, che era una delle eredità positive del periodo di Nyerere. Furono, quelli, gli anni di un primo progresso economico, grazie sia allo sfruttamento delle risorse minerarie (metalli preziosi e diamanti) e del potenziale agricolo, sia al turismo. L'aiuto della Banca mondiale e dell'Unione Europea contribuì a una diminuzione dell'indebitamento internazionale. Così anche la Tanzania entrò nel numero dei paesi africani il cui PIL cresceva del 7/8 per cento all'anno. Nonostante le tensioni religiose ed etniche e le continue difficoltà nei rapporti con Zanzibar, l'immagine internazionale dello Stato acquistò credibilità, come riconobbero nel 2013 il premier cinese Xi Jinping e, poco dopo, il presidente Obama il quale, visitando la capitale Dar es Salaam (che aveva raggiunto i tre milioni di abitanti), additò la Tanzania come esempio positivo per la crescita di tutta l'Africa (e forse anche come utile alleato, di importanza strategica nell'Oceano Indiano).

Tra le colonie britanniche in Africa, il Kenya era stato quella politicamente più avanzata e già negli anni della seconda guerra mondiale aveva inviato sue truppe a combattere contro i Tedeschi e gli Italiani. Sin dal 1944 vi era stata costituita un'organizzazione indipendentistica segreta, la *Kenyan African Union*, che nel 1947 aveva designato come suo leader Jomo Kenyatta, il capo di un gruppo di guerriglieri, i Mau Mau, in maggioranza di etnia kykuyu, che avevano come obiettivo la proprietà della terra, da distribuire più equamente anche fra i neri. La guerriglia durò una decina d'anni, che Jomo Kenyatta trascorse in buona parte in carcere. Nel 1960 il governo britannico adottò il criterio della progressiva concessione del potere alla maggioranza di colore e dopo di allora ebbe inizio una contesa politica senza tregua tra Kenyatta (liberato dal carcere nel 1961), alleato a Tom Mboya, esponente dell'etnia Luo, contro Oginga Odinga, il fondatore della *Kenya People's Union*, d'orientamento socialista marxista. Dopo la concessione formale dell'indipendenza, nel 1963, Jomo Kenyatta venne eletto presidente e, in nome dell'unità del paese, designò Oginga Odinga alla vicepresidenza. In realtà la lotta tra le due fazioni, e all'interno di esse, durò ancora a lungo. Nel 1969 Mboya venne assassinato. La sua tribù d'appartenenza avviò una campagna di cruente proteste che non impedirono dal 1969 al 1978 la permanenza al potere di Jomo Kenyatta, il capo carismatico del partito dominante ma anche il protagonista di una sorta d'autoritarismo personalizzato.

Non diverso fu lo stile di governo del suo successore, Daniel arap Moi. Contro questa specie di dittatura si schierarono le maggiori etnie, i Kykuyu, i Luo e i Luhya, che nel 1990 crearono un *Forum for the Restoration of Democracy*, rimasto al potere dal 1991 al 2002, anche contro la crescente opposizione popolare e nonostante le severe critiche del Fondo monetario internazionale e della Banca mondiale, che avevano concesso importanti crediti nell'ambito del programma HIPC (*Heavily Indebted Poor Countries Initiative*). Solo nel 2002 Moi rinunciò al potere ed ebbe così inizio una fase di più aperta vita democratica. L'ascesa di questo personaggio e quella del figlio di Jomo Kenyatta, Uhuru Kenyatta, portarono a una nuova dinamica politica. Odinga riuscì a far designare e poi eleggere come presidente un anziano esponente della politica keniota, Mwai Kibaki, che nel 2002 vinse le elezioni contro il partito kykuyu di Kenyatta e avviò una risoluta campagna contro la corruzione, nella quale finirono coinvolti anche quatttro ministri del suo governo. In questo clima, che mostrava le radici profonde della corruttela esistente nel paese, Kibaki ripresentò la sua candidatura nel 2007 e vinse di misura. Tuttavia il suo successo venne contestato e dalla contestazione derivarono sanguinosi scontri tra i sostenitori delle diverse parti politiche, sinché Kibaki, assunta la presidenza della Repubblica, designò come primo ministro, in un governo di coalizione, il suo avversario Odinga. Anche questo compromesso non durò a lungo e nel 2009 esplosero nuovi momenti di guerriglia. Ciò non impedì che nel 2010 fosse approvata una nuova Costituzione, che modificava in profondità le funzioni presidenziali. Kibaki fu messo nella condizione di non poter ripresentare la sua candidatura. Vinse perciò Odinga con facilità.

Odinga dovette subito affrontare il maggiore problema internazionale che condizionava l'esercizio del potere, cioè l'impossibilità di controllare il confine con la Somalia e il continuo flusso di profughi o di terroristi, che dal Nord tendevano o a rifugiarsi nel Kenya o a trasformarlo in base operativa per le loro incursioni in Somalia. Una serie di attacchi mostrò il pericolo del terrorismo, culminati nel settembre 2013 in un clamoroso colpo di mano compiuto da uomini di al-Shabaab contro un grande magazzino di Nairobi. Furono necessari quattro giorni di assedio per liberare l'edificio, nel quale erano tenuti prigionieri parecchi ostaggi, e vi furono decine di vittime. Non bastò la decisione presa dal governo di Nairobi di emanare per i Somali un ordine di residenza obbligatoria in determinate località keniane, poiché la Corte di giustizia keniota decretò l'invalidità di questa ordinanza. Perciò il clima nel quale si svolsero le elezioni del marzo 2013 rimase condizionato dall'incertezza. I due contendenti appartenevano alle due grandi famiglie politiche dominanti: Raila Odinga, figlia di Oginga, e Uhuru Kenyatta, figlio di Jomo. Kenyatta ebbe la meglio, ma ancora una volta con un margine così ridotto rispetto alla rivale da non disporre della maggioranza sufficiente in Parlamento per governare il paese. Assunse la presidenza, ma il suo potere fu presto condizionato dall'avvio di un processo presso la Corte penale internazionale dell'Aja, con l'accusa di presunte irregolarità e violenze compiute nelle campagne elettorali del 2007-2008. Solo nel dicembre 2014 queste accuse vennero lasciate cadere per insufficienza di prove, liberando il Kenya da una pregiudiziale giuridica rischiosa. Del resto le elezioni del 2013 si erano svolte in un clima sufficientemente tranquillo e avevano restituito credibilità a un sistema economico fortemente condizionato dalla sua localizzazione geografica e dalla scarsità delle risorse minerarie.

Ciò rende l'economia del Kenya prevalentemente dipendente dall'agricoltura e dal turismo. Risorsa principale, quest'ultimo, di un paese che esprime la volontà di essere governato da coalizioni durevoli ma che è minacciato nella sua esistenza quotidiana dalla vicinanza dell'estremisno islamico. Più di altri paesi, esso è stato esposto alle oscillazioni del mercato mondiale, specialmente durante le recessioni americana ed europea del 2007-2013. Il reddito nazionale cresce anche qui, ma in misura minore e non omogenea, con oscillazioni che riflettono quelle dei commerci internazionali. Da un punto di vista particolare, l'interrelazione del Kenya con il mercato mondiale ha avuto effetti positivi, poiché il sistema bancario e quello tecnologico hanno trovato qui maggiori possibilità di insediamento. Per gli operatori internazionali (soprattutto per i Cinesi e gli Americani) le contese interne sono infatti vicende che non impediscono l'integrazione del Kenya nel sistema economico globale. Si è così delineato, più che in altri Stati africani, il dualismo tra sistema socio-politico e sistema economico. Il secondo cresce bene, al punto di compensare i danni dell'endemica corruzione, delle contese tribali o delle sempre più invasive incursioni fondamentalistiche, che gettano discredito sulla capacità del governo di tenere sotto controllo la situazione.

Con qualche anno di ritardo, lo stesso esperimento venne ripetuto in Etiopia. A dire il vero, essa non aveva il problema di costituirsi come Stato indipendente, dato che le radici della sua esistenza statale e imperiale risalivano a secoli addietro, con i caratteri del regime feudale. Questo era stato abbattuto nel 1974 dalla coalizione dei gruppi militari nota con l'acronimo DERG (*Consiglio* ovvero *Comitato di coordinamento delle forze armate, della polizia e della forze territoriali*). Da quell'anno e fino al 1987 l'Etiopia fu governata dalla dittatura militare di stampo comunista. Il suo presidente, Menghistu Haile Mariam, riuscì a ottenere il massimo aiuto militare dall'URSS, costringendo anche la gerarchia sovietica ad abbandonare al suo triste destino il dittatore somalo Siad Barre, che da strenuo filo-comunista divenne in fretta filo-occidentale. In generale, in quel punto geopolitico dell'Africa la situazione diventava molto più complessa poiché la creazione di istituzioni statali rese omogenee dall'ideologia veniva sopraffatta in grande misura dalla funzione trainante che i militari si attribuivano, come accadde in Egitto e nel Sudan. La lunga parentesi di predominio sovietico e cubano in Somalia prima e in Etiopia poi segnò l'ultimo capitolo dell'intersezione tra crisi africane e guerra fredda. Un tema, questo, che condizionava il controllo dell'area marittima nella quale si incontrano il Mar Rosso e l'Oceano Indiano. Accanto ad esso, si affacciava il tema dell'instabilità politica derivante (soprattutto nel caso della Somalia) dalle infiltrazioni del fondamentalismo islamico.

Dopo la caduta del regime di Menghistu, in Etiopia si erano tenute, nel maggio 1995, «libere» elezioni, che avevano portato al governo Negaso Gidada, presidente della Repubblica, e Meles Zenawi, capo del governo, entrambi esponenti del DERG. In Etiopia, nonostante la Costituzione quasi democratica, Zenawi tenne nelle sue mani le più importanti cariche e continuò a perseguitare l'opposizione, particolarmente forte nelle regioni prossime al confine con l'Eritrea. Quest'ultima, già annessa all'Etiopia, aveva proclamato l'indipendenza, confermata da un referendum popolare, nel maggio 1993, senza però che fosse risolto il problema dei rapporti con l'Etiopia, specialmente in relazione alla questione dello sbocco al mare. Questo motivo di frizione portò a una serie di scontri armati, tra la fine del 1998 e tutto il 1999, tali da richiedere un arbitrato internazionale per la soluzione di una controversia endemica. Tuttavia né il parere della Corte dell'Aja (2002) né l'intervento delle Nazioni Unite portarono subito a un risultato. Solo nel 2004 Zenawi, l'uomo forte del regime etiopico, accettò di sperimentare un compromesso in linea di principio, incontrando la diffidenza degli Eritrei e lasciando lo stato delle cose in termini potenzialmente rischiosi, anche per la prossimità dell'Eritrea al Sudan.

Le elezioni del 2005 in Etiopia furono all'origine di interminabili discussioni sulla regolarità del voto. La Costituzione etiopica definiva l'esistenza di una federazione di nove regioni autonome, che i nuovi governanti dovevano risollevare dalla povertà in cui la dittatura di Menghistu le aveva lasciate. Meles Zenawi riuscì a governare con energia, forte della sua netta scelta a favore delle potenze occidentali e grazie alle riforme costituzionali che perseguì con energia. A distrarre in parte l'attenzione seguì poco dopo, nell'estate del 2006, un tentativo di invasione da parte somala. Ebbe inizio una guerra non dichiarata nella quale, in opposizione all'islamismo, gli Stati Uniti fornirono aiuti segreti agli Etiopici. Meglio armati ed equipaggiati di armi moderne, questi ebbero la meglio sui Somali, che vennero sconfitti nel 2008. Nemmeno questa però era una pace affidabile, poiché i combattimenti ricominciarono nel 2011 e nel 2012 si estesero anche all'Eritrea. Il dittatore etiopico morì a 57 anni, nel 2012, in seguito a una misteriosa infezione e per succedergli venne designato dal Parlamento etiopico Teshome Wirtu, un politico vicino al partito di Zenawi. Educato in Cina, dove aveva anche conseguito un dottorato in diritto internazionale, Teshome si collocò sul piano politico nella linea di Zenawi, facendo concessioni che aprivano a una maggiore autonomia periferica ma tenevano ben fermo il controllo centrale. Inoltre avviò una serie di importanti riforme economiche e di lavori pubblici. In economia, aprì alle importazioni, soprattutto cinesi e poi statunitensi.

L'efficacia di questo insieme di riforme è indicata dal fatto che dal 2004 il prodotto lordo etiopico crebbe mediamente secondo percentuali oscillanti tra il 10 e il 13 per cento. Alla base di questo *exploit* vi era anzitutto la produzione agricola, resa ancora più produttiva sul piano commerciale grazie al miglioramento dell'integrazione tra i due settori d'attività. Ciò si traduceva in un forte incremento delle esportazioni di caffè (una merce della quale l'Etiopia è il maggior produttore africano), di bestiame e di «qat», una pianta medicinale usata in loco come allucinogeno, molto diffusa in tutta l'Africa orientale e nella penisola arabica e consumata come sussidio energetico. Restava il problema dell'irrigazione, che da sempre era stato un limite alla trasformazione etiopica, e il governo riprese l'ipotesi di risolverlo costruendo – tra le proteste egiziane e sudanesi – un sistema di dighe sul Nilo Azzurro, finanziate dalla Banca mondiale e da investitori cinesi. Tutto ciò esprimeva la natura di un paese in profonda trasformazione. Esistevano ed esistono molti limiti, tra i quali la povertà delle infrastrutture e la diffusione di malattie epidemiche, come l'AIDS, che in Etiopia è la malattia più diffusa nel mondo, in proporzione alla popolazione.

Una trasformazione ricca di promesse ma anche di limiti, dunque. Tra questi, la ricorrente guerriglia con l'Eritrea e la difficoltà di governare un paese caratterizzato dalle rivalità etniche. Il nuovo primo ministro, Hailemariam Desalegn, eletto nel 2013, può certo mostrare le potenzialità del paese in un'area geografica divenuta sempre più importante strategicamente, dopo i cambiamenti avvenuti nel mondo arabo e i mutamenti di equilibri nell'Oceano Indiano. All'inizio del 2015 le Nazioni Unite prevedevano che entro dieci anni il reddito medio dei cittadini etiopici sarebbe stato eguale a quello di molti Stati di medio sviluppo. Ma questa previsione deve tener conto della perdurante varietà delle divisioni politiche interne, e non solo del caso eritreo.

La storia delle origini degli Stati africani creati dall'evoluzione istituzionale delle etnie e, dopo il 1990, sviluppatisi secondo la capacità delle loro classi dirigenti di seguire il cambiamento del quadro internazionale e il nuovo modo di porsi dei problemi economico-politici internazionali, chiarisce una larga parte di ciò che avvenne in Africa dall'indipendenza in poi. È però utile integrarla, ai fini di una ricostruzione più esauriente, con un rinvio alle esperienze di altri Stati, la cui sorte, prima e dopo la decolonizzazione, fu come guidata o dai condizionamenti dell'islamismo o da quelli del potere militare.

Dei paesi affacciati sul Mediterraneo si dirà più avanti. Ma subito occorre rilevare quanto essi siano stati il frutto del potere militare. Il Marocco, l'Algeria, la Tunisia di Ben Ali, la Libia di Gheddafi appartengono a questa categoria e vissero quasi prendendo a modello l'Egitto, anche nel caso di monarchie dalle remote radici islamiche, divenute in modo accentuato regimi laici. Un caso esemplare fu quello del Sudan. Infatti il grande Stato sudanese, il più esteso dell'Africa fino al 2011, dopo tale data venne suddiviso in due entità statali separate: il Sudan vero e proprio e il Sud Sudan. Negli anni della dittatura di Jafaar Nimeiry la contrapposizione tra le diverse etnie islamiche e l'interferenza sovietica, che dall'Egitto condizionava anche il Sudan, resero impossibile un governo normale. Nel 1983 Nimeiry volle trasformare il

Sudan in un vero e proprio Stato islamizzato, basato sulle norme della *Shari'a* e accompagnato da una rigida chiusura di ogni forma di espressione contraria al suo regime anche sul piano civile. Fu, questo, il punto di svolta che trasformò il dissenso strisciante nell'area meridionale del Sudan in aperta ribellione, ispirata dalla presenza in questa parte del paese di una pluralità di gruppi religiosi, in buona misura prossimi alla visione cristiano-copta. Nel 1984 un ufficiale dell'esercito sudanese, John Garang, costituì un esercito di liberazione del Sud (*Southern People's Liberation Army*) che sopravvisse alla caduta di Nimeiry (1986) e all'ascesa al potere a Karthum del generale Omar Hassan al-Bashir, il quale godeva dell'appoggio del Fronte nazionale islamico (*National Islamic Front*) e che abolì la Costituzione islamica per sostituirla con un regime del quale egli era ed è il dominatore. Deferito per le atrocità commesse, soprattutto nel Darfur, alla Corte penale internazionale dell'Aja, fu dapprima condannato, ma nel dicembre 2014 assolto dalle accuse più gravi per volontà dello stesso tribunale, che tuttavia non gli restituì l'immunità giuridica.

Non è necessario dilungarsi sui metodi di governo di questo generale, che non nutriva scrupoli umanitari, se non per osservare che, grazie a capitali iraniani, egli poté rafforzare le proprie forze armate ma, al tempo stesso, vide consolidarsi l'unità del movimento di liberazione del Sudan meridionale. Nel 2000 indisse le elezioni presidenziali nelle regioni del Nord Sudan e risultò il facile vincitore. Si sentì così forte da arrestare e tenere in carcere per due anni anche Hassan al-Turabi, il suo principale ispiratore e il più importante esponente della Fratellanza islamica nel Sudan. La situazione era però così complessa da imporre a Bashir una svolta anche rispetto alla questione del Sud Sudan. Infatti, quando divenne noto che Osāma bin Lāden era stato ospitato a lungo nel territorio sudanese, il presidente Bush prese a occuparsi del Sudan in maniera attiva e predispose un piano per normalizzare e controllare la situazione. Nel luglio 2002 i suoi emissari riuscirono a far stipulare un accordo tra rappresentanti del governo di Karthum ed esponenti della ribellione meridionale. Secondo questo piano, il Sudan sarebbe stato diviso in due soggetti statali separati, che avrebbero goduto degli aiuti della Banca mondiale e del Fondo monetario internazionale. I proventi delle risorse petrolifere, scoperte negli anni precedenti e situate in territorio esteso a entrambe le parti del Sudan, sarebbero stati divisi in modo paritario. Per Garang e i sud-sudanesi si trattava di un successo, che tuttavia liberava forze sudanesi per combattere contro il secessionismo del Darfur e per eliminarlo al prezzo di centinaia di migliaia di vittime e circa 2,5 milioni di profughi. Frattanto la separazione del Sud Sudan aveva avuto luogo e il nuovo Stato, con capitale Giuba, nasceva all'insegna di una guerriglia endemica che ne condizionava l'esistenza. Nel 2013, l'80 per cento della popolazione era ancora legato all'attività agricola. Nel 2014, il 45 per cento viveva ancora al di sotto della soglia di povertà e tutti gli altri indicatori esprimevano arretratezza.

Fatti estremi, questi, che non cancellano l'importanza strategica del territorio e impongono di considerare ciò che esso potrebbe divenire. Infatti è necessario tenere presente che la collaborazione tra i due Stati del Sudan è indispensabile per lo sfruttamento delle risorse petrolifere destinate ai porti del Mar Rosso; inoltre i due Sudan rientrano necessariamente nei grandi progetti infrastrutturali che impegnano capitali americani, cinesi, europei, nonché fondi delle grandi organizzazioni internazionali, per dar vita a sicure comunicazioni via acqua, terra e ferrovia dall'Etiopia all'Egitto. Per quanto riguarda il rapporto con il resto dell'Africa, la questione del Darfur ha messo in evidenza l'importanza del Sudan come confine occidentale dei paesi del Sahel e come estrema propaggine del Sahara, con tutte le tensioni, evidenti o meno, che caratterizzano questo mondo a parte. Né va dimenticato che, assieme all'Eritrea e agli Stati della penisola arabica, il Sudan controlla gran parte della via marittima che collega il Mediterraneo all'Oceano Indiano e al Pacifico, proprio negli anni in cui queste parti del mondo attraggono sempre maggiori interessi politici ed economici.

La dottrina sovietica ebbe un ruolo risolutivo anche nei primi decenni di vita dei numerosi Stati sorti dopo la ritirata (più o meno spontanea) dei Britannici o dei Francesi dall'Africa occidentale e dal suo retroterra subsahariano. Non era un andamento lineare poiché in questi casi il peso dell'etnia, quello delle religioni, quello dei militari e quello dei commerci si inserivano nei progetti dei leader politici. Tuttavia, sino al 1990 essa fu ancora il segno del durevole predominio delle idee sui fatti. La Guinea Bissau, fino al 1974 colonia portoghese, offriva un panorama delle contraddizioni che precedettero la svolta finale. Il suo primo presidente, Luís de Almeida Cabral, ne fece una repubblica di stile sovietico, irrigidita dal regime dittatoriale. Nel 1980 Cabral fu destituito da un colpo di Stato militare grazie al quale il generale Joaõ Bernardo Vieira divenne il padrone del piccolo Stato africano fino al 1999. La preoccupazione di Vieira fu di cancellare le tracce del sistema politico creato da Cabral, mantenendo tuttavia il regime di partito unico che questi aveva creato ma rovesciando le alleanze a favore dell'Occidente, senza per questo riuscire a mettere ordine nel paese.

Alla fine del 1999, un altro colpo di Stato diede ulteriore evidenza al dualismo esercito-società politica poiché il militare che guidò per alcuni anni il paese, Kumba Ialá, governò in modo arbitrario, sciolse il Parlamento e pretese di legiferare solo mediante propri decreti. Furono ancora i militari a toglierlo di mezzo, nel settembre 2004. La lenta transizione portò nel 2005 alla designazione come primo ministro di un civile, Carlo Gomes Júnior, considerato il più ricco cittadino dello Stato. Nemmeno questa soluzione risultò efficace e l'incertezza, con l'alternarsi di personalità al potere, durò fino alle elezioni del luglio 2009, il cui vincitore, Malai Sanha, morì dopo pochi mesi, mentre il conflitto tra le forze in campo si protraeva fino al maggio 2014, quando per la prima volta risultò vincitore un esponente della «nuova guardia» politica, José Mario Vaz. Il suo programma politico poneva in prima linea la lotta contro la povertà e uno strenuo impegno per sconfiggere la criminalità organizzata, collegati al ridimensionamento del potere dei militari e a un piano di incentivi per gli investimenti nel settore agrario. Compiti, questi, di portata enorme in un paese dove la spesa pubblica assorbiva sino all'80 per cento delle entrate. Esso appare dunque come la versione negativa dei problemi africani. Un sistema economico fragile e dominato dal traffico di stupefacenti; il fatto di essere stato governato sin dai primi anni da militari, salvo cercare nell'energia di una personalità civile il mezzo per spezzare la relativa stagnazione e avviare lo Stato verso lo sviluppo: sono questi i caratteri che mostrano, in netta alternativa al caso del Senegal o a quello del Ghana, la via d'uscita.

Del resto la storia della Guinea Bissau non è molto dissimile da quella della più vasta e potenzialmente ricca vicina meridionale, la Repubblica di Guinea. Vale la pena ricordare qui che nel 1958, quando il governo francese propose alle sue colonie un referendum sul loro futuro istituzionale, la Guinea, allora dominata da Ahmed Sékou Touré, fu il solo territorio a optare contro l'entrata nella comunità francese. Sékou Touré, le cui origini politiche derivavano dall'esperienza sindacale, diede vita come presidente (dall'ottobre 1958) a un sistema politico scrupolosamente analogo a quello sovietico. Il suo partito (*Partito democratico della Guinea*) fu l'unico ammesso alla vita politica e l'unico al quale aderirono fino a due milioni di guineani. L'opposizione non era tollerata e le elezioni erano solo una cerimonia per la conferma di un potere talora capace di compiere singolari crudeltà (come nel 1971, quando la repressione di manifestazioni ostili causò migliaia di vittime).

Quando Touré morì, nel 1984, lasciò un paese che era in pieno declino. Le imprese statali che sfruttavano i giacimenti di bauxite erano in condizioni miserande mentre dominava il traffico illegale del minerale, necessario per la produzione di alluminio. Insomma, come ha scritto J. Tyler Dickovick, «il regime di Touré divenne emblematico delle tragedie dell'Africa negli anni Settanta e Ottanta: estremismo dittatoriale, gestione incompetente e corruzione, crescente accentuazione delle diversità etniche e sociali». I militari che presero il potere nel 1984, sovrapponendosi agli eredi politici di Sékou Touré, smantellarono rapidamente gran parte del sistema politico esistente, cominciando con la liberazione di alcune decine di migliaia di prigionieri politici detenuti nelle prigioni di Conakry, la capitale della Guinea. Il colonnello Lansana Conté, che assunse la presidenza nel dicembre 1984, adottò una politica più liberale e con l'appoggio dei Francesi – che poterono così rivalersi della scelta compiuta da Touré nel 1958 – avviò alcune riforme economiche. Nel 1990 fu approvata una Costituzione che riconosceva il multipartitismo e che permise a Conté di essere rieletto formalmente fino al 2008 – di fatto sino al 2003, poiché le sue condizioni di salute iniziarono a indebolire la sua capacità di reggere alle sfide del tempo ed ebbe inizio una serrata lotta politica per la successione. Per alcuni anni il paese fu scosso da continui scontri armati e da un impressionante peggioramento della vita pubblica, tanto che nel 2006 la Guinea venne considerata come il secondo paese tra i più corrotti del mondo.

Alla morte di Conté, nel dicembre 2008, militari e civili cercarono di formare un governo di coalizione, dominato dal capitano

Moussa Dadis Camara, che fino al 2010 dovette fronteggiare situazioni drammatiche e tali da richiedere l'intervento dell'ONU. Le elezioni del 2010 segnarono un punto di svolta. Alpha Condé, che già aveva insegnato scienze politiche all'Università di Parigi, venne eletto presidente. Il suo compito era immane e fu aggravato dalla diffusione in Guinea dell'epidemia di ebola. Ma un compito reso fecondo, su un piano diverso, grazie al potenziale economico di questo Stato. La produzione agricola e forestale, l'abbondanza di minerali di bauxite, diamanti, oro, formavano una base di crescita, dopo il superamento delle difficoltà legate ai limiti delle strutture sanitarie. In Guinea si rispecchiano quasi tutti gli aspetti delle questioni africane: la faticosa e non del tutto risolta conquista della stabilità politica, la povertà delle strutture, la corruzione diffusa, il ruolo delle forze armate, l'epidemia di ebola; sono tutti ostacoli che frenano il decollo verso una crescita che è potenzialmente imponente, grazie all'abbondanza delle risorse disponibili e alla volontà di governare il cambiamento. Così la transizione verso un regime a suo modo democratico appare in tutte le sfaccettature del caso.

Anche la Costa d'Avorio venne colpita nel 2014 dall'epidemia di ebola e questo condizionò il successo della sua evoluzione economica e politica. La Costa d'Avorio era stata la creatura di uno degli statisti africani più autorevoli e più ascoltati in Francia, Félix Houphouët-Boigny, che guidò il paese dall'indipendenza (1960) al 1993. Del resto la sua esperienza comprendeva anche il periodo di appartenenza all'Assemblea nazionale francese come rappresentante del *Parti démocratique de la Côte d'Ivoire*, l'organizzazione politica dominante sino alla morte del suo fondatore. E sotto la sua guida si formò una classe politica seria e preparata. Per citare un solo esempio, Alassane Ouattara, già primo ministro con Houphouët-Boigny, dal 1984 al 1994 fu un funzionario del Fondo monetario internazionale, del quale divenne anche vicedirettore. Alla morte di Houphouët-Boigny seguì un periodo irrequieto, al quale posero fine le elezioni presidenziali del 2000, vinte da Laurent Gbagbo, professore di storia ed esponente del Partito socialista. I primi anni del suo governo coincisero con una serie di turbolenze militari. Tra le parti in contesa vi era la forza rappresentata proprio da Alassane Ouattara, fautore di una serie di riforme che gli derivavano dalla sua esperienza presso il FMI. Nel maggio 2011 Ouattara vinse le elezioni presidenziali contro

Gbagbo e da allora avviò una politica di stabilizzazione che il suo avversario cercò di boicottare anche con la forza, ma senza successo, poiché la Costa d'Avorio, superati gli anni di Gbagbo, recuperò la speranza di veder nascere un sistema economico e industriale nel quale, accanto all'agricoltura (il paese è il maggiore produttore mondiale di cacao), si svilupparono la coltivazione e la prima lavorazione del cotone. Superate le incertezze dei primi anni del XXI secolo, la Costa d'Avorio ritornò a incarnare il volto progredito dell'Africa occidentale.

Il Ghana e la Nigeria rappresentano, in modo diverso, i paradigmi dell'efficienza dei sistemi di transizione dall'etnia all'istituzione. Quando la Gran Bretagna decise, nel 1957, di concedere alla Costa d'Oro (questo il precedente nome del Ghana) la piena indipendenza, il protagonista della lotta politica che aveva portato a questo risultato, Kwame Nkrumah, di etnia ashanti e religione cattolica, divenne subito il capo di Stato. Il suo orientamento politico affiorò quando egli adottò una serie di misure che facevano del Ghana uno Stato socialista su modello sovietico. Contro il neo-colonialismo delle potenze europee, egli si ispirò al modello del monopartitismo e a quello cinese dell'anticolonialismo. Censura sulla stampa e predominio poliziesco da parte del governo caratterizzarono queste scelte. Le prospettive economiche del paese erano eccellenti, ma il governo di Nkrumah trasformò le illusioni in delusioni. Per ripetere concetti già enunciati, la nazionalizzazione delle imprese portò al loro declino; il debito pubblico non fece che crescere; l'agricoltura venne trascurata. Insomma, il sistema economico era così malandato che nemmeno gli introiti della vendita del cacao (del quale il Ghana era il secondo maggior produttore mondiale) riuscivano a compensare il deficit commerciale. Nkrumah lasciò così un'eredità disastrosa.

A cercare il cambiamento furono i militari, che nel 1966 deposero il suo governo e costrinsero il dittatore all'esilio, ospite dell'amico politico Sékou Touré. I simpatizzanti comunisti vennero emarginati o imprigionati. Il Ghana entrò in una lunga fase di instabilità, segnata da governi militari, colpi di Stato, governi civili. Il primo segno di una svolta si ebbe nel 1979, quando un giovane ufficiale, Jerry Rawling, un ammiratore di Gheddafi, formò una giunta militare, con la quale dominò a lungo la vita politica del paese. Sotto il suo dominio, il Ghana visse diversi tentativi di risanamento, favoriti dai prestiti della finanza internazionale. Nel 1986 Rawling adottò una radicale riforma del sistema amministrativo, che fu snellito ed epurato; aprì agli investimenti esteri e privatizzò un buon numero di imprese pubbliche. Sul piano politico, sostituì al regime monopartitico un sistema pluralistico del quale egli stesso si valse, facendosi rieleggere alla presidenza nel 1996 e rimanendo in carica fino al 2000. Quell'anno fu molto pesante per il Ghana, colpito dalle conseguenze di una crisi economica che gravava sulle sue esportazioni, riducendo il prodotto nazionale. Le elezioni di quell'anno vennero vinte dal candidato dell'opposizione, John Kufour, e il passaggio di potere ebbe luogo in modo pacifico, aprendo un periodo di otto anni segnato da uno stile di governo relativamente disponibile alle riforme e aiutato da una ripresa economica favorita dalla cancellazione di parti rilevanti del debito internazionale. Nel 2008 le elezioni mostrarono la maturità del sistema poiché furono vinte dal candidato dell'opposizione, John Evans Atta-Mills, il cui precoce decesso impose un esercizio provvisorio, affidato al vicepresidente John Draman Mahama, confermato nella carica nelle elezioni del dicembre 2012.

La tradizione dei governi civili, scelti in maniera normale, continuava, e favoriva sia la forte integrazione del Ghana nel mercato internazionale, sia il superamento di periodici momenti di crisi economica derivante dalle variazioni dei prezzi sul mercato mondiale. Il cacao, l'oro, il legname prezioso e, dal 2007, il petrolio favorivano una crescita economica che nel 2012 raggiunse il 14 per cento. Insomma, l'esempio del Ghana rispecchia le previsioni di chi lo considera un modello per lo sviluppo e per l'integrazione internazionale. Non si può certo dire che ciò rappresenti una realtà attuale, poiché i soliti problemi strutturali, tipici del contesto africano, condizionano il successo: nel 2014 la crescita è stata molto meno sostenuta e nell'estate il Ghana ha bussato alle porte del FMI per un programma di assistenza. Eppure non si può negare ciò che scriveva l'«Economist» sin dal 2008, quando definiva il Ghana «un buon esempio per tutta l'Africa». La definizione è profondamente condivisa da una popolazione che apprezza il ruolo esemplare assunto e il credito di cui il paese gode nel mondo; è verosimile perciò che gli ultimi avvenimenti siano solo una parentesi momentanea e che il Ghana torni a rappresentare il modello di sviluppo al quale guardano molti paesi.

Il modo in cui la Nigeria dovette affrontare i problemi che perennemente l'assillano rispecchia in profondità le contraddizioni di tutta la questione africana. Il paese più popoloso del continente e uno dei più estesi, la Nigeria è stata ed è una delle matrici della cultura africana. La sua esistenza è però condizionata dalla molteplicità etnica della popolazione (circa 250 gruppi, tra i quali dominano gli Hausa, i Fulani e gli Igbo) e dalla divisione tra le confessioni religiose presenti nel paese, che vedono in lieve maggioranza i musulmani, di poco inferiori i cristiani. Indipendente dal 1960, sotto la guida di Nnamdi Azikiwe, di etnia Igbo – dominante nel Sud della Nigeria e in prevalenza cristiana –, dovette subito affrontare le conseguenze dell'insoddisfazione delle popolazioni del Nord, a maggioranza islamica, che nel 1966 inscenarono il primo di numerosi colpi di Stato militari. Nel 1963 la Nigeria riuscì a darsi un assetto federale, e quando si tennero le prime consultazioni Azikiwe mantenne la presidenza, mentre la carica di primo ministro fu affidata a un esponente delle regioni del Nord, Tafewa Balewa, che riuscì a conquistare un certo dominio politico. Fu questa contraddizione interna che spinse i militari a un'azione sanguinosa, resa poi ancora più drammatica dalla tentata scissione della regione del Biafra. Le atrocità che accompagnarono il conflitto, e che provocarono oltre un milione di vittime, vennero rese note con la diffusione delle prime immagini delle sofferenze infantili, trasmesse dai sistemi televisivi di tutto il mondo, e misero in evidenza la portata drammatica che il conflitto aveva assunto. Solo nel 1970 il Biafra, stremato dalla durezza della lotta, che durava dal 1967, accettò di arrendersi al potere centrale.

Ebbe inizio un periodo di relativa tranquillità e di benessere economico, derivante soprattutto dalla scoperta di importanti giacimenti petroliferi, che a lungo fecero della Nigeria il principale produttore africano. Lo stretto collegamento tra lo sfruttamento di questa risorsa, l'andamento dei prezzi sul mercato internazionale e la relativa noncuranza verso le altre risorse produttive nigeriane trasformò però il potenziale benessere in una situazione critica, poiché il maggiore interesse per i prodotti petroliferi tolse forza lavoro alle altre attività e costrinse il paese a procurarsi le altre merci con costose importazioni. Prima dell'inizio della guerra per il Biafra, il generale Yakubu Gowon aveva preso il potere con la forza e lo aveva usato per orientare i frutti del prodotto petrolifero verso una politica centralistica, fonte di corruzione ma anche di imponenti lavori pubblici, culminati nella creazione di una nuova capitale ad Abuja, concepita come città moderna di stile americano. La disparità di situazioni che questo stile politico provocava favorì, dal 1975, l'opposizione dello stesso mondo militare, sinché nel 1983 giunse al potere un altro generale, Ibrahim Babangida. Questi godeva di un certo appoggio negli ambienti più colti del paese e cercò di riportare un minimo di ordine combattendo la corruzione e predisponendo il passaggio a un governo civile con l'adozione di un decreto che legittimava l'esistenza di due soli partiti: uno di centro-sinistra e uno di centro-destra, che sarebbero dovuti passare al vaglio dell'elettorato. Tuttavia le elezioni, tenute nel 1993, furono annullate e seguite da nuovi colpi di mano politici o militari culminati, nel dicembre di quello stesso anno, nella presa del potere da parte del ministro della Difesa, Sani Abacha. Il suo governo segnò uno dei momenti più oscuri della vita nigeriana. Di lui è stato scritto che «corrotto e brutale, oltraggiava ogni regola civile e ogni diritto umano, sopprimendo con la violenza l'opposizione». Nel 1994, quando il presidente eletto l'anno prima, Moshood Abiola, cercò di insediarsi alla presidenza, Abacha lo fece arrestare e imprigionare. I partiti politici furono aboliti e gli uffici pubblici vennero tutti posti sotto il controllo degli uomini di Abacha. Gli oppositori furono incarcerati e mandati a morte.

Abacha intendeva presentare la sua candidatura alle elezioni del 1998 ma morì improvvisamente, pochi giorni prima che altrettanto improvvisamente morisse, alla vigilia della scarcerazione, il presidente Abiola. L'ipotesi di due cospirazioni contrapposte ma convergenti non parve ingiustificata, tuttavia l'effetto della duplice scomparsa dei leader che si contrapponevano portò all'elezione di un civile, Olusengun Obasanjo, che dal 1998 governò costituzionalmente la Nigeria per i due mandati che gli erano concessi. Il suo era un compito più che mai arduo, poiché doveva rimediare a quindici anni di governo militare corrotto e alle prese con le tensioni regionali. Le ricchezze petrolifere gli fornirono le risorse per superare molte difficoltà in materia di distribuzione del lavoro e di affermazione dei diritti civili, ma il problema più serio affiorò quando dodici regioni settentrionali dello Stato incominciarono, dal 2000 in poi, a stabilire che le cause penali dovessero discutersi secondo le regole del diritto islamico, cioè della *Shari'a*, il che segnava, per tutta la Nigeria, la prima incursione politica dell'islamismo. Quando il mandato di Obasanjo giunse a termine, nel 2006, il suo partito (democratico) candidò alla presidenza una personalità poco nota, Umaru Musa Yar'Adua, governatore di una piccola regione del Nord. Yar'Adua venne eletto con facilità e governò con senso della misura e senza concessioni alla corruzione. Ma era un uomo fragile e dalla salute malferma. Morì nel maggio 2010 e alla presidenza venne eletto Goodluck Jonathan, un cristiano del Sud nigeriano. La sua larga vittoria non aprì tuttavia a un periodo di pace, poiché gli islamici più intransigenti la contrastarono e i più violenti diedero vita al movimento fondamentalista Boko Haram, che dal 2011 condiziona la vita interna della Nigeria.

Il modo violento e settario con il quale questa setta cerca di affermare la propria egemonia si estese a tutta la vita nigeriana. Benché le condizioni economiche generali del paese offrissero molte opportunità, la vita politica restava bloccata. La riprova più evidente di questa anomalia si ebbe all'inizio del 2015, quando le elezioni presidenziali, previste per il 14 febbraio, furono rinviate alla fine di marzo, nella tenue speranza che la situazione dell'ordine interno migliorasse. Il rinvio non risultò inutile. La campagna elettorale ebbe un andamento abbastanza normale, viste le circostanze. Jonathan, il presidente cristiano, aveva come contendente un esponente del Nord islamico e maggioritario, il generale Muhammad Buhari, fermamente risoluto e combattere contro l'estremismo di Boko Haram. Il successo di Buhari fu seguito da una transizione pacifica: segno importante del mutamento di stile politico verso il quale la Nigeria si stava avviando; segno altresì che il paese, pur assillato dall'estremismo islamista, poteva continuare a crescere nella vita economica e in quella internazionale, quanto meno africana. Ma in questo caso le fondamenta della transizione istituzionale erano già nelle mani dei militari, cioè – in generale e con una certa approssimazionc – dei tecnici, per il mantenimento dell'ordine e l'emarginazione dell'ideologismo.

5.4. *L'Africa equatoriale*

L'Uganda visse i primi anni dell'indipendenza sotto regimi discutibili e discussi. Milton Obote, il primo presidente dopo il 1962 (anno della piena indipendenza), si proponeva di creare una repubblica su basi socialiste, ma venne rovesciato nel 1971 dal generale Idi Amin, fautore dei metodi di governo più brutali. Per distrarre la popolazione ugandese, nel 1978 Amin fece guerra alla Tanzania, con il pretesto di rispondere a una tentata invasione. Il governo di Nyerere reagì a spese del dittatore ugandese e aprì la strada al ritorno in campo di Obote (maggio 1980). Tuttavia anche la seconda esperienza di Obote non ebbe fortuna. Il Movimento nazionale di liberazione, guidato da Yoweri Museveni, organizzò boicottaggio e guerriglia contro lo stile dittatoriale di Obote e nel 1986 riuscì a eliminarlo. Museveni mise al bando tutti i partiti politici e trasformò il Movimento che egli guidava nel solo soggetto al quale era consentito di svolgere azione politica. A prima vista era un'analogia con il centralismo delle altre dittature africane. Ma poco dopo si comprese che quello era solo un passaggio transitorio. Dopo una fase di consultazioni, nell'ottobre 1995 egli proponeva una Costituzione grazie alla quale il suo regime acquistava nuova legittimità, pur senza aprirsi a un effettivo pluralismo. Museveni pose termine alle stragi e alle malversazioni ma governò in modo autoritario: un atteggiamento comunque approvato dalla popolazione, come dimostrò la vittoria alle successive elezioni. La stabilità diede i suoi frutti. La pace liberò il paese dall'eredità delle atrocità commesse negli anni precedenti. L'economia incominciò a risanarsi, con un PIL che cresceva anche del 10 per cento annuo. Gli scontri militari con i paesi vicini furono onerosi ma non ebbero conseguenze sul potere di Museveni, il quale riuscì a vincere anche le elezioni del 2011. Il successo economico controbilanciava l'assenza di pluralismo politico.

La situazione del Botswana, indipendente dal 1966, non è sostanzialmente diversa, sebbene questo Stato goda di maggiore considerazione internazionale. Nonostante un formale pluripartitismo, la vita politica è egemonizzata dal Partito democratico, che di fatto sanziona la scelta del presidente, condizionata, dopo l'indipendenza, dalla famiglia di Seretse Khama, già re di una delle maggiori tribù dell'area: lo stesso Seretse Khama dal 1966 al 1980, poi Quett K.J. Masire dal 1980 al 1998, Festus Mogae dal 1998 al 2008, infine Ian Khama, il nipote del primo presidente e il vice di Masire, già in carica. Tradizionalismo e pluralismo rendono il Botswana uno Stato politicamente stabile, indebolito dalla pesante diffusione dell'epidemia di AIDS, ma reso economicamente prospero grazie allo sfruttamento, da parte del monopolio De Beers, delle miniere di diamanti, che rappresentano la maggiore risorsa del paese.

Caratterizzato da una posizione geografica che lo pone al riparo da incursioni esterne, lo Zimbabwe è forse lo Stato più disperato dell'Africa equatoriale. Nato dopo un teso scontro con i coloni bianchi, esso è indipendente dal 1980 e da allora vive sotto la dittatura di Robert Mugabe, che dapprima progettò la creazione di uno Stato su modello marxista-leninista, poi pensò solo al modo più efficace per mantenere il potere, favorito dall'appartenenza alla tribù largamente maggioritaria nel paese, gli Shona. Si formò in tal modo un regime abietto, nel quale la miseria cresceva mentre il leader diventava più potente: disoccupazione, inflazione, violenza politica, requisizioni delle terre che erano state lasciate ai coloni bianchi e polemica anticolonialista furono usate come strumento per coagulare il consenso, ma con poco successo. L'inflazione, la disoccupazione, la fuga di capitali, aggravate da una inarrestabile epidemia di AIDS, corrodevano il tessuto sociale di un paese che può aspirare a un cambiamento solo con la fine del regime di Mugabe.

In parte analoga fu per anni la situazione del Malawi, indipendente dal 1964 e governato in modo dittatoriale per trent'anni, fino al 1994, da Hastings Kamuzu Banda, presidente a vita dalla visione così estremistica da imporre agli abitanti persino il modo di vestire. La fine della sua dittatura ebbe luogo quando egli fu persuaso a indire un referendum costituzionale sul multipartitismo e non poté seguire le votazioni, essendo costretto in un ospedale in Sudafrica (morì nel 1996, dopo essere stato processato per le sue gesta). Solo nel 2004 maturarono i primi segni di una svolta. Il partito «Alleanza per la democrazia» fece eleggere un suo candidato, Bingu wa Mutharika, un economista che aveva compiuto i suoi studi in California. Durante il suo secondo mandato, Mutharika riuscì a ottenere un importante credito dal FMI, con il quale veniva in parte risanato il bilancio nazionale. Nel 2014 il fratello di Mutarika, Peter, a sua volta docente negli Stati Uniti, riprese la politica di risanamento avviata negli anni precedenti.

La storia recente dello Zambia rappresenta uno dei casi esemplari di un paese avviato al miglioramento. Indipendente dal 1964, il paese venne governato sulla base di regolari elezioni dal giorno dell'indipendenza al 1991, forte del progresso economico derivante dall'incremento dei prezzi del rame (del quale lo Zambia è uno dei maggiori produttori del mondo). L'andamento dei prezzi di questo minerale sul mercato internazionale gravò, fino ai primi anni Ottanta, sul bilancio dello Stato, che all'inizio del decennio fu costretto a dipendere dagli aiuti del FMI e della Banca mondiale, e a seguire le misure restrittive che queste istituzioni imponevano. Nel 1987 il presidente Kenneth Kaunda fu costretto a stabilire che il 10 per cento del PIL fosse destinato al ripianamento del debito, con il risultato di provocare un'inflazione che raggiunse il 400 per cento. La popolarità di Kaunda ne risentì pesantemente. Nelle elezioni del 1991 venne sconfitto da Frederick Chiluba. Questi caratterizzò la sua politica economica in senso liberistico, privatizzando imprese statali improduttive, ma tagliando anche il consenso elettorale di cui aveva goduto.

Nel 2001 ebbe inizio alla presidenza una successione di personalità che, continuando la politica di austerità avviata da Chiluba, riuscirono a ottenere di essere inclusi nei programmi dell'HIPC. Ciò impose una politica economica non sempre coerente ma tale da assicurare al paese il ritorno verso una crescita risanatrice, con un prodotto interno lordo in aumento del 6/7 per cento all'anno, così da far prevedere un futuro migliore e più stabile. Nel 2001 gli elettori scelsero Levy Mwanawasa, già collaboratore di Chiluba, che non esitò nella sua politica di sradicamento della corruzione, spingendosi a far aprire un procedimento per appropriazione indebita contro lo stesso Chiluba e altri suoi collaboratori. Poi adottò una serie di misure di austerità che consentirono allo Zambia di essere infine incluso nei programmi dell'HIPC e di ottenere che nel 2006 il suo debito esterno fosse incluso tra quelli cancellati. Lo Zambia entrava in una nuova fase della sua vita economica. Mwanawasa emerse come una delle personalità più autorevoli dell'Africa meridionale ma non poté vedere i risultati della propria azione, poiché morì nel giugno 2008; al suo posto subentrò Rupiah Banda, già vicepresidente. Dopo un triennio di transizione, governato da Banda, nel 2011 si tennero nuove regolari elezioni, vinte da Michael Sata, dall'orientamento che potrebbe essere definito socialdemocratico. Ma anche questo uomo nuovo della politica africana morì prima dello scadere del suo mandato, nel settembre 2014, aprendo una fase di ulteriore transizione in un paese che appare governato da una élite politica frammentata e condizionata dalle oscillazioni del mercato internazionale e tuttavia, in definitiva, capace di assicurare una crescita media che oscilla tra il 6 e il 7 per cento all'anno, collocando lo Zambia tra gli Stati che contribuiscono a far prevedere un futuro di sviluppo accettabile. Nel gennaio 2015, nuove elezioni portarono alla presidenza Edgar Lungu, candidato del partito di governo.

Da questo rapido sguardo al tema della nascita dello Stato africano come frutto della convergenza (voluta o imposta) di varie etnie si possono desumere i tratti comuni di una pluriennale, se non anche secolare, evoluzione. Si è visto anche come l'ideologia considerata quale forza trainante del cambiamento fosse in alcuni, sempre più numerosi, casi accompagnata dall'emergere della forza dei militari e dalle rivalità religiose. Sebbene in questa sede sia impossibile trattare di tale varietà di situazioni in maniera approfondita, alcuni temi hanno un'evidenza molto netta. Il primo di essi concerne la collocazione internazionale. Se si considera l'impronta politica impressa dai primi governi post-coloniali, l'aspetto che più colpisce è la netta volontà (e la parallela impossibilità) di distinguere la nuova esistenza dal passato coloniale e, di conseguenza, negli anni della guerra fredda, l'inclinazione marxista o la propensione filo-sovietica dominante in gran parte di tutta l'area. La fine della guerra fredda e l'evidente insuccesso della pianificazione centralizzata portarono all'avanzata di sperimentazioni politiche autoritarie prive di efficaci progetti di sviluppo e rivolte alla comunità internazionale come a un provvidenziale intervento risolutivo. L'attesa o la speranza di un aiuto dall'esterno circoscrivevano la volontà di promuovere dall'interno il cambiamento. Questo rimase un aspetto costante sinché il potere politico (quando esso esisteva in termini stabili) appartenne ai vecchi gruppi dirigenti. Il cambiamento ebbe luogo con l'avvento di nuove generazioni, non dissimili dalle precedenti per preparazione o volontà di dominio, talora condizionate dall'influenza dell'estremismo islamico, e tuttavia più consapevoli delle attese imposte dal mercato internazionale e dai problemi della crescita economica, in un contesto politico il più possibile stabile.

Fra i più interessanti paesi che vivono questi problemi è utile citare il destino della Mauritania, strettamente legato a quello del

Marocco e dell'Algeria per il comune coinvolgimento nella questione del Polisario e del Sahrawi, cioè dell'antica colonia spagnola denominata Rio de Oro, che si era dichiarata autonoma dal 1973, stabilendo sul territorio algerino (a Tindouf) la propria sede ufficiale e proclamandosi Repubblica indipendente del Sahrawi nel 1976. Nel 1979 la Mauritania ritirava le sue truppe dal territorio occupato ma ciò non modificava il rapporto conflittuale con il Marocco, che considerava il Sahrawi territorio proprio e ne completava l'occupazione tra il 1975 e il 1979, avviando in tal modo un conflitto continuato fino al 1991, senza che la questione fosse risolta sul piano giuridico né su quello dell'effettività del riconoscimento internazionale. L'intervento delle Nazioni Unite, che dovrebbero sovrintendere a un referendum sul futuro di questo territorio, non ha ancora avuto, nel 2015, efficacia pratica.

Dal 1960, l'anno della sua indipendenza, la Mauritania è stata governata come repubblica islamica, presieduta da Moktar Ould Daddah. Essa si proietta prevalentemente verso l'interno desertico ma dopo la scoperta di giacimenti petroliferi, nel 2006, è avviata verso una forte crescita, sotto la guida del generale Mohamed Ould Abdul Aziz, autore nel 2008 di un colpo di Stato sanzionato l'anno dopo da un vistoso successo elettorale. Le infiltrazioni da parte di elementi di Al Qaeda, provenienti dalla dissoluzione della Libia, sono state respinte con molta energia e nel giugno 2014 Abdul Aziz è stato confermato alla presidenza con una maggioranza imponente. Egli può contare sull'appoggio dell'esercito, impegnato a combattere il terrorismo «in tutte le sue forme», e sugli aiuti del sistema Hipc, oltre che su investimenti cinesi. Così la Mauritania, in precedenza collocata tra i paesi più poveri del mondo, riesce a proiettarsi verso un avvenire nel quale è previsto un incremento del reddito nazionale spesso superiore al 10 per cento. Abdul Aziz, nato nel 1956, rappresenta quella generazione di mezzo che, accantonata la vecchia classe politica, poggia sulla forza militare e sulla crescita economica il suo avvenire.

Meno aspra e più prestigiosa la condizione del Senegal, lo Stato africano dalle origini segnate non solo dal fervore culturale tradizionale ma, in particolare, dal fatto che la sua nascita apparve come il frutto della visione di Léopold Sédar Senghor, filosofo e poeta, il primo nero invitato a far parte dell'Academie Française. A lui si deve l'elaborazione del concetto di *négritude* come espressione del contributo dell'Africa alla cultura universale. I limiti di questa visione, ora ben evidenti, non sminuiscono la sua ispirazione come ricerca delle radici identitarie di un popolo e di tutto il continente. Senghor dominò la vita del Senegal per un ventennio dall'indipendenza. Cattolico e profondamente colto, ebbe a cuore il collegamento con la società senegalese, in grande prevalenza islamica. Furono queste le basi sulle quali egli impostò la struttura dello Stato come regime pluralista e democratico, stile francese, mediato però da un forte accentramento del potere nelle mani presidenziali. Senghor governò fino al 31 dicembre 1980, quando ritenne giusto trarsi in disparte, tenendo conto della propria tarda età (era nato nel 1906 e morì nel 2001). La transizione fu straordinariamente pacifica, poiché la presidenza passò al primo ministro Abdou Diouf, che a sua volta rimase in carica per un ventennio, fino al 2001, quando un altro veterano della politica senegalese, Abdoulaye Wade, vinse le elezioni.

La sequenza di tre personalità forti alla guida del paese venne interrotta nel 2009, quando l'opposizione diede inizio a manifestazioni violente, culminate nelle elezioni che nel 2012 portarono alla presidenza Macky Sall, esponente di *Alliance pour la Republique*, che peraltro avviò il suo mandato tenendo conto di ciò che avevano fatto i suoi predecessori. E avevano fatto molto, non per suscitare improvvise avanzate sul piano della crescita economica, ma per mantenere costante il prestigio di un paese culturalmente forte, ben amministrato e che, sebbene condizionato da una capacità produttiva limitata e da una forte disoccupazione, grazie alla sua stabilità conosce un modesto ma costante sviluppo economico e riceve l'apprezzamento internazionale. Quando nel giugno 2013 il presidente Obama visitò il Senegal e la sua capitale, Dakar, che frattanto era diventata un centro con tre milioni di abitanti, lodò la solidità del sistema politico senegalese che, del resto, si caratterizza come un modello non diffuso ma esemplare di organizzazione della vita di uno Stato dalla recente indipendenza.

5.5. *Alcune considerazioni generali*

Un luogo comune ereditato dal passato riguarda il modo in cui si pensa all'Africa come caso speciale nella divisione del globo e nella gerarchia dello sviluppo. È esistita, soprattutto nella cultura occidentale, la propensione a guardare all'Africa come a un insieme omogeneo. La concezione poetica di *négritude* non ha fondamento se non nell'immagine di chi, nella seconda metà del XX secolo, combatteva per l'indipendenza. Nei fatti non esiste un *homo africanus* ma esistono, come negli altri continenti, diversità etniche e antropologiche molto ben visibili, sebbene l'ignoranza dei fatti tenda a non farle scorgere. Le Nazioni Unite hanno proposto una suddivisione dell'Africa in regioni diverse, secondo un parametro che qui viene solo in parte accettato. Esistono un'Africa mediterranea; una occidentale e legata al Sahara, affacciata sull'Atlantico, in gran parte indipendente a partire dal 1960; un'Africa australe, costruita attorno al Sudafrica ed estesa alla Namibia; una sud-orientale, che dal Mozambico giunge fino al Sudan includendo situazioni talora assai differenti; una orientale, che comprende l'area del Corno d'Africa; infine un'Africa equatoriale, formata da una serie di Stati prossimi all'Equatore o immediatamente a meridione di questo ma tutti lontani dal mare e condizionati, nella loro esistenza, dal mondo e dalla natura che li circonda.

Ciascuno di questi gruppi di Stati si propone, a chi deve esaminarne il profilo politico e il ruolo nella vita internazionale, in modo diverso. Anche in questi casi vi sono, è pur vero, questioni sistematiche che corrispondono a tutti i problemi dello sviluppo: chi debba esserne il protagonista, chi la vittima; quali le risorse su cui puntare con maggiore efficacia e quali trascurare; quali siano i modelli politici a cui collegarsi; se abbia o meno un senso applicare a questi paesi gli schemi tipici della trasformazione democratica avvenuta in altre parti del mondo. Alcuni di questi problemi sono endemici: la questione delle infrastrutture, come presupposto per la crescita economica o come effetto di essa; la tutela della salute pubblica in aree devastate periodicamente da catastrofiche epidemie o flagellate dalla difficoltà di combattere con sistematica efficacia la diffusione dell'AIDS; il tema della corruzione, spesso frutto di una propensione alla rapina di ciò che è pubblico ma che, in casi diversi, può diventare un modo anomalo per la distribuzione del prodotto interno, sottraendolo a egemonie esclusive; il perenne e quasi sempre presente dualismo tra il potere civile e quello militare, con l'evidente inclinazione del potere militare a sovrapporsi a quello civile in nome della necessità d'ordine; la difficoltà di concepire la confluenza di singoli gruppi etnici regionali in una più estesa comunità statale.

Tuttavia due profili emergono con impressionante evidenza come condizioni esistenti, o da creare, perché la società africana nel suo insieme si trasformi da eterogenea varietà di organizzazioni statali, dalle diverse capacità di crescita e modernizzazione, in un insieme di Stati che, con ritmi e sistemi diversi, si orientano verso una trasformazione, talora vertiginosa, tesa allo sviluppo economico. Il primo riguarda l'esistenza di un'autorità statale sufficientemente stabile, cioè capace di durare in modo credibile oltre le episodiche occasioni dei colpi di Stato, per diventare un interlocutore permanente o istituzionalmente stabile per gli investitori interni e internazionali. Il secondo riguarda il rapporto tra Stato e democrazia in Africa. Anche in questo caso, come in altri già esaminati, il preconcetto che richiede alla democrazia africana di esistere come sistema politico analogo a quello delle democrazie dei paesi più avanzati diviene fuorviante, soprattutto quando la nozione di democrazia viene collegata a quella di sviluppo economico e sostenibile. Per gran parte dei paesi africani i metodi e le forme della democrazia occidentale non hanno lo stesso significato che hanno altrove. Le elezioni, che nel mondo occidentale sono il riferimento dominante la vita democratica, hanno nei paesi africani più spesso un valore celebrativo o di commisurazione dei rapporti di forza esistenti tra i vari gruppi etnici o tra i clan tribali, piuttosto che quello di indicare la rappresentanza secondo orientamenti politici. La democrazia in Africa è in primo luogo equità, assenza di violenti colpi di mano, regolarità nel pagamento dei salari del pubblico impiego e, al tempo stesso, diminuzione della consuetudine di considerare il pubblico impiego come uno dei modi per favorire la crescita economica e la distribuzione autoritaria della ricchezza.

Insomma, la democrazia africana ha caratteri suoi propri, che mutano come muta il paese al quale ci si riferisce e che non sono assimilabili a quelli occidentali. Se poi si aggiunge a queste considerazioni l'analisi del rapporto tra libere istituzioni e sviluppo economico si ritorna al tradizionale dualismo già più volte rilevato. La ricchezza e la crescita economica derivano dalla possibilità di investire capitali in modo sicuro, senza il timore di ruberie ingiustificate, e con la ragionevole aspettativa di un profitto crescente, poiché in questo collegamento si colloca il motore dello sviluppo. Più concisamente, il capitale non tiene conto del regime politico esistente, bensì della certezza di essere investito in modo adatto a creare profitto, senza tenere in molta considerazione il modo in cui le classi dirigenti locali usano la ricchezza acquisita, talora impossessandosene direttamente, grazie a una legislazione interna a dir poco lacunosa.

Infine, una valutazione che può essere estesa a gran parte dei paesi africani: sebbene alcuni di essi siano paralizzati dalla presenza di conflitti interni che ne impediscono la stabilità, la grande maggioranza – con evidenti differenze ma in direzione omogenea – dall'ultimo decennio del XX secolo ai giorni nostri è stata protagonista di una trasformazione inattesa, cioè di una impennata della volontà di cambiare economicamente e socialmente che talora ha avuto forme e ritmi persino superiori a quelli già sorprendenti che negli ultimi decenni del XX secolo hanno caratterizzato il passaggio di molti paesi dell'Asia orientale dallo stadio della povertà a quello dello modernità: uno sviluppo così celere da proporsi come rivoluzione dei rapporti di forza globali. Ciò non è ancora accaduto politicamente in Africa, ma molti sintomi richiedono attenzione anche su questo punto. Dall'Africa non vi sono ancora spinte a investire fuori dal continente e, al contrario, vi sono appelli, spesso angosciati, per ricevere aiuti e per rendersi credibili come occasioni per massicci investimenti. Nella letteratura economica si è sviluppato un dibattito sul tema degli aiuti e non pochi ritengono che l'aiuto umanitario sia un elemento eticamente lodevole ma economicamente tale da soffocare le imprese locali. Dambisa Moyo, originaria dello Zambia, funzionario della Banca mondiale, ha pubblicato, a sostegno di questa tesi, un volume – poi ripreso da altri autori – dal titolo in italiano: *La carità che uccide*. Ma il passaggio dalla passività o dalla guerra civile alla volontà di cambiare è stato così rapido da imporsi come la maggiore novità dell'ultimo decennio e da nascondere ciò che è cambiato rispetto al permanere di sacche di miseria che viceversa sembrano implorare un aiuto compassionevole. Questo tema diviene evidente nella sua portata globale quando si prende in considerazione il modo in cui le Nazioni Unite, la Banca mondiale e il Fondo monetario internazionale hanno preso in considerazione il problema della povertà, elaborando il progetto, più volte citato, definito *Heavily Indebted Poor Countries Initiative* (HIPC).

Nel 1996 le tre organizzazioni affrontavano infatti la questione dell'indebitamento dei paesi più poveri e dell'impossibilità che ciascuno di essi potesse liberarsi, nei bilanci statali, dell'onere del ripianamento. Se si guardava l'elenco dei paesi considerati «poveri» e, di conseguenza, tali da richiedere interventi, si vedeva che complessivamente esso enumerava 39 Stati, ma che ben 31 di essi erano paesi africani. Questa era la situazione prima del «risveglio» africano. Nel 1996 si prendevano le mosse dalla potenziale capacità dei singoli paesi di fronteggiare un debito internazionale troppo elevato e per superare questa strozzatura veniva elaborato il progetto HIPC, il cui obiettivo era di aiutare un determinato numero di paesi a superare le loro difficoltà purché ciascuno di essi si impegnasse a seguire determinate regole di politica economica. La proposta ebbe un'accelerazione quando nel 2005 l'ONU la inserì tra i *Millenium Development Goals* (MDGs) e quando, tra il 2005 e il 2007, venne varata una *Multilateral Debt Relief Initiative* (MLDI) con la partecipazione dell'*African Development Fund* e successivamente con l'intervento della *Inter-American Development Bank*. Nei paesi che, secondo i responsabili dell'HIPC, avessero mostrato di essere *eligible*, cioè qualificati a essere inseriti nell'elenco dell'HIPC, l'aiuto avrebbe assunto un carattere di provvisorietà. Rispetto a queste situazioni, i paesi che avessero mostrato per almeno un anno di essere in grado di ottenere risultati apprezzabili grazie all'appoggio del FMI o della Banca mondiale potevano essere appoggiati fino alla completa cancellazione del debito. Il programma prevedeva un finanziamento che entro il 2012 avrebbe raggiunto l'impegno totale di 74 miliardi di dollari (al valore attuale).

Non è possibile qui esaminare nei particolari il modo in cui l'iniziativa si sviluppò, ma si può affermare che nell'insieme essa rappresentò un punto di partenza, se non anche un volano, per il risanamento economico di gran parte dei paesi africani. Considerato nella sua portata, il progetto mostrava soprattutto che l'atteggiamento della comunità internazionale rispetto al problema della capacità dei paesi africani di superare le situazioni di crisi fosse ben riposto, poiché l'inizio del programma di aiuti (che è tuttora in corso) ha avuto la funzione di accelerare o incoraggiare l'azione politica dei singoli governi interessati e non quello di intervenire nei casi di manifesta crisi sociale. Quella dell'integrazione dell'economia di uno Stato nel mercato mondiale è una formula eloquente che, applicata al caso dell'Africa, mostra come la doppia valenza dell'aiuto contribuisca a smuovere le risorse materiali e psicologiche che le nuove classi dirigenti (per quanto avvezze al clientelismo) sono in grado di proporre al mondo, in una visione radicalmente diversa di ciò che l'Africa è o può divenire, dopo le illusioni, gli errori o gli orrori dei primi decenni di indipendenza, e ancora nel 2015, quando il dramma dell'emigrazione illustra in modo chiaro le difficoltà del mercato del lavoro e la speranza che «altrove» esista il meglio. Lo schema elaborato congiuntamente dal FMI, dalla Banca mondiale e dall'ONU è stato spesso connotato come esemplare del modo capitalistico di governare lo sviluppo globale al fine di mantenerne il controllo. Eppure non si può fermare lo sguardo a un'osservazione così superficiale, poiché essa nasconde l'esito finale degli aiuti: cioè la completa remissione del debito in cambio del successo dei programmi di cambiamento.

Per collocare in modo più preciso le considerazioni generali sin qui svolte sono necessari alcuni richiami storici e alcune considerazioni analitiche. Anzitutto la dimensione: dopo l'Asia e le Americhe, l'Africa, con i suoi 30.288.064 chilometri quadrati di estensione, è per vastità della superficie il terzo continente del mondo. La sua collocazione geografica e la sua paleostoria fanno sì che essa sia anche una terra dalle brusche diversità naturali. È importante tenere presente questi aspetti, poiché essi spiegano in buona parte la complessità africana e l'impossibilità di considerarla in modo unitario. Non erano infondate le tesi di Montesquieu, che alla metà del XVIII secolo nel suo *De l'esprit des loix* affermava l'esistenza di una diretta correlazione tra il clima e il carattere delle genti, sebbene questa tesi vada più interpretata che considerata come normalità sociologica. La varietà climatica, intrinseca nella diversità geografica, non influenza direttamente ciò che gli uomini riescono a fare. Esiste una buona quantità di situazioni geografiche analoghe che indicano risultati del tutto diversi, mostrando come nell'area equatoriale o in quella desertica, ad esempio, possano crescere sistemi economici vitali o, al contrario, la forza della natura possa avere il sopravvento sull'indole degli uomini. Tuttavia non si può negare che, più che l'indole e la tempra delle genti, sono le condizioni della vita quotidiana, le produzioni agricole, gli allevamenti animali, le diversità secondo le quali sono distribuite le specie naturali, ma anche i caratteri umani – che passano dal normotipo dell'Africa del Nord ai neri dell'Africa centrale, ai «coloured» del Sudafrica, spesso meticciati dai bianchi d'origine coloniale –, e la complessa varietà fisica, esposta alle esigenze della natura o resa possibile dalla qualità dell'ambiente, a risentire della situazione climatica del territorio. E ancora, il fatto che in tutto il continente esistano ricchezze minerarie sin troppo conosciute ma spesso inutilizzate per motivi politici o per la difficoltà di raggiungere i luoghi dove esse si trovano; o l'abbondanza delle acque, soprattutto nella parte tropicale del continente, accompagnata dalla difficoltà di regolarne il corso: tutti questi sono i motivi della eterogeneità del quadro d'assieme e della difficoltà di scriverne in maniera compiuta come di un assetto già stabilizzato. È più indicativa la rapidità del cambiamento. Perciò è impossibile trascurare il dato che vede l'economia africana in generale crescere a un tasso ben più elevato non solo di quello europeo ma anche di quello statunitense, sebbene ciò non sempre sia il segno della democratizzazione.

Se poi, per chiudere questa premessa generale, si affronta il tema demografico, limiti e potenzialità si affacciano con prepotenza. Limiti, poiché pochi popoli del mondo sono altrettanto divisi dalla varietà di etnie che tendono a contrapporsi prima di trovare le ragioni dell'integrazione; e ancora limiti, poiché l'Africa è esposta a epidemie come la malaria, l'AIDS – che provoca il 70 per cento dei casi di decesso precoce –, la tubercolosi, il colera, la peste, la difterite, il tifo, l'ebola, o la malnutrizione proteico energetica (MPE): tutte malattie che causano un'elevata mortalità sia infantile sia degli adulti. Si calcola infatti, su fonti ONU, che la mortalità infantile oscilli tra il 24 per mille dell'Egitto e il 110 per mille nel Niger, o il 43 per mille del Sudafrica; che l'aspettativa di vita alla nascita oscilli fra un minimo di 42 anni nel Mozambico, 46,5 nel Congo, 48 in Somalia, 49,3 nella Repubblica democratica del Congo, e i 53 anni in Etiopia. Tuttavia, nell'insieme, nonostante i limiti appena indicati, la popolazione dell'Africa è salita dai circa 100 milioni del XIX secolo ai circa 900 del XXI; tre quarti di questa è di età inferiore ai 25 anni. Ciò è il frutto di una diversa distribuzione del tasso di fertilità, che in pratica cancella quello di mortalità, oscillando da un 17-19 per mille nei paesi dell'Africa settentrionale al 32 per mille nella Repubblica democratica del

Congo, al 50 per mille nel Niger, mentre la fertilità delle donne sale a una media di 5,5 figli ciascuna.

Queste osservazioni sull'evolvere della situazione africana in generale acquistano concretezza se, superato il tema riguardante la genesi della trasformazione in atto in tutto il continente, si prendono in considerazione alcuni dei casi che meglio chiariscono i termini pratici del cambiamento.

Dopo la fine della contesa tra Sovietici e Americani per conquistare il sopravvento su un territorio che domina l'Africa centrale, lo Zaire (per usare il nome allora scelto per il grande paese) venne «pacificato» e governato fin dalla metà degli anni Sessanta da Mobutu Sese Seko, il cui obiettivo principale fu quello di mantenere i vincoli con le multinazionali che sfruttavano le risorse del paese e che arricchivano personalmente il suo dittatore. Il governo di Mobutu non fu mai ben solido, data la vastità dello Stato e l'impossibilità o l'incapacità di tenerlo tutto sotto controllo. Né esso riuscì a far sorgere dalle ricchezze potenziali un'economia stabile e in grado di migliorare in modo visibile la situazione interna. Infine, esso entrò in crisi nel 1996, quando il Presidente fu colpito da una malattia incurabile. Da allora, lo Zaire divenne il teatro di una endemica guerriglia, accompagnata da manifestazioni di massa contro il declinante dittatore. Il 16 marzo 1997, dopo 32 anni di dominio assoluto, Mobutu rinunciò al potere (morì nel settembre dello stesso anno), che venne assunto da Laurent-Désiré Kabila, capo dell'Alleanza delle forze democratiche, d'orientamento marxista. Questi annunciò che lo Zaire avrebbe subito ripreso l'antico nome e si sarebbe chiamato Repubblica democratica del Congo. Ma chi aveva scorto in Kabila le doti dello statista e del riorganizzatore si era sbagliato. Dopo pochi mesi, la guerra civile si riaccese, intrecciandosi con quella ancora in corso in Angola (dove Kabila appoggiava Savimbi) e con la crisi del Ruanda, dove Kabila appoggiava, sin da prima di assumere il potere, Paul Kagame, capo dei Tutsi ruandesi (v. *infra*). Durante il conflitto, che divise il Congo in tre aree separate e dominate da differenti fazioni, lo stesso Kabila venne ucciso, nel 2001, e fu sostituito dal figlio Joseph. Solo dopo quella fase drammatica si aprirono spiragli di dialogo, conclusi nel 2003 con la formazione di un governo di unità nazionale, sempre presieduto da Joseph Kabila, attorniato da quattro vicepresidenti, sulla base di una divisione delle competenze territoriali.

Nel dicembre 2006 Kabila fu rieletto alla presidenza, che detiene tuttora, dopo aver ottenuto una faticosa maggioranza nel 2011. Dovette anch'egli combattere per mantenere l'unità del paese, specialmente in relazione al permanente conflitto con il Ruanda e l'Uganda, sottoposto al controllo di un contingente di forze ONU. L'impegno a contrastare le spinte dissolutive dell'unità congolese assorbì le energie del governo, anche per le persistenti rivalità tra i gruppi etnici e le personalità politiche che contendono a Kabila il potere. Al momento dell'indipendenza il Congo possedeva il 90 per cento delle risorse mondiali di cobalto (sempre più richiesto per i materiali medici ed elettronici), il 30 per cento dei diamanti, il 10 per cento del rame, per non dire del minerale di uranio, che tanta parte aveva avuto nella costruzione dei primi ordigni nucleari. Queste ricchezze potenziali non furono sfruttate da un governo corrotto e da un paese devastato dalle lotte interne. Solo negli anni più recenti si sono manifestati segnali di crescita, che si traducono in un incremento del prodotto interno lordo, che ha raggiunto anche il 7 per cento annuo, e che lasciano presumere che una situazione politica meno malferma di quella attuale possa trasformare in avvenire un paese in cui il 70 per cento della popolazione vive in condizioni di assoluta povertà. Mobutu e Kabila padre non avevano modificato la situazione. Ma dopo una visita di Joseph Kabila a Pechino ebbero inizio importanti investimenti cinesi nelle miniere di rame e di cobalto, mentre il paese era ancora assorbito dai conflitti militari con il Ruanda. Una nuova Costituzione, approvata nel 2011, concedeva una semi-autonomia a 25 province, con reali incentivi per una crescita che ha un valore persino simbolico nella trasformazione dell'Africa. Gli ostacoli incontrati e il modo in cui l'indipendenza congolese era nata ed era stata poi vissuta lasciavano però aperti tutti i problemi ancora esistenti. Eppure, il cambio di passo avviato con l'arrivo al potere della nuova generazione fa presagire un futuro che potrebbe trasformare le ricchezze potenziali del Congo in una non modesta risorsa per lo sviluppo.

Per quanto riguarda la situazione della Somalia, essa aveva da tempo richiamato grande attenzione internazionale e indotto gli Stati Uniti a cercare ancora, nel clima della vittoria della guerra del Golfo, di intervenire per sostenere una soluzione loro favorevole. La Somalia era stata per anni uno dei punti di scontro con l'Unione Sovietica. Nel gennaio 1990 il dittatore somalo, Siad Barre, privo di appoggi esterni, era stato rovesciato da una eterogenea coalizione di forze tribali, guidate da Ali Mahdi Mohammed, leader del Congresso somalo unito, ma quasi subito esplosero le rivalità fra i capi delle diverse etnie e soprattutto lo scontro fra Ali Mahdi, divenuto frattanto presidente della Repubblica, e Mohammed Farah Aydid, che aveva preso la guida del Congresso somalo unito. Ebbe inizio una guerra civile senza limiti né regole. La questione fu portata dinanzi al Consiglio di sicurezza dell'ONU, dove il segretario generale, Boutros Boutros-Ghali, dichiarò che la Somalia era un paese senza governo. Il Consiglio approvò la costituzione di una forza di emergenza, la UNOSOM, che non ottenne risultati apprezzabili. Gli Stati Uniti si dichiararono disposti a fornire un più massiccio intervento militare e il Consiglio di sicurezza accettò la loro offerta di assumere un ruolo guida nell'operazione *Restore Hope* («Restaurare la speranza»), condotta da 28.000 soldati americani più quelli che altri paesi avessero volontariamente inviato (l'Italia, visti i precedenti del suo regime coloniale, fu inevitabilmente in prima linea).

Di fatto, l'intervento peggiorò la situazione e le Nazioni Unite, nel maggio 1993, crearono UNOSOM 2, proprio mentre gli Americani tendevano ad appoggiare la fazione di Ali Mahdi contro quella di Aydid. In una situazione sempre più esasperata le tensioni si acuirono. In settembre, elicotteri USA aprivano il fuoco sulla popolazione, causando centinaia di vittime. L'operazione umanitaria perdeva così il suo carattere originario, mentre le polemiche fra gli alleati, specialmente quelle con gli Italiani, accusati di appoggiare Aydid, avvelenavano gli animi. Fra *peace-keeping* e *peace-enforcing* il carattere dell'intervento si dissolveva senza contorni. Il 23 settembre 1994 il Consiglio di sicurezza deliberava che le forze di pace si ritirassero entro il 25 marzo 1995, senza che nessuno dei risultati previsti fosse stato raggiunto. Dopo la partenza delle forze dell'ONU, le tribù somale lottarono a lungo fra di loro e contemporaneamente discussero la possibilità di un compromesso che facesse rinascere una struttura statale pressoché inesistente.

In questa situazione caotica, aggravata nel giugno 1996 dall'assassinio di Aydid a Mogadiscio, la Somalia cessò davvero di esistere come Stato. Nell'area settentrionale, già colonia britannica, nacque un'entità semi-indipendente, denominata prima Puntland e poi Somaliland, secondo una controversa e combattuta suddivisione dei poteri e senza riconoscimento internazionale. Nel resto del paese la situazione rimase convulsa sino al 2002, quando alcuni capi regionali avviarono negoziati per la costituzione di un governo della Somalia sud-orientale, gettando le basi per la successiva costituzione di un potenziale governo nazionale, con sede a Baidoa. Ma erano solo le avvisaglie di una ricomposizione, resa più difficile dal fatto che l'assenza di un'autorità davvero capace di governare trasformava la Somalia in un rifugio ideale per l'incubazione del terrorismo di matrice qaedista. Infatti l'ordine pubblico era affidato in parte alle Corti giurisdizionali islamiche (ICU) e in parte a un gruppo di capi militari che, a loro volta, dal 2006 cercarono, accrescendo così la confusione dei poteri, di costituire un governo provvisorio. Da quel momento la situazione, se possibile, peggiorò, mentre i gruppi islamisti cedevano alle infiltrazioni dei qaedisti. Per consolidare il loro potere, questi gruppi ricorsero alla guerra contro i nemici di sempre, cioè passarono all'attacco dell'Etiopia nella regione dell'Ogaden, ma furono bloccati da forze internazionali. Era un vuoto politico nel quale prosperarono le ICU, e al loro interno il gruppo paramilitare denominato Al-Shabaab («gioventù»). Il governo provvisorio era ancora del tutto impotente e contro di esso operavano le forze di Al-Shabaab, che nel 2009 conquistarono Chisimao, uno dei porti principali della Somalia nel basso Giuba, e nel 2010 raggiunsero Mogadiscio, l'antica capitale. La città venne divisa in due parti: una controllata dagli islamisti, l'altra dall'evanescente governo provvisorio, alla guida del quale si succedettero, a un ritmo alquanto veloce, esponenti del mondo civile (*Transitional Federal Government*).

Questa situazione rimase sostanzialmente invariata fino al 2014, quando il governo provvisorio riuscì, con l'appoggio statunitense, a recuperare un limitato controllo su Mogadiscio e altri centri somali. Ciò lo incoraggiò a promuovere l'idea di varare entro il 2016 una nuova Costituzione. Il compito di attuare questo proposito fu affidato a un primo ministro indipendente, Abdi Farah Shirdom, un imprenditore già esule nel Kenya, che tuttavia dovette combattere contro i sabotaggi di Al-Shabaab. Il fatto che non esistano in Somalia autorità in grado di esercitare poteri di polizia e di giurisdizione (dato che le Corti islamiche non si occupano del problema) favorisce poi la pirateria, un ritorno al passato che rende il paese il fulcro di un'area di esteso pericolo per tutti i commerci. Infatti la pirateria, che domina o minaccia la navigazione commerciale e civile nel golfo di Aden e nell'Oceano Indiano, ha in Somalia i suoi porti di riferimento sicuri.

5.6. *Il caso del Ruanda-Burundi*

Il caso di questi due paesi richiede una lettura più analitica. Esso mostra l'intersezione esistente tra aspetti remoti, momenti prossimi di crisi e problemi nuovi di due paesi piccoli, ma dall'esperienza ricca di insegnamenti esemplari di ciò che l'Africa contemporanea ha vissuto e vive. Quanto si è verificato in queste terre è, per molti aspetti, ancora indecifrabile e suggerisce solo riflessioni non sempre costruite su basi solide. Tuttavia, anche seguendo questo percorso effimero è possibile capire, almeno nei tratti generali, ciò che avvenne. Perché il Ruanda fu teatro di eventi così sanguinosi come il genocidio del 1994 e viene oggi considerato un modello imitabile di sviluppo virtuoso, guidato dagli stessi attori che furono i protagonisti del genocidio? A questa domanda si possono dare molte risposte, nessuna delle quali però è definitiva o esauriente, talché lo storico deve arrendersi dinanzi alla varietà delle interpretazioni che attori e autori hanno avanzato.

Una prima considerazione è semplicemente geopolitica. Come altri paesi del mondo, il Ruanda, che in passato qualcuno definiva «la Svizzera africana», e che è uno degli Stati più piccoli dell'Africa, confina con vicini tumultuosi: il Congo-Zaire, l'Uganda, la Tanzania, il Burundi. Pochi chilometri lo separano dal lago Vittoria, il più esteso dell'Africa, la sovranità sul quale è divisa tra la Tanzania, il Kenya e l'Uganda. La prossimità a ciò che accadde negli Stati confinanti e la natura delle migrazioni etniche rendevano i confini più che labili, trasformando il Ruanda nel punto di convergenza di situazioni diverse, non sempre riguardanti solo la vita interna dello Stato ma, al contrario, tali da trasferire su di esso la sommatoria di eventi esterni e rivalità interne. Queste avevano radici antiche. Tre sono le etnie presenti nel Ruanda: gli *Hutu*, circa l'85 per cento della popolazione, in gran parte occupati nel settore dell'agricoltura; i *Tutsi*, distinti per l'aspetto fisico esile e per l'altezza, circa il 14 per cento della popolazione, proprietari della terra e del bestiame e spesso considerati come una sorta di aristocrazia egemone; i *Twa* (simili ai pigmei), l'1 per cento della popolazione, abitanti della foresta. La classificazione sarebbe incompleta se non si tenesse conto del fatto che gli Hutu si distinguono in sottogruppi, alcuni molti risoluti a tutelare la propria autonomia e il potere di cui dispongono; altri propensi a mediare o disposti anche a cambiare schieramento nel caso di scontri militari. La divisione etnica non deve però trarre in inganno. Hutu e Tutsi non sono etnie o stirpi diverse, ma gruppi sociali spesso permeabili l'uno rispetto all'altro, poiché la diversità fisica sarebbe da attribuire soltanto alla diversità di alimentazione e di attività lavorativa. Ma non pare dubbio che i Tutsi, incoraggiati dal Belgio, fossero il gruppo più ricco rispetto agli agricoltori Hutu e, più ancora, rispetto ai Twa.

Dopo la prima guerra mondiale, il Ruanda venne affidato al Belgio come mandato fino al 1946 e poi come amministrazione fiduciaria per conto dell'ONU. Il governo di Bruxelles, che dapprima aveva cercato di consolidare l'egemonia Tutsi, si affidò alla supremazia numerica degli Hutu, senza tener conto che in tal modo determinava una spaccatura tra gruppi etnici che avrebbe avuto ripercussioni sul piano politico. Nel 1959, mentre la lotta per l'indipendenza imperversava in gran parte dell'Africa, venne formato un governo Hutu che, senza opposizione da parte del Belgio, iniziò la persecuzioni (dalle origini antiche) contro i Tutsi, che in gran numero emigrarono verso l'Uganda e il Burundi, nella cui vita politica ebbero un peso notevole. Questi scontri si trasformarono in una guerra vera e propria, condotta dagli Hutu contro il regime monarchico Tutsi e che fece decine di migliaia di vittime, durata sinché il paese ottenne la piena indipendenza, nel 1962. Dieci anni dopo furono i Tutsi a cercare la rivincita in un'atmosfera carica di violenza e risentimenti, tale da provocare altre centinaia di migliaia di vittime e da alimentare la sorda opposizione nutrita dagli Hutu. Questi passarono all'azione nel 1973 e, guidati dal generale Juvénal Habyarimana, diedero vita a un regime autoritario, del quale i Tutsi furono vittime. La risposta fu segnata dalla creazione di un «Fronte patriottico ruandese», costituito da una maggioranza di Tutsi emigrati in Uganda, che nel 1990 tentò a sua volta di ritornare al potere, provocando i più sanguinosi avvenimenti dell'epoca. Gli Hutu che governavano il Ruanda dovettero fronteggiare dall'ottobre 1990, a successive ondate, un'invasione di Tutsi provenienti dal vicino Uganda e ben addestrati militarmente negli Stati Uniti. Ciascuna di queste ondate fu seguita da una serie di scontri che provocarono un vero e proprio eccidio di migliaia di Hutu. Solo nell'agosto 1993 fra invasori e ruandesi fu raggiunto un compromesso (Accordi di Arusha), sulla base del quale il potere veniva suddiviso fra le due etnie.

L'accordo si rivelò quanto mai fragile poiché i combattimenti continuarono. Gli Hutu si divisero: alcuni cercarono la salvezza fuggendo verso il Burundi, altri si rifugiarono in immensi campi profughi lungo i confini con il Congo; altri ancora crearono reparti che continuarono a combattere contro i Tutsi. Intanto nel Burundi, dove gli Hutu detenevano un potere formale, condizionato dall'alleanza, in seno all'esercito, di elementi Hutu e Tutsi, maturava una ribellione contro questo stato di cose. Nel giugno 1993 si tennero le elezioni presidenziali, vinte da Melchior Ndadaye, esponente dell'etnia Hutu, ma il suo potere durò assai poco, dato che nell'ottobre dello stesso anno egli fu assassinato da elementi dell'esercito e la guerra civile riprese crudamente, provocando altri eccidi e lasciando un'eredità di contrasti che nel 2015 non è ancora stata superata. La situazione del Ruanda e del Burundi era così interdipendente che nemmeno una missione delle Nazioni Unite (*United Nations Assistance Mission for Rwanda* - UNAMIR) ottenne risultati utili. Lo divenne più ancora dopo il 6 aprile 1994, quando, secondo una delle versioni correnti, un missile venne lanciato da terra nei pressi dell'aeroporto di Kigali, capitale del Ruanda, contro l'aereo nel quale volavano i due capi di Stato. Nessuno si salvò e tra le vittime vi furono il ruandese Habyarimana e il presidente del Burundi, Cyprien Ntaryamira (anch'egli Hutu). Fra il 1993 e il 1994 gli Hutu assistevano così all'eliminazione di alcuni dei maggiori esponenti del loro gruppo dirigente.

Il possibile dialogo fra Stati ed etnie venne interrotto poche ore dopo l'incidente aereo, ed ebbe inizio un'ondata di crudeltà della quale furono vittima circa 800.000 uomini, in gran parte Tutsi, frenata solo dall'intervento di reparti francesi e dall'arrivo delle prime forze dell'UNAMIR. Dopo una breve pausa (giugno-luglio 1994) la lotta riprese e le forze Tutsi, riorganizzate da Paul Kagame – un politico e militare che aveva studiato in Uganda e negli Stati Uniti ed era appoggiato dai reparti ugandesi fedeli a

Museveni, con il quale Kagame aveva strettamente collaborato –, riuscivano a riprendere il controllo della situazione, conquistando tutto il Ruanda fino a Kigali, dove giunsero nel luglio 1994. Si calcola che due milioni di Hutu, terrorizzati dalla persecuzione, fuggissero nei paesi vicini (Zaire/Congo, Tanzania, Uganda e Burundi), mentre centinaia di migliaia di Tutsi furono vittime dell'eccidio. La notizia di ciò che accadeva nel Ruanda si diffuse in tutto il mondo. Le infinite tendopoli che ospitavano sul territorio congolese i profughi Hutu furono considerate il simbolo dell'efferatezza dei Tutsi, mentre il costo in vite umane che questi pagavano al conflitto non veniva conosciuto a sufficienza dai paesi che cercarono di intervenire, come gli Stati Uniti, il Belgio, la Francia, la Gran Bretagna. La sensazione che le vittime fossero solo i poveri Hutu divenne quasi un luogo comune che si sovrapponeva all'entità delle vittime Tutsi. Fu in questa fase che il conflitto divenne il punto di partenza per l'abbattimento del regime di Mobutu nello Zaire. Kagame collaborò con le forze che intendevano eliminare Mobutu (1996-1997) e, dal 1998 al 2003, contro Joseph Kabila, salvo poi stipulare un nuovo patto di compromesso, ancora ad Arusha, in Kenya. In pochi mesi Kagame costruì un sistema di potere del quale non era in apparenza il primo esponente, ma che di fatto era sotto il suo controllo. Per sé scelse la carica di vicepresidente e di ministro della Difesa, mentre affidò a Pasteur Bizimungu, un esponente hutu che si era alleato con i Tutsi, il compito di presidente.

Per alcuni anni le conseguenze del genocidio condizionarono ogni aspetto della vita ruandese. Alcuni capi Hutu tentarono di riconquistare il terreno e il potere perduti. La guerra civile si estese al territorio tra il Ruanda settentrionale e la regione congolese del Kivu. Tuttavia, gradualmente, Kagame riuscì a persuadere i rifugiati a ritornare in patria e i militanti Hutu a integrarsi nell'esercito formato dalle forze Tutsi. Frattanto, la campagna contro Mobutu e contro Joseph Kabila portò le forze Tutsi insieme a quelle congolesi fin quasi a occupare Kinshasa, la capitale del Congo. L'intervento di forze angolane e dello Zimbabwe impedì che l'avanzata continuasse. Il conflitto si trasformò in una guerra convenzionale nel corso della quale la carneficina raggiunse cifre spaventose (fra i tre e i sette milioni e mezzo di morti). Nel pieno di questa guerra Kagame ritornò a Kigali, dove provocò le dimissioni del presidente in carica, Bizimungu, e assunse direttamente il potere. Da allora il suo metodo per governare il Ruanda cambiò in maniera radicale; fece elaborare una nuova Costituzione, approvata nel 2003 e basata su un forte potere presidenziale (con un mandato della durata di sette anni) e su un bicameralismo temperato da regole severe che limitavano la rappresentanza politica, escludendo ogni organizzazione che apparisse animata da uno spirito di discriminazione. Kagame vinse le elezioni nel 2003 e nel 2010 e da allora governò con audacia per la riconciliazione e per l'avanzamento economico del Ruanda. Consultò esperti asiatici e progettò un piano, denominato *Vision 2020*, secondo il quale il Ruanda dovrebbe diventare un paese dal reddito medio tale da assicurare buone condizioni di vita.

Ricostruire ciò che era stato distrutto in quasi quarant'anni di guerra non era facile. Il programma del governo prevedeva 44 obiettivi e già nel 2011 il ministero delle Finanze ruandese affermava che esso era in gran parte attuato o sulla via dell'attuazione. In effetti l'ambizione di Kagame, un politico fortemente influenzato dalle tecniche della modernizzazione, dava i suoi frutti. Dopo la sua prima elezione alla presidenza il prodotto interno lordo crebbe dell'8 per cento annuo. L'obiettivo di trasformare il Ruanda da paese agricolo in paese industrializzato e tecnologico, quasi una specie di *hub* per tutta l'Africa orientale, dava evidenti risultati. Il metodo era attinto alla visione liberistica e alla spinta verso la privatizzazione. Il settore dei servizi era talmente incoraggiato da rappresentare, nel 2010, il 43,6 per cento del prodotto interno lordo. Nel 2012 la propensione di capitalisti stranieri a investire nel Ruanda crebbe del 5 per cento; l'anno successivo raddoppiò. Il Ruanda veniva giudicato un paese nel quale gli investimenti erano più redditizi che in certi paesi dell'Unione Europea. Contemporaneamente crescevano le iniziative per il turismo e quelle per la cultura. Così chi era stato considerato un feroce guerrigliero (che ancora nel 2015 alcuni accusano di essere un sanguinario dittatore) riusciva a proiettare un'immagine lodata dalle maggiori personalità mondiali, e si rivelava capace di modernizzare lo Stato che governava. Anche nel settore sanitario, così delicato per tutti i paesi africani, vennero fatti progressi importanti, tra i quali emergeva il fatto che quasi la totalità della popolazione doveva disporre di un'assicurazione sanitaria obbligatoria. Se nel 1978 il 62 per cento della popolazione era analfabeta, nel 2009 il tasso era sceso al 29 per cento. Nello stesso anno il Ruanda (che era stato estraneo alla colonizzazione britannica) chiedeva di essere ammesso al Commonwealth.

In sintesi, il percorso di questo paese esprimeva l'arco del cambiamento di tutta l'Africa, segnato dal passaggio dalla violenza alla pace e alla stabilità; dall'incertezza e dall'inerzia di popolazioni vissute per decenni nel sottosviluppo, alla risolutezza con la quale in molti Stati si diffondeva la volontà del cambiamento. Un relativo microcosmo illustrava le fasi della transizione africana, le difficoltà, gli ostacoli, le forme della convivenza civile, i lenti o rapidi progressi che si verificavano in ogni parte del continente.

Parte sesta

Il disordine mediorientale

6.1. *La «primavera araba», le sue ripercussioni e il suo declino*

Cessato il dominio ottomano che, con un diverso grado di efficienza, aveva controllato tutta l'area, l'intervento delle potenze occidentali, dal 1919 in poi, si tradusse nella creazione di una serie quasi interminabile di nuovi motivi di conflitto. Alle divisioni tradizionali si sovrapposero nuove rivalità, provocate dalle decisioni prese soprattutto dai Francesi e dai Britannici tra il 1916 e il 1923. Questi temi sono stati in buona parte già sviluppati nei precedenti volumi di questo manuale, in pagine che hanno messo in evidenza il modo arbitrario e artificioso secondo il quale i vincitori decisero dei domini dell'Impero, senza tener quasi in nessun conto degli impegni assunti durante la guerra, specialmente con il mondo arabo, né della volontà delle popolazioni interessate, così da gettare i semi per ciò che sarebbe avvenuto qualche decennio dopo. Infatti nel XXI secolo (per dire solo degli ultimi decenni) questi problemi si sono puntualmente riproposti ma in termini esasperati. Le rivalità storiche si sono aggiunte alle novità provocate dai cambiamenti economici, dalla formazione di nuove élite, dall'acuirsi di rinate rivalità tribali, dai ripetuti e velleitari interventi occidentali. Non minor peso ebbe il fatto che, cessato il timore di un'eccessiva espansione sovietica, dopo il 1990 gli Stati Uniti tendessero a collocare i problemi della regione in secondo piano. Le esperienze vissute in Libano nel 1973-1974 e in Iraq, a partire dal 2001, avevano avuto ripercussioni così disastrose da suggerire cautela e distacco dal fuoco degli eventi. Così il vuoto di potere lasciava spazio a ogni avventura e rinfocolava la volontà di cambiamento, esistente da tempo ma costretta al silenzio dal dominio dei regimi dittatoriali.

L'area geografica di cui si parla è stata ed è ancora tra le più importanti del mondo. Essa riguarda gli Stati africani che si affacciano sulla costa del Mediterraneo e che sono profondamente diversi dai sistemi politici che caratterizzano il resto dell'Africa, per assimilarsi invece e quasi per integrarsi con i paesi del Medio Oriente, inteso in senso lato, dalle coste del Mediterraneo al confine tra l'Iran e l'India. Occupano le terre che furono all'origine della cultura euro-asiatica, in un intarsio di popoli reso evidente persino da molte analogie nei tratti somatici. Un insieme così omogeneo da essere spesso indicato in letteratura con l'acronimo MENA, cioè *Middle East and North-Africa.*

È però impossibile capire intrinsecamente ciò che la cosiddetta «primavera araba» ha significato per questi popoli senza accennare sinteticamente ai tempi lunghi che si ricollegano non solo ai momenti epici del passato, ma consentono di intendere le radici profonde della trasformazione. Infatti, secondo la geopolitica, intesa da uno dei suoi fondatori, Halford Mackinder, e ripresa dalla storiografia più recente, si dovrebbe dire che l'Eurasia centrale è stata il «pivot geografico della storia», nel senso che l'Asia centrale e l'Europa sud-orientale furono la matrice di popolazioni che gradualmente spinsero la loro influenza verso la Cina e l'India, e dall'*Arabia felix*, cioè dall'area meridionale della penisola arabica, su per il Mar Rosso, fino all'Egitto, per raggiungere il Mediterraneo. Qui le civiltà egiziana, greca e romana imposero la loro supremazia. Nel declino di quelle civiltà, seguite dal lungo dominio dell'Impero ottomano, si formò l'*humus* dal quale nacquero poi infiniti problemi e conflitti. Qui si trovano infatti forze che tendono talora ad avvicinarsi, più spesso a combattersi, frantumandosi lungo i rivoli delle contrapposizioni religiose o politiche.

La singolarità geopolitica ha fatto e fa di quest'area la via più frequentata che dall'Atlantico giunge al Pacifico, e dal 1869, con l'apertura del canale di Suez, all'Oceano Indiano. Qui, di conseguenza, affiorano periodicamente i temi più tradizionali della politica di potenza: da quello marittimo a quello degli eserciti. Qui si sono trovate le fonti di energia petrolifera e le materie prime (come il cotone egiziano) necessarie per la prima e per la seconda rivoluzione industriale europea. Ma, per correr migliori acque, qui si conoscono le vestigia più affascinanti dell'arte mesopotamica, di quella egizia, di quelle greca, romana, araba; e si scorgono le testimonianze dell'ingegno inventivo, del pensiero filosofico e della filosofia politica, che, nei secoli, integrandosi al pensiero germanico, ancora oggi ispirano il governo dei popoli. Queste e altre considerazioni, che sarebbe facile enumerare attingendo alla storia e alle scienze sociali, spiegano le ragioni dell'importanza del Mediterraneo e del Medio Oriente nella vita globale e perché la «primavera araba» abbia avuto un tal peso nella vita internazionale. Il metro per misurare gli eventi non può essere limitato alla cronaca, come purtroppo la vicinanza di ciò che è accaduto spesso costringerà a fare, ma deve essere anche il germe per ogni riflessione futura.

Dopo che il Mediterraneo era stato, fra il 1963 e il 1975, uno dei teatri della guerra fredda, in tutto il bacino si era affermata la supremazia degli Stati Uniti o dei paesi dell'Europa meridionale. Eccezion fatta per le questioni derivanti in senso stretto dalla situazione mediorientale, i paesi dell'Africa del Nord attraversavano una fase di relativa (benché diseguale) stabilità, minata soprattutto dalle incursioni del fondamentalismo islamico. In Egitto resisteva il governo autoritario dell'ottantenne Hosni Mubarak, allineato sulle posizioni del moderatismo arabo, assillato dal divario fra crescita demografica e crescita economica ma anche dalla minaccia della «Fratellanza musulmana» e dal problema della successione al potere; in Libia dominava il colonnello Gheddafi, allontanatosi dalle posizioni estremistiche degli anni precedenti e autore di una svolta che, dopo l'adesione al trattato di non proliferazione nucleare, gli consentiva di far uscire la Libia dall'elenco dei cosiddetti «Stati canaglia» per essere riammessa nel concerto delle nazioni anche come membro della WTO (2004); in Tunisia perdurava il governo di Zine El-Abidine Ben Ali, rieletto presidente nel 2004 e uno dei pochi fautori di buoni rapporti con Israele; in Marocco la presenza di re Mohammed VI assicurava la piena adesione alla politica atlantica e un interesse diretto a combattere contro le infiltrazioni terroristiche islamiche. Il solo paese mediterraneo dell'Africa dove la situazione restava potenzialmente rischiosa e richiedeva una politica di repressione da parte dell'esercito e del governo era perciò l'Algeria. Dal 1991 al 1999 essa fu teatro di una vera e propria guerra civile. In pratica essa è una dittatura, governata, a partire dal 1999, da Abdelaziz Bouteflika (rieletto nel 2014) e sostenuta da una stretta collaborazione con la NATO e l'Unione Europea.

Questa apparenza di relativa stabilità dell'Africa mediterranea non sarebbe però durata a lungo. Verso la fine del 2010, ma soprattutto dall'inizio del 2011, tutti questi territori vennero investiti da un'ondata di sommovimenti, tesi ad abbattere le dittature e ad affermare nuove dirigenze sociali, alla quale le cronache affibbiarono la definizione di «primavera araba»: un movimento non circoscritto al territorio africano ma esteso a tutto il Medio Oriente e dalle conseguenze vaste e destabilizzanti.

A questo proposito, il lettore ha diritto a una preliminare precisazione. I fatti che per convenzione si raggruppano sotto il titolo di «primavera araba» sono tutti così recenti e, quasi sempre, così condizionati da sviluppi e mutamenti ancora in corso che pretendere di dare ragione di essi in maniera accurata significherebbe affidarsi, senza certezze, alle cronache giornalistiche, talora confermate dall'evidenza di fatti, talora collegate a impressioni soggettive. È probabile che tra diversi anni la storia affronti questi temi in maniera meno epidermica e più documentata. Eppure ignorarli per il timore di incorrere in valutazioni o conclusioni errate sarebbe una soluzione troppo facile, che priverebbe il lettore di alcune coordinate fondamentali, utili come linee guida per successivi approfondimenti. L'autore è conscio di questi pericoli ma ritiene che tacere, nel timore di non cogliere fino in fondo la natura degli avvenimenti, sarebbe una mediocre limitazione. Il lettore e il tempo sapranno discernere meglio la fondatezza di alcune interpretazioni e di certe illazioni. Frattanto, prima che si disponga di ricerche più approfondite sulle cose avvenute, un tentativo di capire appare preferibile alla paura di guardare.

Se si considerano i paesi sfiorati o travolti, in modo diverso, dagli eventi, è opportuno chiudere subito le considerazioni, opposte nel loro carattere ma simili per le conclusioni, relative al Marocco e all'Algeria. In Marocco, con l'ascesa al trono di Mohammed VI, nel luglio 1999, il potere rimase nelle mani della famiglia alawita, che si considera diretta discendente della stirpe di Maometto. Il nuovo sovrano mostrò rapidamente di non volersi staccare nella sostanza dalla tradizione, ma di voler adottare nella forma e nel metodo politico mezzi più consoni alla cultura contemporanea.

Con estrema prudenza, assunse misure che liberarono dal carcere i dissidenti o consentirono agli esiliati di rimpatriare. Persino la famiglia di Ben Barka, che era stato uno dei protagonisti della lotta contro il colonialismo francese, poté rientrare in patria; e del pari venne liberato Shaikh Yassine, il maggiore esponente del partito islamico, sostenitore di un sistema giuridico basato sulla *Shari'a*. In altri termini, ebbe inizio un periodo di prudente riformismo, riverberato anche su aspetti della vita sociale, dalla scuola alla condizione delle donne in Marocco, anche se condizionato da una grave disoccupazione. Nel 2002 furono indette libere elezioni, ma il re tenne nelle sue mani il potere di guidare un governo formato da tecnici di sua fiducia.

A turbare questi misurati passi riformistici sopraggiunse una serie di attentati promossi da esponenti di Al Qaeda. Dal 2002 a Casablanca fino al 2007-2009, tutti repressi con efficacia. Ancora una volta Mohammed VI reagì con prontezza e prudenza. Le elezioni del 2007 furono vinte dall'*Istiqlal*, il partito che già aveva guidato il paese verso la piena indipendenza. Il re decise allora di accettare la formazione di un governo del quale egli non faceva più parte e di aprire a ulteriori cambiamenti. Grazie a tali provvedimenti, l'inizio delle agitazioni nei paesi vicini (l'Algeria e la Tunisia) fu superato senza traumi. Infatti, sebbene nell'aprile 2011 un altro attentato provocasse numerose vittime a Marrakesh, in luglio un referendum approvò la nuova forma di governo, che conferiva al primo ministro più ampi poteri. Dopo le elezioni, svoltesi in novembre e vinte dal Partito per lo sviluppo, di propensione islamica moderata, venne designato quale primo ministro Abdelilah Benkirame, che riuscì a tenere in piedi la sua coalizione nonostante l'affiorare di qualche movimento eversivo. In quel modo, la disponibilità a trasformare un potere assoluto in una monarchia semi-parlamentare preveniva ulteriori proteste e ciò che accadeva nei paesi vicini aveva solo limitate ripercussioni sulla vita del Marocco. Su queste basi, e su quella di una indiscussa solidarietà con la Spagna e con gli Stati Uniti, il regno riuscì a continuare il suo cammino di graduale crescita economica, che rendeva meno aspre le tensioni sociali.

In Algeria, invece, ogni tentativo di cambiamento si scontrò con la repressione. Era lontano il ricordo della lotta per la liberazione e dal 1999 il potere era nelle mani di Abdelaziz Bouteflika e dell'esercito. L'opposizione al regime, forte tra i Berberi della Kabilia, venne repressa con durezza, mentre i problemi socioeconomici del sottosviluppo non trovarono attenzione e la disoccupazione dominava la popolazione giovanile. Formalmente governava il *Fronte nazionale di liberazione*, la forza che aveva sconfitto i francesi. Sostanzialmente il potere era nelle mani del Presidente, che toglieva di mezzo chiunque osasse manifestare tentazioni riformistiche, capaci di compensare le attese degli islamici e dei Berberi. Anche qui si fece sentire, tra il 2003 e il 2007, l'influenza di Al Qaeda e la sua presenza diede luogo a una repressione che aveva molti aspetti della guerra civile. Il numero due di Al Qaeda, al-Zawahiri, cercò di attivarla, senza trovare forza sufficiente per affermarsi. Bouteflika si imponeva con il pugno di ferro e, sebbene l'età e la malattia rendessero il suo potere più fragile, egli resistette anche dopo l'esplosione dei movimenti popolari nel resto del mondo arabo. Quando vennero convocate, nell'aprile 2014, le elezioni presidenziali, presentò ancora una volta la sua candidatura e vinse, anche perché le opposizioni non parteciparono al voto e perché ebbe l'appoggio del primo ministro *in pectore*, Abdelmalek Sellal. Costretto a vivere su una sedia a rotelle, Bouteflika rappresentava l'estremo tentativo delle forze armate francofone di mantenere il controllo su uno Stato in cui la presenza araba è imponente e dove le premesse di nuovi sanguinosi scontri sono tutte mature. Eppure questo regime vive grazie alle risorse petrolifere di cui dispone e che lo collegano all'Europa mediterranea; o meglio «sopravvive», poiché il 58 per cento della popolazione è composto da giovani di meno di 25 anni, un dato che dice molto rispetto al destino della vecchia classe dirigente.

Mentre il Marocco e l'Algeria prevenivano o soffocavano l'esplosione di movimenti popolari, ciò fu impossibile nel resto del mondo arabo. La richiesta di istituzioni e prassi politica più rispettose della volontà popolare trovava eco nelle manifestazioni di piazza, dove elementi democratici si mescolavano a elementi ispirati da motivazioni religiose. Motivazioni rese ancor più complesse dal fatto che esse coinvolgevano questioni relative alla politica di potenza e questioni di appartenenza a una confessione. Infatti la contrapposizione tra sciiti e sunniti andava parallela al fatto che sciiti sono gli iraniani, gran parte degli iracheni, gruppi dirigenti siriani e libanesi; sunnita è il mondo arabo dominato dall'Arabia Saudita, dall'Egitto o dalla Turchia. E tutto trovava sfogo in maniera difforme e inefficace nella comune ostilità verso Israele.

Dopo una serie di manifestazioni popolari, il primo risultato pratico di questi movimenti si realizzò il 14 gennaio 2011 con la caduta della dittatura di Ben Ali in Tunisia; il secondo segnale venne meno di un mese dopo, l'11 febbraio, con la fine della dittatura di Hosni Mubarak in Egitto. Si viveva in giorni di grande euforia, quasi che la routine della vita quotidiana fosse sommersa dall'eccitazione per il cambiamento. In Tunisia, dove il protettorato francese era terminato dal 1956, il patriarca della liberazione, Habib Bourguiba, pur strettamente legato alla Francia e al mondo occidentale, che mai gli aveva lesinato aiuti e appoggio, governò fino al 1987 un paese dalla popolazione araba ma imbevuto di cultura secolarista e di influenza europea. Governò come un benevolo dittatore o come in una «monarchia presidenziale», sovrapponendosi all'Islam, ben controllato dal potere dell'apparato statale che mirava alla laicizzazione e allo sviluppo economico. Sul piano istituzionale Bourguiba adottò norme parallele a quelle esistenti nel mondo occidentale; su quello economico cercò di affrontare il problema della redistribuzione del territorio, confiscando alcuni latifondi e persino costringendo i Francesi, nel 1963, a lasciare la base militare che avevano mantenuto a Biserta. Lo sviluppo ebbe un certo successo nelle zone costiere della Tunisia, favorite anche dal turismo, mentre poco si ripercosse all'interno e nel mondo del lavoro. Nel 1978 uno sciopero generale fu represso sanguinosamente dai servizi di sicurezza guidati dal generale Ben Ali. Il malcontento non venne eliminato dalle riforme varate dai governi che Bourguiba chiamò al potere. Nel 1984 la situazione di emergenza si trasformò in una ostilità serpeggiante rispetto alla quale Bourguiba non riuscì a trovare rimedi. La sua risorsa fu di nominare primo ministro il generale Zine El-Abidine Ben Ali, uomo forte del regime.

Intanto l'autorevolezza del «monarca» andava dissolvendosi poiché egli era malato e un consesso di medici dichiarò, nel 1987, che non era più in grado di governare. Secondo le regole costituzionali, Ben Ali prese il suo posto e lo mantenne fino al 2011, esercitando un potere quasi assoluto. Ma la situazione del paese stava diventando tale da richiedere cambiamenti radicali. Convergevano tutte le forze di opposizione. Il movimento islamico, guidato da Rashid Ghannushi, affiorò nei primi anni Sessanta e si organizzò alla fine dei Settanta. Crebbe nella sua influenza popolare sino a diventare un soggetto politico con il quale anche il governo dovette fare i conti. Si divise in tendenze favorevoli al dialogo con le autorità e in gruppi estremisti, seguaci dello jihadismo. Con la fine dell'età di Bourguiba e l'ascesa di Ben Ali, fino al 1989 le cose parvero migliorare su tutti i fronti. Ma dopo le elezioni svoltesi quell'anno il regime s'avviò verso una svolta autoritaria alla quale solo nel 2011 fu messa fine. I partiti, le università e le istituzioni furono posti sotto un ferreo controllo; la repressione colpì anche i mezzi di comunicazione, dalla stampa a Internet. Forte dei buoni risultati economici (inflazione sotto controllo, crescita a percentuali alterne, ma spesso superiori al 5 per cento, disoccupazione temporaneamente diminuita), Ben Ali fece alcune concessioni politiche. Le elezioni presidenziali del 1989 videro la presenza di una consistente opposizione. Lo scontato successo elettorale di Ben Ali, poi ripetuto nel 2004 e nell'ottobre del 2009, non poteva però celare il malessere sociale che dominava il paese. Né la collaborazione con gli Stati Uniti contro il fondamentalismo islamico era tale da ampliare il consenso reale. Il moltiplicarsi degli scioperi in ogni settore d'attività e l'irritazione del mondo studentesco per la notizia delle violenze e delle torture inflitte ai dissenzienti prigionieri precedettero di poco le violenze dei fondamentalisti islamici, iniziate nel 2002 e continuate nel 2006-2007 per opera di elementi qaedisti. I metodi usati dal governo nascosero questi attacchi, ma misero in evidenza la crudezza di un regime repressivo.

La rivoluzione tunisina ebbe un inizio che richiede di essere conosciuto meglio, pur nei suoi limiti, poiché esso mostra come fosse sufficiente, in quel mondo che attendeva il cambiamento, una favilla per provocare una gran fiamma. Il 17 dicembre 2010, a Mohamed Bouazizi, un fruttivendolo ventiseienne, venne contestata da una poliziotta l'illiceità dei documenti che egli esibiva e del suo permesso di vendere frutta; i documenti vennero sequestrati e una serie di insulti furono rivolti contro Bouazizi e la sua famiglia. Insomma, una lite da poco ma tipica di quelle situazioni. Bouazizi protestò presso il comando di polizia per il trattamento usatogli ma, non avendo ricevuto alcuna risposta, in preda all'esasperazione, si cosparse di benzina e si diede fuoco. Pochi giorni dopo, il 4 gennaio 2011, egli morì e da allora la sua salma divenne il punto di raccolta di una folla angosciata e risentita. Il funerale fu il momento culminante della protesta. In pochi giorni si formò un movimento popolare che vinse ogni resistenza. Da principio il governo tentò la repressione; Ben Ali sperava che qualche promessa riformistica placasse gli animi. Invece nemmeno il ricorso allo stato di emergenza servì a riportare la calma. La notte del 14 febbraio Ben Ali decise di lasciare il campo: dopo essersi visto rifiutare asilo in Francia, trovò rifugio nell'Arabia Saudita.

Aveva così inizio un periodo di transizione. Il tiranno era stato cacciato, ma che cosa sarebbe avvenuto poi? La risposta dipendeva da molti elementi, in parte contrastanti. Il primo ministro di Ben Ali, Mohammed Gannouchi, si pose alla testa di un governo provvisorio; poco dopo fu travolto dalle altre forze politiche. Il presidente del Parlamento, Fouad Mebazaa, prese il suo posto. Il partito di Ben Ali venne sciolto e il dittatore fu condannato, in contumacia, a 35 anni di carcere. In novembre il governo provvisorio tenne le sue prime elezioni libere. *Ennahda*, il partito islamico moderato, risultò il più votato e il suo leader, Hamadi Jebali, venne designato come primo ministro. Intanto i disordini continuavano, segnati dall'uccisione delle personalità politiche emergenti. Nel 2013 lo stesso Jebali avvertì la necessità di formare un governo di tecnici al quale fu affidato il compito di elaborare una nuova Costituzione, di ripristinare l'ordine e di porre le basi per la nascita di un nuovo regime, frutto delle elezioni poi convocate per il dicembre 2014. Era necessario che la situazione politica si decantasse e che i rapporti tra i partiti e tra le forze sociali presenti in Tunisia si stabilizzassero, superando l'acrimonioso clima «primaverile». Nelle elezioni del dicembre 2014, le prime completamente libere in Tunisia, risultò vincitore Beji Caid Essebsi, nato nel 1926 ma considerato un «volto nuovo» della politica tunisina, essendo stato vicino a Bourguiba ai tempi dell'indipendenza ma ritiratosi in disparte negli anni di Ben Ali. Si trattava di un successo non travolgente eppure di una certa consistenza (circa il 56 per cento dei voti espressi) per il partito *Nidaa Tounes* (Appello per la Tunisia), che ottenne la maggioranza parlamentare. Lo sconfitto era Moncef Marzouki, già presidente provvisorio dal 2011 e capo del partito islamista *Ennahda*. Sebbene il successo di Essebsi fosse una sconfitta per i sostenitori di un regime islamico, esso doveva essere completato, per divenire credibile, dalle riforme economiche richieste dal Fondo monetario internazionale, che aveva concesso un credito di quasi 20 milioni di dollari per favorire l'occupazione giovanile e una serie di misure strutturali.

Ciò che tuttavia appare più interessante del risultato di queste elezioni è il successo dei moderati, già collaboratori di Bourguiba ma divenuti avversari di Ben Ali dopo la svolta autoritaria del 1987. La nomina a primo ministro di Habib Essid, un economista esperto, addottorato negli Stati Uniti, a capo di una coalizione che comprendeva elementi liberali ma anche alcuni esponenti di *Ennahda*, pareva voler anticipare un clima di collaborazione basato sulla ricerca di un continuo compromesso tra il laicismo dominante e la tensione filo-islamistica. Rispetto a questa volontà di pacificazione politica, non ebbero conseguenze fatali gli attentati del marzo 2015, contro il Parlamento e contro turisti occidentali che visitavano il museo del Bardo; anzi, proprio i pericoli di un ritorno dell'estremismo islamico, se finirono per consolidare la coesione nazionale tunisina, incoraggiando la volontà del governo nella resistenza all'estremismo, esasperarono la sensazione che la Tunisia fosse ancora un paese assediato dall'islamismo più aggressivo.

La coincidenza con la rivolta egiziana fu probabilmente del tutto fortuita, ma contribuì a trasformare ciò che accadeva in un paese minore dell'Africa settentrionale in un movimento che colpiva al centro i paesi del MENA. Per posizione geografica, tradizione politica e culturale, forza demografica, contatti con l'Occidente e situazione economica, l'Egitto è uno dei paesi più importanti di tutta l'area e, in virtù del canale di Suez nonché del controllo sulla penisola del Sinai, è il paese dominante gli equilibri internazionali nel Mediterraneo, secondo un primato che forse solo la Turchia gli può contendere. Dopo l'indipendenza (1952) e il periodo monarchico, la rivoluzione nel 1952 portò al potere i militari, prima guidati dal generale Neguib, poi da Gamal Abdel Nasser, poi da Anwar al-Sadat e, dopo l'assassinio di Sadat, il 6 ottobre 1981, da Hosni Mubarak. Sul ruolo dei militari nella società egiziana esiste una notevole discussione che, del resto, rispecchia tematiche riguardanti buona parte dei paesi in via di sviluppo. Essa tende a considerare il mondo dei militari come il nucleo per la formazione di una classe media nei paesi che vivono una transizione dalla prevalente attività agricola verso l'avvento della società industriale. La concentrazione nel mondo militare di questa trasformazione può avvenire grazie alla disponibilità dei militari stessi a dedicarsi ad attività più redditizie e a lasciare la divisa per diventare «società civile»; oppure mediante la crescita del potere militare, esteso numericamente, disposto ad assumersi le responsabilità e le conseguenze dell'azione internazionale del proprio Stato, ma propenso a escludere dall'attività di governo altre categorie sociali. Era, questo, il caso egiziano; un caso reso più macroscopicamente chiaro dal fatto che l'egemonia militare non era accompagnata dalla stasi del resto della società, ma era invece affiancata dalla crescita di un ceto medio-piccolo dedicato ad attività diverse dall'agricoltura, cioè impegnato nell'industria, nei commerci, nella ricerca, nel terziario. Durante il governo di Sadat, l'esercito aveva potuto svolgere direttamente attività economiche. Imprese agricole, impianti industriali e persino alimentari, compagnie farmaceutiche, imprese edili divennero proprietà di militari. Un esempio quanto mai simbolico era dato dal fatto che gran parte del pane distribuito al Cairo veniva sfornato da impianti di proprietà militare. L'esercito controllava le dogane a Suez e Porto Said; godeva di esenzioni dalle tasse per importazioni di merci e impianti; era esente dalla legislazione sul lavoro. L'industria degli armamenti, ovviamente sotto il controllo dell'esercito, produceva mine, armi leggere ma anche, su licenza americana, armamenti pesanti. Generali in pensione venivano collocati nei consigli di gestione di imprese statali; le forze armate avevano il diritto di precedenza nell'assegnazione degli alloggi familiari, godevano di sussidi speciali e persino di vacanze a prezzi ridotti.

Sin dal momento dell'assunzione del potere da parte di Nasser si era delineato il contrasto tra le forze armate e il mondo islamico. La *Fratellanza musulmana* (costituita nel 1928 da Hassan al-Banna, un eminente sudioso che intendeva combattere la presenza britannica) mostrò la sua opposizione al regime dei generali nel 1954, quando ebbe luogo un primo attentato contro Nasser. Questi rispose proclamando un regime repubblicano musulmano, che tuttavia eliminava i partiti politici. In loro luogo veniva costituita un'organizzazione di massa, l'Unione socialista araba, unico organismo politico permesso nello Stato «socialista» egiziano. In quei primi anni, il regime militare mostrò efficienza. Il settore industriale passò dal 10 per cento del prodotto interno lordo nel 1950 al 21 per cento nel 1970. Il contrappeso era determinato dalla crescita dell'apparato burocratico e dal diffondersi della corruzione. Il sogno panarabo di Nasser assorbì molte risorse e, sebbene avesse notevole eco nel mondo arabo, non ebbe infine grande successo, poiché lasciò troppo affiorare l'intenzione egiziana di utilizzare certi progetti, quali l'unione con la Siria nella Repubblica Araba Unita, come metodo per affermare la supremazia egiziana in tutto il Medio Oriente.

Nasser morì nel 1970 per un attacco cardiaco e Sadat, il suo successore, fu il protagonista della più profonda trasformazione avvenuta in Egitto prima del 2011. Dopo la guerra dello Yom Kippur (ottobre 1973) rese esplicito il suo distacco dall'alleanza con l'Unione Sovietica, modificò il carattere «socialista» dell'impianto istituzionale, diede all'economia un'impronta liberale e strinse una forte alleanza con gli Stati Uniti, che da quell'anno divennero egemoni in quasi tutto il Mediterraneo. Anche verso gli islamici Sadat adottò una linea politica meno severa di quella seguita da Nasser e cercò di acquistare il loro consenso sforzandosi di assimilarli al potere politico. Tuttavia questo esperimento fallì dopo che Sadat ebbe intrapreso la ben nota politica di pace con Israele, poiché tutto il mondo arabo reagì con violenza agli accordi di Camp David del 1979. Diversi paesi arabi tagliarono gli aiuti inviati all'Egitto e la Lega Araba lo espulse dal 1979 al 1989. Le conseguenze più gravi si ebbero all'interno del paese, dove l'opposizione islamica, questa volta ispirata da al-Zawahiri, il futuro mentore di Osāma, riprese a combattere il regime. Il 6 ottobre 1981, durante una parata militare, Sadat venne ucciso da un militante estremista. Solo la saldezza dell'apparato militare evitò che la situazione precipitasse, anche a causa dell'agitazione che serpeggiava nel paese, prostrato dalle limitazioni economiche. Al successore di Sadat toccò il compito di governare un paese nel quale l'opposizione al regime militare andava crescendo.

Gli anni dal 1981 al 2011 videro Hosni Mubarak condizionato in primo luogo dal bisogno di contenere l'avanzata islamica e, in secondo luogo, dalla necessità di destreggiarsi rispetto ai mutamenti che avevano luogo in relazione alla questione israelo-palestinese. La Fratellanza musulmana restava fuori legge ma riusciva in maniera indiretta a essere presente negli organismi rappresentativi, al punto che suoi esponenti poterono partecipare alle elezioni del

1984 e del 1987. L'estremismo islamico agiva con vigore crescente. Nel 1993 venne lanciata una *jihad* contro alcuni esponenti del governo. Dopo di allora fu come se vi fosse una sotterranea guerra civile, spesso ispirata da Al Qaeda. Alcuni momenti di relativa calma furono interrotti dal susseguirsi di attacchi in aree strategicamente importanti, in senso economico e militare, per l'Egitto. Colpire, come accadde nel 2004, un albergo americano a Taba, nel Sinai o, nel 2005, a Sharm el-Sheikh, la principale stazione turistica egiziana, sempre nel Sinai, significava mettere a repentaglio non solo i rapporti con Israele ma soprattutto il turismo, una delle principali risorse dell'economia egiziana, che nel 2010 aveva dato circa il 13 per cento del PIL. Era uno stillicidio che non si arrestava. Nel 2006 fu la volta di un attacco a Dahab, una località turistica sul Mar Rosso; nel 2008 venne attaccata direttamente l'area turistica del Cairo. Per contrastare questo immane pericolo, Mubarak ricorse ai mezzi di controllo tipici di un regime militare: arresti in massa, repressione del dissenso e insieme, quale misura di clemenza, l'autorizzazione ad alcuni cittadini egiziani di recarsi in Afghanistan per combattere al fianco dei qaedisti e dei talebani. Era un controllo così severo da porre problemi di legittimità e da incrinare il consenso di cui Mubarak aveva goduto, nonostante tutto, nel primo ventennio della sua dittatura.

Ciò accadeva mentre Mubarak cercava ancora di placare il dissenso mediante concessioni istituzionali. Per le elezioni del settembre 2005 emanò una legge che, per la prima volta nella storia egiziana, legittimava la partecipazione al voto di altri candidati. Vinse, com'era inevitabile, con una larga maggioranza; nominò un governo composto da personalità più giovani e da tecnici, e fece varare una serie di misure (come la riduzione del 40 per cento delle tariffe doganali) grazie alle quali favorire, come avveniva nel resto dell'Africa, investimenti stranieri. Tuttavia la sua vittoria non passò come un avvenimento normale; provocò anzi quella che poi venne chiamata la «rivoluzione dei giudici» e che talora viene considerata come il primo segnale della crisi del regime. Infatti dopo le elezioni due giudici, Hisham Bastawisi e Mahmoud Mekki, guidarono la contestazione contro la regolarità del voto. Vennero sottoposti a procedimento punitivo e Mekki, che era il più autorevole dei due, fu incarcerato, mentre numerosi esponenti della Fratellanza musulmana protestavano contro questo provvedimento. Non era infatti un episodio di secondo piano, poiché esso rivelava la frattura esistente tra Mubarak e buona parte della magistratura. Il Rais rispose a queste contestazioni con un colpo di coda controproducente. Nel dicembre 2006 varò una nuova Costituzione sulla base della quale l'attività e la rappresentanza politica erano concesse solo a personalità che non avessero un collegamento con partiti basati sulla religione (ed era ovviamente un brusco diniego ai Fratelli musulmani), mentre un altro articolo (in risposta ai giudici) eliminava la supervisione giudiziaria sullo svolgimento delle elezioni. Oltre a ciò prevedeva speciali misure repressive contro i terroristi, che avrebbero potuto essere arrestati sulla base di semplici sospetti e giudicati da corti militari speciali.

A prima vista, queste riforme ebbero efficacia poiché procurarono all'Egitto qualche anno di relativa tranquillità. Tuttavia le notizie provenienti dalla Tunisia incoraggiarono per primi i gruppi di giovani, che da tempo erano in contatto via Twitter o Facebook, a esprimere pubblicamente la loro avversione alla dittatura. Il 25 gennaio 2011 ebbe luogo in piazza Tahrir, al Cairo, la prima manifestazione di alcune decine di migliaia di persone, imitata in altre città egiziane e soprattutto ad Alessandria. La risposta della polizia fu ispirata dall'illusione di poter reprimere l'opposizione con la violenza. Invece gradualmente la piazza si riempì di centinaia di migliaia di persone; qualcuno giunse a dire che erano più di un milione. Dall'estero giungevano espressioni d'approvazione verso le loro rivendicazioni (come quella di Hillary Clinton) mentre personalità che ambivano a cogliere dalle manifestazioni un personale ruolo politico, come Muhammad al-Baradei, rappresentante egiziano presso l'IAEA di Vienna, ritornavano velocemente in patria per esprimere la loro solidarietà a chi protestava. Invero la piazza del Cairo e quelle di altre città egiziane non erano più occupate solo da giovani che chiedevano democrazia, ma anche da gruppi separati e uniti solo nella volontà di cacciare Mubarak. Accanto ai democratici cresceva la presenza di esponenti della Fratellanza musulmana. Il Rais pensò che qualche ritocco avrebbe risolto la situazione. Accusò i manifestanti di voler compiere violenze contro il bene della nazione; cambiò quasi tutta la compagine di governo. L'acme della crisi venne raggiunto quando si comprese che la smobilitazione di piazza Tahrir avrebbe richiesto l'uso di forze delle quali Mubarak non disponeva più, poiché anche i militari tendevano ormai a voltargli le spalle.

In pochi giorni tutti gli elementi sui quali Mubarak riteneva di poter contare per resistere lo abbandonarono. L'11 febbraio fu l'ultimo giorno del suo dominio. Si dimise nelle mani del vicepresidente Omar Suleiman e si rifugiò a Sharm el-Sheikh, dove poco dopo venne catturato per essere sottoposto a un processo che portò, per allora, alla sua condanna all'ergastolo. Il generale Mohammed Hossein Tantawi, che aveva poco prima preso le distanze dal Presidente, formò un governo provvisorio e predispose una nuova Costituzione formulata in modo da lasciare all'esercito il controllo del potere. Anche questa illusione fu travolta dalle manifestazioni di piazza seguite agli ondeggiamenti dei politici che combattevano tra di loro per conquistare posizioni dominanti. La vera contesa correva però tra il mondo militare, che seguiva l'orientamento laico, e la Fratellanza musulmana che, finalmente libera di manifestare, esprimeva tutta la sua forza organizzativa e la sua capacità di proselitismo. Approvata la nuova Costituzione, nel maggio 2012 si tennero le elezioni presidenziali, e in quell'occasione la diffusione dell'islamismo, collegata con il fondamentalismo dilagante in tutto il Medio Oriente, portò alla vittoria del candidato della Fratellanza, Mohammed Morsi. Non era ancora la conclusione della crisi. Infatti la solidità e la popolarità del presidente Morsi erano soltanto un'apparenza.

Morsi impiegò gran parte della sua azione politica nel progetto di una ulteriore riforma costituzionale, con la quale intendeva fare approvare alcuni articoli ispirati alla *Shari'a*. La piega decisamente islamistica che Morsi mostrava di voler sanzionare con la nuova Costituzione, le crescenti persecuzioni contro i cristiani copti, la disastrosa situazione economica, derivante dal crollo del settore turistico e dalla paralisi delle attività legate all'estrazione del petrolio, diedero un colpo severo alla popolarità di Morsi. Più ancora, egli fu danneggiato dalla decisione di allontanare dal governo il generale Tantawi, la cui presenza al potere rassicurava l'esercito, per sostituirlo con il generale Abd al-Fattah al-Sisi, che Morsi, sbagliando, giudicava più malleabile. Tutti questi motivi portarono gli elementi laici, quelli cristiani e quelli militari a contestare il Presidente. Piazza Tahrir venne nuovamente invasa dai manifestanti, mentre Morsi proseguiva nella sua politica islamistica, nella nomina delle gerarchie locali e nelle ripetute dichiarazioni di voler imprimere alla Costituzione la propria visione, ispirata alla dottrina giuridica coranica. Con il trascorrere dei mesi, le diffidenze interne divennero pubbliche; le manifestazioni contrastanti ripresero; piazza Tahrir si trasformò da sito per la protesta in una specie di campo di battaglia. Rispetto a questa situazione, l'esercito prese una decisione, probabilmente meditata da tempo. Il 3 luglio 2013 mise in atto un colpo di Stato che non solo esautorava Morsi ma lo destinava anche alla carcerazione in una località segreta (dove nel maggio 2015 venne condannato alla pena capitale, con l'accusa di aver favorito l'evasione di un certo numero di prigionieri). Al Cairo, e altrove in Egitto, ebbe inizio un lungo periodo di scontri tra i reparti dell'esercito e gli esponenti della Fratellanza, che intendevano costringere il governo provvisorio a restituire la libertà a Morsi.

Del resto, questa domanda era condivisa, con discutibile realismo, dall'amministrazione americana e da diversi paesi occidentali, che protestavano contro l'eliminazione di un presidente che, per la prima volta, era stato davvero democraticamente eletto. Durante quelle settimane la Fratellanza mostrò tuttavia un aspetto inatteso della sua natura, poiché accanto alla protesta e all'invocazione religiosa non lesinò l'uso delle armi. Nei quartieri a maggioranza islamica, le sedi della Fratellanza furono il teatro di combattimenti così aspri e di un'esibizione di armamenti così consistente da far pensare che i collegamenti della Fratellanza con le frange estreme del fondamentalismo islamico non fossero pura fantasia. In quell'atmosfera venne redatto l'ennesimo schema di Costituzione, approvato dal suffragio popolare nel gennaio 2014. In marzo furono annunciate nuove elezioni e come candidato si presentò il generale al-Sisi, che venne eletto con un consenso oceanico. La necessità della pace e il bisogno di ripristinare un po' di ordine per ridare respiro alla vita economica diedero una spinta risolutiva al ritorno del potere nelle mani dei militari. Era una restaurazione? Una risposta univoca è impossibile, poiché alla metà del 2015 i segni di instabilità e i periodici colpi di mano degli estremisti islamici punteggiano ancora la vita egiziana.

Il colpo di Stato che aveva escluso Mohammed Morsi dalla presidenza e lo aveva portato in carcere, restituendo all'esercito la potestà di governare con il consueto rigore, aveva provocato un periodo di contrapposizione tra gli Stati Uniti e il nuovo (o vecchio?) regime egiziano, poiché a Washington si riteneva illegittima la sostituzione con la forza di un presidente che era stato eletto dal libero voto popolare. Ovviamente la diplomazia americana non percepiva in tutta la sua portata i rischi collegati al peso della Fratellanza musulmana nel mondo islamico e fu necessario un certo tempo perché l'evidente coincidenza di interessi internazionali prevalesse sui principi della democrazia. Del resto, quando si tennero le elezioni presidenziali, nel maggio 2014, il generale al-Sisi presentò la propria candidatura caratterizzandola in nome della restaurazione dell'ordine ma anche in nome di una visione moderna dell'islamismo e vinse con margini analoghi a quelli ottenuti due anni prima da Morsi: un segnale, questo, della mutevolezza degli umori dell'elettorato egiziano oppure della stanchezza rispetto alle continue agitazioni di piazza. Un segnale che indicava però volontà di restaurazione poiché frattanto la Corte suprema egiziana aveva annullato le condanne contro Mubarak e aveva ordinato un nuovo processo, basato sull'accusa di corruzione, e concluso con una condanna a tre anni di carcere. Si trattava di un cambiamento giuridico sufficiente per valutare la portata della restaurazione avvenuta. La restaurazione, insomma, portava l'Egitto a cercare di recuperare, anche in alternativa alla Turchia e contro l'Iran, la posizione dominante conquistata nei decenni precedenti. D'altra parte, l'attivismo del quale il generale al-Sisi diede prova nella politica internazionale mostrò assai rapidamente l'estensione dei progetti del nuovo presidente egiziano proprio nel recupero di un ruolo dominante nella regione.

Il modo in cui il fermento arabo tracimò in Libia e in Siria richiede un'osservazione preliminare. Dinanzi ai fatti tunisini ed egiziani il mondo aveva guardato al susseguirsi degli eventi dapprima con simpatia e interesse, poi con crescente preoccupazione, senza che però nessuno pensasse a un intervento militare dall'esterno. Ciò si deve attribuire verosimilmente al fatto che la Tunisia era un paese troppo piccolo e del tutto privo di risorse strategiche, mentre l'Egitto era troppo grande, troppo popoloso, troppo ben armato perché si potesse prevedere una rapida incursione senza che fosse possibile darle un senso preciso, vista la confusione delle posizioni esistenti e, dopo le elezioni del nuovo Presidente, la risolutezza che questi aveva impresso alla sua attività. La Libia –

per le sue risorse energetiche, la sua dimensione e la popolazione così poco numerosa (poco più di 6 milioni) – e la Siria (per la sua posizione strategica, per i suoi rapporti con la Russia, per la sua intarsiata struttura etnica) erano invece due Stati i cui mutamenti interni interessavano direttamente molti paesi vicini e lontani. E tanto più diventavano interessanti quanto la presenza tra i rivoltosi di gruppi di fondamentalisti islamici lasciava prevedere che costoro potessero prendere la guida degli eventi, trascinandoli verso risultati che molti non intendevano accettare. I motivi che trasformarono immediatamente le crisi interne in questioni internazionali si collocano dunque su questo sfondo o, comunque, richiedono questa distinzione.

In Libia, il colonnello Gheddafi aveva esercitato il suo potere assoluto nella maniera più imprevedibile. Per diversi anni dalla sua presa del potere, nel 1969, egli era stato il simbolo di molte variazioni sul tema rivoluzionario; era anche stato messo al bando dalla comunità internazionale per le sue collusioni con il terrorismo, per la sua responsabilità in attacchi che avevano provocato centinaia di vittime, e aveva persino subito il bombardamento della sua abitazione da parte dell'aviazione statunitense. L'apparente irrazionalità dei suoi comportamenti raggiunse il culmine nel dicembre 1988, quando alcuni attentatori libici fecero esplodere, mentre volava nel cielo di Lockerbie, in Scozia, un aereo della Pan Am, a bordo del quale viaggiavano quasi 300 persone, in buona parte studenti americani. Questo e altri episodi, meno sanguinosi ma egualmente irrazionali, spinsero il Consiglio di sicurezza a condannare la Libia e a sottoporla a severe sanzioni economiche che, sebbene i proventi dell'esportazione di petrolio mettessero al riparo dalle più severe asprezze sia Gheddafi sia la popolazione libica, ebbero un peso notevole sulla condotta del leader libico. Sanzioni e pressioni ebbero infatti un risultato quanto mai efficace in molti paesi africani. Dopo il modo eccentrico che aveva seguito nella sua politica di governo, nel 2000 Gheddafi decise piuttosto bruscamente di cambiare orientamento. Riconobbe la responsabilità libica nell'attentato di Lockerbie e accettò che i responsabili fossero processati e incarcerati, ma soprattutto mostrò di essere sempre più attento alla considerazione internazionale del suo paese. Annunciò che la Libia rinunciava ai programmi nucleari e accettò che ispettori dell'IAEA visitassero gli impianti in costruzione e sorvegliassero la distruzione di quelli già costruiti.

In pochi anni, tra il 2000 e il 2004, la posizione internazionale di Gheddafi subì un completo rovesciamento. Tripoli venne visitata da Tony Blair, Gerhard Schroeder, Silvio Berlusconi, Jacques Chirac, e le visite vennero talora contraccambiate, per esempio in Italia, sebbene Gheddafi si facesse accompagnare da singolari cortegi tra il carnevalesco e il cavalleresco. La svolta finale ebbe luogo nel 2006, quando egli ripudiò ufficialmente il terrorismo, applicando sino agli estremi la prassi ostile al fondamentalismo islamico che aveva caratterizzato molti anni del suo dominio. Quando, nel 2008, il segretario di Stato americano Condoleezza Rice visitò Tripoli, proclamò che i rapporti tra USA e Libia erano entrati in una fase nuova. Nel 2009 Gheddafi fu eletto presidente dell'Unione Africana e ciò coronò la sua immagine internazionale. Ma la svolta non era stata tale da mettere a tacere l'opposizione al regime che, per l'appunto, sorgeva soprattutto dall'opinione islamica. Questa si era fatta sentire da qualche anno e nel 1997 aveva inscenato alcune manifestazioni, represse senza troppi riguardi. La produzione e commercializzazione delle riserve petrolifere libiche legava Gheddafi all'Europa meridionale; la popolazione libica viveva in buone condizioni poiché il reddito pro capite di cui godeva era tra i più alti di tutti i paesi africani. Eppure l'opposizione attendeva il momento opportuno per fare sentire la propria voce.

Ciò che era accaduto in Tunisia e in Egitto contagiò facilmente la Libia e la spinse verso cambiamenti che rivelarono la fragilità della struttura statale che Gheddafi non era riuscito a consolidare, una fragilità che divenne in pochi giorni sempre più evidente. Ma se ben si riflette, la Libia era anch'essa uno Stato creato artificialmente dai colonizzatori: dagli Italiani, appoggiati poi dalla comunità internazionale. Esistevano una Tripolitania e una Cirenaica floride; lungo la costa si sviluppava lentamente anche un'attività turistica. All'interno le tribù fedeli a Gheddafi o le tribù di *tuareg* (cioè di berberi nomadi) che controllavano le zone desertiche ed erano in permanente contatto con le tribù del Ciad e del Niger, senza che i confini statali fossero minimamente considerati, davano l'apparenza di una certa stabilità.

Le prime manifestazioni contro il regime ebbero inizio alla

metà del febbraio 2011 a Bengasi. In pochi giorni i ribelli sloggiarono le autorità statali dalla capitale della Cirenaica e si diressero verso Tripoli. Il territorio libico si trovò diviso in due parti: l'oriente, dominato dai ribelli all'offensiva, e la Tripolitania, dalla quale Gheddafi cercava di mettere insieme forze sufficienti per una controffensiva. Alla fine di febbraio i combattimenti erano ancora in corso ma la Comunità internazionale, frattanto, aveva incominciato a muoversi per tutelare (questa era la teoria) la popolazione civile dagli orrori di una guerra che aveva già provocato centinaia di vittime. Il Consiglio di sicurezza, dove la delegazione libica si era dissociata dalle responsabilità di Gheddafi, approvava una risoluzione per la creazione di una – per così dire – *no fly zone* a tutela dai bombardamenti delle forze legate a Gheddafi, ma di fatto opportuna per autorizzare l'intervento di forze straniere in applicazione della risoluzione stessa. Dato che la rivolta era divenuta formalmente una questione internazionale, secondo una procedura alquanto discutibile, il 19 marzo forze francesi lanciavano un attacco missilistico contro le postazioni gheddafiane; poco dopo missili statunitensi e britannici venivano lanciati contro obiettivi strategici di tutta la Libia. Il proposito, solennemente enunciato, era di intervenire contro gli eccessi del dittatore senza impegnare forze di terra, come pure da alcuni ambienti si riteneva necessario. Conformemente a questo principio, il 25 marzo veniva avviata la cosiddetta operazione *Unified Protector*, alla quale presero parte 19 paesi della NATO, con il compito di imporre il blocco navale e aereo alle forze lealiste libiche e di rendere possibile la formazione di un *Consiglio nazionale di transizione* che, vinta ogni resistenza dei fedeli di Gheddafi, si costituì nel mese di luglio e fu riconosciuto come legittima autorità libica dall'Unione Africana. Per un certo tempo la precipitosa decisione francese e quella britannica vennero criticate, poiché ovviamente esse erano ispirate a una visione colonialistica della tutela dei rispettivi interessi petroliferi in Libia. Il fatto che gli Stati Uniti si limitassero al lancio di alcune bordate di missili fu la dimostrazione evidente della volontà del presidente Obama di non impegnare truppe americane in imprese di discutibile legittimità.

L'intervento sarebbe stato utile se avesse avuto un risultato apprezzabile. Invece l'unico frutto che esso produsse fu quello di dare ai ribelli il retroterra militare per condurre con maggiore energia la lotta contro Gheddafi, sino alla cattura dell'ex dittatore, il 20 ottobre 2011, e alla sua uccisione, avvenuta con ferocia barbarica. Per le forze della NATO queste azioni avevano raggiunto l'esito previsto, perciò esse cessarono ogni attività il 31 ottobre. Ciò che non cessava era però la lotta interna alla Libia, che da allora in poi si frantumò in una serie di conflitti tribali, personalistici o religiosi, rimasti senza alcun esito, nonostante i ripetuti tentativi di costituire un governo almeno apparentemente legittimo. Il 7 luglio 2012 si tennero «regolari» elezioni per il Parlamento, al quale si diede il nome di *Congresso nazionale generale* e al quale il Consiglio di transizione trasmise i suoi poteri il 9 agosto. Come capo di Stato venne designato Mohamed al-Magarief, un islamista moderato, già esponente di un partito avverso a Gheddafi, mentre il suo antagonista, Ali Zeidan, venne designato come primo ministro. Entrambi dovevano collaborare per la rinascita di uno Stato libico, ma perché ciò fosse possibile era necessario che il loro controllo sul paese fosse davvero efficace. Invece la Libia si andava popolando di gruppi più o meno legati a interessi economici o religiosi che controllavano parti del territorio, secondo una divisione che pareva mirare alla creazione quanto meno di due soggetti separati, la Cirenaica e la Tripolitania: dominata a scacchiera, la prima, da gruppi islamici prossimi alla Fratellanza musulmana o da militari provenienti dall'Egitto, e l'altra sostenuta da ciò che rimaneva delle forze armate, che condividevano l'auspicio di appoggiare il governo eletto.

In altri termini, dalla fine del 2011 in poi la Libia non conobbe più un momento di tregua. La sua vita economica restò legata alla capacità di chi controllava il territorio di far funzionare i pozzi petroliferi, gli oleodotti e i porti per la vendita delle merci. La vita politica fu condizionata da ciò che avveniva in Egitto, dalle incursioni dei Tuareg dal Sahara, dai rigurgiti gheddafiani e, peggio ancora, dalle crescenti interferenze del cosiddetto Califfato (*v. infra*). L'episodio più grave ebbe luogo nel settembre 2012, quando a Bengasi vennero uccisi l'ambasciatore americano in Libia, Chris Stevens, e alcuni suoi collaboratori. Lo stesso primo ministro Alì Zeidan venne rapito in circostanze rimaste oscure e fu poi sostituito da Ahmad Maiteg, ma la legittimità della sua nomina fu contestata dalle opposizioni. La sola residua speranza stava nell'esito delle elezioni, previste per il 25 giugno 2014, ma anche questa speranza andò delusa poiché la partecipazione degli aventi diritto al voto fu minima (meno del 20 per cento) e qualche mese dopo la Corte suprema libica dichiarò illegittimi i risultati e, di conseguenza, anche il governo costituito in base al voto, sotto la guida di Abdullah al-Thani; il vero governo legittimo era, su questi presupposti, quello preesistente alle elezioni, guidato da Omar al-Hassi e appoggiato dagli islamisti. Da quel momento la situazione non fece che peggiorare. Il Parlamento eletto non riuscì a riunirsi a Tripoli ma dovette insediarsi a Tobruk, rivendicando la propria legittimità democratica (riconosciuta anche dalla comunità internazionale); a Tripoli rimase il governo al-Hassi, in aperta contrapposizione a quello designato dal Parlamento. Quasi ciò non bastasse, ebbe allora inizio un tentativo di risolvere le diatribe con la forza. Il generale Kalifa Haftar, già seguace e poi oppositore di Gheddafi, appoggiato dall'Egitto, riunì alcuni reparti militari per guidarli contro gli islamisti. Tuttavia le forze di cui egli disponeva non erano né sufficienti né adeguatamente organizzate per avere successo. Esse si ritirarono verso la parte orientale della Libia, attorno a Tobruk e lungo il confine con l'Egitto, per riprendere l'offensiva con maggiore energia al momento opportuno. La Libia restò divisa fra due governi, due parlamenti e numerosi insediamenti di fondamentalisti islamici, in un coacervo di gruppi di potere che rendeva impossibile pensarla come uno Stato unico.

Solo l'intervento internazionale avrebbe potuto risolvere la situazione e in teoria sia l'Unione Europea sia le Nazioni Unite non smisero di considerare con preoccupazione gli eventi libici. Nel 2011 l'Unione Europea nominò un diplomatico spagnolo, Bernardino Léon, come rappresentante speciale per il Mediterraneo orientale. L'attività di Léon non fu però così incisiva da dare risultati tangibili. Solo alla fine del 2014 la situazione parve aprirsi a qualche spiraglio, soprattutto perché l'avanzata di elementi dell'ISIS verso Derna aveva seminato terrore. Ebbero inizio negoziati di pace o, meglio, tentativi per indurre i due governi al compromesso, ma questi rimasero senza esito sino alla fine del giugno 2015, quando il Parlamento di Tripoli esautorò (almeno pro forma) il primo ministro al-Hassi e, dal lato opposto, il governo egiziano enfatizzò l'idea di armare seriamente le forze del generale Haftar. Tuttavia considerare questi risultati come una vera anticipazione di compromesso appariva azzardato.

Intanto la Libia diventava un modello dell'incapacità programmatica delle forze internazionali. Queste avevano operato con efficacia per abbattere il tiranno ma, compiuto il loro «dovere», se n'erano andate lasciando dietro di sé il vuoto, poiché nessuno aveva capito che quando si fa un intervento di quella portata sarebbe necessario prepararne il seguito: nel caso specifico, sarebbe stato necessario aver pronto un nuovo governo libico, dotato di forze militari e politiche pari alla bisogna. Come scrive Marc Lynch, uno degli studiosi più attenti della «primavera araba», «è sin troppo prematuro proporre conclusioni definitive circa i risultati ultimi dei sommovimenti arabi». Autoritarismo, fondamentalismo, ambiguità e, all'opposto, aspirazione a veder nascere una società «civile» restano aspetti ancora presenti e la misura del loro radicamento sociale potrà essere capita solo tra diversi anni.

Fra tutte le fasi della cosiddetta «primavera araba», l'esempio della Siria si presta al maggior numero di considerazioni, per la sua natura, che permette di discernere con precisione alcuni degli attori e dei problemi che originarono gli avvenimenti del mondo arabo, e per i suoi riflessi internazionali che, in misura superiore agli altri casi, divennero presto un tema critico per le relazioni tra le potenze. Buona parte di queste considerazioni discende dalla collocazione geopolitica della Siria stessa e del Libano, i cui destini e le cui storie sono molto spesso inseparabili. Bisogna risalire, sinteticamente, al 1920, quando il territorio dei due Stati venne assegnato alla Francia come mandato di tipo A. Senza riprendere in termini analitici ciò che è già stato scritto nei volumi precedenti, è necessario ricordare che quel territorio, superate le speranze di Feisal d'Arabia di governarlo sovranamente, era stato diviso in maniera scrupolosamente rispondente alla volontà di creare strutture composte come una scacchiera e talora contrapposte, quasi ad anticipare la volontà di usare una comunità contro l'altra per controllare meglio l'insieme. Perciò il Libano era stato formato con l'accostamento di una popolazione allora in maggioranza cristiano-maronita (secondo un rapporto demografico che il tempo avrebbe modificato), una comunità sunnita, un'area meridionale sciita e una zona montagnosa dove si insediarono i Drusi, una setta religiosa islamica perseguitata dai sunniti e costretta a riparare in una regione che sarebbe poi divenuta parte del Libano, della Siria e, in minor misura, di Israele. La storia del Libano indipendente venne costellata da ininterrotti momenti di crisi, nel corso dei quali le varie comunità fecero il possibile per emarginarsi o eliminarsi a vicenda.

A sua volta la popolazione della Siria è composta per la grande maggioranza da sunniti; nella sua area settentrionale vive una importante frazione della popolazione curda, mentre nelle città, come Damasco e Aleppo ma soprattutto attorno a Latakia, sono concentrati i seguaci della confessione alawita. Questa è una minoranza – poco più del 10 per cento – della popolazione siriana, originariamente povera e, proprio per questo, orientata a trovare sbocco nel servizio militare; il che spiega perché gli alawiti controllino le gerarchie militari e, in generale, abbiano in queste il loro punto di forza. Tale varietà di orientamenti avrebbe avuto più tardi un peso fondamentale nella vita siriana. Non ne ebbe sinché il potere rimase nelle mani del capo del partito baathista, di orientamento socialista e collettivista, fondato nel 1940 da Michel Aflaq e da Salah al-Din al-Bitar. Hafiz al-Assad, uno degli esponenti di questo partito, prese il potere nel 1970 e, dopo aver eliminato tutti i suoi rivali, venne eletto presidente nel 1971 e governò con mano di ferro, come si vide con orrore nel 1982, quando represse una rivolta islamica sunnita nella città di Hama, provocando circa ventimila vittime: un eccidio che la comunità internazionale o ignorò o conobbe troppo tardi per reagire. Gli uomini di Assad, grazie al loro dominio sull'esercito, controllavano tutta la vita civile. Il programma politico, laico e di vaga improvvisazione socialista, spingeva Assad a proibire la creazione di gruppi legati alla Fratellanza musulmana, sebbene egli, per necessario opportunismo, non negasse ai sunniti uno spazio vitale.

L'aspetto internazionale più interessante della politica siriana, prima del 2011, fu però il dinamismo di Assad nella scelta delle alleanze, poiché la sua ostilità verso Israele (che nel 1967 aveva occupato le alture del Golan a sud di Kuneitra, per evitare che queste servissero da postazioni per il bombardamento della Galilea israeliana) fu controbilanciata dalla varietà delle sue posizioni nel mondo arabo. Durante la guerra Iran-Iraq egli appoggiò Saddam Hussein; nel 1990, quando l'Iraq invase il Kuwait, non esitò a condannarne l'iniziativa e a inviare alcune migliaia di uomini per partecipare alla liberazione del Kuwait. Ma nel 2003, quando gli

Stati Uniti iniziarono la loro guerra contro l'Iraq di Saddam, con Bashar al-Assad, il figlio di Hafiz (morto nel 2000), le ambiguità cessarono. La sensazione che la Siria fosse circondata da paesi nemici, dalla Turchia a Israele alla Giordania, e poi da un Iraq in mani americane, spinse Assad a una intransigente ostilità verso gli Stati Uniti e a un riavvicinamento alla Russia, della quale la Siria tornò a essere un punto di riferimento logistico nel Mediterraneo orientale. Il giovane Assad si presentava così come un nuovo protagonista della vocazione islamica, della lotta contro Israele e di quella contro l'Occidente. La sua probabile complicità nell'assassinio di uno dei principali uomini politici libanesi, il moderato Rafiq al-Hariri, il 14 febbraio 2005, addensò i sospetti sulla sua indole politica. Del resto il presidente Reagan aveva inserito la Siria tra gli «Stati canaglia», cioè tra gli Stati caratterizzati dal terrorismo interno e dalle sue proiezioni internazionali. Sebbene all'atto del suo insediamento Assad avesse promesso riforme, nel decennio successivo egli mantenne il sistema repressivo e dittatoriale ereditato dal padre. Riteneva in tal modo che, con qualche promessa di addolcimento e un effettivo controllo dell'esercito sul paese, l'opposizione strisciante non sarebbe mai stata in grado di minacciare il suo dominio.

L'esempio di ciò che era accaduto nei paesi dell'Africa settentrionale non poteva essere nascosto alla colta popolazione siriana, poiché sia gli organi televisivi arabi, come l'emittente *Al Jazeera*, che trasmetteva dal Qatar, sia Internet avevano una forza di diffusione tale da non poter essere soffocata. Un primo segno di opposizione si manifestò nella città di Daraa, un piccolo centro meridionale vicino al confine con la Giordania, il 15 marzo 2011, quando un gruppo di ragazzi usciti dalla scuola scrisse su un muro: «vogliamo che il regime se ne vada». Era solo uno slogan, che riprendeva senza saperlo opinioni che in altre città siriane avevano trovato espressione verbale. Ciò che colpì l'opinione pubblica fu il fatto che gli autori della scritta fossero arrestati; questa notizia si diffuse in tutta la Siria, trasformandosi nell'occasione per una serie di manifestazioni. Il governo non reagì subito e fece diffondere la notizia che i dimostranti erano o agenti israeliani oppure estremisti islamici. Affollate manifestazioni filo-governative fecero pensare che l'incidente fosse un episodio senza conseguenze. Invece le manifestazioni contro il regime continuarono e la repressione cominciò ad assumere forme più brutali. Si diffuse il timore che si ripetesse un eccidio come quello del 1982 ad Hama e da questi sentimenti presero l'avvio manifestazioni sempre più estese nelle città a prevalenza sunnita, come Homs e, ancora, Hama. Poi le manifestazioni si trasformarono da ribellione disorganizzata in lotta aperta contro la dittatura alawita. La guerra civile incominciava a dilagare per tutto il paese. Non servirono a nulla la tentata mediazione di Recep Erdoğan, il primo ministro turco, e l'intervento delle Nazioni Unite, dove si ripropose un antico scontro fra gli Stati Uniti e la Russia, che proteggeva Assad poiché questi le garantiva l'accesso al porto mediterraneo di Tartus.

Gradualmente ciò che accadeva in Siria divenne un problema di attualità. Quasi fosse la Spagna del 1936, in Siria accorsero volontari da ogni parte dell'Occidente e del Medio Oriente. I ribelli non erano formazioni omogenee ma gruppi dalle più diverse ispirazioni. Molti avevano deciso di correre in Siria per partecipare, in nome della libertà, alla lotta contro la repressione voluta da Assad; altri, soprattutto coloro che volevano demolire lo Stato laico di Siria e che, almeno per un paio d'anni, ricevettero aiuti da ricchi emiri degli Emirati del Golfo, lottavano per la vittoria del loro settarismo religioso. Finanziariamente forti, costoro riuscirono a raggiungere una certa intesa, che diede vita al *Fronte al-Nusra* (cioè «Fronte di soccorso al popolo di Siria»), legato dapprima a emissari di Al Qaeda, poi rapidamente trasformatosi in gruppo dai programmi politici autonomi. Assad, la cui capacità di controllare il territorio siriano andò rapidamente diminuendo, era appoggiato e quasi sorretto politicamente dai confratelli sciiti, dall'Iraq, dall'Iran e dagli Hezbollah libanesi. Mentre gli estremisti islamici ricevevano aiuti dai confratelli sunniti dell'Arabia Saudita e degli Emirati del Golfo, i «democratici» avrebbero dovuto ricevere aiuto dai paesi occidentali. In effetti l'ipotesi di un intervento militare simile a quelle attuato in Libia venne discussa, soprattutto quando si diffuse la notizia che Assad aveva fatto uso di armi chimiche per reprimere la ribellione. Nel 2013 il presidente Obama meditò seriamente sulla possibilità di un intervento aereo ma venne trattenuto da una cautela elementare, che gli suggeriva di non esporsi a situazioni troppo difficili da districare e tali da potersi trasformare in un'altra grave crisi internazionale. A frenare le ipotesi di intervento militare si susseguirono due ordini di fatti radicalmente differenti. In primo luogo, alla metà del mese di luglio 2013 venne raggiunto tra Russia e Stati Uniti, con il consenso siriano, un accordo che impegnava il governo di Damasco a distruggere tutti i depositi e tutti gli armamenti chimici – dei quali Assad aveva smentito il possesso ma che di fatto erano una delle sue armi letali –, accompagnato dall'impegno a sottoscrivere la convenzione che proibisce l'uso di armi chimiche. L'avvio e poi l'attuazione di questo accordo allentarono la pressione su Assad.

L'altro ordine di eventi aveva una portata più ampia e più indiretta e riguardava i negoziati tra l'Iran, i cinque paesi membri permanenti del Consiglio di sicurezza e la Germania, in relazione ai temuti e discussi programmi nucleari del governo iraniano, trasformati da Ahmadinejad in una sorta di vessillo della potenza del proprio paese, ma vissuti invece dal suo successore, Rohani, come una della ragioni dell'isolamento iraniano e delle dure sanzioni economiche che l'Iran subiva. Questi negoziati, dopo aver preso inizio nell'autunno del 2013, erano stati continuati con inesorabile lentezza e straordinaria prudenza, ma anche con la persistente speranza in una conclusione positiva. La tenacia e l'evidente volontà strategica del presidente Obama, associate alla determinazione iraniana di non perdere un'occasione così preziosa per raggiungere un accordo, portarono infine a un'intesa, siglata a Losanna all'inizio dell'aprile 2015 e completata poi a Vienna, con la firma il 14 luglio di un accordo generale, definito anche nei suoi termini tecnici. Questo allontanava la possibilità che gli iraniani si dotassero di armamenti nucleari e, al tempo stesso, prevedeva l'eliminazione delle sanzioni in vigore contro l'Iran.

Più che per il contenuto tecnico, l'intesa era importante per il suo valore politico-diplomatico. Dopo alcuni decenni di ostilità, e dopo che nel Medio Oriente l'Iran era stato uno dei più tenaci avversari di Israele e degli Stati Uniti, la situazione veniva profondamente modificata. La decisione mutava in termini radicali i rapporti politici mediorientali. L'Iran tornava a essere uno dei protagonisti della vita regionale, proprio nel momento in cui i suoi potenziali antagonisti, a cominciare dall'Iraq, attraversavano una profonda crisi derivante dalla guerra civile siriana e dall'attività dell'Isis. Inoltre, sebbene Washington fosse stata considerata a Teheran come il principale nemico dell'Iran, i negoziati avevano ristabilito un accordo non troppo dissimile da quello che la rivoluzione del 1979 aveva fatto cessare, ma la cui rinascita sarebbe stata di reciproco vantaggio. Un punto tanto più importante in quanto il rapporto tra gli Stati Uniti e l'Arabia Saudita veniva incrinato dalla forzata diminuzione dei prezzi internazionali del petrolio greggio, dopo la scoperta del petrolio estratto dai giacimenti di scisti negli Stati Uniti. Infine l'accordo, stipulato con l'appoggio europeo e l'opposizione di Israele, diventava un motivo di riflessione circa la portata delle relazioni proprio con Israele. Se fino ad allora gli Stati Uniti erano stati (o erano apparsi) i volenterosi alleati di Israele, sempre pronti a fare proprie le aspirazioni del governo di Tel Aviv, da quel momento si avviava una fase di riflessione che metteva in discussione la piena coincidenza degli interessi reciproci.

Il concatenarsi di questi cambiamenti si traduceva, contro ogni desiderio americano, nella necessità di modificare l'atteggiamento verso la Siria. Dapprima lentamente ma poi con evidenza, il presidente Obama giungeva a riconoscere che l'uscita di scena immediata di Assad non era più una priorità. Nel novembre 2014 egli ammetteva l'esistenza di due obiettivi prioritari ma non concomitanti: provocare l'uscita di scena di Assad ma anzitutto sconfiggere con ogni mezzo l'esistenza dell'ISIS (*v. infra*). E a sua volta Assad, alla fine del 2014, rilasciava a «Foreign Affairs» un'intervista nella quale, con ottimismo precipitoso, esprimeva fiducia nella propria capacità di recuperare consensi tra la popolazione siriana, il che di fatto si traduceva nella disponibilità a un compromesso. All'inizio del 2015 l'amministrazione americana, pur a fatica, lasciava intendere di considerare chiaramente prioritaria la lotta contro il Califfato rispetto a quella contro Assad, che restava un avversario ma forse anche, in una remota e incerta prospettiva, un potenziale interlocutore, purché fosse riuscito a mantenere un certo controllo su tutta la Siria o su quelle parti di essa che Alawiti siriani e Hezbollah libanesi ancora dominavano. Il tema, affiorato gradualmente dalla guerra civile siriana, mostrava tutta la contraddittorietà dell'assunto iniziale. In effetti, mentre i gruppi che combattevano Assad in quanto dittatore continuavano nella loro azione ma vedevano affievolirsi le speranze di successo e assistevano, senza poter intervenire, ai tentativi di soluzione diplomatica della crisi, avviati all'inizio del 2014 ma rimasti poi senza risultato, i gruppi legati al fondamentalismo islamico erano riusciti a consolidarsi e a trasformare la loro guerriglia in un problema nuovo e drammatico per tutta la regione e per gran parte del mondo islamico.

6.2. *L'esplosione del Califfato islamico*

Queste forze erano parse da principio come elementi separati della guerra civile ma, dalla primavera del 2014 e nel giro di poche settimane, ne divennero i protagonisti. Il loro progetto politico-religioso era sintetizzato dall'ipotesi di dar vita a uno Stato puramente islamico, governato secondo le regole della *Shari'a*, interpretate nella maniera più arcaica e così cariche di ideologismo e religiosità da riuscire ad essere una forza d'attrazione per tutto l'estremismo islamico e per i gruppi di fanatici che, in ogni parte del mondo – ma soprattutto in Europa, in Africa, nella penisola arabica e nel Medio Oriente –, guardavano agli «infedeli» come nemici e lottavano per la costituzione di un Califfato dall'estensione imprecisata ma tale da inserirsi come un'ameba nei territori di confine prossimi alla Siria e all'Iraq, e capace di suscitare incertezza, paura, sgomento, ripulsa, ma anche adesioni esagitate in tutto il mondo arabo. L'Isis (*Islamic State of Iraq and Syria*) nasceva da una lunga gestazione alla quale avevano preso parte gli orfani di Al Qaeda e a cui si erano avvicinati gruppi di fondamentalisti islamici esistenti non solo in Siria ma anche in Iraq, nello Yemen, in Somalia, in Egitto, nei due Sudan, in Nigeria, in Libia. La radice qaedista non aveva però giovato a consolidare un fronte unito tra i gruppi che, con la denominazione di *Fronte al-Nusra*, combattevano contro Assad e altri gruppi fondamentalisti esistenti nell'area che si alleavano secondo motivazioni variabili. Una serie interminabile di dispute teologiche o di contrasti personali portò per qualche tempo l'erede di Osāma, al-Zawahiri, a ripensare le relazioni con l'Isis e a condannarne l'eccessiva violenza dei mezzi di lotta adottati. Si trattava di una gara a chi fosse più feroce e, al momento, gli uomini di al-Nusra avevano maggiori possibilità di vincerla poiché erano in prima linea nella lotta contro lo stesso nemico.

Il rapporto tra Al Qaeda e l'Isis era quanto mai complesso. Sebbene da principio gli uomini del Califfato si fossero considerati i veri eredi di Al Qaeda in quanto combattenti contro lo stesso nemico, in pochi mesi la diversità delle due iniziative fondamentaliste si era delineata con chiarezza. Tanto gli uomini di Al Qaeda avevano operato come cellule separate e invisibili, per rifuggire dai rischi di uno scontro troppo diretto con il nemico, e avevano evitato di mostrarsi pubblicamente come gruppi troppo militarizzati, ben protetti dalle asperità del territorio afghano, nei cui anfratti essi potevano facilmente disperdersi, altrettanto gli uomini dell'ISIS avevano, dopo le prime esitazioni, assunto iniziative del tutto diverse. Avevano cercato di legarsi a un territorio, controllando alcuni punti strategici, come Mosul e Tikrit in Iraq. In pochi mesi erano riusciti a mostrarsi come un esercito vero e proprio, capace di controllare il territorio, dotato di armamenti anche pesanti e forte di alcune migliaia di uomini (alcune fonti affermano fossero centomila), pronti ad agire con determinazione e, anzi, desiderosi di dare la maggiore diffusione possibile alla loro esistenza come forza politica. Questa coalizione di ribelli era cresciuta numericamente per l'accorrere in Siria di giovani, e meno giovani, eredi dell'islamismo o di neoconvertiti alla sua causa (i cosiddetti *foreign fighters*, circa trentamila); inoltre era stata irrobustita dalla capacità di mettere a frutto le risorse energetiche dei territori controllati e gli aiuti provenienti dalle generose donazioni di confratelli del Qatar, del Kuwait, dell'Arabia Saudita e della Turchia (senza che sia possibile, mentre gli eventi sono in corso, disporre di una documentazione precisa sull'ammontare e le ragioni di questi aiuti). Quando, il 29 giugno 2014, Abū Bakr al-Baghdādi proclamò la restaurazione del Califfato islamico, che era stato formalmente eliminato nel 1924 dal leader turco Mustafa Kemal (Atatürk), i suoi fedeli già controllavano ampie zone della Siria settentrionale e si assimilavano ai sunniti iracheni e a quelli giordani per trasformare la proclamazione in un fatto concreto.

Concreto ma sfuggente, poiché gli uomini dell'ISIS riuscirono rapidamente a conquistare importanti aree lungo il confine iracheno, con il risultato che questo, di fatto, divenne solo una linea tracciata sulle mappe ma inesistente nella prassi. Nei territori occupati, gli uomini dell'ISIS iniziarono a svolgere una campagna di trasformazione sociale, non priva di aspetti attenti alle condizioni di vita dei «fedeli», ma al tempo stesso applicarono con durezza la *Shari'a* e agirono con una crudeltà senza limiti. I media mostrarono, dalla fine del 2014, come fossero trucidati con efferatezza gli ostaggi catturati. Ancora peggiore era la qualità della vita per chi non si adeguava al «verbo». La comunità yazidica siriana venne in parte massacrata in parte costretta a subire un lungo assedio, in parte costretta alla fuga. I cristiani assiri subirono la stessa sorte e così gli sciiti che abitavano territori controllati dall'ISIS. Da principio solo i curdi, che contendevano al Califfato il controllo del territorio, reagirono con forza a ciò che accadeva. Nell'agosto 2014 il Presidente degli Stati Uniti autorizzava i primi bombardamenti contro le località controllate dallo Stato islamico; successivamente venne intensificato l'uso dei droni a rafforzare le forze di terra curde e quelle dell'esercito iracheno che non avevano disertato.

Nella seconda metà del 2014 la portata degli avvenimenti divenne una questione tale da imporre meno incerte reazioni anche da parte europea. Restava però aperto un problema. Combattere l'ISIS significava in realtà favorire Assad. Era proprio questo l'esito verso il quale mirava l'intervento occidentale? Su questo dubbio si inserivano le più diverse ipotesi circa la natura reale del Califfato, la genesi dei suoi finanziamenti, la sua effettiva consistenza. Eppure ogni giorno portava con sé immagini di crudeltà così impressionanti da suscitare un senso di avversione generalizzato. Per la sua natura, per il suo estremismo e per l'evidente qualità dei rapporti di forza, l'ISIS diventava un paradigma delle intenzioni di tutti i paesi verso il problema siriano e l'assetto del Medio Oriente. Mentre da parte russa non si esitava ad appoggiare Assad, per gli altri paesi perdurava l'oscillazione tra il realismo di un compromesso e la ferocia di azioni che, in definitiva (forse questa era la speranza), avrebbero portato la comunità internazionale a un intervento più risoluto. Tuttavia, il fatto che nei primi mesi del 2015 gli uomini dell'ISIS non si limitassero più ad assassinare singoli personaggi occidentali caduti nelle loro mani ma aggiungessero a queste vittime numerosi membri della comunità islamica mondiale, o uccidessero senza pietà né esitazione chiunque non fosse pronto ad aderire al loro verbo, si trasformava in un segnale allarmante persino al loro interno. Nell'agosto 2014, su pressioni americane e saudite ma anche per intima convinzione, i Gran Muftì più influenti del mondo islamico condannarono il terrorismo dell'ISIS.

Non solo la particolare crudeltà con la quale gli assassinii venivano compiuti, ma anche la nazionalità delle vittime rendevano, se possibile, ancora più evidente la mentalità che guidava il Califfato.

La misurata diffidenza con la quale nel mondo arabo sunnita si guardava ad esso si trasformò in una sempre più estesa ostilità, nutrita da una volontà di ritorsione che si traduceva in percezione dei pericoli che l'estremismo generava per tutti i suoi vicini e nella volontà di combatterlo sino alla sua completa eliminazione. Ne divennero poco dopo evidenti i rischi, quando il Califfato riuscì ad allargare la sua area d'azione fino alla Libia. In Libia, la situazione caotica esistente, rappresentata dall'assenza di un'autorità di governo capace di controllare anche una parte sola del paese, lasciava spazio alle infiltrazioni di elementi dell'ISIS, dapprima isolate ma divenute poi così numerose da trasformarsi in un vero e proprio ostacolo per i tentativi di risolvere diplomaticamente le difficoltà che impedivano la creazione di un governo di coalizione nazionale. Un altro punto dell'azione fondamentalistica fu l'attacco portato da un piccolo gruppo di terroristi, il 17 marzo, contro il Parlamento e il Museo del Bardo a Tunisi: un'azione che si trasformava nell'espressione della capacità di proselitismo e di presenza anche nel paese in apparenza più tranquillo dell'Africa settentrionale. Così, da Tunisi all'Algeria, al Mali, al Niger, alla Nigeria, al Ciad, le forze del Califfato acquistavano l'immagine di un esercito non integrato ma presente in tutto il mondo islamico, sino a minacciare anche i paesi dell'Europa meridionale e da rendere incandescente la situazione di tutto il Mediterraneo. Si poneva con urgenza il problema di coordinare una risposta efficace, prima che il Califfato riuscisse a tradurre episodi isolati in un movimento di massa. Ebbero inizio serrate discussioni, ma doveva trascorrere molto tempo prima che fossero deliberate le contromisure necessarie.

Rispetto ai movimenti determinati dalla «primavera araba», lo Stato che poteva assistervi dapprima con relativa estraneità, ma con profonde preoccupazioni rispetto all'avvenire, era Israele. Nonostante le molte guerre combattute e i lunghi momenti di tensione vissuti, per Israele la situazione creatasi nel 2011 era in definitiva tale da non suscitare un allarme immediato. La collaborazione con l'Egitto di Mubarak era collaudata da tempo. Israele concedeva che, attraverso il valico di Rafah o lungo le innumerevoli gallerie scavate sotto il confine tra il Sinai e la Striscia di Gaza, ai Palestinesi, chiusi all'interno di quest'area, giungessero rifornimenti di ogni genere. Più o meno segretamente, e grazie ai molti intermediari in gioco, anche considerevoli quantità di armamenti passavano per la medesima strada. L'avvento al potere della Fratellanza musulmana, generatrice di tanta parte dei movimenti islamistici, aveva a tal punto facilitato quei traffici da renderli pericolosi anche per Israele, che prese le sue contromisure. Il suo confine con la Giordania era sempre stato relativamente pacifico e quello con la Siria e con il Libano, nonostante la presenza dei reparti di Hezbollah, era in definitiva sotto controllo poiché Assad, pur essendo un nemico, non aveva – e per molto tempo non avrebbe avuto – interesse a modificare lo *status quo*, mentre le forze dell'UNIFIL (*United Nations Interim Force in Lebanon*) servivano da avanguardia difensiva rispetto alla potenziale minaccia degli Hezbollah. Con i nuovi governi arabi o con le nuove situazioni createsi, l'assenza di timori di fondo da parte israeliana non era più giustificata. Infatti, un elemento che assimilava i nuovi soggetti politici ai regimi preesistenti era proprio la maggiore determinazione nel rifiuto di accettare l'esistenza di Israele. Se poi i mutamenti avvenuti in Tunisia o in Libia non avevano una portata diretta rispetto a Israele, la sovversione egiziana rappresentava una svolta drammatica. Infatti il regime del presidente Morsi aveva palesemente appoggiato il gruppo politico di *Hamas*, dominante a Gaza. Poi, l'instabilità seguita alla cacciata di Morsi dal potere aveva trasformato la penisola del Sinai in una specie di terra di nessuno, dove avevano messo radice numerosi gruppi di qaedisti, di predoni del deserto, di bande irregolari, che tutti premevano su Israele e, al tempo stesso, impegnavano il governo del Cairo in una lenta e difficile riconquista della piena sovranità sulla penisola. A nord, la guerra civile siriana sostituiva alla certezza del nemico l'instabilità di una situazione in continuo movimento. All'interno di Israele, i rapporti con l'Autorità palestinese presieduta da Abu Mazen erano esposti alle nuove tensioni provocate da ciò che accadeva in tutta l'area, senza che fosse possibile formulare previsioni rispetto all'imminente futuro.

Dopo il fallimento degli accordi elaborati da Ehud Barak e Arafat nel 2000, vi era stato l'esperimento tentato da Ariel Sharon; nel 2001, in clima elettorale, il generale si era esposto direttamente contro i Palestinesi con la passeggiata sulla Spianata delle Moschee, luogo sacro per i musulmani. La mossa aveva favorito elettoralmente Sharon, allora membro del partito *Likud*, e gli aveva procurato l'elezione a primo ministro; ma la tensione con i Palestinesi era salita fino a provocare una nuova, violentissima *intifada*, iniziata nel settembre 2001 e continuata per anni, sinché nel 2005 lo stesso Sharon, convintosi dell'impossibilità di controllare in modo permanente il territorio palestinese, aveva deciso il ritiro unilaterale delle forze israeliane da Gaza e la demolizione degli insediamenti che diversi coloni israeliani vi avevano costruito. La grave malattia di Sharon gli impedì di governare la scelta compiuta. Venne sostituito, come già si è detto, da Ehud Olmert, che assieme a lui aveva creato il partito *Kadima* («Avanti») separandosi dal *Likud*. Un attacco degli Hezbollah libanesi contro il confine settentrionale di Israele, nel luglio 2006, portò a un terzo conflitto tra Israele e il Libano, una guerra durata trentatré giorni ma costata pesanti perdite ai Libanesi e terminata solo dopo l'intervento delle Nazioni Unite, che avevano per l'appunto deliberato, ai fini di garantire una tregua duratura, la creazione di una forza internazionale di interposizione (l'UNIFIL) che da allora avrebbe controllato il confine tra i due paesi, circoscrivendo forzatamente il raggio d'azione degli Hezbollah.

Dopo di allora, la situazione di Israele venne resa ancora più intricata dall'affiorare della rivalità tra gli eredi di Arafat (morto nel novembre 2004) e *Hamas* (il Movimento di resistenza islamico), praticamente egemone nella Striscia di Gaza e radicalmente ostile a qualsiasi accordo con Israele. Il dualismo venne esasperato dall'esito delle elezioni palestinesi, che diedero una notevole supremazia ad *Hamas* su al-Fatah, costringendo il presidente Abu Mazen a formare un governo di coalizione, affidato alla guida di Ismail Haniyeh. In realtà il dualismo traduceva in pratica l'assenza di una vera soluzione; il potere di Haniyeh venne riconosciuto a Gaza ma ebbe solo un valore formale in Cisgiordania. *Hamas* riceveva clandestinamente aiuti da ogni parte del mondo arabo, mentre l'Autorità palestinese era indebolita dalla difficoltà di dover negoziare ogni aspetto della propria esistenza con gli Israeliani. D'altra parte l'estremismo di *Hamas* procurava alla popolazione di Gaza disagi pesanti. Infatti dal 2007, quando le forze militari di *Hamas* presero il controllo della Striscia, Gaza cessò di ricevere i contributi che, attraverso le tasse imposte da Israele e distribuite con l'intermediazione di al-Fatah, rendevano possibile l'esistenza di un soggetto quasi autonomo, rispetto al rimanente della Palestina. Gaza venne considerata da Israele come un nemico e tanto più lo divenne dopo che dalla Striscia ebbe inizio la prassi del lancio di razzi contro il territorio israeliano, in particolare contro il villaggio di Sderot e la città di Ashkelon; dapprima episodi isolati, poi un attacco sistematico, per porre termine al quale gli Israeliani non si limitarono alle puntuali risposte ma nel dicembre 2008 avviarono una vera e propria offensiva, allo scopo di colpire le installazioni missilistiche e militari e rendere *Hamas* inoffensiva. L'evidente discrasia esistente tra l'opzione diplomatica, scelta da Fatah, e quella militare, scelta da *Hamas*, creava tra le due formazioni un fossato profondo. Haniyeh dovette dimettersi (sebbene egli non accettasse l'imposizione) e al suo posto venne formato un governo guidato da Salem Fayyad (2007-2013) e poi da Rami Hamdallah, un autorevole economista, al quale nel 2014 venne affidato il compito di ricucire il dissenso tra le fazioni palestinesi.

Intanto in Israele nuove elezioni politiche avevano spinto al potere una delle personalità forti della politica israeliana, Benjamin Netanyahu. Questi dovette subito misurarsi con la nuova amministrazione americana di Barack Obama, favorevole alla tesi della necessità di dar vita a due Stati: uno israeliano e uno palestinese. Obama riuscì a smuovere la situazione e, grazie anche all'incessante impegno del segretario di Stato, John Kerry, a far ripartire i negoziati fra Palestinesi e Israeliani. Le interminabili discussioni, interrotte da continue pause di ripensamento o da infinite reticenze, finirono per coincidere con la rivoluzione egiziana. Da allora la situazione nel Sinai e lungo il confine tra Gaza e l'Egitto divenne insostenibile. Mentre, come si è già visto, durante la presidenza Morsi gli aiuti egiziani ai confratelli palestinesi avevano ricevuto un forte incremento, la situazione verificatasi con il ritorno al potere dei militari indeboliva politicamente la forza di *Hamas*, costringendo il movimento a seguire in modo meno aggressivo la linea di al-Fatah. Su queste premesse, l'intransigenza israeliana non faceva che crescere. Israele restava, in un'area travolta dal cambiamento, l'unico punto stabile. Ma questa stabilità, se proiettata a scadenza meno vicina, veniva scossa proprio dal rifiuto israeliano di adattarsi al cambiamento. La questione venne resa più netta dalle elezioni del 17 marzo 2015, il cui esito appariva più che mai incerto. Un candidato forte come il primo ministro Netanyahu, alla guida del partito *Likud* e alleato alla destra con il partito *Beytenu*, era contrastato, almeno potenzialmente, dal gruppo di «Unione per Israele», formato dall'ex laburista Isaac Herzog e dalla centrista Tzipi Livni.

Come spesso è accaduto per Israele, le elezioni sono condizionate dalla politica internazionale. Netanyahu, considerato perdente all'inizio della campagna elettorale, giocò con spregiudicatezza i temi cari alla destra israeliana e statunitense, sostenendo (in parziale contraddizione con sue precedenti affermazioni) la sua opposizione alla creazione di due Stati in Palestina. Su queste posizioni cercò, in maniera alquanto arrischiata, di ottenere che le destre americane appoggiassero le sue tesi. Invitato a parlare al Congresso, il 3 marzo 2015 (benché il presidente Obama non fosse favorevole a tale iniziativa), prese nettamente posizione contro l'idea di un compromesso con l'Iran in materia nucleare. Con le sue mosse, il leader israeliano non solo metteva in discussione il futuro della vita israeliana, ma addirittura cercava di condizionare, grazie alla forza della *lobby* israeliana negli Stati Uniti, la politica estera di Obama. Si trattava di una scelta infelice nei tempi e nel contenuto ma utile in patria. Infatti, alle elezioni parlamentari del 17 marzo, contro le previsioni, Netanyahu e il *Likud* ottennero un eloquente successo che, sebbene di stretta misura sul piano del numero dei deputati eletti, consentì al vincitore di formare, alla metà di maggio, un nuovo governo, appoggiato da una esigua minoranza ma risoluto nella sua determinazione. Infatti la situazione tutta del Medio Oriente, la guerra civile siriana, la campagna para-militare contro l'ISIS, l'opportunità suggerita dagli equilibri di tutta l'area, imponevano al governo americano scelte difficili che non potevano essere condizionate dagli umori della campagna elettorale israeliana. Al contrario, proprio l'iniziativa assunta da Netanyahu non faceva che acuire la sensazione che le scelte internazionali degli Stati Uniti non dovessero venir dettate nei tempi e nei modi dall'esigenza di uno Stato solo, per quanto amico. Il risultato fu controproducente poiché diffuse anche nei paesi più favorevoli a Israele l'idea che questo, dimenticando di possedere un importante arsenale atomico, intendeva determinare la politica mondiale o, quanto meno, quella mediterranea.

Parte settima

Verso il policentrismo?

7.1. *Il presunto declino americano*

Nella Parte seconda di questo volume è stato trattato il tema della presunta «solitudine» degli Stati Uniti, divenuti, dopo il 1990, l'unica potenza in grado di dominare ciò che avveniva in ogni parte del mondo. Negli anni successivi, dal 1990 al 2015, questo assunto venne messo alla prova e da esso derivarono numerose analisi della politica estera americana. Con l'ascesa della Cina, dell'India e della Russia, si incominciò a parlare di «declino» della supremazia americana. Si tratta perciò di capire se e fino a che punto ciascuna delle interpretazioni alle quali si è fatto cenno abbia confermato l'ipotesi «declinista» oppure se questa sia solo una teoria prematura, alla quale non corrisponde ancora una realtà effettiva. Sebbene non vi sia dubbio che nei venticinque anni citati le incertezze della politica estera americana siano state numerose, le sconfitte evidenti, il riflusso isolazionista frequente, resta pur sempre da capire perché la politica internazionale degli Stati Uniti continuasse ad essere il punto di riferimento di ciò che accadeva in tutto il globo; di capire, in altri termini, perché, nonostante tutto, in ogni crisi, in ogni disputa, in ogni progetto le decisioni prese a Washington restino il parametro e la cornice di ciò che accade altrove, anche quando il collegamento non è del tutto evidente. L'elezione alla presidenza di Barack Obama, nel novembre 2008, fu non solo l'espressione dei mutamenti interni alla società americana, ma anche il riflesso della concezione del ruolo degli Stati Uniti nel mondo, che il nuovo Presidente nutriva profondamente e alla quale non cessò mai di ispirarsi. Da questa elezione conviene prendere ora le mosse per considerarne gli aspetti fondamentali – cioè quello economico e quello riguardante la politica estera – così da sottolineare alcuni concetti utili per seguire da vicino ciò che potrà accadere in avvenire.

7.2. *L'elezione di Barack Obama alla presidenza degli Stati Uniti e la crisi economica*

Con l'elezione di Barack Obama alla presidenza, l'elettorato americano dava una nuova prova della propria elasticità e della capacità di scegliere in modo «diverso» rispetto alla tradizione. Non si può infatti trascurare che, come Kennedy era stato, nel 1960, il primo presidente di religione cattolica, Obama era il primo presidente afroamericano eletto negli Stati Uniti. Nato a Honolulu (Hawaii) da madre americana e da padre keniota dell'etnia Luo, Barack era a un tempo un politico e un intellettuale, docente universitario. La sua elezione era stata resa possibile non solo dalla sua personalità fortemente carismatica, ma soprattutto dal fatto che per lui avevano votato gli ispanici, i neri, gli elettori più vicini al mondo del lavoro e un buon numero di intellettuali, sebbene solo il 57 per cento degli aventi diritto (circa otto milioni in meno rispetto alle precedenti elezioni) avesse partecipato alle votazioni. Durante i primi sei anni del suo duplice mandato, Obama mostrò soprattutto di voler essere un presidente riformatore (memorabile il suo sforzo, premiato solo nel giugno 2015 dall'approvazione della Corte suprema degli Stati Uniti, per una riforma sanitaria) e in particolare un presidente dalla forte ispirazione ideale e progettuale nonché dalla specchiata e insolita integrità morale. Un presidente che elaborava programmi e rifletteva sulla loro portata e sulle loro conseguenze, con uno stile talora troppo astratto per raccogliere i consensi necessari alla loro attuazione. Inoltre Obama era anche un presidente troppo coerente con la propria dimensione etica e sociale per piegarsi a compromessi che non gli sembrassero accettabili, a meno che questo fosse reso necessario o urgente dal sopravvenire di crisi inattese.

Quando Barack Obama vinse le elezioni, gli Stati Uniti erano appena entrati nella più severa recessione degli ultimi decenni. In seguito al mutamento delle condizioni commerciali generali e alle ripercussioni che ciò aveva sui paesi a moneta più forte, da qualche tempo la propensione alla spesa aveva mostrato segnali di indebolimento, dapprima negli Stati Uniti e poi in Europa. I problemi legati all'andamento del mercato immobiliare furono il tema rispetto al quale la crisi divenne più severa, poiché questo settore dell'attività economica ha negli Stati Uniti una valenza trainante, soprattutto in relazione all'andamento del mercato dei titoli bancari. Il segnale delle difficoltà si manifestò quando i prezzi delle abitazioni, che da anni avevano conosciuto una crescita persino eccessiva, si avviarono verso una discesa precipitosa. Affiorarono inoltre due elementi destabilizzanti: la difficoltà nella quale molti acquirenti si trovarono nel soddisfare le scadenze dei rispettivi mutui e i meccanismi secondo i quali i mutui erano stati distribuiti sul mercato finanziario. Spesso, infatti, i titoli convenuti con le maggiori istituzioni bancarie erano stati tradotti in prodotti finanziari derivati (l'ex presidente della Federal Reserve, Ben B. Bernanke, diede di questi prodotti una definizione poi divenuta classica, chiamandoli «*exotic financial instruments*») distribuiti fra numerose società finanziarie, non sempre adeguatamente controllate dalle autorità statali. L'insolvenza chiarì che i titoli derivanti da mutui a lunga scadenza e di difficile transazione non avevano un valore sostenibile sul mercato finanziario; di conseguenza il loro valore scese a precipizio, soprattutto se paragonati al valore nominale della fase euforica del mercato immobiliare.

La questione può apparire marginale se riferita ad altre parti del mondo, ma non per gli Stati Uniti, dove il mercato immobiliare è uno dei settori più importanti della crescita economica. Essa inoltre coinvolgeva un gran numero di istituti finanziari che si trovarono subito in serie difficoltà, per rimediare alle quali furono costretti a ricorrere a banche di maggiori dimensioni, e pertanto dotate di maggiore liquidità. Ma in tal modo si creava una spirale viziosa che si sarebbe rapidamente tradotta in una crisi finanziaria generale. Istituti come Lehman Brothers, Bear Stearns, Merrill Lynch, e soggetti finanziari creati dal governo per sostenere il mercato immobiliare, come Fannie Mae e Freddie Mac, furono pesantemente coinvolti dai rischi di insolvenza. Si diffuse un'ondata di panico finanziario, derivante dalla crescente evidenza dell'impossibilità di convertire titoli non immediatamente esigibili e dunque tali da non garantire liquidità a breve termine. Il fatto che titoli riguardanti il mercato edilizio e i sottotitoli che ne erano stati derivati (*subprimes*) non potessero venir riscattati a breve termine gettava nell'incertezza e nel panico tutto il mercato finanziario. Chi poteva cercò di svendere, nonostante le consistenti perdite, i titoli in suo possesso; altri si precipitarono a ritirare liquidità dai depositi bancari in odore di crisi. Ma le banche coinvolte in questa spirale erano tra le maggiori degli Stati Uniti. Quando si diffuse, il 15 settembre 2008, la notizia del fallimento della Lehman Brothers, anche in Europa si colse la portata del rischio che il sistema finanziario globale stava correndo.

A ridimensionare il pericolo e a ridurre la portata della crisi furono il coraggio e la determinazione con i quali le autorità finanziarie americane risposero all'emergenza. Il momento politico non era dei più facili, poiché tutto ciò accadeva durante la campagna elettorale per la presidenza e prima che il vincitore, Barack Obama, fosse insediato nella sua carica e avesse nominato un nuovo ministro del Tesoro. I poteri della FED erano tuttavia tali da consentire deliberazioni urgenti (assunte anche con la collaborazione della Banca centrale europea). Tra questi poteri vi è quello di concedere a banche in sofferenza crediti immediati, secondo un'interpretazione elastica dei poteri della FED stessa. Ciò si tradusse in una imponente distribuzione di liquidità, nella misura adeguata a controbilanciare i timori che il mercato finanziario attraversava e, più ancora, a frenare il panico prima che questo diventasse veramente distruttivo. Così molte banche e molti soggetti finanziari a rischio ricevettero il credito necessario a superare la crisi. Poi il Dipartimento del Tesoro, rappresentato da Henry M. Paulson e dal suo successore Timothy F. Geithner, fece la sua parte, varando il progetto definito *Troubled Assets Relief Program*, che avrebbe dovuto farsi carico del recupero dei cosiddetti «titoli tossici», cioè dei titoli delle banche e delle società finanziarie che avevano maggiori difficoltà nel ripagarli. In sintesi, per dare un'indicazione più precisa della portata di questo intervento, risulta che entro il marzo 2009 la FED e il Dipartimento del Tesoro iniettarono nel mercato una somma pari a 1,75 trilioni di dollari, destinati all'acquisto di titoli o alla creazione di liquidità. Era una corsa vertiginosa per bloccare la spirale autodistruttiva e fu una corsa dall'esito efficace, poiché dopo di allora l'economia americana riprese a crescere, il mercato immobiliare ritornò alla normalità e, più in generale, entro la fine del 2013 il paese recuperò in pieno le sue capacità produttive, avviandosi verso un periodo di crescita sostenuta. Come più volte ha scritto, tra gli altri, il popolare economista Joseph Stiglitz, non si tratta di una crescita «eguale», poiché l'incremento dei posti di lavoro non contribuisce a una migliore distribuzione dei profitti. Chi ne trasse vantaggio furono soprattutto la grande finanza, le grandi imprese e i settori tecnologici più avanzati, mentre la fiducia in Obama come presidente riformatore fu seriamente incrinata dall'esito delle elezioni di mezzo termine, svoltesi nel novembre 2014, che tolsero al Partito democratico, cioè al partito del Presidente, una maggioranza favorevole nel Senato e confermarono una maggioranza ostile anche nella Camera dei rappresentanti, con ciò rendendo impossibile al Presidente varare altri progetti riformistici o completare le iniziative già assunte.

7.3. *La politica estera di Obama*

La presidenza Obama ebbe inizio in un momento (gennaio 2009) condizionato non solo dalla crisi economica, ma anche dalle agitazioni che si susseguivano in tante aree del mondo. In parte erano situazioni previste, come l'adempimento dell'impegno a ritirare le truppe dall'Iraq e dall'Afghanistan (due eventi che si ripercossero anche sul nuovo Presidente il quale, sebbene non facesse che attuare decisioni già assunte da tempo, finiva per apparire come l'interprete di una ritirata degli Stati Uniti dalle loro principali responsabilità). In parte erano situazioni relativamente nuove ma prevedibili, come la rapida affermazione della Cina quale superpotenza asiatica soprattutto grazie all'impressionante crescita economica e ai primi segnali che essa diede di voler intraprendere una politica internazionale meno attendista di quella voluta fino al 2000 dal governo di Pechino. Oltre a ciò, gli alleati tradizionali degli Stati Uniti, come il Giappone e l'Unione Europea, attraversavano anch'essi un periodo di severa recessione economica, derivante dalla crisi americana ma accentuata, in Europa, dalle difficoltà istituzionali che l'Unione attraversava in seguito all'entrata in vigore dei trattati di Lisbona e agli obblighi di rigore economico che questi imponevano.

Come altri suoi predecessori, Obama non riteneva che agli Stati Uniti toccasse il compito di farsi «poliziotti del mondo»;

egli piuttosto preferiva costruire la politica estera americana come strategia di pace, basata su accordi intercontinentali più che su manifestazioni esplicite della potenza militare e politica degli Stati Uniti. Era un atteggiamento secondo il quale la presenza internazionale statunitense avrebbe dovuto essere ispirata dalla teoria del *leading from behind* (cioè guidare da dietro le quinte) piuttosto che dalla sovraesposizione del potere. Questa teoria, che negli anni successivi è stata attribuita allo stesso Obama se non altro come definizione del suo pensiero e della sua azione, era il frutto di quanto aveva insegnato alla *Harvard Business School* Linda Hill, nota studiosa dei metodi per avviare con successo contrattazioni in materia imprenditoriale, ma si adattava bene a qualificare l'approccio di Obama ai problemi internazionali. Un approccio che, salvo situazioni di emergenza, gli faceva concepire la politica estera degli Stati Uniti non come una manifestazione improvvisata, ma come il risultato di un'accurata valutazione strategica degli scenari possibili e del modo per affrontarli senza che i costi di ogni iniziativa ricadessero direttamente sugli Stati Uniti. Questo approccio, il cui limite principale consiste nella sottovalutazione delle iniziative assunte da soggetti terzi, era illustrato con grande evidenza dai progetti elaborati da Obama e dal suo staff sia in relazione alla politica americana nell'area del Pacifico, sia in relazione ai problemi dell'area atlantica. Meno evidente esso era rispetto ai problemi del Medio Oriente e a quelli dell'Africa.

Per quanto riguardava il Pacifico, Obama appariva chiaramente al corrente dei problemi posti dall'ascesa cinese e, come già si è visto in precedenza, meditava di affrontarli con un metodo al quale non si può rimproverare l'assenza di visione quanto la relativa incertezza degli obiettivi di fondo. Infatti tutta l'azione di Obama in quest'area oscillò tra l'ipotesi di stabilire rapporti di collaborazione mutuamente vantaggiosi con la Cina, in modo da dar vita a un duopolio capace di governare pacificamente il Pacifico e i territori che su di esso si affacciano (2009-2011), e l'idea di costruire invece attorno alla Cina, pur senza una contrapposizione evidente, ma con una condotta più che coerente, una catena di paesi legati soprattutto agli Stati Uniti, come il Giappone, le Filippine, l'Indonesia, la Malaysia, il Vietnam, il Myanmar e, da ultimo, l'India, cresciuta, dopo le elezioni che avevano visto trionfare Narendra Modi, a soggetto non più marginale nel sistema asiatico e, anzi, orientata verso la creazione di un terzetto dominante la politica internazionale di tutta l'area. Era una catena così robusta da resistere all'impeto commerciale e finanziario cinese, pur senza contrastarlo in maniera aperta. Ma anche su questo piano, l'inatteso accordo, raggiunto nel novembre 2014, tra Cina e Stati Uniti sui problemi ambientali e, in particolare, sulla necessità di limitare le emissioni di ossido di carbonio – del quale i due paesi sono, con l'India, i maggiori responsabili – poneva le basi per un allentamento della tensione politico-strategica, anche perché da parte cinese non si intendeva affrontare, entro brevi scadenze e oltre certi limiti, gli aspetti politico-militari della competizione.

Per quanto riguardava l'Atlantico, un progetto analogo era affiorato da tempo, con l'evidente intenzione di collegare in modo sempre più stretto parti che avevano una lunga tradizione di intesa politica, ma soprattutto che erano all'inizio del XXI secolo, e sarebbero state per alcuni lustri ancora, le più prospere del globo, con una distribuzione ancora diseguale del reddito pro capite ma anche con un prodotto interno lordo che poneva l'Unione Europea al primo posto nel mondo, seguita dagli Stati Uniti. Sebbene una serie di proiezioni, spinte sino alla metà del secolo XXI, facesse prevedere una crescita dell'India e della Cina tale da portarle alle prime posizioni di questa classifica, restava il fatto che Unione Europea e Stati Uniti, se collegati grazie a una forte intesa commerciale, avrebbero ancora più a lungo potuto guidare le graduatorie (e l'andamento) dell'economia globale. Già prima dell'elezione di Obama, nel 2007, era stato creato un *Transatlantic Economic Council* il cui compito era di accrescere la trasparenza e l'efficienza della cooperazione e di accelerare la riduzione delle barriere nel commercio e negli investimenti. L'iniziativa divenne ufficiale nel 2011, quando ormai era evidente che la crisi americana aveva investito anche l'economia europea, e prese concretezza con la creazione di un gruppo di lavoro composto da esperti delle due parti dell'Atlantico. Sulla base del lavoro di questo gruppo, nel marzo 2013 la Commissione europea approvava l'inizio di negoziati per una *Transatlantic Trade and Investment Partnership*, che prendeva le mosse dal decremento provocato dalla crisi per suggerire una conclusione politica: «Considerato il grande volume dell'interazione economica e la dimensione dei rispettivi mercati dell'Unione Europea e degli Stati Uniti, liberare il commercio e gli investimenti reciproci [dalle] misure restrittive potrebbe creare potenzialmente benefici considerevoli per il mondo degli affari e quello dei consumatori delle due parti, con la creazione di posti di lavoro e l'incremento della crescita in entrambe le sponde dell'Atlantico». In pratica ciò significava che gli ostacoli doganali, le barriere legislative e i regolamenti che frenano l'integrazione commerciale atlantica avrebbero dovuto essere eliminati in considerazione di una serie di vantaggi reciproci. La questione non riguardava tanto le barriere doganali, già molto basse e tali da poter essere rimosse senza troppe difficoltà, quanto la diversità dei regolamenti per lo scambio di merci e servizi, causa di tanti ostacoli all'integrazione. Si tratta in genere di norme che aggiungono oneri ulteriori a quelli costituiti dalle barriere tariffarie. Il tema, che può apparire assai tecnico, investe una notevole quantità di capitoli merceologici, estesi dai più semplici beni di consumo ai macchinari, a determinate operazioni finanziarie e al campo dell'agricoltura. In sintesi, secondo i calcoli più recenti, si ritiene che le barriere non tariffarie accrescano del 60 per cento i costi delle transazioni fra le due parti.

Dopo la prima fase del negoziato, del marzo 2013, le trattative in materia ripresero in maniera sistematica. Risultò abbastanza facile affrontare la questione doganale, mentre, per quanto riguardava gli altri aspetti del negoziato, si può dire che quasi ogni settore merceologico ponesse ostacoli, spesso amplificati dalle imprese, che si sentivano minacciate nelle loro posizioni privilegiate. Così nel campo delle assicurazioni, in quello dei trasporti pubblici e privati, in quello della produzione farmaceutica e in molti altri, divenne necessario addentrarsi in dibattiti minuziosi. L'esempio più clamoroso (ma forse anche quello nel quale più si accalcano gli equivoci) era quello alimentare. Negli Stati Uniti l'uso di alimenti geneticamente modificati è una consuetudine assai più diffusa che in Europa. In Europa il timore che l'abolizione delle barriere si estendesse a questo settore suscitava forti reazioni da parte di numerose organizzazioni che, facendo leva su timori diffusi, osteggiavano un accordo in tale campo. Molto spesso questo ostacolo era sollevato in maniera pretestuosa, se non anche «teologica», poiché non teneva conto del fatto che in un numero di settori più che cospicuo lo scambio avveniva da tempo senza ostacoli, e neppure del fatto che gran parte delle preoccupazioni erano il risultato di pressioni corporative. Il tema acquistò una notevole rilevanza in corrispondenza con il negoziato noto come *Doha Round*, avviato nel 2001 dalla *World Trade Organization* per un commercio internazionale più attento alla sensibilità sociale e concluso in parte a Bali nel dicembre 2013, con un compromesso più ricco di buone espressioni che di indicazioni concrete. Solo nel febbraio 2014 la questione, nella misura in cui riguardava il negoziato atlantico, venne superata da un accordo preliminare secondo il quale l'Unione Europea accettava in linea di principio il superamento degli ostacoli relativi agli OGM ma rinviava a ogni paese membro la decisione definitiva sui modi e sulla misura entro cui applicare l'accordo. Così il negoziato continuava, con riunioni periodiche, ciascuna delle quali era l'occasione per superare le difficoltà del caso. Nel febbraio 2015 l'ex presidente del Consiglio italiano, Enrico Letta, ne indicava la positiva conclusione come una delle priorità della politica europea, sebbene in Europa non mancassero riserve ideologiche sulle conseguenze delle ricerche americane in campo alimentare.

Del resto, un accostamento di dati statistici spiega le motivazioni strutturali di questo assunto. Occorre tenere presente che nel 2015 l'economia transatlantica rappresenta il mercato più vasto e più prospero del mondo, dato che essa procura oltre il 50 per cento del prodotto lordo globale in termini di valore e il 42 per cento in termini di potere d'acquisto. L'Unione Europea conta più del 22 per cento del prodotto lordo globale e più del 25 per cento dei consumi. È il maggior esportatore di merci e servizi di tutto il mondo e il maggior fornitore dei cosiddetti BRICS (Brasile, Russia, India, Cina, Sudafrica). A loro volta gli Stati Uniti sono, ancora con largo margine, l'economia nazionale più avanzata e più produttiva del globo e, come tale, l'area che attrae maggiori investimenti esteri. Qualora fossero associati, l'UE e gli Stati Uniti si porrebbero come l'area che riceve il 57 per cento degli investimenti esteri e che può investire verso l'estero fino al 71 per cento del complesso dei commerci. Se si considera il costo del lavoro, si osserva che nonostante tutto ciò che si afferma sull'opportunità di delocalizzare settori del lavoro produttivo verso paesi nei quali esso abbia costi anche notevolmente inferiori, i dati statistici dicono il contrario. I lavoratori americani impiegati in Germania, Francia e Gran Bretagna sono più del doppio di quelli impiegati in Cina. La compagnie europee negli Stati Uniti e quelle americane in Europa impiegano milioni di lavoratori e, al tempo stesso, sono i più aperti mercati del lavoro proveniente dall'estero esistenti nel mondo. Da un accordo completo trarrebbe vantaggio anzitutto la Gran Bretagna, con un incremento del PIL calcolato a quasi il 10 per cento annuo, mentre per gli altri paesi europei l'incremento sarebbe di circa il 5 per cento. Si tratta di un insieme di dati statistici che dimostrano come le resistenze opposte all'accordo atlantico abbiano radice in motivazioni extra-economiche poiché l'intesa darebbe vita a un soggetto capace di mantenere ancora per alcuni decenni il predominio «atlantico» sull'economia globale e, venuto il momento, sarebbe in grado di confrontarsi su un terreno di parità con le grandi economie emergenti, quali la Cina e l'India. Ma si tratta anche di temi che suscitano forti resistenze da entrambe le parti dell'Atlantico. Resistenze superate anch'esse (come quelle relative all'accordo sul Pacifico) da una sentenza della Corte suprema degli Stati Uniti che autorizza il ricorso, da parte del Congresso americano, a procedure rapide in materia.

La politica estera di Obama non è stata tuttavia assorbita completamente dall'antinomia (o, se si preferisce, dall'alternanza) tra la scelta di incrementare i rapporti con i paesi dell'area del Pacifico e quelli che legano gli Stati Uniti e l'Unione Europea. Essa è sempre stata una politica globale, anche se vissuta secondo metodi più meditati che in passato. Nel suo libro più recente, dal titolo *World Order*, Henry Kissinger mette in evidenza come una caratteristica della politica estera americana sia la continua oscillazione storica tra la spinta all'isolazionismo e l'imperativo di tutelare la pace e la democrazia nel mondo. In un discorso pronunciato il 28 maggio 2014 all'Accademia militare di West Point, il presidente Obama offriva la propria sintesi del suo modo di pensare rispetto a questi temi di fondo: «Raramente – osservava – l'America è stata più forte rispetto al resto del mondo [...] Gli Stati Uniti sono e rimangono la sola nazione indispensabile [...] L'America deve sempre essere la dominatrice della scena mondiale. Se non lo facciamo noi, non lo farà nessun altro». Erano, queste, affermazioni quanto mai nette, alla base delle quali vi era una chiara visione della natura delle forza americana. «Coloro che la pensano diversamente – affermava Obama –, coloro che pensano che l'America sia in declino e abbia visto svanire la sua capacità di guida mondiale o non leggono correttamente la storia oppure sono ispirati da motivazioni ideologiche».

In effetti, la potenza militare americana non può essere messa in discussione. In una relazione del SIPRI (*Stockholm International Peace Research Institute*) pubblicata nell'aprile 2014 si elencavano dati secondo i quali gli Stati Uniti spendevano quell'anno (con una leggera diminuzione derivante dalla fine della missione afghana) 640 miliardi di dollari, pari al 3,8 per cento del PIL; la Cina 188 miliardi, pari al 2 per cento; la Russia 87,8 miliardi, pari al 4,1 per cento; per la Germania, la Francia, il Giappone, l'Italia e altri paesi NATO la spesa scendeva in media tra il 6 per cento (Francia) e il 26 per cento (Italia). Queste cifre mostrano come il sistema economico americano fosse ancora in grado di dominare, per qualità tecnologica e potenza degli armamenti, qualsiasi altro sistema esistente al mondo. Se esse vengono correlate all'azione dispiegata sul piano internazionale dagli Stati Uniti, a prima vista l'ipotesi del declino può apparire confermata. Tuttavia, nel citato discorso, Obama spiegava la *ratio* di questa apparente contraddizione: «Alcuni dei nostri errori più costosi – diceva – derivavano non dalla nostra reticenza ma piuttosto dalla volontà di non precipitare in avventure militari senza meditarne adeguatamente le conseguenze».

Era una frase che sintetizzava molti concetti. Non precipitarsi in avvenure militari voleva dire, per Obama, non ripetere esperimenti fallimentari come quelli compiuti in Somalia o in Libano. Era ed è necessario distinguere tra questioni globalmente rilevanti, ma tali da non mettere in gioco interessi diretti degli Stati Uniti e perciò tali da non richiedere un intervento militare unilaterale, e questioni direttamente afferenti gli interessi americani. Operare per mezzo delle Nazioni Unite o sulla base del diritto internazionale non è, ritiene Obama, un segno di debolezza ma un'espressione di coerenza. Ciò non significa rinunciare a guardare al mondo, bensì prendere le distanze da ciò che non coinvolge espressamente gli Stati Uniti. Secondo una valutazione del momento, alla metà del 2014 Obama pensava (e ciò rivela il limite di tutta la sua concezione) che i mutamenti provocati dalla «primavera araba», la crisi siriana, quella russo-ucraina, o le polemiche sul controllo del Mar Cinese meridionale, non fossero eventi da trascurare, ma anche che essi non erano tali da richiedere un immediato intervento americano. Non si trattava di un ritorno all'isolazionismo, ma di un più attento dosaggio dell'uso delle proprie risorse: «Quando problemi di importanza globale non pongono una minaccia diretta per gli Stati Uniti [...]. Quando sorgono crisi che scuotono le nostre coscienze o spingono il mondo in una direzione più pericolosa ma non ci minacciano direttamente, allora la soglia per un intervento militare deve essere più alta. In questi casi non dobbiamo agire da soli». E dato che la minaccia più grave restava, secondo Obama, quella del terrorismo, era questa la direzione verso la quale operare, per costruire una rete di collaborazioni adatta a contrastare e sconfiggere il nemico più pericoloso.

Nelle espressioni di questo discorso e nelle sue implicazioni vi era la spiegazione di alcune scelte americane: la coscienza della forza degli Stati Uniti, ma anche e soprattutto la volontà di mantenere una libertà di giudizio che, in definitiva, non coincide con gli impegni generali assunti dagli Stati Uniti con i loro sistemi di alleanze e, in particolare, con la NATO. Vi era una presa di distanza da ciò che era accaduto in Africa, in Siria, e anche un evidente distacco da ciò che riguardava i rapporti tra Ucraina e Unione Europea. Vi erano, insomma, comportamenti pratici che traducevano le espressioni di *grandeur* in un comportamento che di fatto diventava declinista, soprattutto per l'impossibilità di definire compiutamente la nozione di terrorismo.

Perciò, desumere dalla reticenza di Obama ad affermare la teoria che questo fosse il segno del «declino» americano significa trarre conclusioni frettolose rispetto a dati di fatto obiettivi, che contraddicevano questa tesi. Tuttavia proprio perché il declino non esisteva si debbono anche scorgere i limiti della visione internazionale di Obama e la difficoltà, se non anche l'impossibilità, in un sistema internazionale strettamente integrato, di distinguere ciò che è direttamente importante per gli USA e ciò che lo è di meno. Se si considera il caso dell'Ucraina, non si può perdere di vista il fatto che esso è «solo» un aspetto della politica euroasiatica di Vladimir Putin e, come tale, investe l'Asia centrale, l'Europa centrale (dalla Polonia alla Germania), la penisola balcanica e i paesi baltici. Sottovalutare i rischi di questa situazione, che riguarda diversi paesi appartenenti alla NATO, costituisce l'esempio della senescenza del Patto atlantico nella visione americana, oppure, più ottimisticamente, il ritorno a un'applicazione restrittiva delle modalità di attuazione delle garanzie atlantiche. Esprime anche l'incapacità di vedere che se l'Europa, pur rimanendo una grande potenza economica, sceglieva di non essere in grado di difendersi da sola, allora gli spazi concessi alle ambizioni di Putin crescevano. E ciò avrebbe riportato l'Europa agli anni più difficili della contesa bipolare, fino a rappresentare un problema tale da investire direttamente gli interessi degli Stati Uniti. Per cui la separazione compiuta in astratto diveniva contraddittoria in concreto.

Argomentazioni analoghe si possono sviluppare per le questioni riguardanti il Medio Oriente. La reticenza mostrata verso la rivoluzione siriana portava gli Stati Uniti a dover scegliere fra i tre gruppi in campo: i sunniti moderati, cioè l'Arabia Saudita e gli altri paesi del Golfo che avevano abbandonato le loro velleità fondamentalistiche; gli sciiti (cioè Assad, l'Iran, l'Iraq ecc.); o l'ISIS che, nel suo estremismo militaristico, poteva trasformarsi in un mezzo per contenere le ambizioni iraniane, le esitazioni turche o l'attivismo egiziano. In altri termini, la reticenza a scegliere tra l'appoggio a un abietto dittatore e un regime dal carattere indefinito ma proiettato verso il più feroce estremismo portava gli Stati Uniti all'impossibilità di decidere, senza scendere a discutibili compromessi e magari sacrificando l'alleato più fedele in tutta l'area, cioè Israele. Il punto critico della elaborazione di Obama, pur così densa di impegno etico e di tentata visione strategica, consisteva nella mancata risposta a questa domanda come a tutte le domande analoghe che la situazione internazionale quotidianamente proponeva. Infatti è possibile essere la principale e non declinante potenza globale solo assistendo come testimone al crescere delle rovine che la circondano? In un eloquente e mirabile discorso pronunciato all'inizio del marzo 2015, per la ricorrenza del cinquantesimo anniversario della marcia di Selma, una delle tappe dell'affermazione dei diritti degli afro-americani, guidati da Martin Luther King, lo stesso Obama affermava:

> L'idea condivisa da generazioni di concittadini che vedono l'America come una realtà in continua evoluzione, per i quali amare il proprio paese significa non soltanto osannarlo o scansare verità scomode, ma saper trovare addirittura il coraggio di causare disordini, la volontà di alzare la voce per difendere ciò che è giusto, ribaltare lo *status quo*.

È questo che ci rende unici e cementa la nostra fama di paese delle opportunità: i ragazzi dietro la Cortina di ferro hanno assistito agli eventi di Selma e un giorno anche loro hanno rovesciato un muro; i giovani di Soweto hanno sentito parlare Bob Kennedy di quel piccolo raggio di speranza e alla fine sono riusciti a cancellare la vergogna dell'*apartheid*. Dalle strade di Tunisi a piazza Maidan in Ucraina la nostra generazione di giovani potrà trarre ispirazione da questo luogo, dove coloro che erano senza potere hanno saputo cambiare la più grande potenza mondiale e costringere i suoi governanti ad allargare gli orizzonti della libertà.

Parole nobili e cariche di *pathos*; ma, senza volerlo essere, anche parole contraddittorie. Infatti come si può pensare *to lead from behind* quando si afferma un primato morale che abbraccia tutta l'umanità?

7.4. *La crisi in Europa e le difficoltà della ripresa*

Dopo l'entrata in vigore degli accordi di Lisbona, concepiti come strumento giuridico e politico adatto a superare la fase di stallo attraversata dalle istituzioni europee, sul piano economico, su quello della politica estera e, ancora più in profondità, su quello della capacità di crescere anche nei momenti di difficoltà, mostrando che l'allargamento non era stato una frettolosa corsa in avanti ma il frutto della necessità di mostrare al mondo l'esistenza di un nuovo soggetto unitario, capace di esprimersi in modo coerente e univoco, affiorarono una serie di fatti nuovi che parvero mettere in discussione i principi stessi che stavano alla base dell'Unione. Era ben vero che dall'inizio del secondo decennio del XXI secolo «l'Unione Europea continuava a navigare senza una bussola politica né un governo unitario dell'economia al di là del patto di stabilità a presidio della moneta unica nell'ambito dell'eurozona». Così, quando esplose negli Stati Uniti la crisi economica, da parte europea si sperò per qualche mese che essa non avrebbe avuto ripercussioni al di qua dell'Atlantico; e quando si vide che la speranza era contraddetta dalla realtà, non si riuscì a elaborare tempestivamente una risposta univoca, se non quella fornita dalla Banca centrale europea, che in quegli anni divenne il punto di forza di un sistema che, per altri aspetti, mostrava vistose oscillazioni.

In effetti non era ancora chiaro che la crisi metteva in gioco alcuni valori fondamentali della vita sociale europea. Come osservano Eichengreen e Castronovo, il modello sociale europeo, costruito sulla volontà di mostrare al resto del mondo che il continente più forte era anche quello che (entro certi limiti) assicurava la miglior qualità di vita ai suoi cittadini poiché era il più avanzato in termini di servizi offerti e di benefici goduti, non rappresentava più un quadro omogeneo e, anzi, rendeva manifeste le diversità esistenti tra le varie parti d'Europa. La Germania, lo Stato più potente dell'Unione, aveva superato, con le riforme volute da Gerhard Schroeder, la crisi derivante dall'impegno profuso per assorbire e modernizzare le regioni orientali, come nel 1990 era stato promesso. Gli incentivi fiscali alle imprese e la progressiva liberalizzazione del mercato del lavoro avevano reso possibile ad Angela Merkel, il nuovo cancelliere tedesco dal 2005, di riportare, anche mediante il taglio delle spese correnti, il divario del debito pubblico tedesco al di sotto del 3 per cento, e avevano messo la Germania nella condizione di diventare la principale sostenitrice dalla necessità di tener fede al patto di stabilità, come condizione per evitare la crisi dell'economia europea e premessa per evitare che la crisi trascinasse l'Unione verso un avvenire incontrollabile. In questo atteggiamento, la Germania poteva ergersi a guida dei paesi più «virtuosi» in termini di bilancio statale; ma al tempo stesso diventava una specie di paradigma di ciò che gli Stati più esposti contabilmente non potevano essere. Esistevano infatti una resistenza interessata per quei paesi che, dopo la recente ammissione all'Unione, ne avevano misurato i benefici, e una resistenza radicata nella storia per quei paesi che da decenni avevano costruito sulla politica dell'indebitamento pubblico la percezione di un benessere diffuso, che non corrispondeva alla portata delle risorse disponibili. La diffusione in Europa delle conseguenze della crisi statunitense non portò di conseguenza a una risposta univoca. La necessità di diminuire il debito pubblico, per riportarlo entro i parametri del «patto di stabilità», e di aumentare la produttività si traduceva in una sfida alla quale i paesi europei non riuscivano a dare una risposta omogenea.

Con le elezioni del 2009 al Parlamento europeo affiorò per la prima volta un notevole scetticismo dell'opinione pubblica (reso manifesto dalla crescita delle astensioni) verso le istituzioni che pure ne condizionavano la vita. Il rigore tedesco nella difesa del patto di stabilità veniva interpretato come l'espressione di una volontà di dominio continentale, quando invece esso era ispirato proprio dal sentimento opposto, cioè dall'intenzione di ricondurre tutte le parti interessate al rispetto degli impegni comuni, necessari per il superamento della crisi. Del resto la crescita della disoccupazione, la diminuzione degli indici di incremento del prodotto lordo comunitario e, in qualche caso, l'affiorare della necessità di interventi comunitari rispetto a particolari situazioni di crisi (Irlanda, Spagna, Portogallo, Grecia, Italia) si traducevano automaticamente in altrettante espressioni della volontà tedesca di prevaricare rispetto alle decisioni autonome, ancora affidate agli Stati membri: quasi che nessuno si rendesse conto del fatto che proprio la nascita dell'Unione (voluta in tempi economicamente più facili) presupponeva la disponibilità a sottostare a vincoli spontaneamente accettati. Ciò che invece appariva come un intervento sopra le righe era quello effettuato nella seconda metà del 2011 contro il governo italiano: non tanto perché esso fosse economicamente immotivato, quanto perché, come narra nelle sue memorie il segretario del Tesoro americano allora in carica, Timothy F. Geithner, si spingeva fino a influenzare gli equilibri politici del tempo.

«In una situazione in cui le strutture tecnoburocratiche di Bruxelles erano contestate ed era carente un'azioni propulsiva della dirigenza politica – scrive Castronovo – la *governance* e il destino dell'eurozona dipendevano sempre più dalle valutazioni dell'*Eurotower*». L'inerzia politica costringeva la Banca centrale europea (appunto, l'*Eurotower* di Francoforte) ad assumere un atteggiamento più interventista, sin quasi a predisporre sul piano economico le premesse per un mutamento politico. Fu infatti la BCE, soprattutto da quando il governatore della Banca d'Italia, Mario Draghi, ne divenne il presidente (in carica dal 1° novembre 2011), che adottò due ordini di provvedimenti intesi ad assicurare la permanenza dell'euro e a incrementare la liquidità del mercato europeo. Il primo di questi punti era solo apparentemente tecnico, poiché l'euro come moneta unica europea era divenuto da alcuni anni il bersaglio dell'antieuropeismo. Questo generico modo di pensare non teneva conto del fatto che la moneta unica era una garanzia della stabilità generale e non lo strumento monetario grazie al quale la Germania dominava la finanza europea. Draghi non esitò a dire pubblicamente che la Banca centrale si sarebbe impegnata nell'acquisto di titoli dei paesi più esposti, così da frenare la spirale perversa che alimentava il cosiddetto *spread* (cioè il differenziale di rendimento presunto tra i titoli di Stato decennali tedeschi e quelli degli altri paesi). Con questa decisione si avviava un riproporzionamento che aiutava le situazioni di bilancio in maggiore difficoltà e riequilibrava il mercato finanziario.

Il secondo provvedimento consisteva nel cosiddetto *Quantitative easing* (alleggerimento finanziario), in virtù del quale il 22 gennaio 2015 il presidente Draghi annunciava che la BCE si predisponeva ad acquistare (come poi avrebbe fatto) titoli di debito pubblici e privati a partire dal marzo 2015 almeno fino al settembre 2016 al ritmo di 60 miliardi di euro al mese, e comunque fino a quando il tasso di inflazione nell'eurozona fosse tornato ad avvicinarsi al 2 per cento, e ciò per impedire che il ristagno dell'economia europea, espresso da una deflazione molto accentuata, si traducesse in una pesante incapacità di ritornare omogeneamente alla crescita: così come gli Stati Uniti erano riusciti a fare dopo il 2012, grazie a una politica monetaria della FED e del Dipartimento del Tesoro, alla quale molto si accostavano i concetti ispiratori del *Quantitative easing*. All'inizio del 2015 le conseguenze della recessione economica europea, ormai divenuta tale da non risparmiare nemmeno i paesi più forti, come la Francia e, in una certa misura, la Germania, non erano ancora superate. Le elezioni del 25 maggio 2014 per il nuovo Parlamento europeo avevano per la prima volta mostrato l'esistenza, spesso strumentale ma spesso anche nazionalistica, di gruppi di avversari al processo iniziato nel 1957 (se non si vuol dire anche nel 1947). Che questi gruppi siano nutriti da false concezioni sul futuro del continente oppure che utilizzino le difficoltà come puro espediente di propaganda politica, è scontato; tuttavia essi sono uno degli aspetti che provocano incertezza rispetto all'avvenire dell'Unione. Si deve perciò ribadire che solo un forte accordo commerciale con gli Stati Uniti potrebbe esaurire le spinte antieuropeistiche e consentire all'Unione di riprendere il suo esemplare cammino di crescita.

7.5. *La mancata politica estera dell'Unione Europea*

L'Unione Europea doveva superare, sul piano della politica internazionale, una profonda antinomia. Non esisteva e non esiste un orientamento univoco circa gli interessi internazionali dell'Unione, poiché ogni Stato mantiene la sua tradizione, le sue inclinazioni e i suoi interessi particolari. Ma non esiste nemmeno una convergenza chiara rispetto agli effetti che certe scelte internazionali (compiute collettivamente o da Stati singoli) possono avere sull'Unione, considerata come un insieme. La storia europea è in tal senso un indicatore prezioso dell'eredità affidata all'Unione. I paesi nordici erano e restavano legati alla loro neutralità; quelli baltici erano condizionati dalla minacciosa vicinanza russa e, in parallelo, dalla presenza, sul loro territorio, di forti minoranze di lingua russa; la Polonia viveva le eterne contraddizioni della sua esistenza: in altri termini, l'ostilità profondamente radicata verso la Russia ma anche verso la Germania. Tutti i paesi della penisola balcanica erano animati da permanenti rivalità storiche e, come nel caso dell'Ungheria, riscoprivano il proprio nazionalismo; la Grecia era condizionata dalla sua proiezione mediterranea e da una crisi economica dalle radici autoctone ma proiettate sull'Unione Europea come spiegazione o come richiesta d'aiuto; l'Italia viveva l'antica difficoltà di conciliare i propri interessi mediterranei con la relativa inerzia delle altre potenze dell'Unione ma, al tempo stesso, si sentiva partecipe delle maggiori scelte di fondo. La Spagna e il Portogallo erano concentrati sui problemi del Mediterraneo occidentale, su quelli dell'Atlantico e sulla stabilità del Marocco e dell'Algeria.

Restava il caso della Gran Bretagna, della Francia e della Germania. La prima non accettava né accettò mai il fatto di essere solo uno dei paesi membri dell'Unione. La *special relationship* che continuava a legarla agli Stati Uniti dava al governo di Londra la sensazione di essere il primo agente americano nel mondo e, al tempo stesso, sosteneva la spontanea inclinazione a tradurre i problemi europei in problemi britannici. Agiva così nell'ambito della NATO oppure da sola, anche senza aver consultato Bruxelles. Lo stesso si può dire per la Francia, dove la tradizione di essere la vera potenza europea integrata nell'Unione spingeva a una posizione di primato e di autonomia non sempre utili né sempre giustificabili.

La Germania, ritornata ad essere la più grande potenza europea, fu per alcuni anni, dopo il 1990, frenata dai problemi relativi alla creazione di uno Stato capace di metabolizzare l'eredità dell'unificazione. Ma, varcata la soglia del XXI secolo, fu spinta a un attivismo maggiore, sostenuto dalla forza economica e dalla centralità del paese in seno all'Unione. Una centralità che consentiva l'elaborazione di visioni complessive accompagnate dalla rinascita di antiche propensioni all'azione autonoma, specialmente rispetto ai problemi dell'Europa orientale.

Così le grandi questioni internazionali non videro una presenza unitaria dell'Europa. L'Alto rappresentante dell'Unione per gli affari esteri e la politica di sicurezza, Catherine Ashton, fu soprattutto impegnata nel progetto di costituire un corpo diplomatico europeo e, di conseguenza, dedicò un'attenzione limitata ai temi emergenti dal contesto internazionale. Eppure proprio in quegli anni esplodevano tutti i problemi della rivoluzione nel mondo arabo, quelli relativi alla crisi russo-ucraina e quelli riguardanti il nucleare iraniano. Rispetto a questi temi affiorò in modo più che evidente la volontà dei singoli paesi di affrontare le varie crisi prevalentemente dal punto di vista nazionale. Quanto alle rivoluzioni arabe, affiorò un'oscillazione vistosa tra l'interventismo franco-britannico e la relativa reticenza dei paesi mediterranei a precipitarsi verso prese di posizione che non avevano contorni chiari. Il modo in cui venne affrontata la guerra civile siriana ebbe come effetto la divaricazione rispetto al realismo di chi, d'intesa con la Russia, propendeva per una soluzione che mantenesse al potere il presidente Assad come il solo in grado di contenere il propagarsi dell'estremismo islamico e di chi, viceversa, considerava la sua estromissione dal potere una premessa necessaria. Rispetto alla crisi russo-ucraina, la posizione tedesca (insieme a quella polacca) finì per diventare dominante poiché la contiguità geografica espone i due paesi, in misura maggiore di tutta l'Europa, non solo all'esigenza di garantire il continuo funzionamento degli oleodotti che dalla Russia portano gas o petrolio verso l'Europa, ma anche alla necessità di non esasperare oltre misura un avversario che, senza essere effettivamente minaccioso, può diventarlo.

Quanto alla questione del nucleare iraniano, benché la gestione Ashton avesse consentito la presenza europea ad alcune delle riunioni con gli esponenti iraniani, restava centrale il fatto che il tema era divenuto una questione intrecciata con la politica mediorientale degli Stati Uniti, assai più che un tema di interesse europeo. La sostituzione dell'evanescente Ashton con la giovane italiana Federica Mogherini riapriva il problema nei suoi termini generali. Che senso ha creare un corpo diplomatico se questo non è coordinato ai fini di un'azione comune? È possibile definire una strategia comune dei paesi europei in politica estera, nonostante le diversità storiche e le rivalità nazionali? Sono, questi, i temi che da sempre condizionano la crescita delle istituzioni europee ma che sul terreno della politica internazionale si affacciano con grande evidenza. Infatti, o l'Unione ha una politica estera comune, oppure essa non esiste come soggetto del sistema internazionale. Il fatto che proprio alla Mogherini fosse affidato un compito non solo ornamentale ma anche pratico, in occasione dell'ultima fase del negoziato per il nucleare iraniano, può apparire come un sintomo di potenzialità di crescita, purché certe gelosie nazionali non sopraggiungano a paralizzare questo sviluppo. La pluralità delle tematiche nazionali di cui l'Unione Europea è intrisa non si è ancora amalgamata nella visione di un soggetto continentale che, per la sua storia e per la sua civiltà, rappresenti un modello di trasformazione e di convergenza tale da creare qualcosa di profondamente nuovo, qualcosa che ispiri sentimento di appartenenza e volontà di convergenza.

Parte ottava

I limiti dello sviluppo

8.1. *Interdipendenza e globalizzazione*

La conclusione di questo lungo *excursus*, iniziato nel 1918, quando il sistema internazionale era già di fatto globalizzato senza che tutti i soggetti che lo vivevano si fossero resi conto della portata di ciò che era avvenuto, richiede che si ritorni meno allusivamente alla necessità di comprendere in maniera più diretta ciò che è poi accaduto; richiede in particolare di capire come questo lungo processo fosse sintetizzato consciamente dal gergo politico nel concetto di *globalizzazione*, intesa come evoluzione positiva o negativa, secondo le diversità interpretative.

In questa sede il concetto di globalizzazione è stato usato per indicare il processo di creazione di un mercato mondiale dominato finanziariamente e commercialmente dai soggetti più avanzati, ma costituito anche da una serie di soggetti interdipendenti, cioè portati a integrarsi, in modo adatto a massimizzare i vantaggi che ciascuno può trarre dalle proprie potenzialità. Si tratta di un processo permanente nella vita internazionale ma tale da avere assunto, durante il XX secolo e nei primi anni del XXI, un andamento sempre più rapido.

Quest'ultimo arco di tempo appartiene in buona parte più alla cronaca che alla ricostruzione storica. Perciò la pretesa di suggerire una lettura univoca sarebbe infondata o dogmatica. I temi critici sono ben presenti, nella loro convulsa sovrapposizione, e indicano le vie che il pensiero umano può percorrere nel riandare al passato recente e per riflettere sull'imminente avvenire. Ma la ricerca è resa più difficile dalla scomparsa di quei paradigmi ideologici che a lungo ebbero l'efficacia di sicuri binari indicati da un policentrismo numericamente ben circoscritto o da un bipolarismo sin troppo evidente, intesi come concetti grazie ai quali conoscere il reale e prevedere il futuro. Il pensiero umano ha abbandonato, nella parte del mondo in cui un dibattito storiografico effettivo ha luogo, gli assiomi religiosi e ideologici, aprendosi verso un modo diverso di riflettere sul passato; un modo che non rinuncia alla tradizione culturale ma si riconosce, al tempo stesso, come sapere «possibile» e non più come sapere assoluto. A maggior ragione, dunque, su questi temi (come su altri che pur si presume di conoscere in maniera più completa) si avverte l'assenza di riflessioni storiografiche sufficientemente sedimentate. Solo il confronto dialettico fra le idee umane e una più precisa conoscenza delle fonti potranno colmare tale vuoto.

Queste osservazioni relativistiche, che riflettono direttamente un certo modo di svolgere il lavoro storiografico, non esimono dal dovere di indicare, quanto meno, alcune linee di tendenza. È stata consuetudine di un certo numero di storici, abbacinati dall'efficacia della nozione di «secolo breve» proposta da Eric Hobsbawm, concludere la loro trattazione al 1989 o al 1991, quasi che davvero la fine del bipolarismo fra Unione Sovietica e Stati Uniti avesse segnato anche la fine delle relazioni internazionali. Ciò presuppone che si attribuisca a eventi che, dopo tutto, sono epifenomeni di trasformazioni strutturali, il valore sostanziale di fratture dell'evoluzione umana. Si dovrebbe dire, invece, e in direzione opposta a tale assunto, che proprio gli ultimi anni del XX secolo e i primi del XXI posseggano – al di là delle apparenze – caratteristiche così compatte e cariche di spinte al cambiamento da suggerire sia nuovi percorsi sia la ricognizione degli episodi dei decenni precedenti alla luce delle trasformazioni delle quali in questo volume si è cercato di tracciare un profilo evenemenziale.

Il finale univoco, che ha cancellato le certezze dall'esperienza politica, esprime in sintesi una evoluzione iniziata proprio tra la fine del XIX e l'inizio del XX secolo, cioè la rinuncia, nel mondo scientifico come in quello artistico e filosofico, a considerare come immutabili le conquiste della scienza e ad affermare il «principio di indeterminazione», enunciato nel 1927 dal fisico Werner Heisenberg, il significato più profondo del quale consisteva nell'affermazione dell'impossibilità di accertare con rigore operativo se nel mondo microfisico esistano leggi ineccepibili e causali. Il rifiuto di un pensiero totalizzante, affermatosi sul piano politico-sociale solo parecchi decenni dopo la rivoluzione scientifica, era in sintesi il segno dell'affiorare di questa mentalità nuova. Tra gli anni Venti e gli anni Settanta (pur attraverso la seconda guerra mondiale) la volontà dei ceti dominanti – o dei partiti che li rappresentavano – si tradusse, anche nel caso sovietico, nel timore che davvero l'effetto rivoluzionario, provocato dal relativismo scientifico, si propagasse nel mondo e soprattutto nella vita politica. Ciò rovesciò le attese di cambiamento e rese possibile l'assunzione di precetti ideologici legittimanti, considerati come base del vivere civile. Tuttavia la stasi politica non impedì la trasformazione economica. Dopo la seconda guerra mondiale vi furono anni di grande crescita della produzione e, nei paesi industrializzati, di grande crescita della ricchezza. Lo stesso Hobsbawm scriveva che fra il 1950 e la prima parte degli anni Settanta «era giunta al termine la lunga era nella quale la stragrande maggioranza del genere umano aveva vissuto coltivando i campi e allevando gli animali», per aprirsi a una *età dell'oro* che «aveva dato inizio e anzi largamente realizzato la più sensazionale e profonda rivoluzione nella condizione umana di cui vi sia traccia nella storia».

Annota il medesimo autore che «la storia dei vent'anni dopo il 1973 è quella di un mondo che ha perso i suoi punti di riferimento e che è scivolato nell'instabilità e nella crisi». Un'osservazione, questa, ben fondata e tale da spiegare perché, dopo tanti decenni, ciò che era stato affermato all'inizio del secolo – l'inaffidabilità dei valori assoluti – fosse avvertito finalmente anche sul piano politico. Non a caso aveva inizio in quegli anni la crisi dell'Unione Sovietica, che sulle certezze ideologiche aveva costruito il suo dominio. Non a caso, quegli anni coincidevano con la diffusione, nel mondo capitalistico, dei movimenti di rifiuto delle tradizioni più radicate e di rivendicazione della libertà d'espressione individuale, animata anche dalle spinte verso una modificazione radicale del modo di produzione nel sistema capitalistico. Non a caso in nuove aree del globo, dall'Asia all'Africa, si affermavano nuovi potenti soggetti, portatori di nuovi interessi. Non a caso, infine, dal 2011 il mondo islamico era attraversato da profonde alterazioni rivoluzionarie che mettevano in discussione le autorità tradizionali, i poteri esistenti, il modo di compenetrare la religiosità con la vita civile.

La crisi energetica del 1973-1979, seguita alla crisi finanziaria innescata nel 1971 dalla decisione di svalutare il dollaro, aveva messo in luce i limiti dello sviluppo dell'industria e dell'economia come risultato della combinazione dei fattori tradizionali di ricchezza delle nazioni – terra, capitale, lavoro – scuotendo le fondamenta dell'economia globale ma anche inducendo un processo di innovazione che doveva modificare radicalmente il sistema produttivo. La sfida della scarsità stimolava l'intelletto e riproponeva l'importanza di una conoscenza scientifica libera da vincoli. Nella vita delle imprese, il concetto di capitale intellettuale si affacciava come elemento aggiuntivo o, in qualche caso, sostitutivo rispetto ai tradizionali fattori della produzione. Sebbene anche in passato il rapporto fra crescita economica e rivoluzioni tecnologiche avesse caratterizzato i momenti culminanti della trasformazione dell'economia mondiale, a stento si comprende oggi sino a che punto, negli anni della crisi energetica, si riformulasse o nascesse dalla fertile mente umana la spinta a mettere in pratica i risultati delle ricerche più innovative svolte nei decenni precedenti, trasformandole in occasioni per l'avvio di un nuovo ciclo della vita produttiva: l'età post-industriale. Dinanzi alla scarsità delle risorse tradizionali, l'impresa doveva ricorrere a una risorsa più largamente diffusa del petrolio: la sete umana di conoscenza. Nella società post-industriale il lavoro tendeva a cambiare natura. Se prima l'uomo aveva lavorato «per» la macchina e per il suo padrone, poi, almeno nelle realtà più avanzate, era forse più la macchina che iniziava a lavorare per l'uomo.

Queste osservazioni, che vanno qui ricondotte a ciò che è già stato detto circa l'assetto dei rapporti internazionali dopo il 1970, portano a pensare come proprio in quegli anni si approfondisse il divario fra le società che erano in grado di imboccare la strada della trasformazione tecnico-scientifica e quelle che dovevano fare ricorso, come palliativo rispetto alla crisi, allo spirito di sacrificio dei lavoratori, come Gorbačëv tentò di fare nella prima fase della *perestrojka*. Ma esse portano anche a considerare un aspetto nuovo della distribuzione del lavoro, cioè l'esportazione dei compiti più semplici o più facilmente derivati dalle nuove tecnologie verso quei paesi in via di sviluppo dove il costo del lavoro umano non aveva e non ha ancora raggiunto i livelli elevati del mondo industrializzato. Nascevano più mercati del lavoro, concorrenziali l'uno rispetto all'altro, in una gara per fornire prodotti della manifattura che rispondessero alle esigenze di un mercato di consumatori al quale essi erano (e sarebbero stati per alcuni lustri) estranei. Si creava una nuova piramide produttiva costruita sul primato delle risorse finanziarie, capace di dar vita a una produzione dall'alto contenuto tecnologico, ma a sua volta basata sulle forniture di semilavorati forniti dal lavoro sottopagato dei paesi emergenti. In altri termini, la lotta fra categorie produttive si spostava (sia detto in modo generale e generico) dal terreno interno agli Stati a quello della divisione fra Stati. Non a caso ciò si ripercuoteva sul ruolo dei sindacati nell'organizzazione della vita economica interna. E la presenza internazionale dei soggetti statali era condizionata dalla capacità di sfruttare la forza lavoro sino a dar vita a una crescita locale favorita dall'accumulazione di capitale che tale processo metteva in moto: una piramide che fino al 2007 vedeva gli Stati Uniti come potenza dominante, seguiti dall'Unione Europea e dal Giappone, secondo una gerarchia che la recessione americana del 2008 avrebbe intaccato, senza tuttavia alterarla.

Vi è chi considera questa trasformazione come espressione di un regresso, generato dai vincoli della globalizzazione. Ma a questa visione è sufficiente contrapporre l'esame dei dati riguardanti la crescita della ricchezza nel mondo. Una crescita certo non distribuita in modo eguale ma ormai tale da avere interessato persino i paesi dapprima estranei al mutamento, e in primo luogo quelli africani. Infine una crescita che pone problemi, poiché genera cambiamenti. Si tratta dei problemi relativi al governo di tali cambiamenti; della capacità di cogliere i pericoli o le nuove emergenze che, con diversa sensibilità, essi pongono e che l'uomo deve affrontare, ma non con visioni arcadiche o luddistiche, bensì cogliendo tutte le opportunità che i mutamenti tecnologici offrono al fine di orientarli anche verso tali emergenze. Il problema che domina la globalizzazione non consiste soltanto nella diversità delle situazioni di partenza ma anche nella capacità dei singoli paesi di trarre profitto dalla crescita globale o di non essere travolti dai momenti di stasi recessiva, senza autoisolarsi ma immettendosi nel circolo virtuoso di chi considera la globalizzazione come l'occasione più preziosa offerta a tutta l'umanità per continuare lo sviluppo. Il problema non è quello di deplorare che operatori multinazionali sfruttino regimi di bassi salari per accrescere profitti internazionali. Per quanto bassi, i salari vanno correlati alle situazioni locali e sono una fonte di crescita, a condizione che essi non vengano dilapidati da ceti dirigenti inetti o corrotti. La diversità dei mercati richiede l'applicazione di criteri diversi luogo per luogo, ma fornisce sempre l'opportunità per la trasformazione. È evidente che coloro che occupano una posizione dominante traggono vantaggio economico da coloro che vengono sfruttati e da ciò derivano sia l'utilità di favorire anche la crescita economica dei sistemi più fragili sia la spinta a tradurre in visioni conflittuali l'evolvere del sistema degli scambi internazionali.

Ma il problema non va affrontato in termini etici o in termini di rivalità verso coloro che detengono il primato. La storia è sin troppo ricca di «corsi e ricorsi» che insegnano come tutti i primati abbiano una durata «relativa». Esso va affrontato perciò in termini politico-economici, poiché costituisce la sfida più importante che le forze della globalizzazione debbono affrontare per rendere credibili e durevoli i risultati da esse conseguiti. La protesta umanitaria contribuisce a mettere in evidenza, da un punto di vista etico, gli aspetti deteriori di un processo irreversibile poiché caratteristico della fase post-industriale. L'alternativa del rifiuto può servire da diversivo o, peggio, da pretesto per chi vuole distogliere l'attenzione di tutti coloro che hanno interesse a una distribuzione più equa della ricchezza prodotta dal conseguire tale risultato, poiché essa si traduce in pratica nella distruzione della ricchezza stessa. Ciò che qui si è voluto mettere in evidenza è proprio la qualità diversa delle reazioni sociali all'integrazione globale. Molti paesi sono riusciti a cogliere le opportunità che essa offre, senza soffermarsi troppo su questioni teoriche improvvisate o suggestive. Altri debbono superare questa soglia. L'andamento analitico di alcune parti di questo volume consente di chiarire con una certa precisione la diversità dei casi.

Il governo del mercato globale compete a un'autorità internazionale. Dovrebbe in pratica competere alla più universale delle organizzazioni, cioè alle Nazioni Unite. Queste vivono dal 1946 senza riuscire a consolidare il ruolo che era stato loro affidato. Non è un caso che esse fossero affiancate da grandi organizzazioni come il Fondo monetario internazionale o, più pragmaticamente, dal tentativo delle maggiori potenze economiche di creare consessi capaci di tracciare le coordinate dello sviluppo globale, come accadde con la creazione dei G7 o G8 e, più tardi, con quella dei G20. Solo i G7 (Stati Uniti, Giappone, Gran Bretagna, Francia, Germania, Canada, Italia, la Russia essendo stata sospesa dopo la crisi con l'Ucraina) sono in grado nel 2015 di esercitare ancora una certa influenza, che non può ignorare tuttavia ciò che accade in Asia. Ma, se è lecita in questa sede una conclusione non pessimistica, esse possono cogliere, nel governo dello «sviluppo sostenibile» di un'economia globalizzata, la possibilità di elaborare linee politiche e progetti che, essendo tali da non colpire in modo diretto la politica di potenza che sino al 1989 ha caratterizzato la vita globale e dopo di allora è localizzata solo in poche, circoscritte aree del globo, posseggono almeno sul piano teorico le competenze necessarie per elaborare linee fondamentali adeguate al governo di uno sviluppo che eviti al mondo gli effetti ambientali e climatici che si affacciano come i nuovi problemi dell'umanità.

Del resto le Nazioni Unite sono l'involucro al cui interno si possono collocare i semi della volontà di controllare un sistema più equo dei commerci internazionali e, più ancora, di elaborare norme adeguate a fronteggiare nuovi fenomeni, naturali ma generati dall'attività umana. Si intende con ciò alludere alle questioni climatiche, dibattute a lungo quasi come fossero il terreno speculativo di alcune «anime belle» preoccupate della sorte di alcune specie animali ma finalmente divenute oggetto di iniziativa politica, come dimostrano gli accordi del 2014 tra la Cina, l'India e gli Stati Uniti per il controllo delle emanazioni di gas serra nell'atmosfera, ma soprattutto come verrà provato alla fine del 2015 dalla conferenza che, a Parigi, dovrà tradurre le enunciazioni dei principi in proposte operative. Negli anni in cui al dominio solitario di una superpotenza si contrappone la nascita di un sistema internazionale policentrico, non è più possibile riflettere sull'avvenire del mondo come su un continuo ripetersi di episodi dei quali i secoli passati hanno mostrato il peso. Non è più possibile immaginare che il sistema internazionale sia governato da un continuo susseguirsi di scontri, quasi sempre militari ma, in ogni caso, tipici della politica di potenza. Infatti la natura del policentrismo, se questo resterà davvero il profilo dominante della vita internazionale, richiede che i protagonisti del nuovo ordine mondiale vogliano, sappiano e riescano a elaborare formule di coesistenza tali da non sacrificare gli interessi fondamentali di alcuno e, al contrario, tali da esprimere la capacità dell'uomo di adattarsi alle innovazioni, senza la pretesa di considerare i propri valori e i propri interessi come un *prius* da tradurre in motivo discriminante delle azioni nazionali.

Suggerimenti bibliografici

AA.VV., *La politica estera della perestroika. L'URSS di fronte al mondo da Breznev a Gorbacev*, Roma 1988.
Ch.-R. Argeron, *La décolonisation française*, Paris 1991.
G.P. Atkins (a cura di), *South America into the 1990s. Evolving International Relationships in a New Era*, Boulder-San Francisco-London 1990.
A.B. Atwan, *Islamic State: the Digital Caliphate*, London 2015.
E. Bacon, *Contemporary Russia*, terza ediz., Houndmills 2014.
B. Badie, D. Vidal, *Puissances d'hier et de demain. L'état du monde 2014*, Paris 2013.
B. Badie, D. Vidal, *Nouvelles guerres. L'état du monde 2015*, Paris 2014.
J.-M. Balencie, A. de la Grange (a cura di), *Mondes rebelles. Guerres civiles et violences politiques*, Paris 1999.
S. Baru, S. Dogra (a cura di), *Power Shifts and the New Blocs in the Global Trading System*, London 2015.
D. Beetham, *Democracy and Human Rights*, New York 1999.
B.S. Bernanke, *The Federal Reserve and the Financial Crisis*, Lectures, Princeton 2013.
M.S. Beschloss, *At the Highest Levels. The Inside Story of the End of the Cold War*, New York 1994.
S. Bialer, *The Soviet Paradox. External Expansion, Internal Decline*, New York 1968.
A.S. Blinder, *After the Music Stopped. The Financial Crisis, the Response and the World Ahead*, New York 2013.
G. Borsa, P. Beonio Brocchieri, *Asia Major*, 3 voll., Milano-Bologna 1990-93.
G. Borsa, E. Collotti Pischel, *Asia Major, 1994*, Milano-Bologna 1995.
F. Bozo, *Histoire secrète de la crise irakienne. La France, les États Unis et l'Iraq 1991-2003*, Paris 2013.

Z. Brzezinski, *The Choice. Global Domination or Global Leadership*, New York 2004.
T. Burgis, *The Looting Machine. Oligarchs, Corporations, Smugglers, and the Theft of Africa's Wealth*, New York 2015.
M. Campus (a cura di), *Sviluppo, crisi, interazione. Temi di storia delle relazioni internazionali per il XXI secolo*, Milano 2012.
H. Carrère d'Encausse, *La Russie entre deux mondes*, Paris 2010.
V. Castronovo, *Piazze e caserme. Il dilemma dell'America Latina dal Novecento a oggi*, Roma-Bari 2007.
V. Castronovo, *La sindrome tedesca. Europa 1989-2014*, Roma-Bari 2014.
N. Cheeseman, *Democracy in Africa*, New York 2015.
J.D. Cockcroft, J. Heine (a cura di), *Which Way Latin America? Hemispheric Politics Meets Globalization*, Washington 2009.
T. Colton, *Yeltsin: A Life,* New York 2008.
R. Cooper, *Post Modern State and the World Order*, London 1996.
F. Cresti, M. Cricco, *Storia della Libia contemporanea. Dal dominio ottomano alla morte di Gheddafi*, Roma 2012.
I.A. Daalder, J.M. Lindsay, *America Unbound. The Bush Revolution in Foreign Policy*, New York 2003.
R.W. Davies, *Soviet History in the Yeltsin Era*, London 1997.
J.T. Dickovick, *Africa 2014-2015*, Baltimore 2014.
E. Di Nolfo, *Il mondo atlantico e la globalizzazione. Europa e Stati Uniti: storia, economia, politica*, Milano 2014.
E. Di Nolfo, M. Gerlini (a cura di), *Il Mediterraneo attuale tra storia e politica*, Venezia 2012.
B. Eichengreen, *Globalizing Capital. A History of the International Monetary System*, Princeton 2000.
B. Eichengreen, *Exorbitant Privilege. The Rise and Fall of the Dollar*, Oxford 2011.
B. Eichengreen, *Hall of Mirrors. The Great Depression, the Great Recession, and the Uses – and Misuses – of History*, Oxford-New York 2015.
M. Emiliani, *Medio Oriente. Una storia dal 1991 a oggi*, Roma-Bari 2012.
F. Encel, *Géopolitique du Printemps arabe*, Paris 2014.
T.F. Geithner, *Stress Test: Reflections on Financial Crisis*, New York 2014.
M. Gilbert, *Storia politica dell'integrazione europea*, Roma-Bari 2008[3].
J. Gillingham, *European Integration 1950-2003: Superstate or a New Market Economy*, Cambridge 2003.
L. Gori, *L'America allo specchio. Miti e realtà della strategia di Obama verso l'Asia-Pacifico e la cultura della sua politica estera*, Roma 2015.

J.-M. Guéhenno, *La fin de l'état nation*, Paris 1993.
F. Halliday, *Threat from the East? Soviet Policy from Afghanistan and Iran to the Horn of Africa*, London 1982.
D. Held, A. McGrew, D. Goldlatt, J. Perraton, *Global Transformations. Politics, Economics and Culture*, Cambridge 1999.
P. Hirst, G.F. Thompson, *Globalization in Question: The International Economy and the Possibilities of Governance*, Cambridge 1996.
E. Hobsbawm, *Age of Extremes. The Short Twentieth Century 1914-1991*, London 1994 (trad. it. *Il secolo breve*, Milano 1995).
A. Hourani, *A History of the Arab Peoples*, Cambridge (Mass.) 1991.
P. Hugon, *L'Économie de l'Afrique*, Paris 2009
S.P. Huntington, *The Clash of Civilizations and the Remaking of World Order*, New York 1996 (trad. it. *Lo scontro delle civiltà e il nuovo ordine mondiale*, Milano 2000).
G. Iannini, G. Salvini, *La Cina oggi. Una potenza al bivio tra cooperazione e sviluppo*, Soveria Mannelli 2013.
H. Kissinger, *Does America Need a Foreign Policy?*, New York 2001.
H. Kissinger, *World Order*, New York 2014.
P. Kubicek, *The History of Ukraine*, Westport 2008.
M. Livi Bacci, *Storia minima della popolazione del mondo*, Bologna 2011.
G. Lundestad, *The United States and Western Europe since 1945: From «Empire» by Invitation to Transatlantic Drift*, Oxford 2005.
M. Lynch (a cura di), *The Arab Uprising. New Contentious Politics in the Middle East*, New York 2014.
A. Malashenko, *The Fight for Influence. Russia in Central Asia*, Washington 2013.
D. Marsch, *The Euro. The Battle for the New Global Currency*, New Haven-London 2011.
L. Micheletta, *Diplomazia e democrazia. Il contributo dell'Italia alla transizione dell'Albania verso la libertà*, Soveria Mannelli 2013.
D. Moyo, *La carità che uccide. Come gli aiuti dell'Occidente stanno devastando il Terzo Mondo*, Milano 2010.
L. Nuti, F. Bozo, M.-P. Rey, B. Rother (a cura di), *The Euromissiles crisis and the End of the Cold War*,Washington 2015.
J.S. Nye jr., *The Paradox of American Power*, Oxford 2002.
K. Ohmae, *The End of the Nation State: The Rise of Regional Economies*, New York 1996.
G. Pervillé, *De l'Empire français à la décolonisation*, Paris 1991.
J. Pirjevec, *Serbi, croati, sloveni*, Bologna 1995.
M. Plana, A. Trento, *L'America Latina nel XX secolo. Economia e società. Istituzioni e politica*, Firenze 1992.

B.R. Posen, *Restraint. A New Foundation for U.S. Grand Strategy*, Ithaca 2014.
F. Rampini, *L'impero di Cindia*, Milano 2006.
R. Rosecrance, *The Resurgence of the West. How a Transatlantic Union Can Prevent War and Restore the United States and Europe*, New Haven 2013.
M.E. Sarotte, *1989. The Struggle to Create Post-Cold War Europe*, Princeton 2009.
A. Sen, *Globalizzazione e libertà*, Milano 2002.
J.-M. Severino, O. Ray, *Africa's Moment*, Cambridge 2011.
K. Shillington, *History of Africa*, London 2012.
G.P. Shultz, *Turmoil and Triumph. My Years as Secretary of State*, New York 1993.
G.H. Soutou, *L'alliance incertaine. Les rapports politico-stratégiques franco-allemands, 1954-1996*, Paris 1996.
M. Spence, *La convergenza inevitabile. Una via globale per uscire dalla crisi*, Roma-Bari 2012.
J.E. Stiglitz, *Il prezzo della diseguaglianza. Come la società divisa di oggi minaccia il nostro futuro*, Torino 2013.
V. Strika, *La guerra Iran-Irak e la guerra del golfo. Quadro regionale e internazionale. Le prospettive di pace*, Napoli 1993.
L. Trombetta, *Siria. Dagli Ottomani agli Asad*, Milano 2014.
G. Wagner, M.L. Weitzman, *Climate Shock: The Economic Consequences of a Hotter Planet*, Princeton 2015.
[World Bank], *Beyond Aid: New Sources and Innovative Mechanisms for Financing Development in Sub-Saharan Africa*, Washington DC 2008.

Indici

Indice dei nomi

Indice del volume

Annotazioni